현대인의
정신건강

MENTAL HEALTH

이정윤 저

학지사

■ 프롤로그

정신건강은 현대를 살아가는 사람이라면 누구에게나 중요한 관심사이다. 특히 2020년부터 지난 2년 반 동안 난생처음 팬데믹이라는 낯설고도 힘겨운 위기를 겪으면서, 우리는 사람들의 소중함과 일상의 중요성을 절감하게 되었다. 사람들은 너나 할 것 없이 코로나 블루를 느끼면서 어둡고 긴 터널을 견뎌 내야 했다. 이렇게 복잡다단하고 예측할 수 없으며 때로는 위험하기까지 한 이 시기에 과연 우리는 어떻게 해야 정신건강을 지키면서 살아갈 수 있는 걸까?

이 책은 크게 네 개의 부로 구성되어 있다. 제1부 '정신건강'에서는 이 책을 시작하면서 정신건강에 대한 전체적인 개념 정립을 돕기 위해 정신건강의 개념과 조건에 대해 다루었다. 제2부 '성격과 인간관계'에서는 자신에 대한 기본적 이해를 돕기 위해 우리의 기초가 되는 성격과 부모자녀관계를 돌아보고, 아울러 정신건강에 중요한 영향을 미치는 인간관계와 의사소통에 도움이 되고자 듣기와 표현하기에 대해 살펴보았다. 제3부 '스트레스와 이상심리'에서는 정신건강과 밀접한 관련이 있는 스트레스와 다양한 이상심리를 개관하였으며, 제4부 '상담과 심리치료'에서는 사람들이 전문적인 상담을 보다 잘 이해하도록 하는 데 초점을 맞추고자 하였다. 성격과 부모자녀관계에 대한 이해, 보다 나은 인간관계를 위한 의사소통 방법과 스트레스에 잘 대처하기 위한 방법, 그리고 현대인을 괴롭히는 다양한 이상심리와 이를 다스리기 위한 상담 및 심리치료는 결국 우리 마음의 평안과 안녕을 도모하기 위한 '정신건강'이라는 주제로 귀결된다.

이 책에는 모두 열세 개의 장이 있으며, 각 장은 모두 세 개 내외의 절로 이루어져 있다. 각 절의 앞부분에는 〈생각해 보기〉를 제시하여 책에서 다룰 내용에 대해 독자들이 미리 질문을 던져 봄으로써 주제에 대한 관심을 갖도록 하였다. 그리고 책의 중간중간 독자들이 자신을 좀 더 깊이 있게 이해하는 데 도움이 되도록 〈self-checking) 질문과, 자신의 상태나 성향을 파악하는 데 참고가 되도록 다양한 심리 척도의 문항 일부를 포함하였다. 저자는 일방적인 지식 전달이 되기보다 독자들과 정신건강에 대한 이야기를 함께 나눈다는 마음으로 이 책을 집필하였다. 이 책을 통해 독자들이 자신과 타인에 대한 이해를 넓히는 데 도움이 될 뿐 아니라, 정신건강을 위한 마음 관리를 해 나가는 데도 실제로 도움이 되기를 바라는 마음이다.

사실 〈현대인의 정신건강〉 강의는 저자가 재직하고 있는 성신여자대학교에서 2009년부터 교양과목으로 개설된 강좌로서, 그동안 적지 않은 학생들이 매 학기 이 강의를 수강했다. 학기 말 강의평가를 통해 혹은 개인적인 이메일을 통해 그동안 학생들이 남겨 준 강의에 대한 많은 소감은 저자로 하여금 이 강의에 대해 큰 애착을 갖게 해 주었다. 이렇게 학생들에 대한 고맙고 애틋한 마음으로 교내에서 강의를 이어 오다가, 2021년부터 K-MOOC 강좌로 제작하여 일반인을 대상으로도 강의를 개설하게 되었다. 따라서 이제 이 강의는 비단 우리 대학 학생뿐 아니라, 정신건강에 관심이 있는 일반인도 K-MOOC를 통해 수강할 수 있다.

이에 대학에서 강의를 수강하는 학생뿐 아니라 K-MOOC 강좌를 수강하는 일반인이 강의를 들을 때 참고하도록 학습과 자기이해에 도움이 되는 강의자료를 책으로 출판할 필요가 생기게 되었다. 그래서 마침 K-MOOC 강좌를 위해 작성했던 강의자료를 토대로 내용을 좀 더 보강하고 다시 정리하여 이 책을 집필하였다. 따라서 이 책은 대학에서 정신건강 관련 강의를 수강하는 학생이나, K-MOOC를 통해 〈현대인의 정신건강〉 강좌를 수강하는 분, 이 밖에도 사람들의 마음과 행동을 보다 잘 이해하거나 인간관계를 보다 원만하게 향상시키고 싶은 분, 그리고 정신적으로 보다 건강한 삶을 살길 원하는 분이 읽으면 좋을 것이다.

이 책을 쓰기까지 도움을 준 사람들이 많다. 먼저, 저자의 강의를 듣고 소감과 후기를 전해 주었던 성신여자대학교 학생들과 K-MOOC를 수강해 주신 분들께 감사드린다. 또한 K-MOOC 강의를 제작할 때 자료를 찾고 참고문헌을 정리하는 데 도움을 주었던 박사과정 제자 강혜원, 이수연 선생과 K-MOOC 강좌 운영에 도움을 주고 교재 집필 과정에서 자료정리를 도와준 석사과정 제자 조윤혜 선생에게도 고마운 마음을 전한다. 또한 이 책을 독자들이 읽기 쉽도록 보기 좋고 예쁘게 편집해 준 학지사의 박나리 선생님과 책의 출판을 허락해 주신 김진환 사장님께도 감사의

뜻을 전하고 싶다.

　마지막으로, 연세동산에서 만나 지금까지 한결같이 인생의 동고동락을 함께해 준 고마운 남편과 살아가는 동안 엄마라는 소중한 경험을 통해 인생을 다시 한번 되짚어 살게 해 준 둘도 없는 나의 아들, 그리고 내 모든 것의 초석이 되어 주신 부모님께 마음속 깊은 감사와 사랑의 마음을 전한다.

2022년 9월
수정캠퍼스에서
이정윤 드림

■ 차례

제4부 상담과 심리치료

제1부

정신건강

01 정신건강의 개념과 조건

CHAPTER

01

정신건강의 개념과 조건

21세기를 살고 있는 현대인들은 과학과 의학의 놀라운 발전으로 인류 역사상 가장 오랜 수명을 누리게 되었다. 불과 10여 년 전만 해도 세상에 존재하지 않던 여러 신기술의 등장으로 인류는 다양한 혜택을 누리면서 보다 편리한 삶을 살 수 있게 되었다. 이처럼 첨단 과학기술의 발전은 인류로 하여금 지금껏 체험해 보지 못한 신세계를 경험하게 하였으나, 안타깝게도 인간은 여전히 고독하고 불안하며 많은 정신적인 괴로움을 지닌 채 살아가고 있다.

인간은 특유의 사유와 성찰 능력으로 인해 문명을 발전시키고 세상을 혁신하며 살아왔다. 하지만 인간 고유의 이러한 능력은 아이러니하게도 스스로를 고립시키고 피폐하게 만들며, 심지어는 죽음으로 내몰기까지 한다. 감당하기 어려울 정도로 빠르게 변화하는 세상 속에서 현재를 살아가는 우리는 어쩌면 인류 역사상 가장 다양하고 심각한 정신과적 문제를 겪으면서 살고 있는지도 모르겠다.

이 책을 읽는 독자 역시 우울하거나 불안을 느낄 때가 있을 것이며, 스스로 자책감과 절망에 빠져 괴롭거나 무력해지는 순간을 경험할 때도 있을 것이다. 우리가 속한 사회나 국가가 개인의 정신건강을 위해 필요한 정책을 만들고 네트워크를 구성하여 보호하는 것도 중요하겠지만, 우리 자신의 정신건강을 지키는 것은 개인으로부터 출발한다.

정신건강에 대한 이 책의 첫 장에서는 먼저 정신건강의 주요 실태를 살펴봄으로써 정신건강의 심각성과 중요성을 인식하고, 나아가 정신건강의 기본 개념, 정의 그리고 조건에 대해 알아보겠다.

1. 정신건강의 실태

이 절에서는 정신건강 문제가 사람들에게 얼마나 심각하고 만연해 있는지 살펴보고자 한다. 이는 자신과 상관없는 사람들의 이야기가 아니며, 나 자신을 포함하여 우리 가족과 주변 사람들의 모습이기 때문이다. 이에 정신건강과 관련된 우리나라의 주요 실태조사 자료를 바탕으로 우리나라 사람들의 정신건강 현황을 알아보고, 정신건강의 중요성에 대해 함께 생각해 보고자 한다.

생각해 보기

– 우리나라 사람들의 정신건강 실태는 어떠할까?
– 우리나라 사람들의 정신건강에 대한 인식은 어떠할까?

이 책을 읽고 있는 독자들은 스스로 정신적으로 건강하다고 생각하는가? 질병관리청과 국립정신건강센터, 보건복지부와 같은 우리나라의 주요 건강 관련 기관에서는 정신건강 실태조사를 지속적으로 실시하고 있다.

먼저, 질병관리청(2022)에서 19세 이상 7,359명을 대상으로 실시한 〈2020 국민건강통계〉 자료 가운데 '스트레스 인지율'과 '우울장애 유병률'을 살펴보자. 이 조사에 의하면 우리나라 19세 이상 성인 중 일상생활에서 스트레스를 '많이' 또는 '대단히 많이' 느낀다고 응답한 비율은 31.5%로, 남자는 29.7%가, 여자는 33.3%가 스트레스를 많이 경험하고 있는 것으로 나타났다. 연령별로는 남자는 30대, 여자는 20대에서 스트레스 인지율이 가장 높게 나타나, 30대 남자의 40.7%, 20대 여자의 42.6%가 스트레스를 많이 경험하고 있었다.

같은 조사에서 PHQ-9 우울증 선별 도구를 사용하여 우울장애 유병률을 파악한 결과, 우리나라 19세 이상 성인 중 조사기간에 우울장애를 지니고 있다고 응답한 비율은 5.7%였고, 성별로는 남자 4.8%, 여자 6.7%가 우울장애를 지니고 있는 것으로 보고되었다. 연령별로는 남자는 30대, 여자는 20대가 가장 높은 비율을 나타내어, 30대 남자의 6.5%, 20대 여자의 11.3%가 우울장애를 지니고 있는 것으로 나타났다.

물론 우울장애는 전문가에 의해 정확한 진단을 받아야 하는 정신과적 질환이므로 자기보고식으로 응답한 통계자료는 유의해서 살펴보아야 할 필요가 있겠으나, 이 자료로 미뤄 볼 때 우울감을 경험하거나 호소하는 사람들의 비율이 결코 적지 않다는 것을 알 수 있다.

다음으로 전국에 거주하고 있는 만 15세 이상 69세 이하 일반 국민 2,016명을 추출하여 국립정신건강센터(2021)에서 실시한 〈2021년 국민 정신건강지식 및 태도조사〉의 주요 결과를 살펴보자. 이 조사에서 평소 자신의 정신건강 상태를 묻는 질문에 1.2%가 매우 나쁘다, 9.9%가 나쁘다, 39.6%가 보통이다, 37.5%가 좋다, 11.8%가 매우 좋다고 응답하였다. 이러한 응답비율을 좀 더 선명하게 구분해 보기 위해 나쁘다, 보통이다, 좋다의 세 가지 범주로 다시 정리하면, 평소 자신의 정신건강 상태를 나쁘게 생각하는 사람은 11.1%, 보통으로 생각하는 사람은 39.6%, 좋게 생각하는 사람은 49.3%이다. 따라서 대략 절반가량의 사람은 자신의 정신건강을 좋게 생각하고 있었지만, 10명 중 1명 정도는 자신의 정신건강을 나쁘게 여기고 있었다. 또한 10명 중 4명가량이 자신의 정신건강을 보통이라고 응답하여 적어도 이들이 정신건강을 좋게 생각하고 있지 않은 점을 감안할 때, 우리 국민의 절반가량은 자신의 정신건강을 나쁘게 생각하거나 적어도 좋게 생각하고 있지 않은 것으로 보인다.

같은 조사에서 정신건강문제 15가지에 대한 경험률을 물은 결과, 우리나라 국민 중 65.2%가 이러한 문제를 겪은 적이 있다(평균 4.0개)고 응답하였다. 이들을 대상으로 어떠한 정신건강 문제를 경험했는지 물은 결과, '심각한 스트레스'를 경험했다고 응답한 비율이 35.2%로 가장 높았고, '수일간 지속된 우울감' 30.6%, '수일간 지속되는 불안' 28.0%, '수일간 지속되는 불면' 27.1%, '생활에 불편을 줄 정도의 감정기복' 25.0%, '자제할 수 없는 분노표출' 11.9%, '자살생각' 9.1%, '알코올 문제' 9.0%, '기타 중독(게임 중독 등)' 6.5%, '약물중독' 3.0% 순으로 나타났다. 그리고 이러한 정신건강 문제로 인해 제약을 경험한 적이 있었는지에 대해서는 '일상 및 가정생활' 60.7%, '업무 및 학업' 56.4%, '사회활동 및 대인관계' 51.0% 순으로 많은 지장을 겪었다고 보고하였다.

이렇게 볼 때 응답자의 절반이 넘는 사람들이 정신건강과 관련된 문제를 경험한 것으로 보이고, 그 문제는 대략 우울, 불안, 불면, 분노 그리고 여러 중독현상이나 자살 등이며, 사람들은 이러한 문제로 일상생활에 상당한 제약을 받고 있는 것으로 보인다. 한편, 지난 1년간 정신건강 문제를 경험하면서도 어느 누구와도 상담(상의)하지 않았다고 응답한 비율이 28.7%로, 우리 국민 10명 중 3명 정도는 정신건강과 관련된 어려움을 다른 사람과 상담(상의)하지 않고 혼자 마음속에 지니고 있는 것으로 보인다.

　　정신건강 문제를 경험한 사람 중에 상담(상의)을 했다고 한 사람들이 누구와 하였는지에 대해 복수로 응답하게 한 결과, 2019년 조사에서는 주로 가족이나 친지, 친구나 이웃이 많은 편이었고, 정신건강분야 전문가인 정신과 의사를 찾는 비율은 38.3%, 심리상담 전문가를 찾는 비율은 27.4%로 나타났다. 하지만 2021년 조사에서는 정신과 의사를 찾는 비율이 55.6%, 심리상담 전문가를 찾는 비율이 28.5%로 각각 증가하는 양상을 보였다.

　　정신건강 문제를 경험한 응답자 중 상담(상의)을 받지 않은 사람과 정신건강 문제를 경험하지 않은 응답자 중 상담(상의) 의향이 없는 응답자를 대상으로 상담(상의)이나 치료를 받지 않은(혹은 받지 않으려는) 이유를 질문한 결과, '심각하지 않아 그냥 두면 나아질 것 같아서'라고 응답한 비율이 45.4%, '별 효과가 없을 것 같아서'가 16.7%, '정신질환은 스스로 극복해야 하는 것이라서'가 14.8%, '주변의 부정적인 시선 때문에'가 5.3%, 그리고 '치료비용이 걱정되어서'가 4.6%로 나타났다. 이에 우리나라 사람들이 정신건강에 어려움을 겪더라도 상담받지 않으려고 하는 주요한 이유는 정신과적 문제에 대한 인식이 부족하거나 상담효과에 대한 불신이 있기 때문인 것으로 보이며, 아울러 정신적 문제를 치료받는 것에 대한 사회적인 편견을 우려하는 것도 일부 영향을 미친다고 볼 수 있다.

　　한편, 우리나라 사람의 정신건강에 대한 인식과 태도가 어떻게 변화하고 있는지 알아보기 위해 2019년과 2021년 조사자료를 비교해 보면 다음과 같다. 정신질환에 대한 인식을 알아보기 위한 질문으로, '누구나 정신질환에 걸릴 수 있다'에 그렇다고 응답한 사람이 2019년 82.3%에서 2021년 83.2%로, '우울증은 치료가 가능하다'에 그렇다고 응답한 사람은 2019년 71%에서 2021년 71.5%로 근소한 상승을 보였다. 또한 '정신질환은 치료가 가능하다'에 그렇다고 응답한 사람은 2019년 68.1%에서 2021년 72.5%로, '나의 가족이나 친구들은 정신건강에 문제가 생기면 전문적 도움을 받아야 한다고 생각한다'에 그렇다고 응답한 사람은 2019년 72%에서 2021년 77.9%로 꽤 많은 증가폭을 나타내었다. 또한 평소 건강한 정신을 유지하기 위해 얼마나 노력하는지 묻는 질문에 대해 2019년 조사에서는 조사대상자 약 3명 중 2명이, 2021년 조사에서는 대략 5명 중 4명이 자신의 정신건강을 위해 노력하는 편이라고 응답하였다. 따라서 이러한 응답으로 미뤄 볼 때, 우리나라 사람의 정신질환에 대한 인식과 태도는 예전에 비해 점점 긍정적으로 변화하고 있는 것으로 보인다.

다음은 보건복지부 국립정신건강센터(2021)에서 만 18세 이상~79세 이하 우리나라 국민 5,511명(가구당 1명)을 대상으로 실시한 〈2021년 정신건강실태조사〉 결과이다. 이 조사에서 정신장애 평생 유병률(평생 동안 해당 정신장애를 한 번 이상 경험한 적이 있는 비율)은 27.8%(남성 32.7%, 여성 22.9%)로, 우리나라 사람 4명 가운데 1명 이상이 평생 동안 살면서 한 번 이상 정신질환에 걸리는 것으로 조사되었다. 주요 질환별로 정신장애 평생 유병률을 살펴보 면, 알코올 사용장애가 가장 높은 유병률을 보여 11.6%로 나타났고, 불안장애가 9.3%, 우울증이 7.7%로 나타났다. 성별로 보면 우리나라 남성에게서는 니코틴 사용장애 평생 유병률이 가장 높게 나타났고, 우리나라 여성에게서는 불안장애의 평생 유병률이 가장 높게 나타났다.

그렇다면 정신건강서비스 이용률은 어떨까? 정신장애가 있는 것으로 진단된 사람 중에 평생 동안 정신건강서비스(정신건강문제로 의사 등의 전문가에게 상담/치료받는 것)를 이용한 적이 있는 비율은 12.1%였고, 지난 1년 동안 정신건강서비스 이용률은 7.2%였다. 질환별로는 우울장애 28.2%, 불안장애 9.1%, 알코올 사용장애 2.6%로, 우울장애로 진단받은 사람들이 정신건강서비스를 가장 많이 이용하는 것으로 나타났다. 참고로 이러한 정신건강서비스 이용률을 다른 나라와 비교해 보면, 지난 1년간 우리나라가 7.2%인 데 비해 미국 43.1%('15년), 캐나다 46.5%('14년), 호주 34.9%('09년)로, 서구권 국가에 비해 우리나라의 정신건강서비스 이용률은 매우 저조한 수준을 보였다.

추가로 몇 가지 통계자료를 더 살펴보자. WHO(2018)에서 발표한 자료에 의하면 정신질환 치료율, 즉 정신질환으로 치료받은 사람들의 비율은 인구 10만 명당 우울증 95.6명, 조울증 41명, 조현병을 비롯한 정신증(psychosis) 171.3명으로 나타났다. 이를 소득수준에 따라 살펴보면 소득이 낮은 국가에서는 우울증 18.8명, 조울증

18.5명, 정신증 67.7명이고, 소득이 높은 국가에서는 우울증 319명, 조울증 76명, 정신증 320명 정도로 나타났다. 따라서 이러한 자료를 보면 소득이 높은 국가일수록 정신질환 치료율이 높아지는 것을 알 수 있다. 특히 눈여겨볼 사항은 소득이 높은 나라에서 우울증으로 치료받는 사람들의 비율인데, 그 비율이 정신증으로 치료받는 사람들의 비율과 거의 비슷한 것으로 보아 소득이 높은 나라일수록 우울증으로 치료받는 사람들의 비율이 매우 높은 것을 알 수 있다.

또 다른 자료는 국립정신건강센터(2019b)에서 발표한 정신증 미치료 기간(Duration of Untreated Psychosis: DUP) 지수로서, 이는 정신증에 걸렸음에도 치료받고 있지 않은 기간을 나타낸다. 조사 결과 한국은 정신증 첫 발병 이후 치료받기까지 걸리는 평균 시간이 무려 120주로서 거의 2년 정도 되는 데 비해, 영국은 30주, 미국과 캐나다는 약 50주 정도로 나타나, 우리나라는 서구권 국가들에 비해 상대적으로 정신증 미치료 기간이 긴 것으로 나타났다.

지금까지 정신건강과 관련된 몇몇 실태조사 자료를 살펴보았다. 이를 간략히 정리해 보면 우리나라 사람들의 스트레스 인지율은 약 30%, 우울장애 유병률은 약 5~8%이고, 지난 1년간 여러 가지 다양한 정신건강 문제를 경험한 사람은 65%로 나타났다. 그리고 정신건강 문제를 경험한 사람 중에 어느 누구와도 상담(상의)하지 않았다고 응답한 비율은 28.7%로 거의 30%에 이르렀다. 정신질환 평생 유병률, 즉 평생 동안 살면서 한 번 이상 정신질환에 걸리는 사람들의 비율은 27.8%로, 우리나라 국민 4명 중 1명 이상이 이에 해당되었다. 정신질환에 대한 인식은 최근 들어 점차 개선되고 있으나, 아직까지 정신적 문제를 경험할 때 전문가에게 상담받는 비율은 서구권 국가에 비해 저조하였다. 또한 정신증 미치료 기간(DUP)은 정신의료체계 선진국에 비해 2배 이상 긴 것으로 나타났다.

이상에서 우리나라의 주요 정신건강 실태조사 자료를 통해 정신적 문제의 현황과 인식, 그리고 심각성에 대해 살펴보았다. 이 책을 읽는 독자들도 자신의 정신건강은 어떠한지 그리고 정신건강에 대한 인식은 어떠한지 살펴보면서 정신건강의 중요성에 대해 다시 한번 상기해 보기 바란다.

[Self-checking]

• 나는 정신적으로 건강한 편인가?

_____

_____

• 정신건강에 대한 나의 인식은 어떠한가?

_____

_____

2. 정신건강의 개념

이 절에서는 정신건강의 개념과 정의에 대해 살펴보고, 정신건강 패러다임이 어떻게 변화하고 있는지 알아볼 것이다. 그리고 문제가 발생한 소수를 대상으로 질병을 치료하는 것으로부터 한걸음 더 나아가, 적극적 의미의 정신건강 관점에서 보다 많은 다수를 대상으로 건강과 안녕에 초점을 두는 선제적인 예방적 개입의 필요성에 대해 함께 생각해 보고자 한다.

┌─ 생각해 보기 ──────────────────────────────

– 정신적으로 건강하다는 것은 무엇을 의미할까?

– 긍정심리학은 정신건강 패러다임에 어떠한 변화를 가져왔을까?

– 정신건강에서 예방은 얼마나 중요할까?

└──

1) 정신건강의 개념과 정의

정신건강의 개념은 크게 두 가지로 구분이 가능한데, 하나는 소극적 의미의 정신건강이고 또 하나는 적극적 의미의 정신건강이다. 먼저, 소극적 의미의 정신건강이란 쉽게 말해 현재 별다른 정신적 문제가 없으면 정신적으로 건강하다고 보는 것이다. 이는 '문제가 없거나 아프지 않으면 건강한 것'으로 간주하는 것이며, 이러한 소극적 의미의 정신건강은 질병모형(disease model) 또는 의학적 모형(medical model)에 기초한다.

질병모형이나 의학적 모형은 사람들에게서 잘못된 것을 찾아 이를 진단하고 고치는 데 관심을 둔다. 이 모형에서는 건강하지 않은 이유를 질병이 있기 때문으로 간주하며, 이에 질병의 원인을 찾아 치료하는 데 일차적 관심을 둔다. 질병모형이나 의학적 모형에서는 건강하지 못한 원인이 주로 생물학적인 데 있다고 보므로, 일차적으로 약물을 사용하여 문제나 증상을 없애는 치료에 주력한다. 이처럼 이들 모형은 기본적으로 생물학적 원인을 강조하고 있으므로 심리적이거나 사회적인 문제에는 잘 부응하지 않는다. 또한 이미 발생한 문제에 대해서도 주로 생물학적 방식을 통해 해결하려 하므로, 예방은 상대적으로 덜 강조된다.

그렇다면 적극적 의미의 정신건강은 어떤 걸까? 적극적 의미의 정신건강에서는 단지 정신적인 문제나 질병이 있고 없고가 중요한 게 아니라, 개인이 지니고 있는 장점과 잠재력을 최대한 발달시켜 이상적인 상태를 이루는 것을 지향한다. 이는 성장 및 발달모형(growth/developmental model) 혹은 전체적 모형(holistic model)에 근거하는데, 이러한 모형은 비단 신체적인 차원뿐 아니라, 심리적, 사회적, 나아가 영적인 차원에서의 적극적인 건강을 추구한다. 따라서 이 모형에서는 문제 자체를 없애는 데 초점을 두기보다, 문제가 발생하기 전에 적극적으로 예방하고 나아가 사람들이 안녕(well-being)의 상태에 이르도록 하는 데 관심을 둔다. 정신적으로 건강하지 못한 원인이 주로 생물학적인 데 있다고 보는 소극적 의미의 관점과 달리, 적극적 의미의 정신건강에서는 주로 심리적, 사회적 또는 영적인 이유로 인해 정신적으로 건강하지 못하게 된다고 본다. 이에 따라 적극적 의미의 관점에서는 약물치료에 초점을 두는 대신 보다 다양한 심리적·사회적·영적 방법을 사용하여 개입하고, 그럼으로써 개인의 강점과 능력을 계발하여 정신적인 문제를 예방하고 건강을 증진시키고자 노력한다.

이러한 기준을 신체건강에 대입하여 다시 부연 설명하면 다음과 같다. 만약 누군가 여러분에게 신체적으로 건강한지 묻는다면 여러분은 어떤 기준에 의해 '건강하다' 혹은 '건강하지 않다'고 대답하겠는가? 어떤 사람은 자신이 현재 별다른 신체적 증상이나 문제를 겪고 있지 않기 때문에 신체적으로 건강하다고 말할 것이고, 또 어떤 사람은 현재 겪고 있는 신체적 질병은 딱히 없지만 그렇다고 과연 자신이 건강하다고 자신 있게 말할 수 있을까를 고민할 것이다. 앞서 언급한 정신건강의 소극적, 적극적 기준과 마찬가지로, 소극적 의미의 신체건강이란 단지 신체적 질병이나 문제가 없는 상태이면 신체적으로 건강하다고 보는 것이고, 이에 비해 적극적 의미의 신체건강은 단순히 신체적 질병이 있느냐 없느냐의 차원을 넘어서서 개인이 지니고 있는 신체기능이 그 잠재력을 최대한 발달시킨 상태를 신체적으로 건강한 상태로 본다. 그렇다면 여러분은 소극적 의미의 관점에서 신체적으로 건강하다고 답하겠는가, 아니면 적극적 의미의 관점에서 신체적으로 건강하다고 답하겠는가?

참고로, WHO(2022)에서 내린 '건강'과 '정신건강'에 대한 정의를 살펴보자. 먼저, 건강(health)은 '단순히 질병이나 허약한 상태가 없는 것이 아니라, 신체적, 정신적 그리고 사회적 안녕이 완전히 이뤄진 상태'라고 정의하고 있다. WHO의 정의에서 단지 신체적인 영역뿐 아니라 정신적, 사회적인 영역까지 포함하여 보다 전체적(holistic)인 관점에서 건강을 정의한 점이 인상적이라 하겠다.

그렇다면 WHO는 정신건강을 어떤 상태로 정의하고 있을까? WHO(2022)는 정신건강(mental health)을 '자신의 능력을 실현하고, 스트레스에 잘 대처할 수 있고, 생산적으로 일하며, 자신이 속한 지역사회에 기여하는 안녕(well-being)의 상태'로 정의하고 있다. 이러한 정의는 곧 정신건강이란 단순히 정신적 질병이나 문제가 없는 것 이상의 상태로서, 이는 한 개인이 건강하게 생각하고 느끼며 나아가 사람들과 서로 상호작용하면서 삶을 즐기며 살아가는 데 중요한 토대가 된다고 하였다.

따라서 앞에서 살펴본 정신건강에 대한 관점과 WHO의 정의를 모두 종합하여 고려해 보면, 특별한 정신적 문제나 질병이 없는 소극적 의미의 정신건강 상태를 유지하는 것도 중요하겠으나 이것만으로 정신적으로 건강하다고 하기에는 부족할 것이다. 적극적 의미의 정신건강은 자신의 강점과 잠재력을 충분히 발달시킴으로써 심리적, 사회적, 영적 수준에서 안녕의 상태에 이를 때 비로소 실현될 수 있기 때문이다.

그렇다면 우리는 단지 소극적 의미의 정신건강을 추구해야 할까? 아니면 보다 적극적 의미의 정신건강 상태에 이르도록 노력해야 할까? 정서를 연구하는 심리학자들은 불행하지 않은 것과 행복한 것은 서로 다르다고 한다. 즉, 불행하지 않다고 해서 그것이 바로 행복한 상태를 의미하지 않으며, 이는 불행을 줄이기 위해 노력해야 하는 것과 행복을 증가시키기 위해 노력해야 하는 것들이 서로 다르다는 것을 시사한다(서은국, 2014). 이처럼 부정 정서와 긍정 정서가 서로 독립적이듯이, 정신질환(mental illness)과 정신건강(mental health)도 어느 정도 서로 독립적이라고 볼 수 있다. 다시 말해 우리가 정신적으로 건강하기 위해서는 단지 정신적으로 문제가 없는 것 이상의 무언가가 더 필요하다는 의미이다.

정리하면 정신적으로 문제가 없다고 해서 그것이 바로 정신적으로 건강하다는 것을 의미하는 것은 아니다. 정신적으로 건강하기 위해서는 정신질환을 줄이려는 노력도 필요하지만 이것만으로는 부족하고, 심리적 안녕의 상태를 유지하기 위해 정신건강을 증진시키려는 노력을 더 기울여야 할 것이다.

2) 정신건강 패러다임의 변화

심리학 분야는 새로운 밀레니엄의 시작인 2000년을 기점으로 큰 변화가 있었다. 21세기를 앞두고 있던 1998년에 셀리그먼(Seligman)은 미국심리학회 학회장에 취임하며 긍정심리학(positive psychology)이라는 화두를 심리학계에 던졌다(Seligman, 1999). 당시 셀리그먼은 그동안 심리학자들이 '정신질환을 치료하는 것, 사람들이 생산적이고 충만한 삶을 살도록 돕는 것, 재능을 찾아내어 기르는 것'과 같은 심리학의 중요한 세 가지 임무 중 뒤의 두 가지를 소홀히 해 왔다고 강조하였다(Joseph & Linley, 2006/2009). 다시 말해 셀리그먼은 이제까지의 심리학이 주로 문제와 병리에 초점을 두고 연구하고 개입해 왔으나, 이러한 관점을 넘어 건강과 안녕, 행복과 같은 보다 긍정적인 가치에 초점을 두어 연구하고 개입할 필요성을 제기한 것이다. 마이어스와 디너(Myers & Diener, 1995)도 2000년대 이전에는 인간의 부정적 측면을 다룬 연구가 긍정적 측면을 다룬 연구보다 무려 17배나 많았다고 보고한 바 있다.

셀리그먼과 칙센트미하이(Seligman & Csikszentmihalyi, 2000)는 불안이나 우울과 같은 병리적 문제를 치료하는 것만으로는 한계가 있으며 사람들이 보다 행복하고 삶의 만족을 느끼게 하려면 긍정성이나 탄력성에 관심을 둘 필요가 있다고 제안하였다. 이에 따라 심리학자들도 이미 발생한 문제나 질병을 다루는 '문제해결'과 '치료'에 초점을 두는 반응적 접근(reactive approach)을 넘어, 심리적 문제가 발생하기 전에 문제의 발생을 예방하고 사람들이 보다 건강하고 행복하게 살아갈 수 있도록 도움을 주는 선제적 접근(proactive approach)의 중요성에 대해 보다 많은 인식을 하게 되었다.

전통적인 관점에서 볼 때 이미 발생한 문제에 개입하여 이를 없애거나 줄이기 위해 치료하는 것은 매우 중요하다. 하지만 이미 발생한 문제에 초점을 두는 개입방식만으로는 문제의 발생률 자체를 줄이는 효과는 제한적이다. 또한 문제가 발생한 이후의 치료적 접근에 초점을 맞추다 보면 사실상 심리학의 혜택을 이미 문제가 발생한 일부 소수의 사람들에게만 제공하게 되므로, 보다 다수인 평범한 사람들의 행복과 안녕을 촉진해야 하는 심리학자의 역할과 의무를 다하지 못하게 된다.

따라서 문제를 지닌 일부 소수가 아닌 다수를 대상으로 이들에게 필요한 심리학적 도움을 제공할 필요가 있으며, 이렇게 할 때 비로소 '소수 대상의 질병과 문제' 중심이 아니라 '다수 대상의 건강과 안녕'에 초점을 둘 수 있게 될 것이다. 이처럼 건강에 대한 보다 적극적인 관점과 긍정심리학을 기반으로 모든 사람을 대상으로 선제적 개입을 하게 되면 사람들이 보다 건강하고 행복하게 심리적 안녕의 상태를 이루는 데 유용한 도움을 제공할 수 있을 것이다.

3) 예방적 개입

앞에서 우리는 긍정심리학의 가치 아래 보다 많은 사람이 적극적인 건강 상태에 도달할 수 있도록 돕기 위한 심리적 개입의 필요성에 대해 강조하였다. 예방은 이러한 차원에서 필요하며, 어떠한 경우든 문제가 발생하기 이전에 개입하여 문제의 발생을 최소화하고 사람들이 보다 잘 발달하고 성장할 수 있도록 돕는 것이 최선일 것이다.

일찍이 고든(Gordon, 1983, 1987)은 예방에 대해 다음과 같은 세 가지 차원을 제시하였다. 첫째는 보편적 예방(universal prevention)으로서, 이는 일반 대중이나 모든 사람을 대상으로 장애나 문제에 대해 개입하는 것을 말한다. 예를 들어, 정신건강문제를 예방하고 이에 대한 인식을 증진시키기 위해 평상시 모든 사람을 대상으로 캠페인이나 교육을 실시한다면 이는 보편적 예방에 해당할 것이다. 둘째는 선별적 예방(selective prevention)으로, 이는 특정 장애나 문제와 상관이 높은 특성을 지닌 고위험 개인이나 집단을 대상으로 개입하는 것을 말한다. 즉, 어떤 문제는 남성 혹은 여성에게서 더 많이 발생한다든가 또는 특정 연령대에서 더 많이 발생한다든가 하는 연구 자료들을 바탕으로, 문제의 발생 가능성이 높다고 알려진 대상을 선별하여 그들을 대상으로 특정 문제의 발생을 최소화하기 위해 개입하는 것이 바로 선별적 예방이다. 마지막으로, 지시적 예방(indicated prevention)은 아직 정신과적으로 진단이 확정되지는 않았지만, 문제의 초기 증상이나 이상행동이 나타나기 시작하여 문제 확인이 가능한 개인이나 집단을 대상으로 개입하는 것이다. 즉, 진단이 가능한 정도의 문제가 나타나는 것이 확인된 사람들을 특정하여 이들에게 개입할 때 이를 지시적 예방이라고 한다(Rapp-Paglicci, Dulmus, & Wodarski, 2004/2013).

이해를 돕기 위해 학교폭력 문제를 가지고 예방의 세 가지 차원에서 각각 어떠한 개입이 가능한지 예를 들어 보겠다. 학교폭력은 누구에게나 발생할 수 있는 문제로서, 이러한 문제의 발생을 최소화하고 이로 인한 피해를 최대한 줄이려면 학교의 모든 학생을 대상으로 교육을 실시하여 학교폭력이 무엇이고 문제가 일어나면 어떻게 대처해야 하는지 가르칠 필요가 있다. 이처럼 모든 학생을 대상으로 평상시 학교폭력에 대한 교육을 통해 문제 발생을 억제하고 이것의 피해를 줄이고자 노력한다면 이는 '보편적 예방'에 해당할 것이다. 그런데 학생에 따라서는 어떠한 이유에서든 학교폭력에 조금 더 취약한 경우가 있을 수 있다. 따라서 이러한 고위험 학생들을 대상으로 학교폭력 피/가해 문제가 최대한 발생하지 않도록 개입하거나 지도할 수 있는데, 이 경우가 바로 '선별적 예방'에 해당한다. 그리고 마지막으로 현재 따돌림이나 학교폭력을 경험하고 있는 학생들에게 개입하여 문제가 보다 악화되는 것을 줄이기 위해 노력한다면, 이는 '지시적 예방'에 해당한다고 할 수 있을 것이다(이정윤, 2021).

한 가지 예를 더 들어 보자. 우울증은 정신과 영역의 감기와 같은 것으로 실제로 많은 사람이 겪고 있는 정신과적 문제이다. 따라서 이러한 우울증에 대해서도 예방적 개입을 세 가지 차원으로 구분하여 적용할 수 있다. 이에 만약 전 국민을 대상으로 우울증에 대해 미리 교육함으로써 우울의 발생을 최소화하도록 노력한다면 이는 '보편적 예방'에 해당될 것이다. 그리고 우울증을 경험할 가능성이 비교적 높은 것으로 알려진 개인이나 집단을 대상으로 개입하는 경우라면 '선별적 예방'에 해당되며, 우울증의 초기 증상이 나타나 앞으로 충분히 우울증 진단이 가능한 사람들을 특정하여 개입하는 경우라면 '지시적 예방'에 해당될 것이다.

코나인(Conyne, 2004/2010)은 예방을 통해 새로운 문제의 발생을 미연에 방지하는 것이 가능할 뿐 아니라 이미 발생한 문제는 그 심각성과 지속성을 줄이는 것이 가능하며, 그럼으로써 개인의 강점과 기능을 증진시키는 것이 가능하다고 하였다. 이처럼 문제 발생 '이후'에 대처하고 개입하는 치료적 접근보다 문제 발생 '이전'에 선제적으로 개입하는 예방적 접근은 실제로 비용 측면에서 경제적이며(김교헌 외, 2010; Conyne, 2004/2010), 효과 또한 높은 것으로 보고되고 있다(Rapp-Paglicci et al., 2004/2013). 실제로 예방에 사용된 1달러는 치료에 사용된 10달러의 효과와 맞먹는다고 한다(Egan, 2010/2016).

하지만 이처럼 선제적인 예방적 개입이 중요하다고 해서 문제 발생 이후에 개입하는 반응적인 치료적 개입이 무용하다거나 효과가 없다는 뜻은 아니다. 문제가 발생한 이후에 개입하는 반응적 접근은 마땅히 필요하고 중요하며, 향후에도 꾸준히 더 연구하고 발전되어야 할 분야이다. 여기서 강조하고자 하는 점은 반응적 개입 위주의 접근으로는 비용도 많이 들 뿐 아니라 실질적으로 문제의 발생을 줄이는 효과가 제한적이기 때문에, 시기적으로나 대상적으로 범위를 넓혀서 문제 발생 시기 이전부터 가급적 모든 사람이 심리학적 개입과 도움을 받을 수 있도록 개입할 필요가 있다는 이야기이다.

이에 저자는 정신건강 분야에서 예방적 개입의 필요성과 중요성을 강조하기 위해 신체건강 분야에서 이뤄지고 있는 예방적 개입과 비교하여 부연 설명하고자 한다. 사람들은 특정 신체질환에 걸릴 확률을 최소화하기 위해 출생 이후 일정 기간 동안 정해진 스케줄에 따라 예방주사를 맞는다. 이러한 예방접종 스케줄은 이제까지 오랜 기간에 걸쳐 누적되어 온 의학적 연구결과를 바탕으로 과학적으로 설계된 것이다. 이에 모든 사람이 특정 신체질환에 걸리기 취약한 연령대에 맞춰 그 질환에 걸릴 가능성을 최대한 억제하기 위해 미리 예방주사를 맞는다.

이처럼 우리가 신체질환을 예방하기 위해 해당 연령에 따라 미리 설계된 예방주사를 맞듯이, 심리적인 문제를 예방하기 위해서도 발달단계에 따라 과학적으로 설계된 예방적 개입을 실시하는 것이 필요할 것이다. 사람들의 발달단계에 따라 필요한 예방적 개입을 몇 가지 살펴보면 다음과 같다. 예를 들어, 본격적으로 공동체 생활을 시작하는 초등학교 저학년 아동에게는 친구를 사귀거나 사이좋게 지내는 방법을 가르치면 좋을 것이고, 점차 학업의 중요성이 부각되는 초등학교 고학년 학생에게는 학습동기를 증진시키고 효과적인 학습방법을 알려 주는 프로그램을 제공할 필요가 있을 것이다. 또한 자신의 꿈을 키우고 진학과 진로를 생각해야 하는 중학교 학생에게는 자기 이해를 바탕으로 자신에게 적합한 진로를 설계하는 데 도움을 주는 프로그램을 제공하고, 취업과 같이 본격적인 사회생활을 앞두고 있는 대학생에게는 대인관계 갈등 조절과 스트레스 관리 프로그램을 제공하면 좋을 것이다. 또한 결혼과 출산을 앞둔 사람에게는 부부대화 프로그램이나 양육기술훈련 프로그램을 제공하고, 은퇴를 앞둔 사람에게는 은퇴 이후의 삶에 적응하고 제2의 인생을 잘 준비할 수 있도록 돕는 프로그램을 제공하면 좋을 것이다. 이처럼 발달단계에 따라 특정 시기에 필요한 심리학적 도움을 미리 제공하게 되면 사람들이 해당 단계의 발달과업을 보다 잘 이행하는 데 도움을 받음으로써 관련된 심리적 문제의 발생을 억제할 수 있을 뿐 아니라, 나아가 보다 만족스러운 삶을 살아가는 데 도움이 될 것이다.

신체질환을 예방하기 위한 예방주사는 맞는 사람과 안 맞는 사람이 따로 있지 않고 모든 사람이 다 맞는다. 이와 마찬가지로 '심리적 예방주사'를 모든 사람이 맞게 된다면 심리적 어려움을 예방할 수 있을 뿐 아니라, 사람들이 보다 건강하고 행복한 생활을 하는 데 필요한 실질적인 도움을 제공받을 수 있게 된다. 따라서 이와 같이 문제가 발생한 사람들에게 개입하는 치료 위주의 반응적 접근을 넘어서, 문제가 발생하기 이전에 문제의 발생을 예방할 뿐 아니라 사람들이 보다 건강하고 행복하게 살아가도록 도와주는 예방 위주의 선제적 접근을 보다 광범위하게 실시할 필요가 있다.

　지금까지 정신건강의 개념과 정의, 그리고 정신건강 패러다임 변화와 예방 위주의 선제적 접근의 중요성에 대해 살펴보았다. 과거에는 소극적 의미의 정신건강과 치료 위주의 반응적 접근을 위주로 개입해 왔으므로 문제가 생기면 사후에 문제에 대해 개입하는 것에 주로 초점을 두어 왔다. 하지만 이제는 보다 적극적 의미의 정신건강과 예방 위주의 선제적 접근으로 정신건강의 영역과 심리적 개입의 범위를 보다 확대하여야 한다. 이는 정신건강의 개념을 더 이상 '문제의 유무'에만 초점을 두는 대신, 사람들이 평생 동안 보다 다양한 방식으로 정신건강을 예방하고 증진시킬 수 있도록 확장된 관점으로 개입하여야 함을 의미한다.

　이 절에서 우리는 정신건강의 소극적 의미와 적극적 의미를 살펴보았다. 이 두 가지 의미의 정신건강은 우리에게 모두 필요한 관점으로, 전통적으로 소극적 의미의 건강 개념이 있어 왔기에 그동안 수많은 연구를 통해 질병을 이해하고 치료하는 영역에서 놀라운 발전을 이룰 수 있었다. 하지만 소극적 의미의 건강 개념만으로는 이상적인 건강 상태에 도달하기 어려우므로, 적극적 의미의 정신건강 관점과 병행하여 상호보완적으로 시행되어야 할 것이다. 다시 말해, 이미 발생한 정신적인 문제를 줄이려는 노력도 필요하지만 이것만으로 정신건강이 좋아지는 것은 아니므로, 정신건강을 유지하고 향상시키기 위해서는 보다 적극적인 노력이 병행되어야 한다. 이러한 의미에서 보다 적극적 의미의 정신건강을 이루기 위해 어떤 노력이 더 필요할지 생각해 보도록 하자.

[Self-checking]

• 적극적 의미의 정신건강을 이루기 위해 나는 어떠한 노력을 기울여야 할까?

_____

_____

3. 정신건강의 조건

이 절에서는 정신적으로 건강해지기 위해서 갖추어야 할 조건과 정신건강이 실현된 상태는 어떤 모습인지 살펴볼 것이다. 그리고 WHO(2022)에서 제시한 심리적 안녕의 구성요소에 대해 알아보고자 한다.

> **생각해 보기**
>
> – 정신적으로 건강하기 위해 갖춰야 할 것들은 무엇일까?
> – 정신적으로 건강한 삶이란 어떤 모습일까?

1) 정신건강의 조건

야호다(Jahoda, 1958)는 정신건강에 대한 관심이 적었던 시기에 정신질환(mental illness)보다 정신건강(mental health)에 관심을 가졌던 선구적인 인물로서, 이상적인 정신건강에 대한 연구를 통해 다음과 같은 여섯 가지 기준을 제시하였다. 사람들이 정신적으로 건강하기 위해 갖추어야 할 첫 번째 조건은 긍정적 자아개념(positive view of the self)이다. 자기 자신에 대해 가지고 있는 생각을 자아개념이라고 하는데, 일반적으로 사람들은 자기 자신에 대하여 좋게 생각하는 면도 있고 부정적으로 생각하는 면도 있다. 하지만 부정적인 자아개념을 지닌 사람들은 주로 자신의 안 좋은 점이나 열등한 점에 주목하면서 자신을 부정적이거나 비관적으로 생각하고 평가한다. 그리고 이러한 부정적인 자아개념은 우리의 정서에 영향을 주기 때문에 좌절과 절망에 빠지기 쉬우며 우울이나 분노와 같은 여러 심리적 문제를 겪을 가능성을 증가시킨다. 그래서 야호다는 정신적으로 건강하기 위해서는 무엇보다 자아개념을 긍정적으로 지니는 것이 필요하다고 하였다.

정신건강을 위한 두 번째 조건은 개인적 성장과 자아실현(personal growth & self–

actualization)이다. 이는 자신이 가진 잠재력을 최대한 발휘하여 자기를 이루어 나가는 것을 의미하고, 정신적으로 건강하기 위해서는 이러한 노력이 필요하다고 보았다. 참고로, 매슬로(Maslow, 1970)는 욕구의 위계이론에서 가장 상위 단계에 자아실현의 욕구가 존재한다고 하였다([그림 1-1] 참조). 하지만 그는 모든 사람이 최상위 단계인 자아실현 상태까지 도달하지는 못한다고 보았다. 이러한 점을 고려할 때 자아가 실현된 상태를 의미하기보다, 자아를 실현하려고 끊임없이 건설적으로 노력하는 사람들이 정신적으로 건강한 사람이라고 볼 수 있을 것이다.

[그림 1-1] 매슬로의 욕구위계이론

정신건강을 위한 세 번째 조건은 통합력(integration)이다. 통합력은 자신의 존재나 경험의 여러 부분을 합쳐 하나의 전체로서 받아들이는 것을 의미한다. 이는 자신의 좋은 면뿐 아니라 단점이나 인정하기 싫은 부분도 받아들이고, 긍정적인 경험뿐 아니라 안 좋았던 경험도 나의 것으로 인정하고 수용하는 것을 의미한다. 따라서 정신건강을 위해서는 취하고 싶은 것만 취하고 그렇지 않은 것은 인정하지 않는 것이 아니라, 이제까지 살면서 거쳐 왔던 모든 경험과 자신의 모든 부분을 받아들여 전체의 나로서 조화롭고 균형 있게 통합하는 것이 필요하다.

정신건강을 위한 네 번째 조건은 자율성과 독립성(autonomy & independence)이다. 성숙하고 건강한 사람들은 자의에 의해서 자율적으로 움직이고 스스로 행동하며, 자신이 원하는 것이 무엇인지 알고 자신의 의지대로 행동한다. 이에 비해 자율적이지 못하고 독립적이지 않은 사람들은 스스로의 동기에 의해 움직이기보다 다른 사람이 원하는 대로 행동하며, 자신을 믿고 의지하기보다 다른 사람에게 의존한다. 야호다는 정신적으로 건강하려면 자신의 내면에 의한 동기로부터 스스로 행하는 자율성과 독립성을 갖출 필요가 있다고 하였다.

정신건강을 위한 다섯 번째 조건은 현실지각능력(accurate perception of reality)이다. 현실지각능력은 현실을 지각함에 있어 자기 마음대로 왜곡하지 않고 있는 그대로 현실을 보고 판단하는 능력을 의미한다. 이러한 능력을 갖춘 사람들은 자기 자신과 다른 사람, 그리고 세상을 보는 시각이 치우치지 않고 비교적 객관적일 가능성이 높다. 야호다는 이처럼 현실을 왜곡하지 않고 최대한 객관적으로 보고 판단할 수 있는 능력을 갖추어야 정신적으로 건강하다고 보았다.

야호다가 제시한 정신건강을 위한 마지막 조건은 환경에 대한 숙달 능력(mastery of the environment)이다. 정신적으로 건강한 사람들은 환경에 대한 적절한 적응능력을 갖추고 있으며, 실제로 일상생활에서 부딪치는 많은 일을 효율적으로 처리한다. 야호다는 이상과 같은 여섯 가지 조건을 정신건강을 위해 필요한 조건으로 꼽았으며, 이러한 것들을 갖추고 있으면 정신적으로 건강한 사람이고, 그렇지 않으면 정신적으로 문제가 있는 것으로 간주하였다.

[Self-checking]

• 나는 정신적으로 건강하기 위해 필요한 조건들을 갖추고 있는가?

_____

_____

그렇다면 정신건강이 실현된 상태는 어떤 모습일까? 김교헌 등(2010)은 정신건강이 실현된 모습을 신체, 정서, 심리, 사회, 영적 수준으로 나누어 다음과 같이 제시하였다. 먼저, 첫 번째 수준은 '신체적·정서적 수준'으로, 이 수준에서 정신건강이 실현된 모습은 '활기차고 상쾌한 삶'이다. 이러한 상태는 신체기관의 모든 기능이 원활하고, 에너지가 넘치며, 감각의 즐거움을 충분히 누리면서 살아가는 상태를 말한다. 이러한 상태는 적절한 영양과 수면을 취하고, 자연을 즐기고 마음이 맞는 사람들과 어울리며 적절한 취미생활을 통해 가능할 것이다. 하지만 신체적이거나 정서적인 상태는 비교적 지속기간이 짧아 이러한 상태를 계속해서 유지하는 것이 쉽지 않다. 그래서 신체적, 정서적 수준에서 활기차고 상쾌한 삶을 살기 위해서는 짧더라도 자주 이러한 노력들을 반복해 줄 필요가 있다.

두 번째는 '정서적 · 심리적 수준'으로, 이 수준에서 정신건강이 실현된 모습은 '즐거운 삶'이다. 즐거운 삶이란 수용과 감사를 통해 과거에 대해 만족감을 느끼고, 적극적 참여와 몰입을 통해 현재를 살아가며, 도전과 낙관적 기대를 통해 미래에 대한 희망을 느끼며 살아갈 때 가능하다. 참고로 셀리그먼(Seligman, 2002, 2006)은 과거, 현재, 미래에 대해 긍정적 감정을 느끼면서 살아가는 것이 즐거운 삶이라고 하였다.

세 번째는 '심리적 · 사회적 수준'으로, 이 수준에서 정신건강이 실현된 모습은 '적극적인 삶'이다. 적극적인 삶이란 일상생활에 적극적으로 참여/몰입하여 자신의 강점과 잠재력을 최대한 발휘하고 실현해 나가는 것을 의미하며, 자아를 실현하기 위해 무언가에 몰입하여 노력하며 살아가는 모습을 적극적인 삶으로 보았다. 이러한 적극적인 삶은 앞서 말한 즐거운 삶에 비해 보다 장기적으로 이뤄지고 지속된다.

마지막은 '사회적 · 영적 수준'으로, 이 수준에서 정신건강이 실현된 모습은 '의미 있는 삶'이다. 의미 있는 삶이란 삶에 대한 관심이 자신과 가족에게 국한되지 않고, 이웃과 공동체, 지역사회, 국가, 나아가 세계와 인류를 위해 기여하고 공헌하는 삶을 의미한다. 이는 나와 나의 가족, 내 주변의 사람들에게 국한되어 있던 관심의 범위를 넓혀, 자신과 직접 상관없더라도 세상을 함께 살아가고 있는 사람들과 다음 세상을 살아갈 후세대를 위해 베풀고 배려하는 삶을 뜻한다. 의미 있는 삶은 에릭슨(Erikson)이 제시한 생산성과 유사한 의미로 볼 수 있다.

참고로, 셀리그먼(Seligman, 2002, 2006, 2009)은 시대와 문화에 걸쳐 공통적이며 인류에게 보편적인 덕목이 있으며, 이 가운데 자신을 잘 드러내 주는 대표강점(signature strength)을 찾아 이를 계발하여 일과 사랑, 여가 등의 일상생활에 적극적으로 활용하면 자기를 실현하고 보다 의미 있는 삶을 사는 것이 가능하다고 하였다. 피터슨과 셀리그먼(Peterson & Seligman, 2004)은 심리적 강점과 덕성에 대한 자료조사를 통해 여섯 가지 핵심 덕성과 이에 해당하는 24개 하위강점이 포함된 VIA(Virtues in Action) 분류체계를 제시하였다. 첫 번째 핵심 덕성은 지혜와 지식(wisdom & knowledge)으로, 이는 보다 나은 삶을 위해 지식을 획득하고 활용하는 것과 관련된 인지적인 강점들을 의미한다. 여기에는 창의성, 호기심, 개방성, 학구열, 그리고 지혜나 통찰과 같은 다섯 가지 하위강점이 포함되며, 이러한 하위 특성을 통해 지혜나 지식이 성취된다. 두 번째 핵심 덕성은 인간애(humanity)로, 이는 타인을 돌보고 타인과 친밀하게 지내는 능력을 포함한 대인관계적 강점이다. 여기에는 사랑, 친절, 사회지능과 같은 세 가지 하위강점이 포함된다. 세 번째 핵심 덕성인 용기(courage)는 난관에 직면했을 때 자신의 목적을 성취하기 위해 필요한 정서적인 강점으로, 여기에는 용감성, 인내, 진실성과 활력의 네 가지 하위강점이 포함된다. 네 번째 핵심 덕성인 정의(justice)는 건강한 공동체의 기초를 이루는 사회시민적인 강점으로, 시민의식과 공정성, 리더십의 세 가지 하위강점이 포함된다. 다섯 번째 핵심 덕성은 절제(temperance)로서, 이는 방만하거나 지나치지 않게 자신을 보호해 주는 성격적 강점으로, 여기에는 용서, 겸손, 신중성, 자기조절의 네 가지 하위강점이 포함된다. 마지막 핵심 덕성은 초월성(transcendence)이며, 이는 자신을 넘어 우주와 연결하고 삶에 의미를 부여하는 영적 강점으로, 여기에는 심미안, 감사, 희망, 쾌활성, 그리고 영성의 다섯 가지 하위강점이 포함된다. 이와 같이 피터슨과 셀리그먼은 인지적, 대인관계적, 정서적, 사회시민적, 성격적, 영적 차원의 강점을 잘 계발하여 삶에서 적극적으로 활용할 때 사람들이 보다 의미 있는 삶을 살 수 있다고 하였다(김교헌 외, 2010 재인용).

셀리그먼(Seligman, 2011)은 『Flourish』라는 그의 저서에서 의미 있는 사람이 되기 위한 다섯 가지 조건을 앞의 철자를 따서 PERMA로 제시한 바 있다. P는 긍정 정서(positive emotions)이며, 이는 기쁨이나 희망, 신뢰, 자신감, 낙관성과 같은 긍정 정서를 많이 느끼는 것을 말한다. E는 몰입(engagement)으로, 자신이 정말로 좋아하는 일을 자발적으로 찾아서 시간 가는 줄 모르고 이에 몰두하는 것이다. R은 관계(relationships)이며, 타인과 의미 있고 진정성 있는 관계를 형성하고 지속하는 삶을 사는 것이다. M은 의미(meaning)로서, 자신이 중요하다고 생각하는 것에 소속하고 그것에 기여하면서 삶의 가치를 추구하는 것이다. 마지막으로 A는 성취 (accomplishments)로서, 이는 다른 사람과의 비교나 경쟁에서 이기는 것이 아니라 자기 스스로 성취하고 발전해 나가는 것을 의미한다.

❖ PERMA 척도 문항의 예

- 긍정 정서(P): 전반적으로 당신은 얼마나 자주 긍정적인 느낌을 갖습니까?
- 몰입(E): 당신은 얼마나 자주 하고 있는 일에 몰입합니까?
- 관계(R): 당신은 개인적 인간관계에 얼마나 만족합니까?
- 의미(M): 전반적으로 당신의 삶에서 당신이 하는 일이 어느 정도로 가치와 의미가 있다고 느낍니까?
- 성취(A): 당신은 얼마나 자주 스스로 설정한 중요한 목표를 달성합니까?

출처: Butler와 Kern(2014)이 개발한 The PERMA-Profiler를 김미진(2015)이 번안하였음.

따라서 보다 의미 있는 삶을 살면서 행복하게 살아가기 위해서는 앞에서 제시한 바와 같이 자신이 지니고 있는 대표강점을 잘 찾아 이를 계발하려는 노력을 꾸준히 기울일 필요가 있으며, 아울러 긍정적인 정서와 몰입, 관계, 의미, 성취를 이루면서 삶을 살아갈 필요가 있을 것이다. 이러한 노력을 우리의 일상생활 속에서 꾸준히 실천한다면 정신건강을 실현하는 데 보다 유용한 도움이 될 것이다.

2) 심리적 안녕의 구성요소

심리학적 관점에서는 심리적 안녕(psychological well-being)을 이룬 상태를 정신적으로 건강한 상태로 간주한다. 이에 심리적 안녕을 이루는 요소를 살펴봄으로써 정신건강의 조건을 유추해 보도록 하겠다.

리프와 싱어(Ryff & Singer, 2008)는 심리적 안녕의 여섯 가지 요인을 다음과 같이 제시하였다. 첫째는 자기수용(self-acceptance)으로, 이는 자기 자신에 대해 긍정적인 태도를 지니는 것을 의미한다. 자기수용은 자신의 좋은 면뿐 아니라 안 좋은 면도 모두 포함하여 자신을 수용하는 것이며, 자신이 지나온 과거를 긍정적으로 느끼는 것을 의미한다. 둘째는 개인적 성장(personal growth)으로, 이는 자신을 늘 성장하고 발전하는 존재로 인식하고 새로운 경험에 개방적이며 자신의 잠재력을 깨닫는 것이다. 개인적 성장을 이룬 사람들은 자신에게서 향상을 발견하고 보다 나은 방식으로 행동을 변화시키려는 태도를 지닌다. 셋째는 삶의 목적(purpose in life)으로, 삶의 목적을 분명하게 지니고 있는 사람들은 방향감과 목표의식을 가지고 삶을 살아가고, 자신이 살아온 과거와 현재를 의미 있게 받아들인다. 넷째는 긍정적인 대인관계(positive relations with others)로서, 대인관계를 긍정적으로 하는 사람들은 따뜻하고 만족스럽고 신뢰로운 관계를 유지하며 다른 사람의 복지와 안녕에 관심을 기울인다. 이들은 타인에게 공감하고 친밀감을 느끼며 상호적인 인간관계를 지향한다. 다섯째는 환경적 숙달감(environmental mastery)으로 이는 환경을 다루는 데 있어서 숙달감과 유능감을 지니는 것이다. 환경적 숙달감이 높은 사람들은 주어진 기회를 효과적으로 활용하고 자신의 욕구와 가치에 맞게 맥락과 환경을 선택하거나 창조한다. 여섯째는 자율성(autonomy)으로, 자율성이 높은 사람은 자기결정적이고 독립적이며 특정 방식으로 생각하고 행동하게 하는 사회적 압력에 대항할 수 있다. 또한 이들은 자신의 행동을 조절하고 자신의 개인적 기준에 의해 자기 자신을 평가한다.

❖ 심리적 안녕감 척도 문항의 예

- 자기수용: 살아온 내 인생을 돌이켜 볼 때 현재의 결과에 만족한다.
- 개인적 성장: 나에게 있어서 삶은 끊임없이 배우고 변화하고 성장하는 과정이다.
- 삶의 목적: 나는 인생목표를 가지고 살아간다.
- 긍정적 대인관계: 내 친구들을 믿을 수 있고, 그들도 나를 믿을 수 있다고 생각한다.
- 환경적 숙달감: 매일의 생활에서 내가 해야 할 책임들을 잘 해내고 있다.
- 자율성: 나는 무슨 일을 결정하는 데 있어 다른 사람들의 영향을 받지 않는 편이다.

출처: Ryff(1989)가 개발한 Psychological Well-Being Scale(PWBS)을 김명소, 김혜원, 차경호(2001)가 번안하였음.

한편, 김유숙, 박승호, 김충희, 김혜련(2007)도 심리적 안녕을 이루는 다섯 가지 구성요소를 제안하였다. 이들은 첫 번째 구성요소로 자기존중감 구축을 꼽고 있는데, 앞서 야호다도 정신건강의 조건으로 긍정적 자아개념을 지니는 것을 첫 번째로 제시한 바 있다. 자기존중감은 자신이 가치 있는 존재라는 것에 대한 믿음이며, 자신에 대한 평가와 나에 대한 타인의 평가가 서로 자극이 되어 상승작용을 하면서 긍정적인 자기존중감을 구축하게 된다. 이처럼 긍정적이고 건강한 자기존중감을 갖는 것은 심리적 안녕과 행복의 핵심요소가 된다.

두 번째 구성요소는 만족스러운 대인관계를 형성하는 것이다. 인간은 혼자서는 살아갈 수 없는 사회적 존재로, 타인과 의미 있는 관계를 형성하며 살아갈 때 개인적으로도 성장하고 만족 또한 느낄 수 있게 된다. 정신적으로 건강한 사람들은 다른 사람들과도 긍정적이고 원만하고 좋은 관계를 유지하면서 살아간다. 따라서 이러한 능력은 심리적 안녕감을 이루는 주요한 요인이 된다.

세 번째 구성요소는 능력개발과 성취로서, 이는 자신이 하는 일에 대해 자신감을 가지고 성공 경험을 쌓음으로써 심리적 안녕을 이룰 수 있음을 의미한다. 이는 앞서 야호다가 제시한 자아실현 혹은 김교헌이 제안한 적극적인 삶과 유사하다.

네 번째 구성요소는 위기와 실패에 대응하는 능력이다. 심리적으로 건강한 사람들이라고 해서 삶의 부정적인 경험들을 겪지 않고 살아가는 것은 아니다. 모든 사람은 예외 없이 살다보면 이런저런 실패와 좌절, 그리고 위기를 겪게 된다. 중요한 것은 실패와 위기를 겪지 않는 게 아니라, 살면서 맞닥뜨리게 되는 부정적인 경험들에 어떻게 반응하고 대처하는가이다. 그러므로 정신적으로 건강하고 심리적 안녕감을 이루는 사람들은 삶에서 일어나는 부정적 경험이라 할지라도 이를 받아들이고, 이에 효율적으로 대처하면서 살아가는 사람들이라고 볼 수 있다.

심리적 안녕을 이루는 마지막 구성요소는 삶의 의미와 가치에 대한 분별력이며, 이것이 정신건강에 있어서 중요한 조건이 된다고 제안하였다. 앞서 김교헌과 셀리그먼도 삶의 의미를 추구하는 것의 중요성에 대해 제시하였는데, 이와 마찬가지로 사회적, 종교적, 영적, 철학적 가치 안에서 삶의 의미에 대한 통찰을 지니는 것이 심리적 안녕감을 이루는 주요 요인이 된다고 보았다.

정리하면, 자신을 수용하며 긍정적인 자기존중감을 구축하고, 만족스러운 인간관계를 영위하며, 삶의 목적을 향해 자신의 능력을 개발하는 과정에서 개인적 성장을 이루며, 살면서 맞닥뜨리게 되는 위기와 실패에 적절히 대응하여 환경적인 숙달감을 지니고, 자율적으로 삶의 의미와 가치를 느끼면서 살아갈 때 심리적인 안녕감의 상태에 다다를 수 있을 것이다.

[Self-checking]

• 심리적 안녕의 상태에 이르기 위해 나는 어떤 점을 더 노력해야 할까?

_____

_____

이제까지 몇몇 학자의 연구를 인용하면서 정신건강의 조건에 대해 살펴보았다. 하지만 정신건강에는 한 가지 정답만 존재하는 것은 아니다. 사람마다 성향도 다르고, 중요하게 생각하는 것도 다르며, 필요로 하는 것도 다를 수 있기 때문이다. 따라서 앞서 피터슨과 셀리그먼이 제시한 것처럼 자신에게 있는 대표강점을 잘 찾아 이를 적극적으로 활용하는 삶을 살려고 노력하는 자세가 필요할 것이다.

이 장에서는 정신건강과 관련된 주요 실태조사 결과들을 살펴봄으로써 정신건강의 현황과 심각성을 인식하고, 적극적인 의미의 정신건강 개념과 최근 들어 중요성이 점점 더 부각되고 있는 긍정심리학을 기반으로 하는 선제적 접근의 중요성에 대해 살펴보았다. 또한 정신건강과 심리적 안녕을 이루기 위해 필요한 여러 조건에 대해서도 함께 다루었다.

이를 통해 정신건강의 중요성을 다시 한번 상기하면서 보다 적극적인 정신건강 상태에 도달하기 위해 어떠한 노력을 기울여야 하는지 생각해 보는 기회가 되었기를 바란다.

제2부
성격과 인간관계

CHAPTER
02
성격

이 장에서는 사람들의 성격에 대해 다루고자 한다. 정신건강과 관련하여 성격을 살펴보는 이유는 사람들의 일상생활 전반에 걸쳐 성격이 매우 의미 있고 중요한 영향을 미치기 때문이다. 성격은 우리가 맺는 대인관계와 스트레스에 대처하는 방식에 영향을 미치고, 사람들이 걸리기 쉬운 질환에 차이를 가져오기도 한다.

이처럼 성격은 삶의 중요한 이슈와 깊은 관계가 있으므로, 정신적으로 건강하고 성숙한 삶을 살아가기 위해서는 자신의 성격을 보다 잘 이해할 필요가 있다. 따라서 이 장에서는 성격의 본질과 특성에 대해 살펴보고, 성격형성에 영향을 미치는 요인들과 주요 성격발달이론에 대해 살펴보겠다.

1. 성격

이 절에서는 성격이란 무엇인지 그 개념을 살펴보고, 성격 연구의 역사적 발달과정과 비교적 최근에 활발히 연구되고 있는 성격 5요인에 대해 살펴볼 것이다. 그리고 성격은 어떻게 발달되며, 그 과정에서 기질과 환경은 서로 어떻게 영향을 주는지에 대해 알아보고자 한다.

- 성격이란 무엇일까?
- 성격 형성에 영향을 미치는 요인은 무엇일까?

1) 성격의 개념

우리의 삶은 끊임없는 적응을 필요로 한다. 이에 사람들은 자신이 처한 상황에서 살아남기 위해 독특한 성격을 발달시킨다. 성격은 영어로 personality인데, 이는 가면을 뜻하는 라틴어 페르소나(persona)에서 유래한 것으로 알려져 있다. 카버와 샤이어(Carver & Scheier, 2012/2012)는 성격을 한 개인의 독특한 행동, 사고, 감정의 패턴을 창조하는 개인 내부의 역동적 조직으로 정의하였다. 이처럼 한 개인의 역동적 조직인 성격은 결국 사람마다 독특한 행동과 사고, 그리고 감정의 차이를 만들어 내며, 이로 인해 우리는 한 사람을 다른 사람과 구별하는 것이 가능해진다.

성격은 오랜 기간에 걸쳐 누적된 경험으로 인해 형성되는 것이며, 이에 한 개인에게서 비교적 일관되게 나타난다. 따라서 성격은 안정적인 특성을 지니며, 이는 한 개인에게서 나타나는 모습이 쉽게 변하지 않고 일관성 있게 지속되게 하는 데 기여한다. 그래서 성격은 한 개인의 안정적인 패턴이면서 동시에 한 사람을 다른 사람과 구별할 수 있게 해 주는 독특성을 반영한다고 볼 수 있다(노안영, 강영신, 2002).

2) 성격 연구의 발달과정

성격은 언제부터 어떻게 연구되어 왔을까? 앞서 성격이 '개인 간의 차이를 나타내 주는 독특성'이라고 하였는데, 이처럼 성격에 대한 연구는 개인차에 대한 지각에서 비롯되었다.

먼 옛날 고대인들은 별자리나 사람들의 생김새, 체형, 체액 등을 보고 사람의 성격을 파악하려 하였다. 오늘날에도 별자리나 혈액형에 따른 성격특성이 사람들 사이에 여전히 회자되고 있지만, 그것은 일종의 흥미 차원이지 이를 과학적이라고 생각하는 사람은 드물 것이다. 이처럼 고대인들이 별자리나 체형 등을 바탕으로 성격을 구분하려 했던 것을 가리켜 pseudoscience, 즉 의사과학(擬似科學)이라고 부른다.

이와 같이 신체적 유형에 따라 성격을 구분하려는 시도는 1900년대 초반까지도 있어 왔다. 크레치머(Kretschmer)는 사람들의 성격을 체형에 따라 쇠약형, 비만형, 근육형 혹은 이상신체형으로 구분하였다. 쇠약형은 성격이 내향적이고 정신분열증적 기질이 있고, 비만형은 정서가 불안정하고 조울증적 기질이 있으며, 근육형은 조울증과 정신분열 기질이 모두 있다고 보았다. 그리고 이러한 것들이 모두 없는 신체상태를 가리켜 이상신체형이라고 하였다. 쉘든(Sheldon) 역시 체형에 따라 내배엽형, 중배엽형, 외배엽형으로 구분하였는데, 내배엽형은 성격이 사교적이고 온화하고, 중배엽형은 경쟁적이고 공격적이며, 외배엽형은 내향적이고 억제적이라고 하였다(노안영, 강영신, 2002 재인용). 하지만 현대과학에서는 이러한 의사과학에 바탕을 둔 분류를 더 이상 받아들이고 있지 않다.

1940년대부터는 성격을 측정하기 위한 심리검사가 본격적으로 개발되기 시작하였다. 많은 심리학자가 과학적, 객관적 근거를 갖춘 심리검사를 개발하여 사람들의 성격을 측정하게 되면서 비로소 과학적으로 성격을 연구하는 발판을 마련하게 된 것이다. 이러한 영향으로 현재까지도 임상장면에서 널리 활용되고 있는 로샤, TAT, MMPI와 같은 검사가 이 무렵에 개발되어 현재까지 사용되고 있다.

1952년에는 성격 연구 역사상 또 하나의 중요한 발전이 있었다. 미국정신의학회에서 DSM을 출간하였는데, DSM은 Diagnostic & Statistical Manual of Mental Disorders의 앞 철자를 따서 부르는 것으로 모든 정신과적 장애의 진단기준을 수록한 책이다. 주목할 만한 점은 1952년에 첫 출간된 DSM-I에 성격장애 진단 범주가 실린 것이다. 그리고 이 영향으로 성격장애에 대한 다양한 연구가 현재까지도 활발하게 진행되고 있다.

성격연구에서 또 한 가지 기억할 만한 흐름은 성격 5요인에 대한 연구 움직임이다. 5요인 모델은 1949년 피스크(Fiske)가 처음으로 제시하였으나 1980년대 이후부터 본격적으로 연구가 이뤄졌으며, 현재 많은 학자가 성격을 요인분석하면 크게 다섯 가지 요인으로 도출된다는 데 의견을 같이하고 있다. 이 다섯 가지 요인은 문화에 따라 공통적으로 나타나는 성격 특징이다(노안영, 강영신, 2002).

3) 성격 5요인

1980년 무렵부터 일부 성격 연구가들(Goldberg, 1981; Costa & McCrae, 1985, 1992; McCrae & Costa, 2003)을 중심으로, 성격을 묘사하는 차원의 수를 줄이면서도 문화적으로 보편성을 띄는 성격요인을 찾고자 요인분석 방법을 사용하여 주요 성격특징을 추출하려고 하였다. 그 결과, big five라 불리는 '성격 5요인 모형'이 도출되었고, 이를 계기로 현재까지도 이에 대한 많은 연구가 진행 중이다.

성격 5요인은 외향성, 신경성, 우호성, 성실성, 경험에 대한 개방성이다. 외향성(extraversion)은 사교적, 지배적, 주장적, 활동적, 자발적이고 쾌활한 성격특성을 말한다. 외향성이 높은 사람들은 비교적 사람들의 눈에 잘 띄고, 사회적 영향력에 관심이 많은 편이다. 최근 행복에 관한 연구(Steel, Schmidt, & Shultz, 2008; Ha & Kim, 2013)에 의하면 외향성은 주관적 안녕을 예측하는 강력한 성격 요인으로, 외향성이 높으면 삶에 대한 만족감이 높아지고 행복감도 보다 많이 경험하는 것으로 밝혀졌다.

신경성(neuroticism)은 불안과 긴장을 자주 경험하고, 정서가 예민하고 불안정하며, 다소 부정적인 성격특성을 의미한다. 신경성이 높은 사람들은 대체로 불안과 심리적 디스트레스 수준이 높은 것으로 보고된다. 신경성은 외향성과 마찬가지로 주관적 안녕감을 예측하는 중요한 성격요인으로, 부정 정서와 상관이 높기 때문에 신경성이 높을수록 행복감을 덜 경험한다(Steel et al., 2008).

우호성(agreeableness)은 따뜻하고 친절하며 사람들과 좋은 관계를 유지하는 것을 중요시하는 성격특성이다. 우호성이 높은 사람들은 매우 반응적이고 협조적이며 덜 공격적인 성향을 지녔고, 자신의 부정적인 감정을 억제하고 사람들과 좋은 관계를 유지하고자 노력한다.

성실성(conscientiousness)은 책임감과 의지가 있고 인내력이 높으며 주의 깊고 신중하고 부지런하며 계획성 있는 사람들의 성격특성이다. 따라서 성실성이 높으면 위험하거나 부정적인 행동을 잘 안 하는 반면, 인내심을 가지고 꾸준히 행동하거나 실천하는 특성을 보인다.

마지막으로 경험에 대한 개방성(openness)은 지성(intellect)이라고도 하는데, 이는 다양한 영역의 사회적 경험과 관련이 있어서 보다 창의적이고 호기심과 상상력이 풍부하고 실천적인 특성을 지니는 것과 관계된다.

　이와 같은 다섯 가지 요인을 사람들이 각기 어느 정도 지니고 있는가에 따라 개인 고유의 성격 프로파일이 도출된다. 예를 들어, 어떤 사람은 우호성과 성실성이 매우 높은 데 비해 외향성이나 경험에 대한 개방성은 낮고 신경성은 중간 정도 수준을 보일 수 있고, 또 다른 사람은 신경성과 성실성은 매우 높은 데 비해 우호성은 중간 정도이고 외향성이나 경험에 대한 개방성은 낮을 수도 있다. 따라서 이러한 다섯 가지 요인의 다양한 조합에 따라 성격은 개인의 고유한 독특성을 나타내게 된다.

❖ 성격 5요인 척도 문항의 예

- 외향성: 나는 외향적이며 사교적인 사람이다.
- 신경성: 나는 걱정을 많이 하는 사람이다.
- 우호성: 나는 사려 깊고 거의 모든 사람에게 친절한 사람이다.
- 성실성: 나는 믿을 만하게 일을 하는 사람이다.
- 개방성: 나는 독창적이며 새로운 생각을 잘 떠올리는 사람이다.

출처: John과 Srivastava(1999)가 개발한 The Big Five Inventory(BFI)를 김지현, 김복환, 하문선(2011)이 번안하였음.

[Self-checking]

- 나는 외향성, 신경성, 우호성, 성실성, 개방성의 수준이 각각 어느 정도일까?

_____

_____

---

4) 성격발달에 영향을 미치는 요인

　사람들은 서로 다른 기질을 지닌 채 태어나고, 서로 다른 환경 속에서 성장한다.

그리고 이러한 기질과 환경은 사람들의 성격에 영향을 미친다. 이에 기질과 환경을 중심으로 이들이 성격발달에 어떻게 영향을 미치는지 살펴보겠다.

(1) 기질

기질(temperament)은 정서나 운동, 반응성, 자기통제와 같은 영역에서 드러나는 안정적인 개인차적 특성으로, 이는 생애 초기부터 관찰 가능하다. 기질은 유전에 의해 상당 부분 영향을 받으므로, '성격의 타고난 속성' 또는 '성격의 선천적 경향성'이라고도 칭한다. 이에 기질은 사람들이 성장하고 발달하면서 형성하게 되는 성격의 모체가 된다.

토머스와 체스(Thomas & Chess, 1977, 1986)는 기질을 구성하는 요인으로 다음과 같은 아홉 가지 요인을 제시하였다. 첫째, 아기가 일상생활에서 보이는 신체활동 정도인 활동성, 둘째, 아기가 먹고 자고 배설하는 것이 예측 가능한지를 보는 규칙성, 셋째, 자극이 주어질 때 이에 대한 접근 또는 회피 경향성, 넷째, 상황에 얼마나 잘 적응하는지에 대한 적응성, 다섯째, 아기가 보이는 긍정/부정 반응의 강도, 여섯째, 아기의 반응을 유발하는 데 필요한 자극의 양, 일곱째, 아기가 보이는 정적/부적 반응의 빈도, 여덟째, 아기가 외부 자극에 의해 얼마나 쉽게 주의산만해지는지를 보는 주의산만성, 그리고 마지막으로 아홉째는 아기가 어떤 활동을 얼마나 오랫동안 지속할 수 있는지를 보는 지구력이다(송명자, 1995 재인용).

이러한 아홉 가지 특성을 기준으로 토머스와 체스는 '순한', '까다로운' 그리고 '반응이 느린'과 같은 세 가지 기질 유형을 구분하였다. 먼저, 순한 아이(easy child)는 규칙적으로 먹고 자고 배설하며, 잘 놀고 환경에 무리 없이 쉽게 적응하는 편이다. 이에 비해 먹고 자고 배설하는 생리적 리듬이 꽤 불규칙적인 아기를 가리켜 까다로운 아이(difficult child)라고 하며, 이들은 잘 울고 예민하며 짜증을 많이 부리는 등 강한 부적 반응을 보인다. 한편, 반응이 느리고 수동적이며 적응하는 데 오랜 시간이 걸리는 아기는 반응이 느린 아이(slow to warm up child)라고 한다. 아기 때 보이는 이와 같은 기질은 비단 영아기에 국한되어 나타나는 것이 아니라, 아동기와 청소년기를 거쳐 성인기에 이르기까지 한 개인의 성격형성에 근간을 이루는 모체가 된다.

하지만 기질이 성격형성의 모체가 된다고 해서 성격의 100%를 모두 결정짓는 것은 아니다. 성격에는 양육 환경을 비롯하여 살아가면서 후천적으로 하게 되는 경험도 상당 부분 영향을 미친다. 따라서 심리학자들은 기질이나 환경 중 어느 하나가 성격을 일방적으로 결정짓는다고 보는 대신, 이 두 가지가 상호작용하면서 성격형성에 영향을 주는 것으로 본다.

(2) 환경

그렇다면 사람의 성격에 영향을 미치는 환경적 요인에는 어떤 것이 있을까? 사람마다 환경의 차이가 크고 살면서 겪게 되는 경험도 매우 다양하지만, 성격형성에 부모가 공통적으로 영향을 미친다는 사실은 분명하다. 태어나서 가장 먼저 만나는 사람이 부모이고, 인생의 초기 과정 중에 가장 많은 상호작용을 하는 사람도 부모이기 때문이다. 그래서 부모가 우리를 어떤 방식으로 양육했는지, 부모와의 관계는 어떠했는지가 성격형성에 매우 중요한 영향을 미친다.

부모 다음으로 성격형성에 중요한 영향을 미치는 또 다른 존재가 있는데, 그것은 바로 또래이다. 아이가 자라서 학교에 들어가는 시기가 되면 또래와의 관계 형성 능력이 매우 중요해지며, 사춘기 무렵의 또래 영향력은 부모의 자리를 능가할 만큼 커지게 된다. 쌍생아나 형제가 같은 부모 밑에서 태어나 자라지만 그럼에도 서로 다른 성격을 지니게 되는 데에는 이들이 성장하면서 각기 다른 친구 집단을 만나 서로 다른 경험을 하는 것이 영향을 미친다.

이처럼 같은 부모 밑에서 태어난 형제이지만 서로 공유하지 않는 환경의 영향으로 성격이 달리 형성되는 것을 가리켜 로위와 플로민(Rowe & Plomin, 1981)은 비공유 환경 효과(nonshared environment effects)라고 하였다. 이들은 한 가족 안의 자녀가 서로 다르게 성장하는 데 영향을 미치는 환경적 요인으로 크게 비체계적 요인과 체계적 요인을 구분하여 제시하였다. 먼저, 비체계적 요인에는 사고나 질병 또는 외상과 같은 요인이 해당되며, 체계적 요인에는 출생순위나 성차와 같은 가족 구성, 형제간 상호작용, 부모에 의한 각기 다른 반응이나 대우, 각기 다른 또래집단이나 교사, 미디어 등의 가족외적 네트워크가 포함된다.

정리하면, 부모의 양육태도나 또래와 같은 중요한 타인은 사람의 성격형성에 영향을 미치며, 이 외에 살면서 개인마다 달리 겪게 되는 다양한 경험도 성격에 영향을 미친다. 그리고 같은 가정에서 자라는 형제라 하더라도 서로 공유하지 않는 다양한 환경적 요인으로 인해 서로 다른 성격특성을 지니게 된다고 볼 수 있다.

　이제까지 성격의 개념과 성격연구의 주요 역사, 그리고 성격형성에 영향을 미치는 요인에 대해 살펴보았다. 요컨대, 성격은 사람에게서 나타나는 안정되고 일관적인 경향성이면서 동시에 사람 간의 차이를 구별해 주는 독특성을 지닌다. 성격은 유전의 일방적 영향으로 형성되는 것이 아니고, 환경의 일방적인 영향을 받는 것도 아니다. 성격은 선천적으로 타고난 기질과 후천적인 경험이 상호작용하여 역동적으로 만들어진 독특한 결과물이다.

　우리가 정신적으로 건강하고 나아가 사람들과의 관계 속에서 보다 만족스러운 삶을 살기 위해서는 자신의 성격에 대한 이해가 선행되어야 할 필요가 있다. 이런 관점에서 우리의 성격은 어떠한지, 또 우리의 성격형성에 영향을 준 부모와 또래와의 관계는 어떠했는지에 대해 생각해 보는 기회가 되길 바란다.

[Self-checking]

• 나의 부모는 어떤 사람인가? 나와 부모의 관계는 어떠했는가? 부모가 나의 성격에 미친 영향은 어떠한가?

_____

_____

• 나의 또래관계는 어떠했는가? 또래가 나의 성격에 미친 영향은 어떠한가?

_____

_____

2. 프로이트의 심리성적 발달이론

이 절과 다음 절에서는 주요 성격발달이론에 대해 살펴보고자 한다. 먼저, 이 절에서는 프로이트(Freud)가 주창한 정신분석 이론의 주요 개념과 심리성적 발달이론에 대해 차례로 살펴보겠다.

┌─ 생각해 보기 ─────────────────────────────

– '프로이트' 하면 무엇이 떠오르는가?

– 무의식은 과연 존재할까?

└───

프로이트는 누구인가

프로이트는 1856년에 오스트리아의 작은 마을 프라이베르그(freiberg)에서 태어나 1939년에 런던에서 세상을 마감하였다. 프로이트의 아버지 제이콥(Jacob)은 마흔 살에 프로이트를 낳았고, 프로이트의 어머니 아말리에(Amalie)에 비해 무려 스무 살이나 나이가 많았다. 프로이트의 아버지는 두 번 결혼하였고, 프로이트의 어머니보다 나이가 많은 자녀도 있었다.

대가족의 가장인 프로이트의 아버지는 사업가였고, 프로이트는 젊은 어머니의 맏아들로서, 자신의 어린 시절을 사랑하는 가족에 둘러싸여 행복하게 지냈던 것으로 기억하고 있다. 하지만 프로이트가 세 살 무렵 아버지의 사업이 실패하고, 이후 프로이트는 모든 삶이 달라졌다고 한다. 이후 프로이트는 오랜 시간 가난에 시달렸지만 아버지의 권위에 의문을 품지 않았고, 뜻밖에 찾아온 재난에 대해서도 아버지를 비난하지 않았다.

프로이트는 한 명의 남동생과 다섯 명의 여동생이 있었다. 프로이트는 형제들 중에서도 가장 총명하여, 프로이트가 공부하는 데 방해가 된다고 말하면 그의 어머니는 여동생이 피아노를 치지 못하게 하였다고 한다. 프로이트는 자신의 어머니를 매우 아름답고 쾌활하고 매력적으로 생각하였고, 어머니와 가까웠으며, 어머니 또한 그러했다.

프로이트가 마흔 살이 되던 1896년에 아버지가 돌아가셨고, 아버지의 죽음은 그에게 깊은 영향을 주었다. 프로이트는 아버지의 죽음으로 복잡하고 혼란스러운 감정을 느꼈고, 자신의 아동기 동안 어떤 식으로든 어머니의 애정으로 아버지를 대신했음을 깨달았다.

프로이트에게 아버지는 라이벌의 대상이었고, 아버지가 돌아가셨을 때 프로이트는 죄책감을 느꼈다. 아버지가 돌아가신 다음 프로이트는 자기분석을 통해 부모와의 관계를 돌아보면서 어렸을 때 자신이 어머니와 결혼하길 원했고 아버지는 라이벌이었다는 것을 깨달았다. 이것이 바로 오이디푸스 콤플렉스이고, 이것은 그에게 있어 가장 중요한 아이디어가 된다. 프로이트는 아버지가 돌아가신 후 자기분석을 통해 1900년에 『꿈의 분석(The Interpretation of Dreams)』이라는 저서를 출간하였다.

출처: Young Dr. Freud, Family: Childhood. PBS: Public Broadcasting Service. From www.pbs.org에서 발췌.

1) 의식의 수준

정신분석에서 가장 강조하는 것은 무의식이다. 무의식은 말 그대로 우리가 의식하지 못하고 있는 부분을 의미하는데, 프로이트는 이러한 무의식이 인간의 행동에 가장 큰 영향을 미치고 우리의 행동을 결정한다고 하였다.

프로이트는 의식의 수준을 지형학적 모델에 따라 세 가지로 구분하였다. 먼저, 의식은 현재 우리가 알고 있고 자각하고 있는 기억, 경험, 생각, 감정 같은 것을 말하는데, 이는 빙산의 일각에 해당된다. 이에 비해 전의식은 의식과 무의식의 중간에 있는 것으로서, 엄격히 보면 무의식에 해당되는 부분이지만 쉽게 의식화가 가능한 부분이다. 예를 들어, 며칠 전에 친구와 갔던 음식점의 이름이 계속해서 의식선상에 떠올라 있는 것은 아니지만, 생각해 보면 그다지 어렵지 않게 이름을 떠올릴 수 있을 것이다.

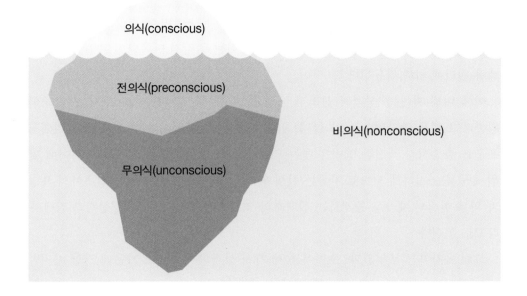

[그림 2-1] 프로이트의 지형학적 모델

그럼 무의식은 어떤 것일까? 무의식은 사람들이 쉽게 알아차리지 못하는 경험과 기억으로 구성되어 있으며, 정신분석의 주요 초점이 되는 부분이다. 프로이트는 사람들이 쉽게 용납하기 어려워서 억압하고 있는 공격적 욕구나 성적 욕구 또는 어린 시절의 좌절이나 상처, 수치스러웠던 기억과 죄책감, 두려움 같은 것이 무의식 속에 들어가 있다고 보았다. 이러한 무의식은 수면 이하에 가라앉아 있어서 겉으로 잘 드러나지 않지만 실질적으로 인간의 행동을 지배하는 중요한 힘으로 작용한다.

2) 성격의 구성요소

프로이트는 성격을 이루는 구성요소를 원초아, 자아, 초자아로 보았고, 이 세 가지 요소에 의해 성격이 작동된다고 보았다. 원초아는 사람들이 태어날 때부터 가지고 있는 것으로, 본능에 해당한다. 프로이트는 원초아를 '본능과 욕동이 들끓는 가마솥'에 비유하였으며, 그렇기에 원초아는 본능에 의해서 움직이는 '성격의 생물학적 구성요소'(노안영, 강영신, 2002)이다.

원초아의 목적은 좌고우면(左顧右眄)하지 않고 무조건 욕구를 충족시키는 것에 있다. 이는 유전적으로 물려받은 특성이자 타고난 본능이며, 사람들의 내면에 존재하는 가장 강력한 힘이기도 하다. 그래서 원초아는 즉각적 만족만이 유일한 목표인 쾌락 원리에 의해 작동된다.

이에 비해 자아는 '성격의 심리적 구성요소'(노안영, 강영신, 2002)로서, 사람들이 원한다고 해서 즉각적으로 다 할 수 있는 게 아니라 자신이 처한 현실을 고려해서 욕구를 충족시킬 적절한 방법을 찾는 역할을 한다. 즉, 현실을 인식하면서 이에 맞춰 욕구를 조절하게 되므로 자아는 현실 원리를 따른다. 또한 자아는 원초아의 욕망과 외부 현실의 제약을 중재하는 집행자의 역할을 수행하기 때문에 '성격의 집행자'라고도 불린다.

그럼 초자아는 무엇일까? 초자아는 세 가지 성격의 구성요소 가운데 가장 마지막에 발달하는 사회적 산물이며, '성격의 사회적 구성요소'(노안영, 강영신, 2002)이다. 초자아는 부모의 금지하는 목소리가 점차 내면화되어 자기 자신의 내적 통제능력으로 발달하게 된 것을 의미한다. 초자아는 옳고 그름에 대한 부모의 목소리와 사회적 가치를 고려하여 행동하게 하는 역할을 하며, 도덕 원리에 의해서 작동된다.

이와 같이 프로이트는 성격이 세 가지 요소로 구성되어 있다고 보았는데, 성격의 어떤 구성요소가 다른 요소보다 더 좋거나 나쁜 것은 없으며 이들 간에 적절한 균형을 이루는 것이 중요하다고 보았다. 그래서 건강한 성격이란 원초아가 너무 강해서 충동적이고 즉흥적이며 지나치게 자기중심적인 것도 아니고, 또 반대로 초자아가 너무 강해서 지나치게 이상적이거나 옳은 것만 추구하고 도덕군자처럼 완벽한 것도 아닐 것이다. 결국 건강한 성격이란 자아가 이들 간의 압력을 잘 조절하여 세 가지 구성요소가 서로 통합되고 조화롭게 균형을 이루는 상태로 볼 수 있다.

3) 심리성적 발달단계

프로이트는 사람이 태어나서 청년기에 이르기까지 모두 다섯 발달단계를 거친다고 하였고, 이들 단계를 각각 구강기, 항문기, 남근기, 잠복기, 생식기라고 이름 붙였다. 프로이트가 발달단계에 이와 같은 명칭을 붙인 것은 원초아, 즉 본능 중에서도 성적 에너지를 일컫는 리비도(libido)가 신체의 어느 부위에 집중되면서 발달하는가에 따른 것이다. 이처럼 프로이트는 리비도를 중시하였고, 이에 프로이트의 발달단계를 가리켜 심리성적 발달단계(psychosexual developmental stage)라고 명명하였다.

프로이트는 성격이 '고착(fixation)'되었다는 표현을 사용한다. 이는 각 단계에서 리비도가 자유롭게 표출되어 적절하게 충족되어야 다음 발달단계로 순조롭게 이동할 수 있는데, 만약 어느 단계에서 욕구가 너무 좌절되거나 반대로 지나치게 충족될 경우에는 그 단계에 성격이 고착하게 된다는 것이다. 이는 욕구의 지나친 박탈이나 만족은 모두 문제를 가져올 수 있음을 의미하며, 이렇게 특정 단계에 성격이 고착될 경우 그 단계에 해당하는 역기능적 성격특성을 나타내게 된다.

(1) 구강기

구강기는 태어나서 대략 1년~1년 반 정도의 기간까지 지속된다. 출생 후 1년 정도에 이르는 이 시기는 구강을 통해 리비도를 충족시키기 때문에, 프로이트는 이 단계를 가리켜 구강기(oral stage)라고 불렀다.

구강기적 성격은 리비도가 이 시기에 지나치게 만족되거나 혹은 지나치게 좌절되어 순조롭게 표현되거나 충족되지 못하고 구강기에 머무르게 될 때 나타나는 성격특성을 말한다. 이에 낙관 또는 비관, 의존 또는 독립, 신뢰 또는 불신과 같은 성격특성이 어느 한쪽으로 지나치게 강조되거나 과장되는 양상으로 나타난다. 그래서 만약 구강기적 욕구가 너무 많이 충족되면 성격특성이 지나치게 낙천적이거나 의존적 혹은 자기중심적이 되고, 반대로 구강기적 욕구가 너무 많이 좌절되면 지나치게 비관적이거나 독립적 혹은 공격적인 성격이 형성된다고 보았다.

하지만 현실에서는 극단적인 낙관이나 비관, 의존이나 독립, 신뢰나 불신은 발생하기 힘들다. 이에 대부분의 사람은 양극을 지닌 스펙트럼상의 중간 무렵 어딘가에 해당하는 성격특성을 지니게 될 것이다. 즉, 성격이 낙천적이고 의존적이며 지나치게 사람을 믿는 쪽으로부터 반대로 비관적이고 독립적이며 공격적인 성향을 보이는 스펙트럼상에서 어느 한쪽 또는 반대쪽 어딘가의 지점에 우리의 성격이 해당될 것이다.

(2) 항문기

구강기 다음은 항문기이다. 아이가 18개월이 지나 약 3세까지는 리비도가 항문 주위를 통해 충족되므로, 프로이트는 이 단계를 항문기(anal stage)라고 불렀다. 이 단계는 생후 첫 1년 동안 주양육자와 강하게 연합(공생)되어 있다가 점차 신체적, 심리적으로 분리되기 시작하여 아이가 스스로 자기감을 형성하고 자아가 발달되는 시기이다.

이 시기에 아이들은 근육의 발달로 운동기능이 증가한다. 보행능력이 발달하면서 아이들은 점차 다른 곳으로 이동하고자 하는데, 이때 부모는 아이를 위험에서 보호하고자 '안 돼', '조심해', '하지 마'와 같은 말들을 어쩔 수 없이 자주 하게 된다. 하지만 아이들도 자아가 생기는 시기이므로, 이에 맞서 '싫어', '할 거야', '안 해'와 같이 말함으로써 고집을 부리고 부모의 제지에 반항하는 모습을 보인다. 그래서 이 시기의 아이를 가리켜 우리나라에서는 '미운 세 살'이라고 하며, 서양에서는 'terrible two'라고 부른다.

이 시기에 특히 눈여겨볼 사항은 바로 부모에 의해 배변훈련(toilet training)이 시작된다는 점으로, 아이가 배변훈련을 하게 되면서 처음으로 부모와 아이의 의지가 서로 충돌하여 갈등을 빚게 된다. 아이로서도 이제까지는 아무 때든 하고 싶은 것을 마음대로 해도 괜찮았지만, 이제는 해서는 안 되는 것이 있다는 것을 처음으로 알게 된다. 따라서 배변훈련은 아이와 부모 모두에게 적지 않은 스트레스와 갈등을 가져온다. 이때 부모의 배변훈련방식은 아이의 성격형성에 중요한 영향을 미치는데, 만약 부모가 배변과정을 적절하게 지도하면서 아이의 성공에 대해 칭찬과 보상으로 관심을 보여 주면 아이는 적당한 시기에 적절한 무언가를 생산하는 것이 참 좋고 필요한 일이며 인정받는 일이라는 것을 자연스럽게 깨닫게 된다.

그런데 만약 이 과정에서 부모가 지나치게 허용적으로 대하거나, 혹은 반대로 지나치게 강압적이거나 처벌적으로 대한다고 가정해 보자. 만약 부모가 아이의 실수에 지나치게 관대하고 허용적으로 대한다면 아이는 배출하는 것을 매우 허용적으로 받아들이게 될 것이다. 따라서 이러한 경우 아이는 항문배출성격(anal expulsive)이 형성되어, 지나치게 무질서하거나 지저분하고 낭비가 심하거나 문란 또는 무절제한 성격이 되기 쉽다.

이와 반대로 배변훈련과정에서 부모가 지나치게 엄격하고 처벌적으로 대하는 경우에는 아이는 배출하는 것에 두려움을 느끼게 될 것이다. 따라서 이 경우에는 항문보유성격(anal retentive)이 형성되며, 자신의 욕구를 지나치게 억제하거나 절제하고 자신의 노력이나 시간, 관심 등을 다른 사람에게 베푸는 데 인색하게 된다. 따라서 아이는 완고하고 고집스럽고 지나치게 청결을 강조하거나 지나치게 꼼꼼한 성격이 되기 쉽다. 이에 프로이트는 질서정연함, 인색함, 완고함을 항문기의 3요소(anal triad)라고 하였다(Gay, 1989).

따라서 항문기에 고착된 사람은 모든 것을 지나치게 자제하거나 아니면 반대로 자제와는 거리가 먼 무절제한 성향을 지닌 사람일 것이다. 하지만 현실적으로는 극단적인 양육환경이 실재하는 경우는 거의 없으므로, 우리는 극도의 자제와 극도의 무절제라는 양극을 지닌 연속선상의 어느 한 지점에 해당하는 성격특성을 지니게 될 것이다.

(3) 남근기

3세 무렵이 되면 아이는 생식기를 통해 리비도를 충족시키게 되는데, 이 단계를 가리켜 프로이트는 남근기(phallic stage)라고 하였으며 이는 대략 5~6세경까지 지속된다. 이 시기에는 오이디푸스 콤플렉스(oedipus complex)가 등장하는데, 오이디푸스 콤플렉스는 아버지를 죽이고 어머니와 결혼한다는 예언 때문에 아버지에게서 버려진 아기가 후에 청년이 되어 실제로 자신의 아버지를 죽이고, 어머니인 줄 모르고 자신의 어머니와 결혼하게 된 오이디푸스라는 인물을 그린 그리스 신화에서 따온 용어이다.

그리스 신화에 나오는 오이디푸스처럼 프로이트는 남근기의 아이들이 이성부모를 사랑하게 되면서 자신이 동성부모를 대신하려는 욕망을 지니게 되어, 남자아이는 아버지를 대신하여 어머니를 차지하려 하고, 여자아이는 어머니를 대신하여 아버지를 차지하려 한다고 보았다. 이러한 마음 때문에 동성부모와 점차 적대적인 관계에 놓이게 되는데, 아이는 자신이 아버지를 두려워하고 적대시하는 감정을 아버지에게 투사함으로써 아버지가 자신을 위협한다고 생각하여 거세불안을 느끼게 된다.

그런데 이러한 불안 상태가 오래 지속되는 것은 참으로 불편하기 때문에 아이는 방어기제를 사용하여 이러한 상태로부터 벗어나려고 하는데, 이때 사용하는 방어기제가 동일시이다. 아이는 동성부모를 적대시하는 대신 동일시를 사용하여 동성부모와 닮아 가는 전략을 취한다. 이렇게 함으로써 아이는 점차 동성부모의 기준을 자기 것으로 받아들이면서 초자아가 발달하게 된다. 다시 말해 아이는 동성부모와의 동일시로 인해 오이디푸스 콤플렉스를 해결하면서 보다 성숙한 성욕과 도덕성을 갖춘 사회화된 존재로 다시 탄생한다.

남근기에 아이가 보이는 이러한 오이디푸스적인 반응에 대해 부모가 어떻게 반응하느냐는 아이의 성격형성에 많은 영향을 미친다. 아이가 보이는 성에 대한 관심과 동성부모 및 이성부모에 대한 각기 다른 반응을 부모가 처벌하거나 유혹하지 않고 이 시기에 정상적으로 나타날 수 있는 반응으로 받아들여 수용해 주면, 아이는 점차 이러한 콤플렉스를 극복해 낼 자원을 갖추게 되어 오이디푸스 콤플렉스를 스스로 '해결'해 나갈 수 있다. 여기서 오이디푸스 콤플렉스를 해결한다는 것은 이성부모에 대한 성적 소망보다 동성부모처럼 되고 싶다는 마음이 더 커짐에 따라 동성부모에 대한 동일시를 통해 적대감을 해소하고 초자아를 형성하며, 이성부모에 대해서는 건전하고 안전한 애정으로 전환한다는 의미이다(Colarusso, 1992/2011).

아이는 결국 이러한 과정을 거치면서 자기만의 공상세계로부터 점차 빠져나와 부모로부터 전달되는 사회적 가치들을 전수받으며 초자아를 형성한다. 이처럼 부모가 아이의 오이디푸스 콤플렉스를 적절하게 수용해 주면 아이는 점차 자신의 콤플렉스를 스스로 해결하지만, 만약 그렇지 않고 부모가 아이의 오이디푸스적인 행동을 지나치게 충족시켜 주거나 반대로 지나치게 처벌하면 아이는 이 시기에 고착되어 후에 남근기적 성격을 보이게 될 가능성이 높아진다.

홍숙기(2016)는 남근기의 주제를 노출과 유혹, 경쟁과 과시, 정복과 권력이라고 하였다. 남근기에 고착된 성격은 이러한 남근기의 주제들이 과장되거나 혹은 반대로 결핍된 형태로 나타날 수 있다. 따라서 남근기적 욕구가 지나치게 허용되거나 충족된 경우에는 자신의 성적 매력을 지나치게 강조하거나 과시하고, 다른 사람과 경쟁하여 타인을 누르고 쟁취하려는 성향이 강조되어 나타날 가능성이 높다. 그래서 남성이든 여성이든 자신의 성적 특징을 지나치게 드러내려 하고, 과시하려 하거나 허세를 부리기도 하며, 자아도취된 모습을 보이거나 성적으로 무모한 행동을 나타내기도 한다. 반대로 남근기적 욕구가 지나치게 좌절되거나 처벌을 받았거나 혹은 어떠한 이유에서든 지나치게 억압되었다면, 비교적 정상 범위에서 드러낼 수 있는 일반적인 성적 경향성조차 억압하려 하거나 혹은 다른 사람들과의 경쟁을 과도하게 피하려는 모습을 보일 수 있다.

(4) 잠복기

아이가 만 6~7세에 접어들어 학교에 입학하는 시기가 되면 아이의 리비도적 관심은 점차 억압되어 성에 대한 관심이 줄어든다. 대신 이 시기에는 인지적, 사회적 욕구가 등장하여 학교에서 새로운 것을 학습하고 또래와 사귀면서 점점 지평을 넓혀 가는 시기를 맞이하게 된다. 프로이트는 이 단계를 가리켜 리비도가 수면 이하로 잠재되었다 하여 잠복기(latent stage)라고 불렀다.

잠복기는 보통 초기 잠복기와 후기 잠복기로 구분되는데, 대략 만 6세부터 8세에 해당하는 초기 잠복기에는 아직까지 오이디푸스 콤플렉스를 억압하고 내재화된 초자아에 적응해야 하므로 아이는 자주 긴장하고 감정의 변화를 겪게 된다. 하지만 후기 잠복기(약 8~11세)에 접어들면서 아이는 더 이상 자기만의 공상에 집착하지 않고 학교에서 공부하고 친구를 사귀는 보다 현실적인 일들을 하게 되면서 부모와의 관계가 점차 편안해지고 또래와도 잘 지낼 수 있게 된다. 이처럼 후기 잠복기에는 비교적 안정적이고 평탄한 시기를 맞이하게 되므로, 이 시기를 가리켜 '아동기의 황금기'라고 부른다. 이처럼 잠복기는 부모에게서 분리되어 사회로 들어가는 단계인데, 이 시기에 아이는 오이디푸스 갈등을 해소하고 초자아를 내재화하며, 또래관계를 발전시키고 인지적 능력을 발달시키게 된다(Colarusso, 1992/2011). 하지만 이 시기는 그리 오래 가지 않고, 제2차 성징이 나타나는 사춘기가 시작되면서 곧 종료된다.

(5) 생식기

제2차 성징이 나타나는 사춘기가 시작되면 생식기를 통해 리비도를 충족시키는 시기가 오게 된다. 프로이트는 이 단계를 가리켜 생식기(genital stage)라고 불렀다. 생식기(genital)라는 용어는 남근(phallic)과는 다른 용어로서, 남근이 주로 남성의 힘과 권력을 과시하는 남성의 상징을 시사하는 데 비해, 생식기는 성숙한 신체기관을 의미한다(홍숙기, 2016). 생식기 이전의 아동이 자기애적이라 자신의 성적 쾌감 충족에만 일차적 관심이 있었다면, 생식기 이후에는 생식능력을 갖춘 성숙한 존재로서 상호적인 성적 만족을 나누려는 욕망이 발달하게 되며, 성역할 정체감이 발달하고 성인으로서의 사회적 관계가 발달하는 시기가 된다.

블로스(Blos, 1967)는 유아가 엄마로부터 분리되고 개별화되는 일차 개별화 시기를 맞이하는 것처럼, 청소년기는 부모에게서 신체적, 심리적으로 분리되어 점차 독립적이고 자율적인 성인이 되어 가는 '이차 개별화' 시기를 맞이하게 된다고 하였다(Colarusso, 1992/2011 재인용). 또한 홍숙기(2016)는 이 단계에 접어든 청소년을 가리켜 '가족의 울타리를 벗어나서 타인을 사랑할 수 있다'고 표현하였다.

지금까지 프로이트가 제시한 다섯 가지 심리성적 발달단계를 살펴보았다. 프로이트는 리비도를 강조하였고 이에 따라 성격이 발달하는 단계를 제시하였는데, 그 가운데 첫 세 단계에 해당하는 구강기, 항문기, 남근기 동안 우리의 성격이 거의 결정된다고 하였다. 따라서 이 시기에 욕구가 지나치게 충족되거나 좌절되면 각각 그 단계에 고착된 성격이 형성되며, 생식기가 되어서야 비로소 성숙한 성격이 나타나기 시작한다고 보았다.

프로이트는 성숙한 성격의 지표로 일과 사랑의 능력을 꼽았으며, 이는 부모에게서 분리되어 가족의 울타리를 벗어나 사회의 성숙한 일원이 되는 것을 의미한다. 또한 자아가 원초아와 초자아의 요구를 잘 조절하여 위협을 느끼거나 두려움이나 죄책감 없이 자신의 욕구를 현실에서 적절하게 충족시키면서 살아 나가는 것을 의미한다. 더불어 성격적으로도 어느 극단에 치우치지 않고 조화롭게 통합할 수 있는 것을 의미한다. 하지만 완벽하게 갖추어진 성장환경이란 현실에서는 사실상 존재하기 어렵다. 따라서 사람들은 모두 부분적으로는 프로이트가 제시한 구강기, 항문기 혹은 남근기에 어느 정도 고착되어 있을 가능성이 높다.

[Self-checking]

• 나의 성격은 프로이트의 구강기, 항문기, 남근기 가운데 어디에 부분적으로 고착
되었을까?

_____

_____

3. 에릭슨의 심리사회적 발달이론

이 절에서는 프로이트의 심리성적 발달이론과 함께 널리 알려져 있는 에릭슨
(Erikson)의 심리사회적 발달이론에 대해 살펴볼 것이다. 에릭슨은 프로이트와 달리
성격발달이 아동기에 국한되지 않고 전 생애에 걸쳐 이뤄지는 것으로 보았다. 이에
성격발달단계를 모두 여덟 단계로 구분하였고, 각 단계에는 양극성(polarity)이 존재
하며, 발달단계별로 발달과업이 있다고 하였다. 에릭슨은 사람들이 발달단계를 거
치는 동안 심리사회적 위기를 겪기도 하지만 위기를 이겨 내는 능력도 갖추고 있다
고 하여, 인간에 대한 보다 낙관적인 견해를 펼치고 있다.

에릭슨은 초기 프로이트 학파에 속하는 학자였지만, 나중에 탈퇴하여 독자적인
이론을 펼쳤다. 따라서 프로이트 이론과 유사한 점도 있고 다른 점도 있는데, 프
로이트와 유사한 점은 에릭슨도 사람의 성격이 일련의 단계를 거쳐 발달한다는
관점을 취하고 있다는 점이다. 하지만 프로이트가 본능, 즉 원초아의 영향을 강조
한 것과 달리, 에릭슨은 자아의 기능을 강조하여 자신의 이론을 자아심리학(ego
psychology)이라고 하였으며, 성적인 부분보다는 사회적인 부분, 즉 인간관계가
인간의 성격발달에 미치는 영향을 강조하였다. 또한 프로이트는 사람이 태어나서
대략 5~6년 정도의 시기에 성격이 형성되고 결정된다고 보았던 것에 비해, 에릭
슨은 전 생애에 걸쳐 성격이 발달하는 것으로 보고 있다.

생각해 보기

– 인생의 발달단계별로 중요한 삶의 과제는 무엇일까?

에릭슨은 누구인가

에릭슨은 1902년에 태어나 1994년에 사망한 독일 출신의 심리학자이다. 에릭슨의 어머니 카일라(Kaila)는 에릭슨을 임신한 후 얼마 지나지 않아 혼자 프랑크푸르트로 가서 에릭슨을 출산했다. 이후 1905년에 에릭슨의 어머니는 에릭슨의 소아과 의사였던 테오도어 홈부르거(Theodor Homburger)와 결혼하여, 에릭슨은 새아버지의 성을 따라 Salomonsen에서 Homburger로 성을 바꾸게 된다.

에릭슨의 어머니와 새아버지는 에릭슨에게 새아버지가 친아버지라고 알려 줬고, 에릭슨은 아버지가 친아버지가 아니라는 사실을 아동기 후기가 되어서야 알게 되었다. 그리고 그는 이 일을 평생 동안 씁쓸히 여겼다고 한다. 이렇게 그의 삶에서 중요한 이슈였던 정체감의 발달은 이후 그의 학문에서도 주요한 관심사로 등장하게 된다. 에릭슨은 성인이 된 이후 자신의 청소년기를 정체감의 혼란기로 기록하고 있다.

고등학교를 졸업한 후 에릭슨은 예술에 대한 꿈을 이루기 위해 플로랑스로 가게 된다. 1927년에 에릭슨은 안나 프로이트(Anna Freud)의 초대로 정신분석적으로 계몽된 비엔나의 작은 사립학교에서 예술과 역사, 지리를 가르치게 된다.

플로랑스로의 이동은 그의 삶과 진로를 바꾸었다. 에릭슨은 그곳에서 몬테소리학교를 수료하고, 비엔나 정신분석연구소에서 정신분석훈련을 시작한다. 그는 특히 아동기와 아동의 치료에 관심이 많아, 1930년에 미국으로 옮겨 와 보스턴에서 아동 정신분석가로 활동하게 된다. 이후 에릭슨은 하버드대학교, 예일대학교 등에 자리 잡고 일하다가, 1950년에는 『아동기와 사회(Childhood and Society)』라는 유명한 저서를 출간한다.

그의 이론에서 가장 잘 알려진 업적은 삶의 각 단계가 특정한 심리적 투쟁(psychological struggle)과 관련되고, 이러한 투쟁은 성격의 주요 측면에 기여한다는 점이다. 신뢰로부터 지혜에 이르는 발달적 진행은 자아와 성격구조를 순차적으로 재구성하며, 각 단계는 이후의 건강과 병리의 잠재적 뿌리가 된다. 또한 심리적인 요소뿐 아니라 사회적인 요소에 관심을 두는 에릭슨의 이론은 프로이트의 사상을 훨씬 뛰어넘는 것으로 평가된다.

출처: 'Erik Erikson'. Encyclopedia(2018)와 Britannica, T. Editors of Encyclopaedia (2022, May 8). Erik Erikson. Encyclopedia Britannica. https://www.britannica.com/biography/Erik-Erikson에서 발췌.

1) 점성이론과 심리사회적 위기

에릭슨의 이론은 점성이론(epigenetic model)에 기초하는데, 점성이라는 말은 epi 의존하다, genetic 유전, 즉 발달이 유전에 의존한다는 의미이다. 이 말은 심리적 성장이나 발달은 생물학적으로 미리 정해진 시간표에 따라 진행된다는 것으로, 이 부분에 있어서 에릭슨의 발달이론은 프로이트와 유사하다. 프로이트도 생물학적으로 발달단계가 결정되어 있어서, 모든 사람이 구강기, 항문기, 남근기의 발달단계를 순서대로 경험한다고 주장하였다. 에릭슨의 심리사회적 발달이론도 일생에 걸쳐 모두 여덟 단계를 사람들이 순서대로 이행해 간다고 보고 있다.

점성이론이 시사하고 있는 것은 한 단계에서 발달과업을 성공적으로 수행하는 것은 다음 단계의 발달을 촉진해서 결과적으로 발달과업을 성공적으로 수행할 가능성을 높인다는 점이다. 이전 단계의 발달에 따라 다음 단계의 발달이 성공적으로 되느냐 혹은 그렇지 못하느냐에 영향을 미치므로, 점성이론은 한 단계의 발달과업을 잘 이행하는 것이 그만큼 중요하다는 것을 시사한다.

에릭슨은 심리사회적 발달의 각 단계 동안 사람들이 특정한 심리사회적 위기를 경험한다고 보았다. 그래서 사람들은 각 단계마다 한쪽은 적응적이고 다른 쪽은 그렇지 않은 서로 반대되는 심리적 특성을 두고 갈등하게 된다. 이러한 갈등을 잘 통합하여 적응적인 심리적 특성을 보다 많이 획득하면, 특정 단계마다 중요한 덕목을 발전시키는 것이 가능하다(Carver & Scheier, 2012/2012).

2) 심리사회적 발달단계

에릭슨은 발달단계를 모두 여덟 단계로 구분하여 제시하였다. 이 단계는 연령을 기준으로 구분되어 있으나, 그 기준이 사람들에게 모두 동일하게 적용되는 것은 아니다. 다시 말해 사람마다 자신만의 고유한 발달 시간표를 가지고 있으므로, 여기에 제시된 연령은 대략적인 기준으로 받아들이면 된다.

(1) 영아기: 신뢰 대 불신

출생 후 대략 1세 무렵까지인 영아기에는 신뢰 대 불신이라는 인생의 위기를 겪게 된다. 이 시기에 양육자가 충분히 아이에게 반응하면서 일관되고 안정적인 방식으로 아이의 요구를 충족시켜 주면 아이는 양육자와 세상을 신뢰하게 된다. 그러나 만약 양육자가 아이를 충분히 수용하지 않고 일관성이 없고 거부적으로 대한다면 아이는 사람들과 세상에 대하여 불신감을 발달시키게 된다.

따라서 이 시기 양육자의 태도는 아이가 신뢰감을 형성하느냐 불신감을 형성하느냐에 결정적인 역할을 한다. 다시 말해 아이들은 이 시기에 신뢰를 형성하느냐, 그렇지 않고 불신을 형성하느냐 사이에서 위기를 겪게 되며, 양육자가 충분한 애정으로 아이의 욕구를 충족시켜 주고 수용해 주면 아이는 기본적인 신뢰감을 형성하게 될 것이다.

그런데 신뢰를 100% 형성하거나 혹은 반대로 불신을 100% 형성하는 경우는 현실적으로 존재하기 어렵다. 따라서 어느 쪽을 보다 많이 경험하게 되느냐가 중요하다. 그래서 이 시기에 긍정적인 특성인 신뢰를 보다 많이 형성하게 되면, 아이는 '희망(hope)'이라는 특성을 발달시킬 수 있다. 여기서 희망은 인생에 대한 일종의 낙관성을 의미(Carver & Scheier, 2012/2012)하며, 이 시기에 형성된 신뢰감은 이후 단계의 위기를 잘 극복하는 데 도움을 주어 다음 단계의 발달과업인 자율성의 발달을 촉진시킨다.

(2) 유아기: 자율성 대 수치심/의심

유아기는 아기들이 태어난 지 1년이 지나면서 근육기능과 언어능력이 발달함에 따라 자기 스스로 행동을 직접 해 보려는 시도가 나타나게 되는 시기이다. 하지만 이 시기의 아이들은 아직 기능이 충분히 발달하지 못하였기에 여러 실수와 시행착오가 발생한다. 이 과정에서 아이들은 부모 또는 양육자와 크고 작은 마찰이 생길 수 있는데, 이때 아이 입장에서 자신이 의도하는 행동이 충분히 허용되지 않을 때 아이는 수치심을 느끼거나 자신의 능력에 대해 의심을 경험한다.

특히 이 시기에는 아이들이 태어나서 처음으로 자신의 욕구대로 해서는 안 되는 일이 있다는 것을 배우게 되는데, 이것이 바로 배변훈련이다. 만약 배변훈련과정에서 부모가 너무 엄격하게 하거나 아이에게 수치심을 주는 방식으로 대하면, 아이는 자신의 능력에 대해 의심을 갖게 되고 아이의 스스로 해 보려는 의지는 좌절된다. 따라서 이 시기에 부모가 아이의 행동을 너무 제지하지 않고 스스로 해 보도록 허용하고 격려해 주면 아이는 수치심보다 자율성이 우세하게 되어, 결국 자기 스스로 선택해서 행동하려는 마음인 '의지(will)'라는 덕목을 발달시키게 된다. 이 시기에 형성하게 된 자율성은 이후 단계의 위기를 잘 극복하는 데 도움을 주어 다음 단계의 발달과업인 주도성의 발달을 촉진시킨다.

(3) 아동기: 주도성 대 죄책감

세 번째 단계는 대략 만 3~5세경에 해당하는 아동기로, 이 시기의 아이는 이전 단계의 아이에 비해 훨씬 더 많은 능력이 생기게 되어 활동범위가 넓어지고 스스로 해 보려는 의지도 보다 강해진다. 그래서 자율성을 넘어 주도적으로 탐색하고 행동하기를 원하게 되는데, 이러한 아이의 욕구와 행동이 어른에 의해 너무 많이 좌절되면 아이는 수치심이나 의심을 넘어 죄책감까지 느끼게 된다. 따라서 이 시기의 아동은 주도성을 보다 많이 경험하느냐 그렇지 않고 죄책감을 보다 많이 경험하느냐의 갈림길에 놓이며, 이때 죄책감보다 주도성을 우세하게 경험하면 자신이 가치 있게 여기는 목표를 추구하려는 경향성인 '목적(purpose)'을 지닐 수 있게 된다.

목적은 스스로 가치 있게 생각하는 목표를 추구하려는 용기를 뜻하며, 이 시기에 형성된 주도성은 이후 단계의 위기를 잘 극복하는 데 도움을 주어 다음 단계의 발달과업인 근면성의 발달을 촉진시킨다.

(4) 학령기: 근면성 대 열등감

네 번째 발달단계는 대략 6세부터 11세 사이로, 아이가 정규 학교교육을 받게 되는 초등학교 시기에 해당한다. 에릭슨은 학교에 가는 이 시기의 아이가 다양한 인지적, 사회적 과제를 수행하면서 성취의 기쁨을 경험하며 이로 인해 주위 사람들로부터 인정을 받아 자존감을 발달시킬 수 있게 되는 중요한 시기라고 하였다. 이 시기에 아이들은 이러한 성취감과 인정받는 기쁨을 누리기 위해 보다 열심히 부지런하게 활동하면서 근면성을 획득하게 된다.

근면이란 자신이 속한 문화에서 필요한 지식과 그것을 사용하는 방법을 획득하고자 하는 소망(Colarusso, 1992/2011)을 의미하며, 에릭슨은 이 시기에 이러한 근면성을 배우지 못하여 자신이 속한 사회에 수용되지 못하거나 사람들에게 충분히 인정받지 못하면 열등감을 발달시키게 된다고 하였다. 따라서 이 시기에 부모나 선생님, 주위 사람들이 제공하는 아이의 수행에 대한 격려와 칭찬과 지지는 아이의 근면성 발달을 촉진하게 된다. 이 시기에도 갈등은 존재하는데 에릭슨은 이 시기의 갈등이 근면성 대 열등감 사이의 갈등이며, 이때 열등감보다 근면성이 우세하게 되면 아이는 '유능감(competence)'을 발달시키게 된다고 보았다.

유능감이란 가치 있는 일을 해낼 수 있다는 느낌(Carver & Scheier, 2012/2012)을 말하며, 이 시기에 형성하게 된 근면성은 이후 단계의 위기를 잘 극복하는 데 도움을 주어 다음 단계의 발달과업인 자아정체감의 발달을 촉진시킨다.

(5) 청소년기: 자아정체감 대 역할혼미

사춘기가 시작되는 12세부터 대략 18세에 해당하는 이 시기는 청소년기로서, 에릭슨은 이 시기에 자아정체감, 즉 자신은 누구이며 어떤 사람인지에 대한 인식을 형성해야 한다고 강조했다. 자아정체감을 잘 형성하려면 자신에 대해 객관적으로 정확하게 인식함으로써 스스로 자신에 대해 생각하는 것과 다른 사람이 자신을 생각하는 관점이 비교적 일치할 수 있어야 한다. 또한 자신이 살아온 과거 경험의 영향력에서 벗어나면서도 자신의 위치를 잘 설정하여 자신에 대한 일관되고 통합된 긍정적 느낌을 발달시킬 수 있어야 한다. 하지만 자신이 어떤 사람인지, 어디에 있고 무엇을 향해 가야 하는지 등에 대해 여전히 혼란스럽거나 일관된 느낌을 가지지 못한다면 역할혼돈에 빠지게 된다(Carver & Scheier, 2012/2012).

김종운과 박성실(2011)도 자아정체감을 현재 자신의 위치, 능력, 역할 및 책임에 대해 분명하게 인식하는 것이라고 하였으며, 이는 인생 초기부터 수없이 많은 인간관계의 경험으로부터 축적되어 쌓인다고 하였다. 따라서 이 시기의 갈등은 자아정체감을 형성하느냐 그렇지 않고 여전히 역할혼돈 상태에 빠지느냐이며, 만약 여기서 역할혼미보다 자아정체감이 우세해지면 '충실성(fidelity)'을 발달시킬 수 있다.

충실성이란 여러 가지 갈등과 모순이 생기더라도 이를 견디면서 누군가에게 맞추어 생활할 수 있는 능력(Carver & Scheier, 2012/2012)을 의미하며, 자아정체감이 형성되어야 이러한 충실성이 잘 발달할 수 있다. 결국 이 시기에 형성된 자아정체감은 이후 단계의 위기를 잘 극복하는 데 도움을 주어 다음 단계의 발달과업인 친밀감의 발달을 촉진시킨다.

(6) 성인초기: 친밀감 대 고립

만 19세부터 대략 40세에 이르는 성인기는 이제까지 발달시킨 자아감을 바탕으로, 다른 사람과의 관계에 대한 관심과 행동으로 보폭을 넓히는 시기이다. 이 시기에 대부분의 사람은 원가족으로부터 분리, 독립하여 가족 이외의 사람들과 다양한 형태로 더 깊이 관여하며 살아가게 된다.

에릭슨(Erikson, 1963)은 친밀감을 가족 이외의 누군가에게 헌신하면서 상대방과 가깝고 친밀한 관계를 지속적으로 유지하는 것, 혹은 다른 사람의 요구와 근심을 자기 자신의 것처럼 중요하게 생각하는 것이며, 이러한 친밀감에는 성적 혹은 비성적 관계가 모두 해당된다고 하였다(Colarusso, 1992/2011 재인용).

성숙한 성인은 자기 자신을 잃지 않으면서도 다른 사람과 안정된 친밀감을 경험하며 관계할 수 있다. 에릭슨은 이 시기에 타인과 관여하며 살아갈 수 있는 능력을 중요하게 보았으며, 사람에게서 멀어지거나 고립되어 고독감과 소외감을 느끼면서 살아가는 상태를 부적응적 상태라고 하였다(Carver & Scheier, 2012/2012). 따라서 이 시기에는 친밀감을 경험하느냐 고립감을 경험하느냐의 갈등에 놓이게 되며, 고립감보다 친밀감이 우세하게 되면 '사랑(love)'이라는 덕목을 발전시킬 수 있다.

사랑이란 여러 가지 차이를 극복하고 상대방에게 상호 헌신하는 능력을 의미한다. 이 시기에 형성한 친밀감은 이후 단계의 위기를 잘 극복하는 데 도움을 주어 이어지는 발달단계의 과업인 생산성의 발달을 촉진시킨다.

(7) 성인중기: 생산성 대 침체감

40세 무렵이 되어 장년기에 이르면 사람들은 자기 자신의 관심과 이익에만 머무르기보다 다른 사람, 특히 다음 세대를 보살피고 지원하고 인도하는 데 많은 관심을 가지게 된다. 이처럼 다음 세대에게 좋은 영향을 미치고 이들을 지원하려는 욕구를 생산성이라고 하며, 생물학적으로는 자녀를 낳아 보살피고 양육하는 것부터 사회문화적으로는 다음 세대를 가르치고 지원하는 모든 활동을 일컫는다.

하지만 이 시기의 모든 사람에게 이러한 긍정적 특성이 나타나는 것은 아니고, 여전히 자기 자신에게만 관심을 집중하거나 자신의 이익에만 주의를 기울이는 자기중심적이고 자기탐닉적인 사람들도 있는데, 이러한 특성을 에릭슨은 침체감이라고 하였다. 따라서 이 시기의 갈등은 이처럼 생산성을 경험하느냐 그렇지 않고 침체되어 머무르느냐에 있으며, 침체감보다 생산성이 우세하게 되면 '배려(care)'라는 덕목을 발달시킬 수 있다.

배려는 그 대상이 사람이든 일이든 경험이든 관계든 간에 이제까지 살아오면서 생산한 모든 것에 대해 폭넓은 관심을 가지고 보살피는 것을 뜻한다(Carver & Scheier, 2012/2012). 그리고 이 시기에 형성된 생산성은 이후 단계의 위기를 잘 극복하는 데 도움을 주어 다음 단계 발달과업인 자아통합의 발달을 촉진시킨다.

(8) 성인후기: 지혜 대 절망감

65세가 넘어 인생의 노년기에 이르면 사람들은 자신이 살아온 인생을 되돌아보면서 자신이 잘한 것과 그렇지 않은 것, 혹은 만족스럽거나 후회스러웠던 경험을 모두 회고하게 된다. 이러한 회고와 숙고의 기간을 거치면서 자신의 삶을 그런대로 만족스럽게 느낀다면 자아통합을 이루게 되고, 후회와 미련, 분노와 회한으로 점철된다면 좌절감과 절망감을 경험한다.

자아통합을 이룬 사람은 자신의 과거와 현재를 수용하고 다가올 죽음도 비교적 평온하게 수용할 수 있지만, 절망감에 빠지게 되면 자신의 과거와 현재를 수용하기 어렵고 다가올 죽음에 대해서도 두렵게 느낀다. 그래서 이 시기는 자아통합을 형성하느냐 절망감을 형성하느냐의 위기에 놓이게 되며, 절망감보다 자아통합을 우세하게 경험하면 삶의 마지막 단계의 덕목인 '지혜(wisdom)'를 발달시키게 된다.

여기서 지혜란 인생의 경험들을 이해하고 해석하는 특별한 능력이며, 삶의 문제에 의연한 방식으로 표현된다(노안영, 강영신, 2002). 헬슨과 스리바스타바(Helson & Srivastava, 2002)에 의하면 의미를 부여하는 것과 자비심을 지니는 것이 지혜라고 하였다.

지금까지 에릭슨의 심리사회적 발달단계이론에 대해서 살펴보았다. 사람들은 태어나서부터 죽을 때까지 각 단계마다 긍정적 특성을 형성하느냐 아니면 부정적 특성을 형성하느냐와 같은 일련의 위기와 갈등을 맞이한다. 각각의 위기는 신뢰감, 자율성, 주도성, 근면성, 정체감, 친밀감, 생산성, 그리고 자아통합의 발달과 관계된다. 각 단계에서 위기를 잘 해결하면 단계별로 희망, 의지, 목적, 유능감, 충실성, 사랑, 배려, 지혜와 같은 긍정적인 덕목들이 형성된다.

[Self-checking]

• 나는 발달단계별로 다음 중 어느 것을 우세하게 경험하였을까?

– 신뢰 대 불신: _____

– 자율성 대 수치심: _____

– 주도성 대 죄책감: _____

– 근면성 대 열등감: _____

– 자아정체감 대 역할혼미: _____

– 친밀감 대 고립: _____

– 생산성 대 침체감: _____

– 지혜 대 절망감: _____

• 나는 희망, 의지, 목적, 유능감, 충실성, 사랑, 배려, 지혜를 갖추고 있는가?

_____

_____

이 장에서 우리는 우리의 일상생활과 나아가 정신건강에 중요한 영향을 미치는 성격에 대해 알아보았다. 이에 우리의 성격형성에 영향을 미친 요인에는 어떤 것이 있었는지, 그것들로 인해 형성된 나의 성격은 어떠한지 스스로 생각해 보는 기회가 되었기를 바란다. 또한 프로이트와 에릭슨의 성격발달단계 이론에 비춰 볼 때 우리의 성격은 어떠하며, 인생의 여러 발달단계를 원만하게 거쳐 가고 있는지 스스로 점검해 보는 기회를 가지면 좋을 것이다.

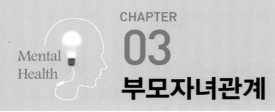

CHAPTER
03
부모자녀관계

Mental
Health

　이 장에서는 우리의 성격과 대인관계에 중요한 영향을 미치는 부모자녀관계에 대해 살펴보고자 한다. 사람은 누구나 태어나서 부모를 가장 먼저 만나고, 생애 초기 중요한 시기 동안 부모와 밀접하게 상호작용한다. 부모와의 경험은 우리의 성격 형성에 영향을 미치며, 부모와의 관계는 인간관계의 기초가 되고 원형이 된다. 그리고 두말할 것 없이 성격과 인간관계는 우리의 정신건강에 중요한 부분을 차지한다. 그래서 이번 장에서는 정신건강에 있어서 중요한 성격과 인간관계의 시초를 이루는 부모자녀관계에 대해서 다루고자 한다.

1. 애착

　태어난 지 얼마 안 된 갓난아기와 아기의 주양육자(주로 부모)를 잠시 떠올려 보자. 아기는 부모의 안정된 보호와 양육을 받으면서 부모에게 신뢰를 형성하고, 부모가 자신을 긍정적으로 대하는 모습을 지속적으로 경험하면서 자신에 대한 긍정적 이미지를 형성하게 될 것이다. 이처럼 아기가 부모와 건강한 애착을 형성하면 아기의 내면에 부모에 대한 믿음이 굳건하게 자리 잡아 아기는 크게 불안하거나 두려워할 것 없이 부모에게서 분리되어 세상 속으로 들어갈 수 있게 된다. 물론 그러다가도 이내 부모의 도움과 위로가 필요해지면, 언제라도 자신을 지지해 주고 반갑게 맞아 줄 부모에게 다시 돌아와 마음의 안정을 취할 것이다.

아기와 부모의 관계가 이와 같이 건강하게 안정적으로 형성되면, 아이는 부모와 함께 있어도 행복하고 떨어져 있어도 편안함을 느끼게 된다. 부모와 아기가 이렇게 안정된 관계를 맺기 위해서는 어떠한 노력들이 필요할까? 이 절에서는 애착이란 무엇인지 개념을 살펴보고, 애착형성에 영향을 미치는 요인과 애착의 유형, 그리고 애착이 우리 삶에 미치는 영향에 대해 살펴볼 것이다.

생각해 보기

– 부모는 자녀에게 얼마나 중요한 영향을 미치는 걸까?
– 생애 초기에 부모와 맺은 관계가 이후의 대인관계에 영향을 미치는 걸까?

---

1) 애착이란

애착이란 특정한 타인에게 강한 정서적 유대감을 갖는 성향이다. 볼비(Bowlby, 1969, 1973)는 출생한 이후부터 약 1년~1년 반 사이에 형성되는 주양육자와의 정서적 유대관계를 애착(attachment)이라고 일컬었다. 인간은 생존을 위해 전적으로 타인에게 의존해야 하는 상태로 태어난다. 이에 아기가 자신을 돌봐 주는 양육자에게 애착을 형성하는 것은 아기의 생존 가능성을 높여 주므로 애착은 생물학적 목적을 지니고 있다고도 볼 수 있다. 이와 같이 타인에게 정서적 유대감을 갖는 성향은 인간이 태어날 때부터 가지고 태어나는 것이다.

아기가 자기를 돌봐 주는 주양육자와 안정적으로 애착을 형성하기 위해서는 무엇보다 아기가 보내는 다양한 신호와 아기의 욕구에 양육자가 민감하게 반응하는 것이 중요하다. 하지만 아이의 욕구에 민감하게 반응한다고 해서 아이가 전혀 좌절을 경험하지 않고 성장할 수는 없을 것이다. 어떠한 경우든 아이에게는 크고 작은 좌절이 생길 수밖에 없으므로 좌절을 아예 없게 하는 것이 중요한 게 아니라, 민감하고 일관되게 아이의 욕구를 충족시켜 줌으로써 아이로 하여금 심리적, 정서적 만족을 경험하게 하고 양육자에게 신뢰를 쌓아 관계에서 안정감을 경험하도록 하는 것이 필요하다. 이렇게 민감하고 안정적이고 일관된 양육과정을 통해 아이는 주양육자와 애착을 형성하고, 나아가 사람에 대한 신뢰를 쌓으며 세상에 대해서도 안전하고 예측 가능하고 만족스럽다는 인식을 갖게 된다.

태어나서 8개월 무렵이 되면 아기는 자기를 돌봐 주는 사람과 그렇지 않은 사람의 얼굴을 구별할 수 있다. 그러면서 주양육자에게는 강한 애착을 형성하고 낯선 사람에 대해서는 불안반응을 보이는데, 이를 가리켜 '낯선 사람에 대한 불안(stranger anxiety)'이라고 한다. 이는 아이의 인지능력이 사람을 구별할 수 있을 만큼 성장했다는 신호이기도 하고, 아이가 자신의 생존을 위해 누구에게 애착을 형성해야 하는지 알게 되었다는 의미이기도 하다(Colarusso, 1992/2011).

이 무렵부터 아기들은 기어서 자기 몸을 스스로 움직이고, 조금 더 시간이 지나면 걸음마를 하면서 이동한다. 이때 아기들은 자신이 애착을 형성한 대상을 안전기지(secure base) 삼아(Bowlby, 1988) 이로부터 조금씩 떨어져 봤다가 불안을 느끼면 다시 돌아가고 또 조금 더 멀리 떨어져 봤다가 또 다시 돌아가는 행동을 반복하면서 세상을 향한 탐색의 반경을 점차 넓혀 간다. 그래서 아기가 이 시기에 애착관계를 형성하는 주양육자는 아기에게 안전기지가 되어 아기로 하여금 자신이 불안하거나 위험에 처했을 때 언제든지 돌아갈 수 있고 아기에게 필요한 도움을 줄 수 있는 역할을 담당하게 된다.

아기가 대략 만 3세 정도 되면 설사 중요한 사람이 자신의 눈앞에 보이지 않더라도 그 사람에 대한 정신적 표상을 머릿속으로 유지할 수 있게 되는데, 이를 가리켜 대상항상성(object constancy)이 생겼다고 한다. 대상항상성이 형성되면 양육자가 눈앞에 보이지 않더라도 아기들은 그들이 어딘가에 존재하고 있다는 사실과 자신이 필요로 하면 언제든지 자신에게 다시 돌아온다는 믿음을 가지게 되므로, 설령 양육자가 눈앞에 보이지 않더라도 크게 불안해하지 않고 견딜 수 있게 된다. 그래서 이 시기부터 아이는 주양육자와 분리되어 어린이집이나 유치원에 다닐 수 있고, 그곳에서 또래와 규칙적으로 상호작용하면서 지내는 것이 아이에게 유익하다고 볼비는 제안한다(Bowlby, 1969, 1973). 하지만 대상항상성이 형성되기 이전인 3세 이전에 부모, 즉 주양육자와 오랜 시간 동안 분리되는 것은 아이에게는 매우 고통스러운 주요한 외상경험이 될 수 있다(Colarusso, 1992/2011).

이처럼 생후 초기에 주양육자와 형성하는 관계의 경험을 통해 아이는 자신과 타인에 대한 상을 형성한다. 즉, 자신이 사랑받을 수 있고 그럴 만한 가치가 있는 존재인지에 대한 믿음과 다른 사람들이 믿을 만하고 도움을 요청하면 언제든 도와줄 수 있는 따뜻한 존재인지에 대한 믿음을 형성하게 되는데, 이와 같은 자기와 타인에 대한 상을 토대로 내적작동모델(internal working model)이 형성된다. 이 모델은 아이가 성장하는 동안 끊임없이 내적으로 작동하면서 이후에 맺는 인간관계의 기본 토대가 되어 향후 우리의 인간관계에 지속적으로 영향을 미친다(Bowlby, 1969, 1973).

2) 애착형성에 영향을 미치는 요인

그렇다면 애착형성에 있어서 중요한 것은 무엇일까? 볼비는 단지 아이의 생물학적 요구를 충족시켜 주는 것보다, 양육자와 아기 사이의 사회적 상호작용을 더 강조하였다(Bowlby, 1969, 1973). 그래서 아기가 보내는 여러 가지 신호에 대해 민감하고 안정되게 반응해 주는 사람에게 아이가 애착을 형성한다고 보았는데, 이는 당시 시설기관에 입양되어 자라나는 아기들을 대상으로 연구하던 스피츠(Spitz)나 원숭이를 대상으로 학습심리를 연구하던 할로(Harlow)에 의해서도 유사하게 입증되었다.

스피츠는 당시 부모와 떨어져 시설기관에서 자라는 아기들을 관찰하였는데, 이들의 음식 섭취나 위생 상태는 양호하였으나 아기들의 요구와 신호에 민감하게 반응해 주는 주양육자의 존재가 부재했던 상황이라 특정인과의 정서적 상호작용은 충분치 않은 여건이었다. 스피츠는 이러한 상황에서 자라는 아기들이 심각한 발달지연 현상을 보이는 것을 보고 이를 호스피탈리즘(hospitalism, 병원증)이라고 하였으며, 이러한 관찰 결과를 토대로 정서적으로 애착할 수 있는 대상의 부재가 아이의 발달에 심각한 영향을 미친다고 보고하였다(Spitz, 1945).

또한 할로는 아기 원숭이에게 필요한 음식은 주지만 차가운 철사로 만들어진 어미 원숭이와 음식은 주지 않지만 부드러운 천으로 감싸져 있는 어미 원숭이를 각각 만들어 놓고, 새끼 원숭이가 대부분의 시간을 어디서 보내는지 관찰했다(Harlow,

1959). 관찰 결과, 배가 고플 때 새끼 원숭이들은 얼른 먹이를 주는 철사 원숭이에게 달려가 생리적인 욕구를 먼저 충족시킨 후 곧바로 천으로 만들어진 부드러운 원숭이에게 가서 대부분의 시간을 보냈다. 또한 갑자기 놀라게 되는 상황에서 무서움을 진정시키기 위해 새끼 원숭이들은 먹이를 주는 차가운 원숭이 대신 부드러운 어미 원숭이에게로 향했다. 이러한 관찰 결과를 토대로 할로는 생물학적 욕구보다는 정서적 욕구가 충족되는 것이 애착형성에 보다 중요하다고 강조하였다.

이러한 연구들은 아기를 양육할 때 아기의 생존을 위해 적절한 음식과 깨끗한 위생상태를 제공하는 것이 물론 필요하지만, 아이와 양육자 간 정서적 유대관계인 애착의 형성에는 생물학적 요구보다 양육자와 아기가 정서적으로 따뜻하게 상호작용하는 것이 절대적으로 중요하고 필요하다는 점을 시사한다.

3) 애착의 유형

볼비의 동료인 에인스워스(Ainsworth)는 애착을 경험적으로 연구한 학자이다. 그는 낯선상황실험이라는 실험절차를 고안하여 유아의 애착유형을 분류하였다. 낯선상황실험(strange situation test)이란 아기들이 주양육자와 분리되거나 재회하는 상황에서 아이가 보이는 반응을 알아보기 위해 고안된 것이다(Ainsworth et al., 1978). 이 실험을 통해 에인스워스는 아기들이 보이는 애착유형을 크게 안정애착과 불안정애착으로 구분하였다.

먼저, 안정애착아가 양육자와의 분리 및 재회 시에 보이는 반응을 살펴보면, 아이들은 주양육자와 분리될 때 불안한 마음을 드러내지만 곧 놀이에 집중하면서 마음을 다스리려는 모습을 보였고, 양육자가 돌아와 다시 재회할 때에는 양육자에게 반가움을 표시하면서 마음을 안정시키고 다시 놀이에 집중하는 모습을 보였다.

안정애착아들은 자신이 필요로 할 때 양육자가 곁에 있어 준다는 것을 이미 경험했고, 이러한 경험을 토대로 앞으로도 도움이 필요한 상황에서는 언제든지 양육자가 곁에 있어 줄 것이라는 믿음을 형성했기 때문에, 부모와 분리되는 경우에도 불안한 마음을 다스리며 놀이에 집중할 수 있었다. 또 양육자와 다시 재회할 때에는 안

심이 되고 반가운 마음에 다시 편안하게 놀이에 집중할 수 있었다.

이처럼 안정애착을 형성하는 아이의 양육자는 아이가 보내는 신호를 민감하게 알아차려 이에 신속히 반응하며, 아이와 정서적 교감과 상호작용을 많이 하고 안정되고 일관되게 아이를 양육한다.

다음은 불안정애착인데, 에인스워스는 불안정애착을 불안정 회피애착과 불안정 저항애착의 두 가지 하위유형으로 구분하였다. 먼저, 불안정 회피애착을 살펴보면, 회피애착아들은 낯선상황실험에서 주양육자와 분리되는 불안한 상황에서 별다른 반응을 보이지 않을 뿐 아니라, 다시 양육자가 돌아와 재회하는 상황에서도 양육자를 보고 반가워하기보다 별 관심 없이 무시하거나 회피하는 반응을 보였다. 이는 평상시에 아기가 양육자를 필요로 할 때 주양육자가 자주 없었거나 양육자가 그다지 자신에게 위로가 되거나 자신의 안위에 도움이 되는 것을 충분히 경험하지 못했기 때문인 것으로 보인다. 다시 말해 회피애착아들은 주양육자에 대한 믿음이 적게 형성된 것으로 보이며, 실제로 회피애착아의 양육자는 아이에게 냉담한 편이고 아이의 접근을 거부하거나 아이와의 상호작용이 적은 편이다(Ainsworth, Blehar, Waters, & Wall, 1978).

그럼 불안정 저항애착은 어떤 것일까? 저항애착을 보이는 아이들은 양육자와 분리될 때 심하게 불안을 표현하고, 다시 만나게 돼도 분노를 심하게 표현하며 쉽게 진정되지 않는 모습을 보였다. 저항애착아들은 양육자가 자신을 대하는 태도를 쉽게 예측할 수 없기 때문에 자신의 감정을 보다 과장되고 강하게 표현하거나 쉽게 화를 내고 공격적으로 드러낸다. 실제로 저항애착아의 양육자는 자녀를 양육할 때 아이가 보내는 신호에 민감하지 못할 뿐더러 기분에 따라 비일관적으로 아이를 대했기 때문에, 아이로 하여금 양육자를 신뢰하거나 양육자의 반응을 예측하기 어렵게 한다(김창대 외, 2008).

이처럼 에인스워스는 낯선상황실험을 통해 애착의 세 가지 하위유형을 제시하였고, 이후에 메인(Main)이라는 연구자가 하위유형 한 가지를 더 추가하는데 그것은 바로 혼란-비조직(disorganized/disoriented) 유형이다(Main, Kaplan, & Cassidy, 1985). 혼란-비조직 유형의 아이들은 양육자와 분리될 때 정서적 혼란을 매우 심하게 나타내고, 재회 시에는 다시 돌아온 양육자에게 어떤 태도를 취해야 할지 몰라 그 자리에 얼어붙거나 울면서 어쩔 줄 몰라 하는 모습을 보이는 등 매우 혼란스러운 상태를 드러낸다. 일반적으로 이렇게 혼란스러운 모습을 보이는 아이의 경우는 학대나 심한 방치를 겪었을 가능성이 있고, 이들의 양육자 또한 다양한 이유로 인해 극심한 스트레스를 겪고 있거나 심한 우울과 같은 정신과적 문제를 지니고 있을 가능성이 제기된다(김창대 외, 2008).

그러면 애착유형별 비율은 어떻게 될까? 연구마다 다소 편차를 보이기는 하지만, 에인스워스(Ainsworth et al., 1978)는 안정애착의 비율이 67%, 불안정 회피형은 21%, 불안정 저항형은 12%로 보았다. 그리고 메인과 솔로몬(Main & Solomon, 1990)은 안정형 63%, 회피형 14%, 저항형 9%, 그리고 혼란−비조직형이 무려 14%나 된다고 보고하였다. 에인스워스와 메인 등의 연구에서 안정형 애착의 비율을 60% 이상으로 보고한 것에 비해, 그로스맨 등(Grossmann, Grossmann, Huber, & Wartner, 1981)은 이 비율을 30% 정도로 비교적 낮게 보았고, 회피형 50%, 저항형 12%, 혼란−비조직형이 6%라고 하였다.

이처럼 연구마다 애착유형별 비율에 차이가 있을 뿐 아니라, 이러한 연구들이 동양 문화권에서 이뤄진 연구가 아니어서 우리나라 사람들의 애착유형별 비율을 정확히 가늠하긴 어렵다. 박은경(1993)은 하잔과 쉐이버(Hazan & Shaver, 1987)가 제작한 성인애착척도를 번안하여, '어머니(아버지)와 지나치게 가까워지는 것이 불편하고, 어머니(아버지)를 완전히 믿고 의지하기가 어렵다'에 해당하면 불안정 회피형, '어머니(아버지)와 매우 가까워지고 싶으나 내가 원하는 만큼 가까워지기가 어렵고, 때때로 어머니(아버지)가 나를 진심으로 사랑하지 않거나 나와 함께 있기를 원하지 않을까 봐 염려하고 걱정한다'에 해당하면 불안정 저항형, '쉽게 어머니(아버지)와 가까워지고 어머니(아버지)를 믿을 수 있으며, 어머니(아버지)도 나를 아주 많이 염려해 준다고 느낀다'에 해당하면 안정형일 가능성이 높다고 하였다.

여러분은 어느 애착유형에 해당하는가? 사람들이 자신의 애착유형에 관심을 갖는 이유는 아무래도 생애 초기 주양육자와 형성한 애착이 하나의 원형처럼 자리 잡아 살아가는 동안 지속적으로 작동하면서 이후에 맺게 되는 수많은 인간관계에 영향을 주기 때문일 것이다.

[Self-checking]

• 부모에 대한 나의 애착유형은 어느 것에 해당할까? 그렇게 생각하는 이유는 무엇인가?

_____

_____

4) 애착의 영향

생애 초기에 양육자와의 관계에서 형성된 애착유형이 이후 우리의 삶에 어떻게 영향을 미치는지 살펴보자. 메인과 케시디(Main & Cassidy, 1988)는 1세 때 아기가 부모에게 보이던 반응양상이 아이가 6세 무렵이 되었을 때 부모에게 나타내는 행동과 유사하다고 하였다. 1세 때 부모와 재회 시 부모에게 다가가 적극적으로 반가움을 표시하면서 위로를 얻었던 아이는 6세 무렵에도 부모와 재회 시 자연스럽게 상호작용하고 정서적으로 안정된 모습을 보였다. 이에 비해, 1세 때 부모가 돌아와도 쳐다보는 등 마는 등 무시하거나 회피했던 아이는 6세 무렵에도 다시 만나게 된 부모에게 별 관심을 나타내지 않고 부모와의 상호작용 빈도도 적게 나타났다. 또한 부모와 분리 및 재회 시 불안이나 분노의 감정을 강하게 드러내고 쉽게 진정되지 않던 저항형 애착아들은 6세가 되어도 이와 유사하게 부모에게 저항과 적대감을 드러내는 것으로 보고되었다.

학령기에 접어든 아동을 대상으로 초기 주양육자와의 사이에서 형성된 애착관계가 이후에 어떻게 영향을 미치는지 살펴본 심슨 등(Simpson, Collins, Tran, & Haydon, 2007)의 연구결과를 살펴보면, 안정애착아는 불안정애착아에 비해 초등학생이 되었을 때 친구들과의 사이가 더 좋았으며, 사람들에게 감정이입을 더 잘하고, 좌절에도 잘 견디며, 자아탄력성이 높은 것으로 나타났다. 또한 몇몇 연구자(Simpson et al., 2007; Kumar & Mattanah, 2016)는 초기 주양육자와의 애착관계가 성인이 된 이후의 소위 낭만적인 관계에 어떻게 영향을 주는지 살펴보았다. 그 결과, 안정애착을 형성했던 사람들이 성인기 연애관계에서 사랑이나 신뢰, 헌신 혹은 친밀감과 같은 긍정 경험을 더 많이 하였고, 다른 사람을 돕는 이타성이나 친사회적 행동도 더 많이 보였다.

그렇다면 생애 초기 주양육자와의 관계에서 불안정애착을 형성했던 사람들은 어떨까? 어렸을 때 부모와의 관계가 회피애착으로 형성된 사람은 성인이 되어서도 여전히 가까운 관계를 불편히 여기고 사랑에 빠지기를 꺼려하였다(Rholes et al., 2007; Vollmann, Sprang, & van den Brink, 2019). 이들은 실제로도 사랑에 빠진 경험이 여러 애착유형 가운데 가장 적은 것으로 보고되었다. 저항애착을 형성했던 아이 역시 성인이 되었을 때 애정관계에서 강박적이고 의존적인 성향이 높은 것으로 드러났는데, 이들은 첫눈에 사랑에 빠지기 쉽지만 관계를 오래 지속시키는 데에는 어려움을 겪고 있는 것으로 드러났다(Davis, Shaver et al., 2003; Güçlü et al., 2017). 이처럼 인생 초기 주양육자와의 사이에서 형성되었던 애착관계의 작동모형은 아이가 자라서 아동기를 거치고 성인기가 되어서까지 지속적으로 유지되고 전달된다.

그렇다면 한번 형성된 애착유형은 변하지 않고 성인기까지 그대로 지속되는 것일까? 만약 어렸을 때 부모와의 관계에서 불안정애착이 형성된 사람이라면 성인이 되어서도 주위 사람들과 안정적인 애착관계를 맺지 못하고 계속해서 불안정애착관계를 맺는다는 말인가?

이러한 의문에 답하기 위해 관련 연구를 살펴보면, 메인과 케시디(Main & Cassidy, 1988)는 영아기 애착유형이 6세까지 그대로 지속되는 경우를 84% 정도로 보았다. 이 말은 영아기 때 안정애착이 6세경에도 그대로 안정애착으로 유지되거나 아니면 영아기 때 회피나 저항애착이 6세경에도 그대로 회피나 저항애착으로 유지되는 경우가 84%라는 이야기이다. 이 비율이 낮다고 하기는 어렵지만, 뒤집어서 보면 나머지 약 15% 정도는 성장한 이후에 애착유형이 변화할 수 있고 또 실제로 변화된다.

워터스 등(Waters, Weinfield, & Hamilton, 2000)은 영아기 애착유형과 성인기 애착유형의 일치율이 72% 정도라고 하였다. 이 말도 뒤집어 놓고 보면, 10명 중 약 3명 가까이는 영아기 때 애착유형이 성인기가 되어서 어떤 방향으로든 변화하고 달라진다는 것을 의미한다. 이렇게 볼 때 생애 초기 안정애착으로 추정되는 아이들도 환경이 변화하면 불안정애착으로 변화할 수 있고, 또 반대의 경우도 성립해서 초기에 불안정애착이었다가도 이후 환경이 안정적으로 조성되면 안정애착으로 변화하는 것이 가능하다는 말이다.

생애 초기에 주양육자와 형성하는 애착관계는 매우 중요하다. 이는 볼비가 제시한 것처럼 내적작동모델이 되어 향후 우리의 인간관계와 자아개념에 지속적으로 영향을 준다. 하지만 이것이 '절대적'이거나 '항상' 그런 것은 아니다. 사람들이 성장하면서 겪게 되는 다양한 경험은 생애 초기에 형성된 애착관계를 긍정적 혹은 부정적 방향으로 변화시키기도 한다.

그렇다면 생애 초기 애착관계가 불안정하게 형성되었다 하더라도 이를 다시 안정적으로 변화시키려면 어떻게 해야 할까? 메인 등(Main et al., 1985)은 불행했던 아동기 경험을 이겨 낸 개인은 자신의 내적작동모델을 변화시킬 수 있었다고 보고한다. 이는 다시 말해, 어떤 사람의 경우에는 아동기 부모와의 불안정애착으로 인한 부정적인 영향을 끊어 내고, 성인기에 안정된 애착관계로 바꿀 수 있었다는 이야기이다. 어떻게 이런 일이 가능할까?

아마도 이들은 스스로 자신의 성장 과정을 되돌아보면서 부모가 자신에게 미친 영향을 생각해 보고, 그 과정에서 부모를 한 인간으로 이해하고 수용하려는 노력을 기울였을 것이다. 그리고 이와 함께 이제는 성인이 된 자신의 삶을 스스로 책임지려는 노력도 기울였을 것이다. 이처럼 부모의 지나온 삶과 성인이 된 자신의 인생을 객관적으로 살펴보고 이해하려 노력하다 보면, 자신에게 남아 있는 부모에 대한 원망과 미움의 그림자를 걷어 내고, 자신과 부모를 분리하여 부모의 영향으로부터 점차 벗어날 수 있을 것이다.

이렇게 자신의 아동기 경험을 이해하고 수용하려는 노력을 통해 우리는 스스로의 의지와 노력으로 어렸을 때 형성된 과거로부터의 영향을 조금씩 줄여 나갈 수 있게 된다. 그리고 이러한 노력과 더불어, 누군가와 양질의 긍정적 애착관계를 형성함으로써 어린 시절 불안정애착관계를 극복하는 것도 가능할 것이다. 이런 점에서 사람들이 살면서 마음을 나누고 인생을 공유할 수 있는 친구나 연인을 만난다는 것은 매우 중요하다. 인생을 살아가면서 이와 같이 좋은 우정과 사랑을 경험한다는 것은 그 자체로 충분히 심리치료적인 효과가 있다.

물론 생애 초기 어린 시절에 각인된 애착유형을 변화시킨다는 것은 말처럼 간단하고 쉬운 일은 아니다. 하지만 그렇다고 해서 불가능한 일도 아니다. 개인이 자신에 대한 정확한 인식을 바탕으로 의지를 가지고 지속적으로 노력한다면, 이미 발생한 과거의 경험 자체를 되돌리지는 못하더라도 이로 인한 부정적인 영향을 점차 줄임으로써 현재와 앞으로의 인간관계를 보다 더 나은 방향으로 변화시킬 수 있을 것이다.

[Self-checking]

• 만약 부모와 나의 애착관계가 불안정하다면 이를 극복하기 위해 어떤 노력이 필요할까?

_____

_____

2. 바람직한 부모역할

앞서 우리는 프로이트와 에릭슨의 성격발달이론과 볼비의 애착이론을 살펴봄으로써 자녀를 양육하는 사람들이 얼마나 중요한 역할을 담당하고 있는가를 다시 한번 생각해 볼 수 있었다. 대부분의 경우 자녀 양육을 담당하는 사람은 다름 아닌 부모일 것이다. 이에 이 절에서는 보다 건강한 부모자녀관계를 위해 부모역할이란 무엇이고, 자녀의 성장에 따라 변화하는 부모역할 발달단계는 어떠한지에 대해 함께 생각해 보고자 한다.

┌─ **생각해 보기** ─────────────────────────────

－ 바람직한 부모역할이란 어떤 것일까?

－ 자녀가 성장함에 따라 부모역할은 어떻게 변화해야 할까?

1) 부모역할이란

정영숙 등(2001)은 부모역할이란 자녀를 양육하고 보호하며 지도하는 과정으로, 부모가 자녀의 성장을 위해 발달단계에 맞는 생활을 안내하는 것이라고 정의하였다. 이는 부모가 자녀의 발달단계에 따라 자녀에게 필요한 것을 제공하고 자녀를 잘 지도하고 이끌어야 하는 것을 의미한다. 따라서 부모역할은 자녀의 성장과 발달, 성숙을 지원하고 촉진하는 총체적 활동이라 할 수 있다. 이러한 부모역할은 고정되어 있는 것이 아니라 자녀의 성장에 따라 같이 변화해야 한다. 이에 부모역할은 상황에 맞게 유연한 대응과 변화를 필요로 한다.

그렇다면 부모역할은 자녀에게 어떠한 영향을 미칠까? 부모역할은 자녀의 생존과 성장을 위한 신체적 돌봄부터 시작하여 자녀의 사회적, 인지적 발달과 균형을 도모하고, 나아가 성인이 된 자녀가 부모로부터 심리적, 경제적으로 독립하여 건강하고 성숙한 우리 사회의 구성원으로 살아갈 수 있도록 돕는 일련의 지속적인 과정이다. 이러한 부모역할을 통해 자녀로 하여금 올바른 인성을 형성하게 하고 자녀의 사회화를 돕고 자녀가 우리 사회의 건강한 민주시민으로 성장하도록 도울 수 있게 되는 것이다.

2) 부모역할 발달단계

프로이트와 에릭슨은 사람들이 모두 일정한 발달단계를 거치면서 성장한다고 하였다. 이러한 관점에서 볼 때 부모는 자녀의 출생과 동시에 다시 한번 자녀와 함께 성장하는 일련의 과정을 거치게 되므로, 부모역할 역시 일정한 발달단계를 거치면서 변화하고 성장하게 된다고 볼 수 있다.

이런 의미에서 자녀의 성장에 따라 함께 변화하는 부모역할 발달단계에 대해 같이 생각해 보자. 〈표 3-1〉은 이재연과 김경희(2000)가 제안한 부모역할을 참고해 이정윤, 안희정, 최수미(2005)가 제시한 것에서 일부 내용을 보완한 것이다. 표의 왼쪽에는 자녀의 연령에 따른 발달단계와 발달과업을, 표의 오른쪽에는 이에 상응하는 부모의 발달단계와 부모역할 및 주요과업을 각각 기재하였다. 자녀의 발달단계별

발달과업은 에릭슨의 심리사회적 발달과업을 참고한 것이다. 표에 기재되어 있는 발달단계에 따른 발달과업은 평균적인 연령에 따라 사람들이 일반적인 범위 내에서 발달해 나간다는 가정하에 작성한 것으로, 여기에는 얼마든지 개인차가 있을 수 있다.

〈표 3-1〉 자녀의 발달단계에 따른 부모역할 발달단계

자녀		부모		
발달 단계	발달 과업	발달단계	부모역할	주요과업
태아기	건강한 신체 발달	예비부모 (pre- parents)	**부모됨을 준비하기**: 임신 사실을 긍정적으로 수용하고, 좋은 부모가 되기 위한 신체적, 심리적 준비를 해야 함	- 임신에 대한 긍정적 태도 - 신체적 관리(영양, 충분한 휴식 등) - 부모됨의 마음준비 - 부부간의 자녀양육과 가사분담 계획 세우기 등
영아기 (0~1세)	신뢰감 형성	보육자 (caregiver)	**보호하기**: 아이의 욕구를 빠르고 일관성 있게 충족시켜 줌으로써, 아이로 하여금 세상에 대한 신뢰감과 안전하고 예측 가능하다는 믿음을 갖게 해 줘야 함	- 부모로서의 정체감 형성하기 - 부부관계 재정립하기 - 자녀와 안정된 애착관계 형성하기 - 자녀에게 다양한 감각자극 제공하기 등
걸음마기 (1~3세)	자율성 발달	양육자 (nurturer)	**양육하기**: 아이에게 안전한 환경을 마련해 주고, 아이가 스스로 하려고 하는 것들을 할 수 있도록 인내심을 가지고 도와줘야 함	- 안전하고 자유로운 탐색환경 제공하기 - 자녀의 요구를 들어주면서, 동시에 적절한 규칙을 적용하기 - 자녀의 인지와 언어발달을 위해 다양하고 풍부한 지적자극 환경 제공해 주기 - 개인으로서의 자신의 요구와 부모로서의 책임감 조화시키기 등

유아기 (3~7세)	주도성 발달	훈육자 (discipliner)	**가르치며 지켜보기**: 아이가 불안을 느끼지 않고 새로운 환경을 주도적으로 탐색할 수 있도록 도와주고, 아이의 지적 호기심을 자극할 수 있도록 아이와 상호작용해야 함	- 자녀의 자율적 시도를 인내심 갖고 지켜보기 - 자녀의 사회성 발달을 위해 또래와의 상호작용 기회 늘려 주기 - 한계를 정해서 따르게 하기 - 올바르게 훈육하기(상벌의 효과적 적용) 등
학령기 (7~12세)	근면성 발달	격려자 (encourager)	**설명하여 깨닫게 하기**: 부모의 양육형태가 점차 신체적 양육에서 심리적 양육으로 변화하고, 아이가 또래와의 관계에서 수용되고 학교생활에서 다양한 성공경험을 갖도록 격려해 주어야 함	- 성취감과 자신감, 긍정적 자아개념을 형성하도록 돕기 - 또래관계에서 필요한 사회성 기술(양보, 타협, 주장적으로 표현하기 등)을 가르치기 - 자녀의 학교생활 및 학습 지도하기 - 자녀와 갈등이 생길 때 말로 설명하여 이해시키기 등
청소년기 (12~19세)	정체감 발달	상담자 (counselor)	**변화와 성장을 수용하기**: 온정적, 지원적 분위기를 만들어 자녀와 긍정적이고 개방적인 의사소통을 하고, 자녀의 또래관계의 중요성과 영향력을 인정하고 수용하여야 함	- 자녀의 신체적, 정서적 변화 이해하기 - 자녀의 정체감 형성 돕기 - 자녀의 의존성에서 독립성으로의 전환 수용하기 - 자녀와 개방적, 긍정적 의사소통하기 - 부모의 규칙에서 또래의 규칙으로의 변화를 수용하기 등
성인 초기 (19~40세)	친밀감 발달	동반자 (companion)	**독립시키기**: 자녀에 대한 부모의 권위가 재규정되어야 하며, 자녀의 심리적, 경제적 독립에 따라 부모 역시 변화해야 함. 부모는 자신의 인생을 건강한 방법으로 재구성하여야 함	- 자녀의 독립에 따른 변화 수용하기 - 부부 중심의 관계에 다시 적응하기 - 삶의 우선순위 재조정하기 - 이웃과 사회에 대한 관심 갖기 - 새로운 가족관계에 적응하기 등

| 성인
중기
(40~65세) | 생산성
발달 | 후원자
(supporter) | 지지하고 후원하기: 자녀에 대한 영원한 정신적 후원자임을 인식하고, 이제까지 자녀에게 무언가를 제공해 오던 부모역할에서 벗어나 자녀에게 의존하는 것을 수용하여야 함 | - 자녀에 대한 개입을 내려놓고 한걸음 뒤로 물러나기
- 자녀를 정신적으로 후원하기
- 자신의 신체 및 정신건강 관리하기
- 인생의 남은 시간을 잘 관리하기
- 사별과 죽음에 대해 준비하기 등 |

(1) 예비부모

부부가 임신을 준비하여 아기가 엄마 배 속에 있게 될 때부터 부모역할은 시작된다. 이 시기 자녀의 발달단계는 태아기에 해당하며, 배 속에 있는 아기의 발달과업은 건강한 신체 발달을 이루는 것이다. 부모 입장에서 보면 아기를 임신하는 순간부터 부모역할이 시작되며, 따라서 이 시기의 부모역할 발달단계는 예비부모(pre-parents)에 해당한다.

그럼 이 시기의 부모는 어떤 역할을 주로 해야 하고, 부모로서 어떤 과업을 해야 할까? 이 시기의 부모는 예비부모로서 임신 사실을 긍정적으로 수용하고, 엄마 아빠 모두 좋은 부모가 되기 위해 신체적·심리적으로 준비해야 한다. 구체적으로 부모는 임신에 대한 긍정적 태도를 취하도록 하고, 충분한 영양공급과 휴식을 통해 신체 상태를 건강하게 유지하도록 노력해야 한다. 또한 자신이 곧 한 생명을 책임지는 부모가 된다는 사실을 기쁘고 감사하게 받아들이면서 부모됨에 대한 마음의 준비를 하고, 곧 태어날 아이의 양육과 이로 인해 늘어나는 집안일 등을 부부가 어떻게 서로 협조하며 나누어 할 것인지에 대한 충분한 대화가 필요하다.

(2) 보육자

아기가 태어나서 대략 1세 무렵까지는 영아기에 해당한다. 이 시기의 아기에게 중요한 것은 신뢰감을 형성하는 것이다. 영아기에 해당하는 아기를 둔 부모는 아기에게 특별한 양육을 제공하며 아기를 보호하는 보육자(caregiver)의 역할을 하게 된다. 애착이론을 제안한 볼비가 강조하는 바와 같이, 부모는 아이의 욕구와 아기가 보내는 신호를 민감하게 알아차려 이를 신속하고도 일관성 있게 충족시켜 줌으로써 아이로 하여금 세상에 대한 신뢰감을 형성하고 세상이 안전하고 예측 가능하다는 믿음을 갖게 해 줘야 한다.

이 시기에 부모가 해야 할 구체적인 과업으로는 자신을 한 아이의 아빠와 엄마로서 받아들여 부모로서의 정체감을 추가로 형성하는 것, 아이가 태어남으로 인해 변화하게 된 가족 간의 역동을 고려하여 부부관계를 다시 조율하고 재정립하는 것, 자녀와 안정된 애착을 형성하도록 노력하는 것, 그리고 아기의 건강한 발달을 위해 아기에게 다양한 감각자극을 제공하는 것 등이다.

(3) 양육자

아기가 1세 무렵이 되면 스스로 걸을 수 있게 되면서 걸음마기에 진입한다. 그래서 대략 1~3세 무렵까지를 걸음마기(toddler stage)라고 부르는데, 이 시기는 에릭슨이 제안했듯이 아이한테 스스로 해 보려는 의지가 생겨나는 시기이므로 자율성을 발달시키는 것이 아이에게는 중요한 발달과업이 된다.

자율성을 발달시키는 시기인 걸음마기에 해당되는 아이를 둔 부모는 아이에게 보다 안전한 환경을 마련해 주고, 아이가 하려고 하는 것을 스스로 해낼 수 있도록 인내심을 가지고 지켜보면서 도와줘야 한다. 따라서 이 시기의 부모역할은 양육자(nurturer)로서 아이를 잘 양육하는 것이다.

이 시기 부모의 주요과업으로는 아이가 안전하고 자유롭게 탐색하기에 적절한 환경을 제공해 주는 것, 자녀의 요구를 들어주면서도 동시에 적절한 규칙을 적용하는 것, 아이의 인지발달과 언어발달을 위해 다양하고 풍부한 지적 자극을 제공해 줄 수 있는 환경을 마련하는 것, 그리고 한 개인으로서 갖는 부모 자신의 요구와 부모로서의 책임감 간에 조화롭게 균형을 맞추는 것 등이 포함된다.

(4) 훈육자

아이가 약 3세부터 7세 무렵까지는 유아기에 해당하며, 이 시기는 자율성에서 더 나아가 아이의 주도성을 발달시키는 시기이다. 이 시기에 해당하는 자녀를 둔 부모는 아이에 대한 보호와 양육에서 한걸음 더 나아가 아이를 적절하게 가르치고 지도해야 하는 시기에 진입한다.

그래서 이 시기 부모역할을 훈육자(discipliner)라고 하였으며, 부모는 이 시기의 아이가 불안을 느끼지 않으면서 새로운 환경을 주도적으로 탐색할 수 있도록 도와주고, 아이의 지적 호기심을 자극할 수 있도록 충분한 대화를 하는 것이 필요하다.

구체적으로, 이 시기의 부모가 해야 하는 과업은 자녀의 자율적 시도를 인내심을 가지고 지켜보는 것, 자녀의 사회성 발달을 위해 또래와 상호작용하는 기회를 늘려주는 것, 아이로 하여금 적절한 행동이 무엇인지 알게 하기 위해 해도 되는 행동과 해서는 안 되는 행동에 대한 한계를 정하여 이에 따르게 하는 것, 그리고 상과 벌의 효과적인 적용과 같이 아이를 올바르게 훈육하는 것이다.

(5) 격려자

아이가 만 7세가 되어 학교에 들어가는 시기를 학령기라고 한다. 이 시기에 에릭슨이 이야기한 발달과업은 근면성을 발달시키는 것이고, 자녀의 학령기 시기에 상응하는 부모역할은 격려자(encourager)가 될 것이다.

자녀가 학교에 들어가는 시기가 되면 부모는 자녀를 신체적으로 돌보는 것에서 심리적으로 양육하는 것이 보다 중요하게 된다. 이 시기는 자녀의 사회성 발달과 인지능력의 발달이 많이 일어나고 중요해지는 시기이므로, 부모는 자녀가 또래와의 관계에서 잘 수용되고 학교생활에서 다양한 성공경험을 할 수 있도록 끊임없이 격려해 주고 지도해 주는 것이 필요하다. 그래서 자녀로 하여금 성취감과 자신감을 갖게 하고 긍정적 자아개념을 형성하도록 도와주어야 하며, 또래관계에서 필요한 사회성 기술, 예를 들어 양보나 타협하기, 주장적으로 표현하기 등을 자녀에게 가르쳐야 한다. 또한 자녀의 학교생활이 즐겁고 순조롭게 이뤄질 수 있도록 자녀의 학습내용과 학교에서의 진행상황을 살펴볼 필요가 있으며, 자녀와 갈등이 생길 때에는 아이와 충분한 대화를 통해 자녀를 이해시키는 것이 필요하다.

(6) 상담자

아이가 학령기가 지나 중학교에 들어갈 무렵이 되면 아이는 청소년기에 진입하게 되고, 대략 이 시기는 12세에서 19세에 해당된다. 이 시기의 자녀는 정체감을 형성하는 것이 주요발달과업이고, 자녀가 청소년기에 진입하면 부모역할에도 많은 변화가 생긴다.

이 시기에는 그동안 부모 자녀 간에 유지되어 오던 평화가 깨지기도 하고, 자녀가 부모에게 적극적으로 자기 목소리를 내게 되면서 부모와 자녀 간에는 팽팽한 긴장과 갈등이 반복된다. 그래서 이 시기 부모역할이 매우 중요한데, 청소년기 자녀를 둔 부모는 자녀에게 일일이 간섭하거나 자녀의 영역을 침범하지 않고 일정 부분 자녀와 거리를 유지하면서 자녀를 독립된 한 인간으로서 존중하도록 노력해야 한다.

이 시기의 부모역할은 자녀의 변화와 성장을 수용하고 존중하고 지원해 주는 상담자(counselor)이며, 부모는 온정적이고 지원적이며 이해하는 분위기를 만들어 자녀와 긍정적이고 개방적인 의사소통을 하도록 해야 한다. 또한 이제까지 부모가 지녀 왔던 자녀에 대한 부모의 영향력을 점차 내려놓는 대신, 자녀에게 더욱 소중해진 또래관계의 중요성과 영향력을 충분히 인정해 주고 수용해 주어야 한다.

그래서 이 시기의 부모는 자녀의 신체적, 정서적 변화를 이해하고, 자녀가 긍정적으로 자신의 정체감을 형성할 수 있도록 돕고, 부모에게 의존하던 것에서 점차 벗어나 한 개체로서 독립하고 싶어 하는 자녀의 마음을 충분히 수용하고 존중해 줄 필요가 있다. 또한 자녀를 존중하면서 개방적, 긍정적으로 자녀와 의사소통해야 하며, 부모의 기준이나 규칙보다 또래의 기준이나 규칙이 더 중요해지는 자녀의 입장을 충분히 수용하고 존중할 필요가 있다.

(7) 동반자

자녀가 스무 살 무렵이 되면 본격적으로 성인기에 진입하게 되며, 이 무렵부터 대략 마흔 살 무렵까지를 성인기 초기로 분류한다. 에릭슨은 이 시기에 친밀감을 형성하는 것이 주요발달과업이라고 하였다.

성인 초기에 해당하는 자녀를 둔 부모는 대략 50세에서 70세 정도에 해당할 것이다. 이 시기의 부모는 하던 일에서 점차 물러나 은퇴하는 시기를 맞게 되고, 신체적으로도 갱년기에 접어들어 많은 변화를 맞이한다.

이처럼 부모 세대가 신체적으로나 경제적으로 정점을 찍고 서서히 내려오게 되는 반면, 자녀는 점차 가정에서나 사회에서 자신의 위치를 확고하게 잡아 가면서 이제까지 부모가 자녀에 대해 지니고 있던 힘과 통제력은 급격히 줄어든다. 이러한 경향성은 자녀가 성인초기의 후반기로 갈수록 더 강해져서 이제는 여러모로 자녀가 부모보다 우위에 있게 되어, 부모가 자녀에게 점차 의존하게 되는 역할전도(role reversal) 현상이 나타난다. 또한 이 시기에는 점차 자녀가 부모로부터 물리적으로 독립해서 집을 떠나게 되는 시기이기도 하다. 그래서 집에 다시 부부 두 사람만 남게 되는 소위 '빈 둥지(empty nest)' 시기가 도래한다.

레빈슨(Levinson, 1978)을 비롯하여 중년기를 연구한 학자들은 중년기에 접어들면 '시간의 제한성'과 '죽음의 불가피성'을 인식하게 되고, 이로 인해 삶이 유한하고 자신에게도 죽음이 불가피하다는 것을 깨닫게 된다고 하였다(Colarusso, 1992/2011 재인용). 따라서 중년기에는 삶의 유한함을 깨달으며 자아에 대한 관심이 늘어나고, 자신에게 남은 시간을 보다 유용하고 의미 있게 보내기 위해 삶에서 중요한 것에 대한 우선순위를 다시 조정하게 된다.

그래서 이 시기의 부모는 이제까지 자녀에게 쏟던 애정과 관심을 자기 자신이나 부부관계에 다시 쏟거나, 아니면 자신의 관심을 필요로 하는 이웃과 지역사회에 전환시키는 것이 필요하며, 성장한 자녀에 대해서는 삶의 동반자(companion) 역할을 해 줄 수 있어야 한다.

이 시기 부모의 주요과업을 정리하면, 자녀의 독립에 따른 변화를 수용하고 부부 중심의 관계에 다시 적응하는 것, 자신의 인생을 의미 있게 살기 위해 삶의 우선순위를 재조정하고, 자기 자신과 가족을 돌보느라 상대적으로 소홀했던 이웃과 사회에 대하여 관심을 갖는 것이다. 그리고 자녀가 결혼하여 가정을 꾸리는 경우 새로운 가족이 생겨나게 됨에 따라 새로운 가족관계에 적응하는 것이 필요하다.

(8) 후원자

2000년대 들어서 급격히 늘어난 수명으로 인해 이제는 100세라는 연령이 더 이상 멀게 느껴지는 추상적인 나이가 아니라 현실에서 실재하는 나이가 되었다. 그 결과, 60세가 넘은 자녀의 부모가 건강하게 생존해 있는 경우를 주변에서 어렵지 않게 볼 수 있다. 그래서 대략 70세에서 100세가 부모역할의 마지막 발달단계가 될 것이다.

인류 역사상 인간이 이렇게 오랜 수명을 지닌 적은 한 번도 없었기에 현존하는 발달이론은 그것이 성격발달이든 진로발달이든 간에 대부분 60세 내지 70세 정도의 수명을 기준으로 만들어져 있다. 따라서 부모역할 발달단계도 불과 얼마 전까지는 성인 초기에 해당하는 자녀를 둔 부모의 역할까지 제시하는 게 일반적이었다. 하지만 이제는 많은 가정에서 50~60대 중년기 자녀와 80~90대 노년기 부모를 볼 수 있게 됨에 따라 새로운 역할 갈등이 생기는 것도 사실이다. 그렇다면 이 시기의 부모는 이미 중년이 되어 인생 후반부를 살아가는 자녀들에게 어떠한 부모역할을 하는 게 바람직할까?

이 시기 이전까지의 부모는 정서적인 것이든 물질적인 것이든 무언가를 자식에게 제공해 주는 역할을 오랫동안 해 왔다. 하지만 이제는 부인할 수 없이 고령화되어 신체기능이 많이 노쇠하게 되고, 더 이상 경제활동을 하지 않게 된 것도 오래이기 때문에 재정이나 물질적인 부분에서도 훨씬 취약해질 수밖에 없다. 따라서 이 시기의 부모는 자녀에게 무언가를 제공해 주는 역할을 하기보다 이제는 반대로 자식들로부터 신체적이거나 심리적 혹은 물질적인 부분에서 오히려 도움을 받으면서 생활을 영위해야 하고, 이러한 현실에 대해 부모나 자식 모두 인정하고 받아들여야 한다.

따라서 이 시기의 부모는 기존에 해 오던 '무언가를 제공해 주던 부모역할'로부터 한걸음 뒤로 물러나 자녀들에게 의지하고 자녀들의 도움을 받는 역할을 받아들이고, 장성한 자녀들에게는 본인이 가능한 수준에서 정신적으로 지지하고 후원하는 후원자(supporter)의 역할을 해야 한다. 자녀를 지지하고 후원한다는 의미는 이미 중년이 된 자녀와 자녀의 삶에 더 이상 개입하기보다 자신이 오히려 자녀의 보호를 필요로 하게 되었음을 받아들여, 부모와 자녀의 역할이 역전된 상태에 순응할 필요가 있다는 의미이다.

그래서 이 시기 부모의 과업으로는 이제까지 전통적으로 베풀어 주던 부모역할에서 물러나 본인이 가능한 선에서 자녀를 후원하고, 자녀에게 쏟는 시간보다 자신과 배우자를 위해 시간과 정성을 기울여 신체적인 건강과 정신건강을 잘 유지하도록 힘쓰는 것이다. 또한 한결 많아진 일상의 시간을 보다 의미 있고 유용하게 보낼 수 있는 자신만의 방법을 개발하여 사용하도록 하고, 서서히 자녀나 배우자와도 사별할 준비를 하는 것이 필요할 것이다.

[Self-checking]

• 나는 부모로서 부모역할 발달단계를 잘 거쳐 가고 있는가? 나에게 좀 더 필요한 역할이나 과업이 있다면 그것은 무엇일까?

_____

_____

3. 부모양육태도와 훈육

앞에서 우리는 부모역할의 개념과 부모역할 발달단계에 대해 살펴보았다. 이 절에서는 부모양육태도의 유형과 몇 가지 훈육방법에 대해 알아보자.

┌─ 생각해 보기 ─────────────────────────
│
│ － 좋은 부모가 되기 위해서는 어떠한 양육태도를 지녀야 할까?
│ － 자녀를 올바로 훈육하는 방법은 무엇인가?
│
└──────────────────────────────────────

1) 부모양육태도의 유형

부모양육태도란 부모가 자녀를 양육하는 과정에서 일반적, 보편적으로 나타나는 부모의 외현적이거나 내현적인 모든 행동을 일컬으며, 자녀가 발달단계에 따라 성장해 가는 과정 속에서 부모가 자녀에게 반응하고 대처하는 일관되고 지속적인 방식을 의미한다(오성심, 이종승, 1982).

학자마다 각기 중요시 여기는 관점에 따라 부모양육태도를 몇몇 유형으로 구분하여 제시하고 있다. 이 절에서는 비록 오래전에 이뤄진 연구이기는 하나 현재까지도 많이 인용되고 있는 쉐퍼와 바움린드의 부모양육태도에 대해 소개하겠다.

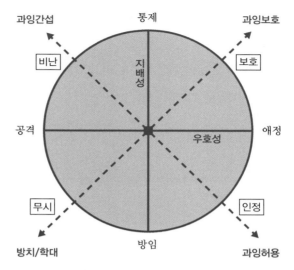

[그림 3-1] 쉐퍼의 부모양육태도

출처: 권석만(2004).

(1) 쉐퍼의 부모양육태도

쉐퍼(Schaefer, 1965)는 부모양육태도를 우호성과 지배성에 따라 크게 네 가지, 즉 애정적, 통제적, 방임적, 공격적 태도로 제시하였다. [그림 3-1]에서 보는 바와 같이, 가로축의 우호성이 높으면 애정, 우호성이 낮으면 공격에 해당되고, 세로축의 지배성이 높으면 통제, 지배성이 낮으면 방임이 되는 것이다.

쉐퍼의 부모양육태도는 이러한 우호성과 지배성의 높고 낮음을 기준으로 2×2 조건이 되어 〈표 3-2〉와 같이 모두 네 개의 셀로 구분된다. 우호성이 낮고 지배성도 낮으면 공격적 태도와 방임적 태도가 합쳐져 자녀를 무시하게 되고, 이것이 지나칠 경우에는 방치와 학대를 하게 된다. 우호성이 높은데 지배성이 낮은 경우는 애정적 태도와 방임적 태도가 합쳐지게 되므로 자녀를 인정해 주게 되는데, 이것이 지나치면 과잉허용으로 나타나게 된다. 다음으로 우호성이 낮고 지배성이 높으면 공격적 태도와 통제적 태도가 만나게 되어 자녀를 비난하게 되고, 이것이 지나치면 과잉간섭을 하게 된다. 또 우호성이 높고 지배성도 높으면 애정적 태도와 통제적 태도가 만나게 되어 자녀를 보호하려 하게 되는데, 이것이 지나치면 과잉보호로 이어진다.

〈표 3-2〉 쉐퍼의 부모양육태도 유형

		우호성	
		낮음	높음
지배성	낮음	무시(방치와 학대)	인정(과잉허용)
	높음	비난(과잉간섭)	보호(과잉보호)

　이는 부모의 양육태도가 자녀에 대한 따뜻한 애정과 관심을 보이는 높은 우호성과 자녀를 지배하려 하지 않고 지켜보는 낮은 지배성을 갖추고 있을 때(인정) 가장 바람직하며, 우호성이 부족(무시, 비난)하거나 우호성과 지배성이 둘 다 높은 경우(보호)에는 적절치 못한 양육태도를 지니게 됨을 시사한다. 또한 우호성이 높고 지배성이 낮다 하더라도 이것이 지나치게 되면 인정을 넘어 과잉허용 방식이 되어 역기능을 나타낸다는 점을 유의할 필요가 있다.

(2) 바움린드의 부모양육태도

　바움린드(Baumrind, 1967) 연구 역시 부모양육태도 유형에 대한 고전적인 연구로서 현재까지도 많이 인용되고 있다. 바움린드는 부모양육태도를 권위주의적(authoritarian), 권위적(authoritative), 허용적(permissive)의 세 가지 유형으로 구분하였는데, 권위주의적인 부모는 자녀에게 덜 반응적이면서 강압적이고 요구가 많은 유형이고, 허용적인 부모는 자녀에 대한 애정이나 반응성은 높은데 적절한 통제를 가하지 않는 유형이다. 바움린드는 이러한 두 유형의 중간에 권위적인 유형이 있다고 하면서, 이는 자녀에 대한 높은 애정과 함께 통제도 가하는 양육태도라고 하였다. 이후 맥코비와 마틴(Maccoby & Martin, 1983)이 바움린드의 세 가지 양육태도에 방임형(neglectful)을 추가하여, 부모가 자녀의 필요에 따듯하게 반응하고 수용하는 '애정/반응성'과 합리적인 기준으로 자녀의 행동을 통제하는 '통제/요구'의 이차원 모형을 사용하여 바움린드의 부모양육태도 유형을 확장하였다.

〈표 3-3〉 바움린드의 부모양육태도 유형

		애정/반응성	
		낮음	높음
통제/요구	낮음	방임형	허용형
	높음	권위주의형	권위형

〈표 3-3〉에 제시된 네 가지 유형은 높은 애정/반응성과 높은 통제/요구에 해당하는 권위형(authoritative), 낮은 애정/반응성과 높은 통제/요구에 해당하는 권위주의형 (authoritarian), 높은 애정/반응성과 낮은 통제/요구에 해당하는 허용형(permissive), 그리고 낮은 애정/반응성과 낮은 통제/요구에 해당하는 방임형(neglectful)이다.

바움린드는 부모가 어떠한 양육태도를 지니는가에 따라 자녀의 행동과 발달에 각기 다른 영향을 미친다고 하였으며, 자녀를 지지하고 수용하며 명확한 규칙을 설정하여 자녀의 행동을 규제하지만 그러면서도 경직되거나 강압적이지 않은 권위형 양육태도를 가장 바람직하게 보았다.

2) 훈육의 방법

부모가 자녀를 양육하면서 취하는 일반적인 태도는 앞에서 살펴본 바와 같다. 그럼 자녀의 구체적인 행동에 대해 옳고 그름을 가르치기 위해서 부모가 취할 수 있는 훈육에는 어떤 방법이 있을까?

일반적으로 '훈육' 하면 잘못된 행동에 대해 아이를 혼내고 야단치는 것과 같이 아이를 엄하게 처벌하는 것을 떠올릴지 모르겠다. 하지만 훈육이란 단어는 영어로 discipline으로, 자녀로 하여금 바람직한 행동을 습득하게 하여 규칙을 지키면서 책임감 있게 행동하도록 지도하는 것을 의미한다.

자녀를 훈육하는 방법에는 여러 가지가 있으나, 이 책에서는 훈육의 방법으로 보상하기와 자녀로 하여금 결과를 스스로 체험하게 하는 방법, 그리고 타임아웃에 대해 다루고자 한다.

(1) 보상하기

① 보상의 정의와 유형

특수교육학 용어사전(2020)에 의하면, 보상은 '특정 행동에 대하여 그 행위자에게 주어지는 긍정적이거나 매력적인 모든 형태의 대가'이다. 보상은 정적 강화물과 같은 의미로 사용되며, 바람직한 행동에 대해 보상을 제공하면 추후에 그 행동이 일어날 빈도를 증가시키게 된다. 이에 부모는 자녀가 바람직한 행동을 할 때 보상을 제공하며, 이렇게 제공된 보상은 자녀가 보상받았던 바람직한 행동을 증가시키는 역할을 한다.

보상에는 여러 유형이 있다. 이 가운데 가장 먼저 생각할 수 있는 것은 물질적 보상으로, 사람들이 열심히 일한 다음에 급여를 받거나 열심히 공부한 자녀에게 특별 용돈을 주는 것이 이에 해당된다. 이러한 물질적 보상 이외에 비물질적인 보상도 많이 있는데, 말로 칭찬이나 격려를 해 주는 것과 같은 언어적 보상이 있고, 등을 두드려 주거나 안아 주는 것과 같은 신체적 보상도 있다. 또한 자녀가 평소에 하고 싶어 하던 무언가를 할 수 있도록 일종의 기회를 제공해 주는 것도 좋은 보상이 될 수 있는데, 이러한 기회적 보상의 예로 부모가 시간을 내어 자녀와 같이 놀아 주거나 친구들과 함께 놀게 해 주는 것이 이에 해당된다.

② 보상 제공 시 유의할 점

그럼 보상을 제공할 때 어떤 점을 유의해야 하는지 살펴보자.

첫째, 보상을 제공하는 것은 자녀의 바람직한 특정 행동을 격려하는 의미가 있으므로, 막연한 행동에 대해 보상을 제공할 것이 아니라 구체적인 행동에 대해 보상을 제공하는 것이 효과적이다. 이처럼 바람직하게 생각하는 자녀의 행동을 구체적으로 알려 주면서 보상해 주면, 자녀는 자신의 어떤 행동이 바람직한지 명확하게 알게 됨으로써 그 행동을 앞으로 더 많이 하게 될 것이다.

둘째, 자녀의 행동에 대해 보상해 줄 때에는 가급적 자녀가 바람직한 행동을 보인 후 빠른 시간 안에 보상해 주는 것이 좋다. 하지만 현실적으로 부모가 아이의 행동을 늘 옆에서 지켜보는 것이 아니므로 실제로 이렇게 하는 것은 쉽지 않을 수 있다. 그럼에도 바람직한 행동형성의 초기에는 가급적 행동과 보상 제공 사이의 간격이 짧을수록 효과가 좋기 때문에 이 점을 유의할 필요가 있다.

셋째, 보상을 제공할 때는 아이가 원하고 좋아하는 것을 제공하여야 한다. 보상은 그것이 아이에게 긍정적이거나 매력적일 때 효과를 발휘하는 것이지, 아이가 좋아하지 않거나 원하지 않는 것을 제공하면 사실상 정적 강화로서의 의미가 사라진다. 따라서 아이가 평소에 하고 싶어 하던 것이나 원하던 것을 고려하여 보상을 제공해야 한다.

넷째, 보상은 아이가 한 바람직한 행동에 적절한 크기로 제공되어야 한다. 어떤 때는 아이가 좋아하는 젤리를 사 주는 것이 충분하고 적절한 크기의 보상이 될 때도 있고, 또 어떤 때는 부모와 같이 놀이공원에 가는 것이 충분하고 적절한 크기의 보상이 될 때도 있을 것이다. 그래서 아이의 바람직한 행동의 크기에 적절하게 비례해서 보상을 제공할 필요가 있다.

다섯째, 보상의 형태는 앞에서 살펴본 바와 같이 다양하다. 따라서 몇몇 특정 보상만 제공하지 말고, 보다 다양한 형태의 보상을 사용하는 것이 좋다. 부모가 자녀에게 보상해 주는 것의 목록, 즉 보상 레퍼토리를 많이 만들어서 경우에 따라 적절하게 활용하면 좋을 것이다.

여섯째, 아이가 좋아서 자발적으로 하는 행동에는 굳이 보상을 제공하지 않도록 한다. 아이의 자발적 행동에 대해 보상을 제공하면 아이는 자신이 그 행동을 하는 이유를 그 일이 좋거나 재미있어서가 아니라 보상 때문이라고 생각하게 된다. 그래서 보상이 주어지지 않으면 더 이상 자발적으로 그 행동을 하지 않고, 보상이 주어질 때에만 그 행동을 하려고 할 것이다. 이와 같이 보상이 항상 좋은 결과만을 가지고 오는 것은 아닌데, 이를 가리켜 '보상의 숨겨진 대가(hidden cost of reward)'라고 한다.

마지막으로, 아이가 자발적으로 보이지 않는 행동에 대해 그 행동을 습득하게 할 목적으로 보상을 사용할 때에는 초기에 바람직한 행동을 보일 때마다 보상을 제공하여 그 행동이 일어날 가능성을 증가시켜 줄 필요가 있지만, 그렇다고 해서 이후에도 계속해서 보상을 제공하는 것은 바람직하지 않다. 앞에서 보상은 때로 의도하지 않은 효과를 가져오는 경우가 있다고 하였는데, 아이가 자발적으로 보이지 않는 행동을 습득하게 할 목적으로 보상을 제공한다 하더라도 아이의 행동에 계속해서 보상을 제공하면 아이는 자신이 그 행동을 하는 이유를 내면에서 찾는 대신 자기 밖의 요인, 즉 외적 보상 때문에 그 행동을 하는 것으로 잘못 인식할 소지가 있다. 그래서 더 이상 보상이 주어지지 않으면 그 행동을 계속해야 할 이유를 찾지 못하고 그만두게 될 가능성이 커진다. 따라서 바람직한 행동을 형성하게 하는 초기에는 아이에게 보상을 제공해서 그 행동을 유발시키게 하더라도 점차 그 보상을 줄여 나가야 하며, 대신 아이가 행동 자체에 재미를 느끼고 의미를 찾을 수 있도록 해 주는 것이 필요하다. 예를 들면, 아이로 하여금 독서하는 습관을 갖게 하기 위해 초기에는 아이가 책을 읽을 때마다 보상을 제공해 줄 수 있다. 하지만 그렇다고 이후에도 책을 읽을 때마다 보상을 지속적으로 제공해 주면, 아이는 책이 재미있고 책 읽는 게 좋아서 책을 읽는다고 생각하기보다 부모가 주는 보상 때문에 책을 읽는다고 여기게 될 가능성이 크다. 따라서 부모의 원래 의도와 달리 책 자체에 대한 아이의 흥미와 관심은 생각보다 높아지지 않을 가능성이 있으며, 이는 결국 보상이 없을 때는 아이가 스스로 책을 찾아 읽지 않게 된다는 의미이기도 한다.

따라서 바람직한 행동형성의 초기 시점에서는 보상을 좀 더 자주 사용할 수 있지만 뒤로 갈수록 보상의 간격을 넓히고 횟수를 줄여 나가는 게 필요하고, 부모는 이 과정에서 아이가 책 읽는 것 자체를 좀 더 재미있게 경험하고 느낄 수 있도록 도와줄 필요가 있다. 다시 말해 부모는 보상을 줄이는 대신 과정을 더 재미있게 경험하도록 도와주어야 하고, 이렇게 할 때 아이는 나중에 보상이 더 이상 주어지지 않더라도 행동 자체에서 재미나 의미를 느껴 자발적으로 그 행동을 하게 된다.

(2) 행동의 결과를 스스로 체험하게 하기

행동의 결과를 아이가 스스로 체험하게 하는 방법은 부모의 판단으로 아이가 잘했을 때 보상해 주고 잘못했을 때 벌을 주는 것이 아니라, 아이가 자신의 행동에 대한 결과를 직접 체험하게 함으로써 어떤 행동이 올바른가에 대한 판단을 스스로 해 보도록 하고, 그럼으로써 아이가 자신의 행동에 대해 책임 있는 선택을 하도록 돕는 방법이다. 여기에는 드레이커스(Dreikurs, 1968)가 제안한 자연적 결과 체험하기와 논리적 결과 체험하기의 두 가지 방법이 있다.

먼저, 자연적 결과 체험하기는 아이가 어떤 행동을 취할 때 부모가 따로 개입하지 않아도 아이의 행동에 이어 자연스럽게 일어나는 결과를 아이로 하여금 체험하게 하는 방법이다(홍경자, 2016). 예를 들면, 아이가 밥을 안 먹겠다고 떼쓸 때 보통 어린 자녀를 둔 부모는 숟가락을 들고 아이를 따라다니면서 밥을 먹이려 애쓰곤 한다. 이때 자연적 결과 방법을 적용하면, 더 이상 밥을 먹이려 애쓰는 대신 안 먹겠다는 아이를 그냥 내버려 둬서 아이로 하여금 자연스럽게 배가 고픈 것을 체험하게 하는 것이다.

한 가지 예를 더 들어 보자. 준비물을 스스로 챙기지 못해 늘 부모가 챙겨 줘야 하는 버릇을 고치기 위해 자연적 결과를 적용할 수 있다. 이 경우에 부모는 아이의 준비물을 챙겨 주는 대신 그냥 준비물을 안 가지고 학교 수업에 참여하게 내버려 둠으로써, 아이가 선생님께 꾸중을 듣게 하거나 아니면 수업시간에 친구들이 하는 활동에 제대로 참여하지 못하는 결과를 경험하게 하는 것이다. 이처럼 아이가 바람직하지 않은 행동을 보일 때 그 행동으로 인해 발생하게 될 자연적인 결과를 아이 스스로 겪어 보도록 하는 것이 자연적 결과 체험하기이다.

하지만 자연적 결과 체험하기를 적용하는 것이 적절하지 않은 경우도 있는데, 아이를 그냥 내버려 둘 경우 자칫 큰 사고나 위험에 처하게 될 수도 있기 때문이다. 예를 들어, 차가 다니는 위험한 길에서 아이가 놀고 있을 때 이 경우에 발생할 수 있는 결과를 아이 스스로 체험하게 그냥 내버려 둔다면 아이는 자칫 위험한 상황에 처할 것이다. 따라서 아이가 위험한 결과를 맞이할 수 있는 상황에서는 자연적 결과 체험하기를 사용해서는 안 된다.

그럼 논리적 결과 체험하기는 어떤 것일까? 논리적 결과 체험하기란 아이가 바람직하지 않은 행동을 보일 때 그 행동과 관련하여 논리적으로 연관이 있는 결과를 체험하게 함으로써 아이로 하여금 자신의 행동에 대한 책임을 지도록 가르치는 방법이다(홍경자, 2016). 아이가 밖에서 자전거를 타고 놀다가 놀이터에 내버려 둔 채 혼자 집에 돌아온 상황을 가정해 보자. 만약 이 상황에서 자전거를 그냥 놔둔다면 자전거를 잃어버리게 될 가능성이 높을 것이다. 이처럼 그냥 내버려 둬서 잃어버리는 결과를 체험하게 함으로써 아이가 다음부터는 자기 물건을 스스로 챙기게 하는 효과를 가져오게 한다면, 이는 자연적 결과 체험하기를 적용한 것이다. 하지만 만약 동일한 상황에서 일단 자전거를 집으로 가져오게 한 뒤 앞으로 다시 이런 일이 발생하면 일정 기간 동안 자전거를 못 타게 해서 아이가 자전거를 타고 싶은데도 타지 못하는 불편한 결과를 직접 체험하도록 한다면, 이는 논리적 결과 체험하기에 해당한다.

또 아이가 부모와 약속한 게임 시간을 지키지 않고 계속해서 게임하는 경우를 가정해 보자. 이 경우에 부모와 아이가 함께 정한 약속된 게임시간을 넘길 경우 다음 날에는 게임을 할 수 없다는 규칙을 만들어 이를 적용한다면 이는 논리적 결과 체험하기에 해당된다. 즉, 논리적 결과 방법을 적용하려면 바람직한 행동을 하지 않을 경우에 치르게 될 대가를 아이와 함께 미리 정하도록 하고 이를 실천에 옮기면 된다. 이때 논리적 결과는 그냥 놔두면 자연발생적으로 일어나는 결과가 아니라, 아이의 바람직하지 않은 행동과 논리적으로 연관된 대가를 생각해 내어 아이로 하여금 그 결과를 직접 체험하도록 하는 것이다.

이러한 논리적 결과 체험하기는 일반적으로 처벌과 구별된다. 처벌은 자녀의 행동에 따라 주어지는 결과가 아이의 잘못된 행동과 연관성이 적고 다소 보복적인 특성을 띄는 데 비해, 논리적 결과 체험하기는 자녀의 잘못된 행동과 연관성이 있는 결과를 부여한다. 또한 처벌은 행위의 주체가 부모나 어른이 되고 아이는 이에 수동적으로 따르게 되는 데 비해, 논리적 결과 체험하기는 자녀 스스로 행위의 주체가 된다. 따라서 처벌을 통해서는 아이가 어른의 지도나 지시에 순종하게 하는 효과가 있으나, 논리적 결과 체험하기는 아이 스스로 올바른 행동을 선택하게 함으로써 책임 있는 태도를 기르게 하는 효과가 있다(홍경자, 2016).

(3) 타임아웃

타임아웃(time-out)은 아이가 바람직하지 않은 행동을 보일 때 그 즉시 아이에게 보상이 될 만한 것들을 제한함으로써 아이가 누리던 긍정적 기회를 일시적, 부분적으로 제한하는 방법(Cooper, Heron, & Heward, 1987)이다. 아이의 바람직하지 않은 행동에 타임아웃을 적용하면, 아이는 잠시 동안 하던 일을 멈추고 일정한 장소에 혼자 떨어져 있어야 한다. 예를 들어, 아이가 놀다가 다른 아이들을 훼방하거나 공격적인 행동을 보인다면, 그 즉시 아이는 다른 아이들로부터 분리되어 일정 장소에 일정 시간 동안 있어야 하는 것이다.

타임아웃을 할 때에는 지켜야 하는 몇 가지 규칙이 있다. 먼저, 타임아웃을 진행하는 시간은 보통 아이의 나이에 맞춰 실시하는 것이 적당하므로, 아이가 만 3세이면 3분 정도, 5세이면 5분, 8세이면 8분 정도가 적당하다. 타임아웃은 너무 큰 아이들한테는 실질적인 효과가 적기 때문에 대략 10세 이전의 아이에게 사용할 것을 권한다.

타임아웃은 장소에 따라 배제적 타임아웃과 비배제적 타임아웃으로 구분된다. 배제적 타임아웃은 문제행동을 보인 곳에서 다른 장소로 아이를 이동하게 하여 타임아웃을 하는 것이고, 비배제적 타임아웃은 문제행동이 나타난 곳에 아이가 머무르면서 정적 강화에 접근하지 못하게 하는 방법이다. 후자는 문제행동을 보인 아이가 같은 공간에 있더라도 다른 아이들에게 피해를 주지 않을 때 사용한다. 그리고 전자의 방법을 사용하는 경우에는 타임아웃을 하는 공간에 아이에게 강화가 될 만한 다른 요인, 예를 들어 장난감이나 친구 등이 없어야 한다(Miltenberger, 2001/2002).

그리고 타임아웃을 하는 동안 아이가 울거나 저항을 하면 그만큼 타임아웃을 해야 하는 시간이 늘어난다는 것을 아이에게 반드시 미리 알려 주고 이를 실천해야 한다. 타임아웃을 실시하는 초기에는 아이의 저항이 심할 수 있겠지만, 부모가 타임아웃의 규칙을 엄격하고 일관되게 적용한다면 점차 아이의 저항은 크게 줄어들 것이다.

마지막으로, 타임아웃이 끝나면 타임아웃을 하게 된 잘못된 행동이 무엇인지에 대해 아이와 차분한 대화를 나누어야 하며, 그 상황에서 부모가 기대하는 바람직한 행동에 대해서 아이와 함께 대화를 나누는 시간을 갖는 것이 좋다.

이제까지 부모가 사용할 수 있는 몇 가지 훈육방법에 대해 살펴보았다. 어떠한 상황에서 어떤 훈육방법을 적용해야 하는가는 딱히 정해진 게 있다기보다 그때그때 상황에 적절하다고 판단되는 방법을 생각해서 아이에게 적용하는 것이 일반적이다. 또한 특정한 훈육방법을 정해 놓고 그것 위주로 사용하는 것보다 다양한 훈육방법을 시의적절하게 선택해서 사용하는 것이 효과적이다. 따라서 부모나 어른들은 아이에게 적용할 수 있는 다양한 훈육방법을 평상시에 잘 알고 있어야 하고, 훈육이 필요한 상황에 이를 적절하게 사용할 수 있어야 한다.

　　마지막으로 유의할 점은, 자녀가 바람직하지 않은 행동을 보여서 부모가 이를 훈육하고자 할 때에는 차분하지만 단호한 목소리와 자세로 아이를 향해 이야기하는 게 중요하다. 어떤 경우에는 부모가 마음이 약해져서 자녀에게 애원하거나 간청하듯이 이야기하는 경우가 있는데, 이는 훈육의 효과를 떨어트린다. 또한 반대로 부모가 언성을 높여 소리 지르거나 야단치면서 아이에게 이야기하는 것도 마찬가지로 효과가 좋지 않다. 따라서 부모가 자녀를 훈육하고자 할 때는 차분하고도 단호하게 말해야 한다. 또한 부모는 자녀에게 말로만 강조할 게 아니라, 부모가 말한 것을 일관되게 지키고 실천하여야 한다. 이렇게 부모가 한 말과 행동이 일치할 때 훈육은 효과를 나타낼 것이다.

　　이 장에서는 정신건강에 중요한 성격과 대인관계에 영향을 미치는 부모자녀관계에 대해 살펴보았다. 생애 초기 부모와 자녀 간에 형성되는 애착에는 어떠한 유형이 있는지 살펴보고, 애착이 우리 삶에 미치는 영향에 대해서도 생각해 보았다. 또한 부모자녀관계를 보다 건강하게 형성하기 위해 바람직한 부모역할과 구체적인 훈육방법에 대해 알아보았다.

　　이 장을 마치면서 부모와 자신의 관계를 점검해 보고, 나아가 우리의 자녀에게 바람직한 부모가 되기 위해 어떠한 역할과 자세를 취하는 게 좋을지에 대해 생각하는 기회가 되었으면 한다.

CHAPTER
04
인간관계와 의사소통 I: 듣기

Mental
Health

제4장과 제5장에서는 인간관계와 의사소통에 대해 살펴보고자 한다. 우리가 경험을 통해 익히 알고 있듯이 정신건강에서 차지하는 인간관계의 비중은 매우 크다. 따라서 인간관계를 잘 맺는 것이 중요하며, 이는 원활한 의사소통을 전제로 한다. 즉, 정신건강을 위해서 의사소통을 잘하고, 이를 바탕으로 인간관계를 잘 맺는 것은 매우 중요한 일이다.

제4장은 인간관계와 의사소통의 첫 번째 파트로서, 인간관계에 대한 전반적인 내용과 함께 건강한 인간관계와 부적응적 인간관계의 특징에 대해 살펴보고, 의사소통의 기초를 이루는 비언어적 의사소통과 관심 기울이기, 그리고 경청에 대해서 차례로 다룰 것이다.

1. 건강한 인간관계와 부적응적 인간관계

이 절에서는 인간관계 형성에 영향을 주는 요인을 살펴보고, 부적응적 인간관계의 유형과 건강한 인간관계의 특징에 대해 알아보겠다.

　일찍이 아리스토텔레스는 인간은 사회적 동물이라고 했다. 이 말은 인간은 다른 사람과 어울려 살아야 하며, 그렇지 않고서는 인간다운 삶을 살기 어렵다는 의미일 것이다. 사람들은 살면서 다양한 인간관계를 경험하며 이러한 인간관계는 삶에서 가장 큰 만족과 행복과 기쁨의 원천이 되기도 하지만, 반대로 좌절과 고통, 갈등과 불행의 원천이 되기도 한다. 사람들은 관계 때문에 웃기도 하고 울기도 하며, 또 관계 때문에 행복해하기도 하고 고통을 겪기도 한다. 이처럼 사람들이 살면서 경험하게 되는 많은 부분은 사실상 관계에서 비롯된다. 그래서 인간관계는 우리의 행복과 직결되며, 사람들의 삶의 질에 매우 큰 영향을 미친다.

　디너와 셀리그먼(Diener & Seligman, 2002)은 행복 척도에서 상위그룹에 해당하는 '매우 행복한(extremely happy)' 사람들의 특징을 살펴본 결과, 이들이 매우 강한 사회적 관계(strong social relationship)를 지니고 있다는 점을 발견하였다. 하버드대학교 성인발달연구의 총 책임자로서 몇 십 년에 걸쳐 성인발달을 종단적으로 연구한 베일런트(Vaillent, 2002)도 행복하고 건강하게 나이 들어 가는 것을 결정하는 것은 다름 아닌 사회적 인간관계라고 하며, 이것이 소위 행복하고 충만한 삶의 중요한 요인이 된다고 강조하였다. 즉, 좋은 인간관계를 지니는 것이 행복한 사람들의 특징이고, 따라서 좋은 인간관계는 우리의 정신건강을 결정하는 매우 중요한 요인이다.

1) 인간관계 형성에 영향을 미치는 요인

　그럼 인간관계 형성에 영향을 미치는 요인에는 어떤 것이 있는지 살펴보자. 먼저, 외모는 관계를 형성하는 초기 인상 형성단계에서 중요한 역할을 차지한다. 실제로 루오와 장(Luo & Zhang, 2009)이 실시한 연구에 따르면, 외적 매력이 높은 사람일수록 데이트 관계에서 더 바람직하게 평가되고 이후에 다시 만날 의향도 높아지는 것

으로 나타났다. 또한 외모가 매력적일수록 보다 유리한 평가를 받는다는 연구결과
도 있었는데, 예를 들어 매력적인 외모를 지닌 사람들이 직장을 더 쉽게 구하고 임
금도 더 많이 받는다는 연구(Benzeval, Green, & Macintyre, 2013)가 있었다. 하지만
이러한 외모의 효과는 시간이 지날수록 점차 줄어들고, 외모 이외의 다른 요인이 사
람을 평가하거나 관계를 유지하는 데 보다 많은 영향을 미치게 된다(Albada, 2010).

　　사람들은 또 자신과 비슷한 사람을 좋아하는 경향이 있다. 그래서 사람들은 비슷
한 취미를 가지거나 혹은 비슷한 가치를 공유하는 사람들과 관계 맺는 것을 좋아한
다. 실제로 친구관계에서도 자신과 비슷한 점이 많을수록 우정이 더 오래 지속된다
는 연구결과(Ledbetter, Griffin, & Sparks, 2007)가 있고, 부부관계에서도 성격이 비슷
할수록 결혼만족도가 높아지는 것으로 나타났다(Luo & Klohnen, 2005).

　　하지만 어떤 경우에 사람들은 자신과 다른 성향의 사람에게 매력을 느끼기도 한
다. 이를 상보성이라고 하는데, 특히 상대방이 가진 특성이 자신이 가지지 못한 것
이거나 그 특성이 자신의 결핍된 욕구를 충족시켜 줄 때 자신과 다른 상대방에게 매
력을 느끼게 된다. 예를 들어, 내향적인 사람이 자신에게 부족한 성격인 외향성에
대해서 많이 부러워하고 상대의 외향성으로 인해 자신의 외향성에 대한 욕구가 어
느 정도 충족된다고 느끼면, 그 사람은 자신과 다른 성향인 외향성을 지닌 사람에게
매력을 느끼게 될 가능성이 높다.

　　어떻게 보면 유사성과 상보성이 서로 모순되는 것처럼 들릴 수도 있는데, 유사성
이나 상보성 중에 옳고 그른 게 있는 것이 아니라, 사실상 인간관계를 형성하는 데
에는 이 두 가지가 모두 영향을 미친다고 보는 게 적절하다. 따라서 유사성이든 상
보성이든 마찬가지로 상대에게 매력을 느끼게 하는 중요한 요인이 되며, 이 두 가지
요인 모두 사람들이 인간관계를 맺을 때 영향을 미치는 요인으로 작용한다.

　　다음은 근접성이다. 근접성은 물리적으로 가깝게 있는 사람과 친해지게 될 가능
성이 높다는 것을 의미한다. 서양속담에 '눈에서 멀어지면 마음에서도 멀어진다(out
of sight, out of mind)'는 말이 있다. 이는 사람들은 일단 가까이 있어야 마음도 가깝
게 된다는 것을 의미한다. 또한 어떤 사람이 물리적으로 가깝게 있다는 것은 그가
나와 비슷한 일을 하는 사람이거나 비슷한 취향을 지닌 사람 혹은 비슷한 사회경제
적 수준이나 가치관을 지닌 사람일 가능성이 높다는 것을 의미하기도 한다(권석만

2004). 따라서 사람들은 자신과 물리적으로 가깝게 있는 사람과 관계를 형성하게 될 가능성이 높다.

다음은 친숙성인데, 사람들은 자주 만나고 자주 접하게 되는 사람들에게 호감을 느낄 가능성이 있다. 옛날에 멀리 떨어져 있던 연인이 서로 손편지를 주고받았는데, 나중에 보니까 편지를 주고받던 사람이 아니라 편지를 전달하던 사람과 결혼했다는 이야기가 있다. 이 말은 자주 만나고 자주 접촉할수록 친숙함을 느끼게 되고, 그런 사람에게 호감을 느끼게 될 가능성이 높다는 의미이다. 이러한 효과를 단순노출효과(mere exposure effect)라고 하는데, 이는 어떠한 자극에 단지 자주 노출되는 것만으로도 그 대상에 대한 호감이 증진된다는 것을 뜻한다.

마지막으로, 인간관계 형성에 영향을 미치는 요인은 보상성이다. 보상성이란 자신을 좋아해 주거나 자신에게 어떤 식으로든 실질적으로 도움이 되고 긍정적인 경험을 공유함으로써 자신에게 즐거움을 제공해 주는 사람을 좋아하게 된다는 의미이다. 즉, 아무리 가깝게 지내거나 자주 접촉하거나 혹은 외모가 멋있더라도, 자신에게 어떠한 차원이든 실질적인 보상이 되지 않는다면 그 사람과 친해질 가능성이 적다(권석만, 2004). 이는 사회교환이론(social exchange theory)의 개념과 비슷한데, 사회교환이론은 사람들이 인간관계를 맺을 때 소위 말하는 손익계산을 해서 상호 간에 교환이 공평하거나 자신한테 이익이 되는 관계를 맺기 원한다는 것이다(Adler & Proctor, 2014/2015). 이는 어떤 면에서는 계산적이고 실리적으로 보일 수 있겠으나, 관계에서 치러야 할 대가가 너무 큰 데 비해 자신이 얻는 보상이 매우 적을 때 사람들은 관계 맺기를 주저할 것이고 이러한 관계는 오래 유지되기 어려울 것이다.

2) 부적응적 인간관계 유형

앞서 살펴본 바와 같이 다양한 요인에 의해 영향을 받아 형성되는 인간관계가 건강하고 적응적일 때도 있지만, 어떤 경우에는 역기능적인 양상으로 전개될 때도 있다. 권석만(2004)은 인간관계가 적응적이지 않은 사람들에 대한 연구를 통해 부적응적 인간관계 유형을 제시하였다. [그림 4-1]에서 보는 바와 같이, 부적응적 인간관계 유형은 크게 회피형, 피상형, 미숙형, 탐닉형으로 구분되고, 이들 네 가지 유형에

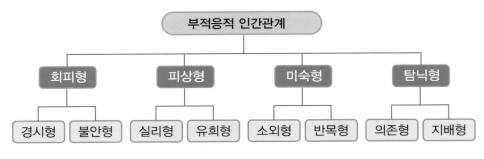

[그림 4-1] 부적응적 인간관계의 유형

출처: 권석만(2004).

는 각각 두 개의 하위유형이 속하여 모두 여덟 가지 부적응적 인간관계 유형이 존재한다. 이에 권석만이 제시한 여덟 가지 부적응적 인간관계 유형을 살펴보자.

(1) 회피형

회피형은 인간관계에 대한 관심이 적고 소극적이며 매우 제한된 인간관계를 하는 사람들이다. 이들은 인간관계를 맺고자 하는 동기가 부족하거나 혹은 인간관계를 잘 못 맺는 사람들로서, 인간관계 자체에 매우 소극적이다. 그러다 보니 인간관계의 폭과 깊이도 제한될 수밖에 없어서 주로 혼자 지내거나 고립된 생활을 한다.

회피형에는 경시형과 불안형의 하위유형이 존재한다. 경시형은 인간관계 자체를 별로 중요하게 생각하지 않는 사람들로서, 이들은 사람들과 별로 어울리지 않고 혼자 지내는 데 익숙해서 외로움도 많이 느끼지 않고 오히려 고독을 즐긴다. 하지만 이러한 성향이 극단적으로 장기화되면 삶에 대해 비관적이고 허무적인 태도를 지니게 될 가능성이 있고, 한편으로는 독단적 혹은 자폐적 성향으로 드러날 가능성이 있다.

이에 비해, 인간관계 불안형은 사람을 사귀고자 하는 욕구가 있기는 하지만 사람들을 만나는 것을 불안해하고 두려워하기 때문에 관계를 피하는 사람들이다. 따라서 경시형과 불안형은 인간관계에 대한 욕구에서 차이가 있을 수 있지만, 결과적으로 나타나는 모습은 모두 사람들을 멀리 하고 홀로 지내는 성향의 사람들이라 하겠다.

(2) 피상형

피상형은 인간관계가 넓고 아는 사람도 많은 것처럼 보이지만, 사실상 가깝게 지내는 사람들은 별로 없기 때문에 인간관계가 얕고 피상적인 수준에 머무르는 사람들을 지칭한다. 이들은 가깝고 밀착된 관계를 맺는 것에 대해서 두려움과 불편을 느끼며, 이로 인해 다른 사람과 적당한 거리를 두고 피상적 수준으로 사귀는 것을 편하게 여긴다.

피상형에는 실리형과 유희형이 포함된다. 실리형은 인간관계를 현실적인 이득을 위한 일종의 거래관계로 생각하는 사람들이다. 그래서 이들은 자신에게 도움이 되는 사람들과 관계를 형성하고자 하며, 그렇지 않을 경우 더 이상 관심을 보이지 않는다. 이들은 상대방의 내면에는 관심이 적고, 사람들에게 자신의 속마음도 쉽게 꺼내 보이지 않는다. 그러다 보니 친밀하고 진정성 있는 인간관계를 맺지 못하고, 피상적인 수준에서 사람들하고 교류하는 수준에 그친다.

유희형은 쾌락과 즐거움을 인간관계에서 얻는 최고의 가치로 생각하기 때문에 사람들과 가벼운 만남을 유지하길 바라고, 자칫 무거워지거나 혹은 깊이 생각해야 하는 주제들은 가급적 피하려고 한다. 이들은 깊이 있거나 친밀해지는 관계를 부담스러워하고, 지속적 인간관계보다는 상대를 바꾸어 가면서 가벼운 관계를 유지하는 경향을 보인다.

(3) 미숙형

미숙형은 사회성 기술이 부족해서 대인관계가 원활하지 않거나 사람들과 갈등을 불러일으키는 유형의 사람들이다. 이들은 사회성 기술이 부족하기 때문에 인간관계가 원활하지 않은 사람들로서, 상대방에게 자신을 호감 있게 드러내는 데 미숙한 편이다.

인간관계 미숙형에는 소외형과 반목형이 포함된다. 소외형은 미숙하고 부적절한 대인기술로 인해서 인간관계가 원활하지 않은 사람들이다. 이들은 외모나 옷차림이 다소 부적절하기도 하고 이에 무신경하기도 하다. 때와 장소, 상황에 적절하게 자신의 외모를 꾸미거나 옷을 입는 것은 중요한 사회성 기술에 해당되는데, 이들은 이러한 사회성 기술의 부족으로 인해 인간관계에서 지켜야 할 일종의 예의나 규범에 다소 어긋나는 모습을 보이곤 한다.

반목형은 미숙형에 속하는 또 다른 유형으로, 이들은 인간관계에서 다툼과 대립을 반복적으로 경험하는 사람들이다. 이들은 때로 타인에게 호감을 주고 친밀한 관계를 형성하기도 하지만, 옳고 그름에 대한 자신만의 절대적 기준이 있어서 타인에게 강한 불만과 분노를 느끼기 쉽다. 또한 이들은 자신의 생각과 감정을 적절히 조절해서 표현하거나 사람들과의 갈등을 원만히 해결하는 기술이 부족하기 때문에 자신의 의견을 직설적으로 표현하거나 상대와 의견이 대립될 경우에 상대를 비난하곤 한다. 따라서 이러한 성향으로 인해 사람들과의 관계가 원만하게 지속되기 어렵다.

(4) 탐닉형

탐닉형은 친밀한 관계를 강박적으로 추구해서 사람들과 강렬한 관계를 맺지만 그 관계가 오래 가지 못하고 매우 불안정한 특징을 나타내는 사람들을 가리킨다. 탐닉이라는 단어에서 유추할 수 있듯이, 이들은 때로 사람 간의 경계가 허물어질 만큼 지나치게 가까운 관계를 추구하여 주변 사람을 구속하기도 하며, 결국에는 상대방으로 하여금 불편감을 느끼게 하여 관계를 소원하게 만든다. 탐닉형의 사람은 보통 사람들과 친해지는 기간이 매우 짧은 편이다. 하지만 상대와 빨리 가까워지는 만큼 안정되고 편안하게 관계를 유지하거나 오래 지속시키지 못한다.

탐닉형에는 의존형과 지배형이 포함된다. 의존형은 혼자 있는 것을 잘 견디지 못하고 주변에 늘 의지할 사람을 찾는 사람들을 일컫는다. 이들은 사소한 결정조차 스스로 내리지 못하고, 주변 사람에게 늘 조언과 지지를 구하곤 한다. 의존적인 사람은 다른 사람과 수평적이거나 대등한 관계를 맺기보다 종속적인 관계를 맺으면서, 타인으로부터 관심과 애정을 받기를 지속적으로 갈구한다. 이러한 성향으로 인해 상대방에게 부담을 주게 되어 결국 불안정한 인간관계를 유지하게 된다.

탐닉형의 두 번째 하위유형은 지배형으로, 이들은 자신을 중심으로 세력과 집단을 만들어 추종세력을 거느리고 자신이 그곳에서 주도적인 역할을 하고자 하는 사람들이다. 이들은 일반적으로 자기주장이 강하고 경쟁적인 성향을 지니며, 일방적인 관계를 선호하는 경향이 있다. 또한 지배적인 사람들은 자신을 제지하거나 자신과 경쟁하는 사람에게 공격적으로 행동하기도 한다.

의존형과 지배형은 서로 다른 의도, 즉 의존형은 의지하고 의존하려는 욕구, 지배형은 타인을 자신의 영향력 안에 두고자 하는 욕구를 지니고 있지만, 겉으로 드러나는 모습에서는 어떤 식으로든 다른 사람과의 관계를 강박적으로 추구한다는 점에서 서로 유사한 모습을 지니고 있다고 볼 수 있다. 결국 이 두 유형 모두 관계를 형성하고 유지하려는 의도가 자신의 필요에 의한 것이기 때문에 안정적이고 일관되게 관계를 지속시키는 데에는 어려움이 있다.

3) 건강한 인간관계

앞에서 부적응적인 인간관계의 여러 유형에 대해 살펴보았다. 그렇다면 건강한 인간관계란 어떤 것일까? 임상심리학자인 원호택과 박현순(1999), 권석만(2004)은 건강한 인간관계가 지니고 있는 특징을 다음과 같이 다섯 가지로 설명한다.

첫째, 인간관계에 대한 욕구를 현실적으로 조절할 수 있어야 한다. 이는 사람은 누구나 인간관계에 대한 욕구를 지니고 있지만, 그 욕구가 지나치게 억압되는 것도 반대로 지나치게 표출되는 것도 바람직하지 않으며, 인간관계에 대한 욕구를 현실에 맞춰 적절하게 조절할 수 있어야 함을 의미한다.

둘째, 인간관계에 대해 현실적이고 융통성 있는 신념을 지녀야 한다. 예를 들어, 어떤 사람이 사람들은 '항상' 나에게 친절해야 한다는 생각을 지니고 있다고 가정해 보자. 만약 이런 생각을 지니고 있다면 상대방이 자신에게 조금만 불친절하게 대해도 참지 못하고 쉽게 화를 낼 가능성이 커질 것이다. 하지만 달리 생각해 보면, 사람은 누구나 다른 사람들에게 '항상' 친절하기는 어렵다. 그러므로 항상 나에게 친절해야 한다는 당위적인 생각을 가진다면, 이는 비현실적인 생각에 해당한다. 따라서 관계에 대해 보다 현실적이고 융통성 있는 생각을 지니는 것이 건강한 인간관계를 위해 필요하다.

셋째, 효과적인 대인관계 기술을 지녀야 한다. 건강한 인간관계를 위해서는 타인의 말을 귀 기울여 듣고 자신의 의사를 적절하게 전달하는 능력이 요구된다. 사람은 관계를 떠나서 살 수 없는 존재이므로, 관계를 원만하게 이루기 위해 효과적인 대인관계 기술을 지닐 필요가 있다.

넷째, 다른 사람이나 상황에 대해 정확하고 객관적으로 지각하고 판단할 수 있어야 한다. 건강하고 성숙한 사람은 쉽게 판단적(judgemental)이지 않다. 판단적인 사람들은 자신의 잣대로 다른 사람을 성급하게 판단하고 평가하는 경향이 있다. 이로 인해 이들은 다른 사람에게 상처 주기 쉬우며, 따라서 상호 간에 성숙한 인간관계를 맺기 어렵다. 이런 의미에서 건강한 인간관계를 맺는 사람은 성급하게 판단하거나 평가하지 않으며, 객관적으로 정확하게 지각하고 판단하는 능력을 갖추고 있는 사람들이라 하겠다.

다섯째, 관계에서 안정적인 감정을 유지하는 것이다. 안정적인 감정을 갖는다는 것은 자신과 상대에 대한 감정이 쉽게 변하거나 극단적으로 흐르지 않고, 비교적 안정적이고 일관적으로 유지되는 것을 의미한다.

이 절에서 우리는 건강한 인간관계와 부적응적 인간관계에 대해 살펴보았다. 인간관계는 삶의 만족과 행복의 원천인 동시에, 갈등과 불행의 원천이 되기도 한다. 따라서 인간관계는 정신건강의 중요 지표로서 사람들의 행복과 삶의 질에 매우 큰 영향을 미친다. 이런 의미에서 우리는 살면서 끊임없이 자신의 인간관계를 되돌아보고 성찰할 필요가 있을 것이다.

[Self-checking]
- 나는 건강한 인간관계가 지니고 있는 특징을 어느 정도 갖추고 있는가?

_____

_____

2. 비언어적 의사소통

이 절에서는 비언어적 의사소통에 대해 다룰 것이다. 먼저, 의사소통이란 무엇인지 알아보고, 이어서 비언어적 의사소통에는 어떤 것들이 있고 어떻게 하는 것이 적절한지 살펴보도록 하겠다.

┌─ 생각해 보기 ─────────────────────────────────────┐

－ 비언어적 의사소통을 적절히 하기 위해서는 어떻게 해야 할까?

└──┘

1) 의사소통이란

의사소통이란 무엇일까? 사람들이 자기 자신을 표현하고 다른 사람들과 관계를 맺는 데 있어서 의사소통은 필수적이다. 사람들은 흔히 의사소통을 떠올릴 때 말을 유창하게 잘하는 이미지를 떠올리기 쉽다. 물론 말을 잘하는 것 또한 의사소통에서 중요한 부분일 수 있겠지만, 인간관계를 통한 정신건강을 다루는 이 책에서는 의사소통에서의 유창성을 추구하거나 이를 지향하지 않는다. 대신 자신이 전하고 싶은 이야기를 상대에게 적절하게 표현하고 상대가 말할 때 그 이야기를 진지하게 경청하는 것을 정신건강에서 중요한 의사소통으로 간주한다.

의사소통이란 언어나 비언어의 수단을 사용하여 자신의 생각, 감정, 의사를 전달하고, 다른 사람으로부터 피드백을 받으면서 사람들과 상호작용하는 과정이다. 사람들은 의사소통을 통해 사회적, 정서적 혹은 심리적인 욕구를 충족시킨다. 따라서 의사소통을 잘하는 사람은 정서적으로 안정되고 대인관계에서도 보다 큰 만족감을 얻을 수 있을 것이다. 또한 의사소통을 통해서 사람들은 자신이 원하는 목표에 도달할 수 있으므로 의사소통능력은 인간관계에서 목표를 달성하는 데 도움이 되며, 타인으로부터 받는 사회적 보상도 극대화시킬 수 있다. 이러한 의사소통 능력은 타고나는 것이라기보다는 학습을 통해 습득이 가능하며, 언어적 의사소통과 비언어적 의사소통으로 구분이 가능하다.

그런데 우리가 의사소통을 배운다고 해서 누구를 대하든 어떠한 상황에서든 항상 일관된 방식으로 의사소통해야 한다는 의미는 아닐 것이다. 의사소통 역시 상대가 누구냐 혹은 상황이 어떠하냐에 따라 영향을 받을 수밖에 없기 때문에, 대상과 상황에 따라 융통성 있게 유연한 방식으로 의사소통해야 한다. 이처럼 대상과 상황을 고려하여 의사소통할 때 인간관계와 정신건강에 미치는 효과도 더 좋아질 수 있을 것이다.

2) 비언어적 의사소통이란

앞서 의사소통은 언어와 비언어의 수단을 사용하여 이루어진다고 하였다. 따라서 의사소통은 언어적 의사소통과 비언어적 의사소통으로 구분된다.

비언어적 의사소통은 언어를 사용하지 않고, 언어 이외의 방법을 통해서 주고받는 의사소통이다. 여기에는 음성적 의사소통과 비음성적 의사소통이 있는데, 음성적 의사소통에는 목소리의 크기나 빠르기, 높낮이, 목소리 톤 같은 것이 해당되고, 비음성적 의사소통에는 몸의 움직임이나 자세, 얼굴표정이나 접촉 등이 해당된다.

일반적으로 비언어적 의사소통은 말로 전달되는 것보다 훨씬 더 복잡해서 때로는 모호하게 보이거나 읽히기도 한다. 또한 비언어적 의사소통은 문화권에 따라 상이하여 접촉을 중요시하고 자주 하는 문화가 있는가 하면 그렇지 않은 문화가 있으며, 눈맞춤(eye contact)을 중요시하는 문화가 있는가 하면 이를 다소 불편하게 여기는 문화도 있다. 사람 간의 거리도 좀 더 멀리 간격을 두는 것을 편하게 여기는 문화가 있는가 하면 좀 더 가깝게 있는 것을 선호하기도 한다. 따라서 사람들은 자신이 속한 문화 안에서 적절한 방식으로 비언어적인 의사소통을 할 수 있어야 한다. 이처럼 적절하게 비언어적 의사소통을 사용하는 능력은 정서지능에 있어서 중요하며, 이러한 능력은 사람들과 관계를 맺고 유지해 가는 데 필요한 기초적인 능력이다.

비언어적 의사소통은 언어적 의사소통에 비해 명확성이 떨어지고 다소 모호한 특성이 있지만, 언어적 표현과 비언어적 표현이 불일치하는 경우에는 일반적으로 비언어적 표현이 더 정확하다고 본다. 예를 들어, '좋아요'라고 말하고 있는 사람의 표정이 말처럼 밝아 보이지 않거나 목소리가 작고 힘이 없다면, 아마도 그 사람의 진짜 마음은 '좋은' 것이 아닐 가능성이 클 것이다.

3) 비언어적 의사소통의 유형

그럼 비언어적 의사소통의 유형에는 어떤 것이 있을까? 에크먼(Ekman, 1971)은 사람들에게 기쁨, 놀람, 공포, 슬픔, 분노, 혐오와 같은 여섯 가지 기본정서를 나타내는 독특한 얼굴근육 운동패턴이 존재한다고 하였으며, 이는 모든 문화권에서 공통적으로 나타난다고 하였다(권석만, 2004 재인용). 그래서 사람들은 서로 말이 통하지 않아도 표정을 보고 그 사람이 어떤 마음을 전달하려는지 대략 알아차릴 수 있다. 이처럼 사실상 많은 정보가 사람의 얼굴표정을 통해서 드러나기 때문에 표정을 적절하게 조절할 필요가 있으며, 상대방의 얼굴표정을 보고 상대의 마음이나 상태를 적절하게 지각해 내는 능력 역시 필요하다.

눈을 맞추는 것 또한 매우 중요한 비언어적 의사소통 방식에 해당된다. 누군가와 대화할 때 말하는 사람의 눈을 쳐다보며 그 사람과 눈을 맞추는 것은 매우 중요하다. 눈을 맞춘다는 것은 상대에 대한 관심을 표현하는 일종의 예의이기도 하고, 그만큼 상대방에게 개입하고 있다는 것을 보여 주는 신호가 되기 때문이다.

상대방과 시선을 접촉하는 것은 상대방을 뚫어지게 쳐다보는 것과는 다르다. 뚫어지게 쳐다보는 것을 영어로는 stare라고 하는데, 대화할 때 상대방의 눈을 쳐다보면서 눈을 맞추되 그렇다고 해서 너무 뚫어지게 응시해서 상대방을 불편하게 쳐다보지 않도록 해야 한다.

목소리도 대표적인 비언어적 의사소통 유형이다. 흔히 목소리처럼 음성적 의사소통에 해당하는 것을 부언어(paralinguistics)라고 하는데, 여기에는 목소리 톤이나 속도, 높낮이, 크기 등이 해당된다(Adler & Protor, 2014/2015). 같은 말이라 하더라도 어떤 목소리 톤으로 전달하느냐, 목소리의 크기나 속도가 어떤가에 따라 듣는 사람에게는 다른 의미로 전달될 소지가 있기 때문에 상황에 적절하게 목소리를 사용할 필요가 있다.

그다음 비언어적 의사소통 유형은 몸동작이다. 사람들은 상대방의 이야기에 집중할 때 자기도 모르는 사이에 상대방 쪽으로 몸을 기울이게 되며, 이러한 모습을 보고 사람들은 상대가 자신의 이야기에 관심이 있다는 사실을 알아차리게 된다. 하지만 이와는 반대로 대화에 관심이 없으면 몸을 뒤로 빼거나 아예 방향을 틀기도 하며, 어떤 경우에는 상대에 대한 경계심이나 방어를 전달하기 위해 팔짱을 끼거나 상대와 거리를 두는 듯한 자세를 취하기도 한다. 이처럼 다양한 몸동작을 통해 사람들은 다양한 마음 상태를 전달하고 있는 것이다.

접촉은 또 하나의 비언어적 의사소통 수단이다. 흔히 사람들은 신체접촉을 통해 친밀감을 표현하곤 한다. 그래서 좋아하는 사람들과 자연스럽게 신체접촉을 하고 또 이를 허용한다. 하지만 신체접촉은 상황에 따라 적절해야 하고, 상대방도 접촉을 자연스럽게 받아들일 수 있을 때 이루어져야 한다. 접촉은 경우에 따라 수직적인 관계를 내포하기도 하는데, 예를 들어 보통 악수를 하거나 등을 살짝 두드리는 것은 윗사람이 아랫사람에게 하는 게 일반적이다. 따라서 접촉은 상대와 상황에 따라 반드시 적절하게 사용되어야 하며, 상대방이 불쾌하게 생각한다면 절대로 사용하지 말아야 한다.

마지막으로 물리적 공간에 대해 살펴보자. 일반적으로 사람 사이의 물리적 거리는 친밀감이 높을수록 좁아진다. 일찍이 인류학자였던 홀(Hall, 1969)은 사람들이 일상적으로 사용하는 거리에 대해 네 가지로 구분하였다. 사람들은 자신을 중심으로 주위 공간을 구분하는데, 이를 거리에 따라 친밀역(0~60cm), 개인역(60~120cm), 사회역(120~330cm), 공공역(330cm 이상)이라고 부른다(권석만, 2004 재인용). 친밀역은 아주 가까운 사람들에게만 허용되는 구간이다. 그래서 자신과 별로 가깝지 않은 사람이 친밀역 안으로 불쑥 들어오면 우리는 살짝 뒷걸음질을 치면서 상대와 적당한 거리를 유지하려는 반응을 보이게 된다. 홀에 의하면 보통 친구나 지인은 개인역 정도의 거리를 두고, 그 외의 사람들과는 120cm 이상의 거리를 두는데 그래서 이 영역을 사회역이라고 하였다. 그리고 보통 자신과 3m 이상 정도 떨어진 영역을 공공역에 해당하는 것으로 보았다. 사람들은 이처럼 자신과 친밀한 정도에 따라 물리적으로 가깝게 있기도 하고 멀리 거리를 두기도 하며, 이는 반대로 거리두기를 통해 친밀한 정도를 표시하기도 한다는 의미이다.

이제까지 의사소통의 중요성과 비언어적 의사소통에 대해 살펴보았다. 사람들은 의사소통을 통해서 정서적 안정감과 사회적인 만족감뿐 아니라 신체적인 건강까지도 얻을 수 있으므로, 의사소통의 중요성을 충분히 인식하고 효과적으로 의사소통할 수 있도록 꾸준히 노력할 필요가 있을 것이다.

3. 관심 기울이기

이 절에서는 상대방과 의사소통하는 과정에서 필요한 관심 기울이기에 대해 살펴보고자 한다. 먼저, 관심 기울이기란 어떤 것인지 알아보고, 관심을 기울이는 적절한 자세에 대해 함께 생각해 보도록 하자.

생각해 보기

– 상대에게 적절하게 관심을 기울이려면 어떻게 해야 할까?

---

1) 관심 기울이기의 의미

다른 사람과 의미 있는 관계를 형성하기 위해서는 상대방에게 관심을 기울이는 자세가 필요하다. 상대방에게 관심을 기울인다는 것은 그 순간 공감적인 자세로 그 사람과 함께한다는 것을 의미한다. 그리고 이는 '나는 지금 당신의 이야기를 들을 준비가 되어 있어요'라는 것을 상대방에게 전달하는 것이기도 하다.

사람들은 자신에게 관심을 가져 주고 또 그러한 관심을 보여 주는 사람에게 고마움을 느낀다. 그래서 진정한 인간관계를 맺고자 할 때는 가장 기본적으로 상대에게 관심을 기울이는 것에서부터 출발해야 한다.

이처럼 우리는 관심 기울이기를 통해 상대방과 좋고 신뢰롭고 서로 존중하고 친밀한 관계를 형성하게 되는데, 상담에서는 이를 가리켜 라포(rapport)라고 한다. 즉, 관심 기울이기를 통해 상대와 라포를 형성하게 되며, 그럼으로써 상대방과 함께 있다는 것을 전달하고, 상대방의 말을 주의 깊게 경청하는 자세를 갖췄다는 것을 상대에게 알려 주게 된다.

2) 관심을 기울이는 자세

그렇다면 적절한 관심 기울이기는 어떻게 표현하는 게 좋을까? 상대에게 관심을 기울이는 것은 대부분 비언어적인 방식으로 전달된다. 관심을 보일 때 사람들은 적절하고 편안하게 눈을 마주치고, 상대가 하는 이야기에 따라 적절한 얼굴표정을 짓기도 한다. 이는 인위적으로 하려고 해서 되는 게 아니라 상대의 이야기에 온전히 집중하다 보면 상대의 기분에 맞춰 자연스럽게 드러나는 것이다. 상대방이 이야기할 때 적절하게 고개를 끄덕여 주는 것과 말하는 상대를 향해 적절히 몸을 기울여 주는 것도 우리가 상대방에게 관심이 있음을 전달하는 수단이 된다.

이야기를 들을 때 '음, 아, 그래, 어머, 저런'과 같이 최소한의 언어적 반응을 해 주면서 듣는 것도 말하는 사람 입장에서 상대방이 내 이야기를 잘 들어 주고 있다는 느낌을 갖게 하여, 지금 이 자리에 그 사람이 나와 함께 있다는 사실을 느끼게 해 준다.

이처럼 관심을 기울이기 위한 적절한 자세로서 이건(Egan, 2010/2016)은 각 단어의 앞 철자를 따서 SOLER라고 표기하였다. SOLER의 S는 Sit SQUARELY, 즉 상대방을 정면으로 바라보고 앉는 것을 말하며, 이는 내가 지금 여기에 당신과 함께 있고(I'm here with you), 어떤 것이든 당신의 이야기를 들을 준비가 되어 있음(I'm available to you)을 상대방에게 전하는 것을 의미한다. 사람들은 상대에게 관심이 없을 때 몸의 방향을 틀어 상대를 바라보지 않는다. 그래서 일단 상대에게 관심을 기울이려면, 상대방 쪽으로 몸을 향하여 상대를 바라보고 앉는 자세가 필요하다. O는 Maintain an OPEN posture로서 개방적인 자세를 취하는 것이다. 상대에게 관심을 보이고 상대의 이야기를 귀 기울여 들으려는 사람이 팔짱을 끼고 등을 뒤로 젖히는 자세를 취하는 것은 썩 좋은 모습이 아닐 것이다. 물론 잠시 자연스럽게 팔짱을 낄 수도 있고 등을 뒤로 젖힐 수도 있겠지만, 계속해서 이런 자세를 취한다면 상대에게는 권위적이거나 폐쇄적인 이미지로 받아들여질 가능성이 있다. L은 LEAN slightly로서 상대를 향해 적절하게 몸을 기울이는 것이다. 이 또한 너무 많이 자세를 기울이거나 너무 오래 기울인다면 상대에게 부담을 줄 수 있다. 그래서 상대를 향해 몸을 기울일 때는 적절하게 기울이고 또 간헐적으로 기울일 필요가 있다. E는 Maintain EYE CONTACT without staring으로 적절한 눈 맞춤을 일컫는다. 이는 너무 오래 한곳을 응시하여 상대를 불편하게 하는 것이 아니라, 편안하게 상대방을 바라봐 주는 것이다. 마지막 R은 Be RELAXED or natural을 의미하며, 이는 긴장되고 경직된 자세를 취하는 게 아니라 편안하고 자연스러운 자세를 취하는 것을 말한다.

이렇게 SOLER, 즉 상대를 바로 바라보고, 개방적 자세를 취하고, 몸을 기울이고, 적절하게 시선을 접촉하고, 편안한 자세를 취한다면, 상대방은 자신의 이야기를 보다 편안하게 할 수 있을 것이고, 우리는 이야기하는 사람과 그 순간 그 자리에서 함께하는 공감적 공존을 느낄 수 있을 것이다.

4. 경청하기

이 절에서는 의사소통의 토대가 되는 경청하기에 대해 살펴보겠다. 먼저, 경청이란 무엇인지 개념을 살펴보고, 부적절한 경청에 속하는 유형들을 다룰 것이다. 그리고 효과적 경청의 방법으로 소극적 경청과 적극적 경청에 대해 알아보고, 마지막에는 적극적 경청에 해당하는 방법의 예시를 함께 살펴보기로 하자.

> **생각해 보기**
>
> – 잘 듣는다는 것은 과연 무엇을 의미할까?
> – 상대의 이야기를 적극적으로 경청하려면 어떻게 해야 할까?

1) 경청의 개념

경청은 영어로 listening이므로 듣기에 해당한다. 하지만 listening은 단순히 듣는 것 이상으로 주의를 기울여야 하기 때문에 '경청'이라는 표현을 사용하고자 한다. 경청한다는 것은 단지 물리적으로 들려오는 소리를 듣는 게 아니라, 말하는 사람의 이야기에 귀 기울여 상대방이 전달하고자 하는 메시지를 이해함으로써 말하는 사람으로 하여금 자신의 이야기를 보다 더 잘할 수 있도록 도와주면서 듣는 것을 의미한다.

엠마뉴엘 등(Emanuel et al., 2008)은 사람들이 의사소통할 때 사용하는 기능의 비율이 쓰기 11%, 말하기 16%, 읽기 17%인 데 비해 듣기는 무려 56%에 해당한다고 하였다. 사람들이 일반적으로 의사소통에 대해 가장 먼저 떠올리는 것은 말하기일 것이다. 하지만 이 연구는 실제로 의사소통을 함에 있어 말하기보다 듣기가 차지하는 비율이 무려 3배 이상 높으며, 이는 그만큼 듣기가 차지하는 비중이 중요하다는 것을 시사한다. 그런데 듣는다는 것은 말처럼 쉽게 되는 것은 아니다. 우리는 살면서 많은 대화를 나누고 사람들로부터 많은 이야기를 듣지만, 상대가 하는 이야기에 온전히 집중해서 귀담아듣는다는 것은 생각보다 쉽지 않다.

그렇다면 어떤 경우에 상대방의 이야기를 귀담아듣는 것이 어려울까? 무엇보다 먼저 몸이 아프거나 피곤해서 신체적인 컨디션이 별로 좋지 못할 때는 상대의 이야기를 잘 듣는 것이 무척 어렵다. 또 사람들이 자신의 문제로 마음이 괴롭거나 당면한 문제에 빠져 있는 경우에도 다른 사람의 이야기에 온전히 귀 기울이는 것이 쉽지 않다.

또한 다른 사람을 돕고 싶어 하는 마음이 너무 앞서는 경우에도 상대방의 이야기를 귀담아듣는 경청이 어려울 수 있는데, 이 말은 얼핏 들으면 이해가 잘 안 될 수도 있을 것이다. 상대방을 돕고 싶은 마음이 큰 상황에서 경청을 잘하기 어려운 이유는, 상대를 돕고 싶은 마음이 너무 앞선 까닭에 상대의 이야기를 끝까지 들어 주기보다 조언이나 충고를 섣불리 하게 되는 경우가 많기 때문이다. 물론 경우에 따라서는 상대가 해 주는 조언이나 충고가 도움이 되는 경우도 있겠지만, 하고 싶은 말을 충분히 할 수 있도록 해 주는 것이 더 도움이 되는 경우도 많다. 경청은 상대의 이야기를 존중하면서 들어 주는 것이므로, 이러한 관점에서 본다면 성급한 조언이나 충고는 상대로 하여금 그 사람이 하고 싶어 하는 이야기를 충분히 하게 해 주기보다 오히려 이야기를 서둘러 종료하게 하는 결과를 가져올 수 있다. 따라서 상대를 돕고 싶은 마음에 오히려 성급하게 조언을 한다면, 상대를 도우려 했던 의도와는 달리 원래의 경청이 가지고 있는 효과를 반감시킬 가능성이 있다.

다음으로 경청이 어려운 경우는 이야기를 듣고 있는 사람이 말하고 있는 사람에게 동병상련의 감정을 느낄 때이다. 이는 어떠한 점에서 경청을 어렵게 할까? 물론 사람들은 자신과 비슷한 어려움을 경험하거나 비슷한 처지에 있는 사람에게 공감을 더 잘할 수 있다. 하지만 반대로 자신과 비슷한 어려움을 겪고 있는 사람의 이야기를 들을 때 그 사람의 입장에 충분히 머무르기보다 자신의 어려움과 아픔에 더 몰입하게 되는 경우도 있을 수 있다. 경청은 상대를 존중하면서 그 사람의 이야기에 귀 기울여 줌으로써 상대가 하고 싶어 하는 이야기를 충분히 더 잘할 수 있게 해 주는 것이므로, 만약 상대의 입장보다 자신의 입장에 더 몰입하게 된다면 그것은 경청과는 거리가 멀어지게 될 것이다.

마지막으로 경청이 어려운 경우는 말하는 사람과 이야기하는 사람 간의 사회문화적 차이가 너무 클 때이다. 이는 상대방의 메시지를 이해하고 싶어도 두 사람 간의 문화적인 간극 때문에 이해가 쉽지 않은 경우가 발생할 수 있기 때문이다.

2) 부적절한 경청

그렇다면 부적절한 경청에는 어떠한 경우가 해당되는지 살펴보자. 먼저, 듣는 척하기이다. 이는 영어로 pseudolistening이라고 하는데, 사실상 듣는 척만 하고 마음은 딴 곳에 가 있는 것을 말한다. 일상생활을 하면서 매 순간 집중하면서 듣는다는 것은 사실상 어려우므로 사람들은 겉으로는 듣는 척하지만 실상 제대로 듣지 못하는 경우가 더러 있다.

부적절한 경청의 또 다른 유형은 선택적 듣기이다. 이는 말 그대로 자신이 관심 있거나 듣고 싶어 하는 것만 듣고, 나머지는 듣지 않는 것을 의미한다. 이는 자신이 옳다고 생각하는 것에 대한 정보나 자료에만 관심을 기울이게 되기 때문에 확증편향(confirmation bias)을 가져올 수 있으므로 적절한 듣기에 해당된다고 보기 어렵다.

리허설하기도 부적절한 경청에 해당된다. 이는 말하는 사람의 이야기를 듣는 대신 그 시간에 자신이 할 말을 머릿속으로 궁리하는 것을 의미한다. 예를 들어, 돌아가면서 자기 이야기를 해야 하는 경우에 다른 사람이 말하는 것을 듣기보다 자기가 어떤 말을 해야 할까를 고심하는 경우가 있는데, 이런 경우가 리허설하기에 해당된다.

다음은 평가적 경청이다. 이는 판단적이고 평가적인 성향을 지닌 사람들이 범하기 쉬운 부적절한 경청의 유형으로, 상대의 이야기를 들을 때 자신의 판단이나 평가를 보류하고 끝까지 이야기에 집중하기보다 상대의 이야기를 들으면서 즉각적으로 옳다, 그르다를 판단하거나 상대를 성급하게 평가해 가면서 듣는 경우를 말한다. 이러한 성향은 자기 확신이 강하고 직설적인 성향의 사람들에게서 비교적 자주 나타나는 모습이다. 따라서 상대의 이야기에 경청하려면 자신의 즉각적 판단을 유보하면서 상대의 이야기를 끝까지 경청하는 태도가 필요하다.

마지막으로 부적절한 경청에는 동정적 경청이 포함된다. 동정적 경청이란 상대에 대한 지나친 감정이입으로 객관성을 잃게 되는 경우를 말한다. 이처럼 상대에게 동정을 느끼며 지나치게 감정이입을 하게 되면 자신의 입장과 상대의 입장이 동일시되어 상대방을 객관적으로 바라보기 어렵게 된다. 그래서 이러한 경우에는 무조건 상대방이 옳다고 편 들게 되는 오류를 가져올 수 있다.

이처럼 경청은 단지 귀로만 소리를 듣는 게 아니고 마음으로 듣는 것이고, 자신에게 집중하지 않고 상대의 이야기에 온전히 귀 기울이는 것이다. 또한 성급하게 판단하지 않고 끝까지 들어 주고, 상대와의 경계를 유지하면서 있는 그대로 상대를 바라보는 것을 의미한다.

3) 경청의 방법

경청은 물리적으로 들려오는 소리를 듣는 것을 넘어 상대방의 이야기에 귀 기울여 그 사람이 전달하고자 하는 메시지를 이해하면서 들음으로써, 상대로 하여금 자신의 이야기를 보다 더 잘할 수 있도록 도와주면서 듣는 것을 의미한다. 이러한 경청에는 소극적 경청과 적극적 경청이 있다.

(1) 소극적 경청

소극적 경청(passive listening)이란 상대방이 하는 말을 잘 듣고 있다는 것을 상대에게 알려 주면서 듣는 것을 의미한다. 대화할 때 상대가 나의 눈을 바라봐 주거나 내가 느끼고 있는 감정과 비슷한 표정을 지어 주거나 고개를 끄덕여 줄 때 우리는 상대가 내 이야기를 잘 들어 준다는 것을 느낄 수 있다. 이처럼 소극적인 경청은 많은 경우 비언어적인 수단을 통해 전달된다.

소극적 경청은 언어적 수단을 통해서도 전달된다. 예를 들어, 우리가 이야기할 때 상대가 나에게 '아아, 그렇구나, 어머, 저런, 쯧쯧'과 같은 단순한 언어적 반응을 해 준다면, 우리는 그 사람이 나의 이야기를 경청하고 있다는 것을 보다 잘 느낄 수 있게 된다.

일반적으로 '소극적'이라는 용어는 다소 부정적인 의미로 사용되지만, 경청에서 사용되는 소극적이라는 의미는 부정적인 의미로 사용되는 것은 아니다. 왜냐하면 제대로 된 경청을 하기 위해서는 반드시 소극적 경청이 전제가 되어야 하기 때문이다. 다시 말해 보다 깊이 있는 경청을 하기 위해서는 소극적 경청이 반드시 선행되어야 하고, 이러한 소극적 경청은 상대의 이야기를 잘 듣는 것의 기본적이고 필수적인 요소에 해당된다.

(2) 적극적 경청

그렇다면 적극적 경청은 무엇일까? 적극적 경청(active listening)이란 단지 잘 듣고 있음을 상대에게 알려 주는 기능을 하는 소극적 경청을 넘어, 상대방이 자신의 이야기를 보다 충분히 잘할 수 있도록 적극적으로 도와주면서 듣는 것을 의미한다.

적극적 경청에는 명료화, 재진술, 반영, 요약과 같은 네 가지 방법이 포함되며(Cormier & Cormier, 1985), 이 방법은 실제로 상담자가 상담장면에서 많이 사용하는 기법이기도 하다. 하지만 이러한 기법들이 비단 상담장면에서만 효과적인 것은 아니다. 주변 사람들과 대화할 때 이를 적절하게 사용한다면 의사소통을 보다 충만하게 할 수 있게 되어 인간관계를 보다 진정성 있게 하는 데 도움이 될 것이다.

① 명료화

사람들과 대화하다가 우리는 상대방이 하는 이야기를 명확하게 이해하지 못할 때가 간혹 있다. 만약 그것이 가벼운 일상적인 이야기라면 그냥 듣고 흘려 버리거나 대충 넘어가도 되겠지만, 마음속의 진지한 이야기를 하고 있을 때는 경우가 다르다. 따라서 이때에는 상대의 이야기를 제대로 알아차리고 있는 것인지 상대방에게 되물을 필요가 있다. 이런 경우 일반적으로 사람들은 "네가 지금 이야기하는 게 ~하다는 거지?" 혹은 "내가 이해하기로는 ~한데 맞니?"라고 하면서 상대의 이야기를 제대로 이해하고 있는지 확인하는데, 바로 이런 반응을 명료화(clarification)라고 한다.

이처럼 명료화는 상대방이 말하고자 하는 내용을 분명하게 확인하기 위해 듣는 사람이 상대방의 말을 정확히 이해했는지 되묻는 반응이다. 따라서 상대의 고민을 들어 주거나 상대와 마음속 대화를 나누는 경우에는 이야기를 듣는 중간중간에 상대방이 말하고자 하는 의미를 보다 명확하게 확인하면서 들을 필요가 있다. 그래서 이런 경우에 명료화를 사용하게 되면 이야기를 듣고 있던 사람의 입장에서는 자신이 보다 명확하게 이해하면서 들으려 하고 있음을 말하는 사람에게 전달할 뿐만 아니라 상대의 이야기를 정확하게 이해하는 효과가 있다. 말하는 사람의 입장에서도 이러한 질문을 받음으로써 자신의 내면을 한 번 더 들여다보는 기회를 가지게 되어 때로는 자신조차 명확하게 알지 못했던 자신의 마음을 보다 분명히 알아차릴 수 있게 된다.

② 재진술

재진술(paraphrase)은 상대가 전하는 메시지 가운데 내용에 초점을 두어 이를 듣고 있던 사람이 자신의 말로 다시 되돌려 주는 것을 말한다. 다시 말해 재진술은 상대가 하는 말의 내용을 듣고 이해한 바를 자신의 표현으로 상대에게 다시 전달하는 것으로, 다른 말로 '부연하기'라고도 한다.

예를 들어, "우리 엄마는 맨날 동생은 놔두고 나한테만 일을 시켜."라고 불만을 말하는 사람이 있다고 가정해 보자. 이 경우에 "너희 엄마는 자식들을 차별하시나 보구나."라고 반응한다면, 이 반응은 재진술에 해당된다. 즉, 이야기를 듣고 있던 사람이 말하는 사람이 이야기하려는 내용을 이해해서, 자신이 이해한 바를 자신의 말로 다시 표현해 주었기 때문이다.

이처럼 재진술을 사용하면 상대방의 말을 제대로 이해하였음을 전달하는 효과가 있고, 또한 말하는 사람의 입장에서는 자신이 하고자 하는 말의 내용과 의미를 보다 명확하게 이해하고 파악하는 효과를 갖게 된다. 이런 의미에서 재진술은 상대방으로 하여금 보다 깊이 있는 자기탐색과 이해가 가능하도록 도와주면서 듣는 적극적 경청에 속하는 기법이다.

③ 반영

어떤 사람과 대화할 때 상대방이 내가 느끼고 있는 기분과 마음을 잘 알아차려 줄 때가 있다. 그럴 때 우리는 공감받는 느낌을 전달받고, 자신이 온전히 이해받고 수용되는 기분을 느낀다. 이렇게 말하는 사람의 기분을 적절하게 잘 알아차려 주는 것이 바로 반영(reflection)이며, 이는 상대방이 전하는 메시지 가운데 감정에 초점을 두어 되짚어 주는 것을 말한다. 앞서 설명한 재진술이 상대가 이야기하는 말의 내용에 초점을 두어 이를 자신의 말로 다시 되짚어 주는 것이라면, 반영은 말하고 있는 사람의 기분과 심정을 헤아려서 이를 전달해 주는 것이다.

반영의 예를 들어 보자. 어떤 사람이 자기가 한 일도 아닌데 마치 자신이 한 것처럼 잘못 알려져서 동료들로부터 오해받았던 경험을 이야기하고 있다고 가정해 보자. 이때 "네가 정말 많이 억울했겠구나."라면서 그 사람이 겪고 있을 만한 감정을 헤아려 준다면, 이는 반영에 해당한다. 상대방으로부터 이러한 반영 반응을 받게 되면, 말하던 사람은 상대로부터 자신의 이야기가 받아들여지고 자신의 입장이 이해받는 느낌이 들 것이다. 그렇게 되면 더더욱 그 사람에게 자신의 이야기를 하고 싶어지고, 보다 깊이 자신의 마음을 드러낼 수 있게 된다.

그런데 만약 똑같은 상황에서 "네가 뭔가 일을 제대로 안 한 거 아니야?", "그 사람들도 다 그럴 만한 이유가 있겠지."라는 식으로 상대가 반응했다고 가정해 보자. 경우에 따라서는 그 말이 맞는 말일 수도 있겠으나, 아마도 그러한 말을 듣는 순간 말하던 사람의 마음은 닫히게 되고 더 이상 상대에게 자신의 마음을 드러내고 싶지 않을 것이다. 반영은 적절하게 사용하면 이해받고 수용되는 느낌을 갖게 하여 자신을 더 개방하게 하는 효과를 가져온다. 또한 어떤 경우에는 말하면서도 자신이 느끼는 기분이 뭔지 본인도 정리가 안 되고 혼란스러울 때가 있는데, 이 경우에도 상대로부터 적절한 반영 반응을 들으면 자신의 혼란스럽고 복잡한 감정을 보다 명확하게 지각하는 데 도움을 받을 수 있다.

옛 이야기를 통해 반영의 효과에 대해 좀 더 생각해 보자. 예로부터 내려오는 전래동화 중에 '해와 바람'이 있다. 바람과 햇님이 길 가는 나그네의 외투를 벗기려고 서로 씨름을 벌이는 내용인데, 먼저 바람이 나서서 나그네의 외투를 벗길 수 있다고 호언장담하며 점점 더 세고 강하게 바람을 불어 댄다. 그런데 나그네는 외투를 벗기는커녕 오히려 더 움켜잡고 외투가 벗겨지지 않도록 애를 쓴다. 이어서 등장한 햇님은 그렇게 해서는 외투를 벗길 수 없다면서 따뜻한 햇살을 내리쬐기 시작한다. 갑자기 불던 바람이 멈추고 햇살이 비추면서 점차 따듯해지기 시작하자 길 가던 나그네는 이마에 땀을 훔치며 비로소 외투를 벗어 팔에 걸고 계속해서 가던 길을 걷게 되었다.

이 이야기에 나오는 햇님의 기능은 반영과 유사하다. 마치 햇님처럼 상대를 따듯하게 대하고 그 사람의 심정을 잘 헤아려 주면 사람들은 스스로 마음의 문을 열고 보다 많이 더 깊이 있게 자신의 이야기를 할 수 있게 될 것이다.

④ 요약

적극적 경청의 마지막 방법은 요약(summarization)이다. 평상시의 대화 중에도 요약이 필요할 때가 있는데, 특히 정리가 필요한 시점에 핵심내용을 잘 간추리면 그동안 오갔던 이야기들이 깔끔하게 정리되는 효과를 볼 수 있다. 또 대화를 나누다 보면 어떤 경우에는 주제가 왔다 갔다 하기도 하고, 간혹 이야기가 너무 장황하게 길어져 정리가 필요한 시점이 올 때가 있다.

일상생활에서도 회의나 토론을 하다가 중간중간 핵심을 짚어 요점정리를 잘하는 사람들이 있다. 이렇게 요약을 잘하면 여태껏 해 왔던 이야기가 어떤 것이었는지, 그중에서 중요한 것은 무엇인지 다시 정리하는 기회가 되고, 이야기하면서 빠트리거나 소홀히 했던 부분에 대해서도 알아차릴 수 있는 기회가 된다. 이처럼 요약은 말하고 있는 사람의 이야기를 정리하여 좁아져 있던 시야를 넓히는 기능을 하므로 적극적 경청에 해당하는 기법이다.

이와 같은 네 가지 적극적 경청의 기법은 하나씩 개별적으로 사용하기도 하지만 한번에 같이 사용하기도 한다. 예를 들어, 상대방이 하는 이야기를 듣고 난 다음에 재진술과 반영을 함께 사용하여 반응할 수도 있고, 요약을 하면서 명료화를 함께 사용할 수도 있을 것이다.

이제까지 적극적 경청에 해당하는 네 가지 방법을 살펴보았다. 이러한 적극적 경청의 방법은 우리가 주고받는 이야기들을 보다 더 명확하고 깊이 있게 해 주는 기능을 하지만, 우리가 하는 일상적인 대화에서 이러한 방법을 매번 사용할 수는 없다. 하지만 만약 상대의 이야기를 귀담아들어 줘야 하는 진지한 대화를 나누는 경우라면, 이와 같은 적극적 경청의 방법을 사용해 볼 것을 권한다.

다음에 제시된 대화의 예를 살펴보면서 적극적 경청 방법의 개념을 좀 더 명확히 하고, 일상생활 속 대화에서도 필요한 경우 적용해 보길 권한다.

〈사례 1〉
"나는 왜 하는 일마다 이럴까? 저번에도 나랑 같이 일하려던 사람이 갑자기 사정이 생겼다고 해서 못하게 됐고, 이번 일도 내가 오랫동안 준비한 건데 파트너가 갑자기 못하겠다고 해서 깨졌단 말이야……. 나는 정말 왜 이렇게 일이 꼬이냐……. 어떻게 번번이 이럴 수가 있지?"

명료화: "네가 계획했던 일들이 다른 사람 때문에 번번이 그르친다는 이야기야?" 혹은 "너한테 그런 일이 매번 갑자기 생기는 것 같단 말이지?"

〈사례 2〉
"그 사람 이번에 회사에서 팀원들하고 같이하기로 했던 일 펑크 낸 거 알아? 저번에는 글쎄 나하고 약속한 시간 안 지키고, 자기 스케줄대로 마음대로 처리해서 나 완전 멘붕 왔었잖아. 그 사람하고 같이 일해야 하는데 미치겠다 진짜……."

재진술: "네가 그 사람을 잘 믿지 못하겠다는 말이구나." 혹은 "약속을 잘 안 지키는 사람이랑 같이 일해야 되는 상황이네."

〈사례 3〉
"우리 회사는 정말 일이 너무 많아, 이렇게 일을 많이 시키는 회사인 줄 몰랐어. 다른 회사는 칼퇴근하고 야근도 없다는데 왜 우리 회사만 이러는 거야. 친구들은 놀러도 다니고 여행도 잘만 다니던데, 난 이게 뭐야. 이 회사를 계속 다녀야 돼 진짜?"

반영: "좀 쉬면서 일하면 좋을 텐데, 일이 너무 많아서 짜증이 나고 힘이 드는구나." 혹은 "친구들은 좋은 조건에서 일하는 것 같은데 너만 힘든 거 같아 화가 나겠네."

〈사례 4〉

"선생님 저는 진짜 언제 졸업을 해야 할지 모르겠어요. 요즘 취업이 정말 어렵거든요. 또한 학기 졸업을 미뤄야 하는 건지……. 그렇다고 마냥 졸업을 미룰 수만도 없어요. 당연히 제 마음 같아서는 빨리 졸업해서 취업하고 싶죠. 엄마 아빠가 저 때문에 고생하시는 거 다 아는데, 이젠 슬슬 집에서 눈치도 보여요……. 근데 제가 원하는 데 과연 취업할 수 있을까요? 그냥 일단 취업이 되는 데부터 가야 하는 것 아닐까요? 아 어떡하죠……?"

요약: "빨리 졸업해서 취업하고 싶지만 요즘 취업이 많이 어려워서 졸업을 언제 해야 할지 고민되는군요. 부모님 생각하면 눈치도 보이고요. 그런데 막상 원하는 데 취업이 될지 자신도 없고……, 어디에 취업하는 게 좋을지도 고민이 되나 봐요."

이제까지 인간관계와 의사소통의 기초를 이루는 관심 기울이기와 경청에 대해 살펴보았다. 라포 형성에 기본이 되는 관심 기울이기는 이야기를 나누는 상대방과 공감적 공존을 하는 것을 의미한다. 경청은 말하는 사람이 전하고자 하는 메시지를 이해하고, 나아가 말하는 사람으로 하여금 자신의 이야기를 깊이 있게 더 잘할 수 있도록 도와주며 듣는 것이다. 흔히 경청을 떠올리면 단순히 듣는 역할이나 기능만 생각할 수 있는데 이는 소극적 경청이며, 말하는 사람이 자신의 기분이나 생각, 혹은 자신이 처한 상황 등을 이해해 가면서 보다 깊이 있게 자신을 살필 수 있도록 도와주며 듣는 것은 적극적 경청이다. 사람들과 의사소통을 잘하는 것은 우리의 정신 건강에 매우 중요하므로, 의사소통의 기초를 이루는 관심 기울이기와 경청을 일상 생활 속에서 실천해 보도록 하자.

이 장에서는 정신건강의 토대를 이루는 인간관계를 점검해 보기 위해 건강한 인간관계와 부적응적 인간관계의 특징에 대해 살펴보았다. 그리고 깊이 있는 관계 형성과 원활한 의사소통의 기초가 되는 듣기의 자세를 갖추기 위해, 비언어적 의사소통과 관심 기울이기, 그리고 경청에 대해서 살펴보았다.

이 장을 통해 보다 성숙하고 건강한 관계를 위해 자신의 인간관계를 전반적으로 돌아보는 기회가 되었기를 바란다. 아울러 관계 형성과 의사소통의 중요한 토대를 이루는 관심 기울이기와 경청의 방법을 적절히 사용할 수 있게 되었기를 바란다.

CHAPTER

05

Mental
Health

인간관계와 의사소통 II: 표현하기

이 장은 제4장에 이어 인간관계와 의사소통을 다루는 두 번째 파트로서, 제4장에서 의사소통의 기초가 되는 듣기의 자세, 즉 다른 사람에게 관심을 기울이고 상대의 이야기를 경청하는 것에 대해 다루었다면, 이 장에서는 상대방에게 자신의 마음을 잘 전달하고 표현하는 방법에 대해 다루도록 하겠다.

의사소통은 인간관계의 핵심적인 요소이고, 인간관계는 정신건강을 좌우할 만큼 매우 중요하다. 이에 이 장에서는 성숙하고 건강한 인간관계를 위해 필요한 자기노출과 나 전달법, 공감, 자기표현에 대해 차례로 살펴볼 것이다.

1. 자기노출

이 절에서는 건강한 인간관계를 위해 필요한 자기노출에 대해 알아본다. 먼저, 자기노출이 무엇인지, 그 이점과 위험요인에는 어떤 것이 있는지, 그리고 자기노출을 잘하기 위해 필요한 원리를 중심으로 살펴보고자 한다.

┌─ 생각해 보기 ─────────────────────────────────
│
│ − 자기노출은 어느 정도 하는 게 적절할까?
│
│ − 자기노출을 잘하기 위해 고려할 점은 무엇일까?
│
└──

1) 자기노출이란

자기노출(self-disclosure)은 일반적으로 알려진 정보나 사실 이외에 잘 알려져 있지 않은 자기 자신에 대한 개인적인 정보를 의도를 가지고 다른 사람에게 알리는 행동을 말하며(Jourard, 1971; Adler & Proctor, 2014/2015). 자기개방 혹은 자기공개라고도 한다. 자기노출은 관계에서 가질 수 있는 경계심을 완화시켜 상호 간에 친밀감과 신뢰감을 형성하게 함으로써 점차 대인관계를 심화시키는 효과를 가져온다(권석만, 2004).

누군가에게 자기노출을 한다는 것은 상대에 대해 호감을 가지고 있고 상대를 신뢰하고 있으며 그 사람과 친해지고 싶다는 의미를 내포하고 있는 것이다. 그래서 일반적으로 자기노출을 많이 하면 할수록 관계는 친밀해지고, 역으로 친밀한 사이일수록 자기노출도 증가한다.

2) 자기노출의 이점과 위험요인

자기노출에는 이점이 있는 반면 위험도 따른다(Adler & Proctor, 2014/2015). 이점부터 살펴보면, 첫째, 자기노출에는 정화의 효과가 있다. 이는 마음속 이야기를 누군가에게 털어놓는 효과이며, 그럼으로써 감정적으로 후련함과 편안함을 느낄 수 있다. 두 번째 이점은 명료화이다. 사람들은 자신의 이야기를 밖으로 꺼내 놓는 과정에서 자신도 명확히 인식하지 못했던 생각이나 기억을 알아차리고 정리하게 되는 효과를 갖는다. 따라서 이처럼 자기명료화가 이루어지게 되는 것이 자기노출이 가지는 장점이라 할 수 있다. 셋째는 상호성이다. 한 사람의 자기노출은 상대방의 자기노출을 촉진시킴으로써 자기노출을 주고받는 사람 간의 관계를 점점 더 깊고 친밀하게 한다. 그래서 자기노출의 마지막 효과는 관계유지 및 심화가 될 것이다.

이와 같은 이점이 있는가 하면, 자기노출에는 위험이나 부정적 요소도 따른다. 첫 번째 위험은 TMI(too much information)라고 표현하는 이른바 과잉정보로서, 이는 필요 이상의 너무 많은 정보를 제공함으로써 굳이 알리지 않아도 될 이야기들을 하게 되는 것이다. 여기에는 자기노출에 대한 잘못된 인식이 작용할 수 있는데, 사람들은 자기노출을 자신의 개인적 경험을 모두 털어놓는 것으로 오해할 수 있다. 하지만 자기노출은 과거 경험 혹은 사적인 경험을 모두 털어놓는 것이 아니며, 그렇게 하는 것이 결코 바람직한 것도 아니다. 따라서 자기노출에 대한 잘못된 오해로 인해 부작용을 경험하지 않도록 유의해야 한다.

자기노출의 두 번째 위험은 부정적 인상형성의 가능성이다. 이야기를 하는 사람의 입장에서는 자기노출을 통해 자신에 대해 솔직히 개방하고 있는지 몰라도, 때로 불필요한 노출로 인해 듣는 사람의 입장에서는 부정적인 인상을 형성하게 될 가능성도 있다. 따라서 자기노출을 할 때는 그것이 미칠 효과나 영향에 대해 사전에 생각해 볼 필요가 있다.

마지막으로, 자기노출은 거절 혹은 관계의 단절이라는 위험을 동반할 수 있다. 앞에서 말한 요인들로 인해 극단적으로는 관계가 단절되고 상대방으로부터 거절당할 수도 있으므로, 자기노출을 하기 전에 이러한 위험 가능성에 대해 보다 충분히 생각해 볼 필요가 있을 것이다.

3) 자기노출의 원리

그렇다면 자기노출은 어떻게 하는 게 좋을까? 자기노출의 목적은 결국 상대방에게 자신을 잘 알리고, 상대방으로 하여금 자신에 대한 좋은 인상을 갖도록 하는 것이다. 그래서 자기노출을 하고자 할 때에는 원리에 따라 신중하게 할 필요가 있다.

자기노출에는 여러 수준이 있는데, 처음에는 객관적이고 비교적 알기 쉬운 정보 위주로 피상적 수준의 자기노출을 하는 것이 일반적이며, 관계가 친밀해질수록 좀 더 개인적이거나 깊이 있는 수준의 자기노출을 하는 게 좋다. 사실 이 원리는 간단해 보이지만 일상생활을 하다 보면 이러한 자기노출의 순서나 진행과정을 제대로 지키지 못해 간혹 당혹스러운 경험을 하게 될 때가 있다. 예를 들어, 서로 알게 된 지 얼마 안 되는 사람이 불쑥 자신의 깊은 이야기를 꺼내서 오히려 상대방에게 부담을 주는 경우가 이에 해당한다.

한편, 이와 반대로 어떤 경우에는 서로 알고 지낸 지 꽤 오래되어 제법 친해질 만한 사이가 됐음에도 불구하고 상호 간에 깊이 있는 자기노출이 이뤄지지 않아 관계가 생각만큼 진전되지 않고 여전히 피상적인 수준에서 머무는 경우도 있다. 결국 자기노출은 자신을 잘 알려서 상대가 나에게 호감을 갖도록 하는 것이 목적이므로, 지나치게 급진적이거나 혹은 지나치게 보수적으로 자기노출을 하기보다 차근차근 단계를 밟아 점진적으로 진전시켜 나갈 필요가 있다.

또한 자기노출은 상호개방 효과를 따르는데, 상호개방 효과는 관계에서 한 사람이 자기노출을 하면 다른 사람도 이에 균형을 맞춰 자기노출을 하게 된다는 원리이다. 따라서 상대방과 서로 균형을 맞춰 가면서 자기노출을 심화해 나가는 것이 좋지, 어느 한쪽만 자기노출을 많이 하여 상호 간에 균형을 맞추지 못하게 되는 상태는 별로 바람직하지 않다(장연집, 박경, 최순영, 1999).

또한 자기노출의 상대가 누구인가에 따라 그 정도가 달라질 필요도 있다. 이는 상대가 나한테 중요하고 의미 있는 사람이라면 깊이 있는 자기노출이 필요하겠지만, 만약 그렇지 않다면 자기노출의 수준과 내용 또한 이에 맞게 적절히 달라져야 함을 의미한다. 아울러 관계의 친밀도에 따라서도 자기노출하는 속도와 수위를 조절해야 하는데, 만약 이러한 조절을 잘 못해서 부적절한 자기노출을 하게 될 경우에는 오히려 자기노출의 역효과가 발생할 수 있다는 사실을 염두에 둬야 할 것이다.

마지막으로, 자기노출을 하기 전에 그것이 가져올 결과나 영향을 생각해 볼 필요가 있다. 이는 특히 자기노출의 내용이 민감한 주제라면 더더욱 그럴 것이다. 자기노출을 해서 오히려 더 위험하거나 부정적인 결과가 생길 가능성이 있다면 자기노출을 하는 게 좋을지, 한다면 언제 어떻게 하는 게 적절할지에 대해 미리 검토해 보아야 한다. 또한 자기노출을 하기 전에 리허설을 해 보는 것도 도움이 될 것이다.

2. 나 전달법

이 절에서는 자신을 표현하는 방법으로 나 전달법과 너 전달법에 대해 살펴보고자 한다. 먼저, 나 전달법과 너 전달법이 무엇인지 개념을 살펴보고, 나 전달법의 효과와 사용 패턴을 알아보도록 하자. 그리고 몇 가지 사례를 통해 나 전달법과 너 전달법을 연습해 보도록 하자.

생각해 보기

- 나 전달법으로 표현하려면 어떻게 하면 될까?

- 나 전달법의 효과는 무엇일까?
---

1) 나 전달법과 너 전달법

나 전달법(I message)은 부모교육의 창시자 중 한 명인 토머스 고든(Thomas Gordon)에 의해 만들어진 대화법으로, 이는 나를 주어로 하여 표현하는 방식을 말한다. 이러한 나 전달법과 반대되는 것은 너 전달법(you message)으로, 이는 상대방을 주어로 하여 표현하는 방식이다.

일반적으로 상대방을 주어로 문장을 표현하는 경우 상대에 대한 묘사를 하게 된다. 그래서 기분이 좋을 때는 특별히 문제되지 않을 수 있는데, 만약 기분이 좋지 않을 때 너 전달법을 사용하면 자칫 상대를 평가하거나 비난하는 경우가 발생할 수 있다. 예를 들면, "너는 시간을 정확히 지킬 때가 거의 없구나.", "너는 어쩜 그렇게 책임감이 부족하니?"처럼 상대를 판단하고 헐뜯는 것처럼 표현하게 된다. 따라서 이 경우에는 의도와 무관하게 상대방의 기분을 상하게 할 가능성이 높다.

그렇다면 나를 주어로 표현한다는 것은 어떤 것일까? 예를 들어, 일을 마치고 집에 도착한 엄마가 아이들한테 "집이 너무 지저분하니까 엄마가 너무 힘들어."라고 말한다고 하자. "너희는 맨날 어지르기만 하고 치울 생각은 하나도 안 하니?"라고 말하는 것에 비해 어떻게 들리는가? 혹은 주말에도 계속 바쁜 배우자에게 "주말에 시간을 같이 보내지 못해서 서운해."라고 말한다면, "당신은 항상 이기적이고 자기밖에 모르지?"라고 말하는 것에 비해 어떤가? 아마도 두 대화 사례에서 모두 전자의 경우가 자신의 진심을 전하면서도 상대의 기분을 덜 상하게 하는 표현일 것이다.

이처럼 상대방을 주어로 하여 표현하다 보면 '네가 잘못했다'는 식으로 상대를 비난하게 될 가능성이 높아진다. 따라서 '네가 잘못했다'는 식으로 전달되기 쉬운 표현을 지양하는 대신, 상대방의 행동에 대해서 받은 나의 느낌과 생각 위주로 전달하는 것이 바로 나 전달법이다.

다시 정리하면, 나 전달법은 나를 주어로 해서 상대방의 행동에 대한 나의 기분과 생각 등을 솔직하고 구체적으로 표현하는 전달법이고, 너 전달법은 상대방을 주어로 표현하기 때문에 상대방의 행동에 대해서 평가하거나 비난하는 방식으로 표현되는 전달법이다.

그렇다면 나 전달법은 언제 사용하는 것이 좋을까? 나 전달법은 상대의 행동으로 인해 마음이 불편하거나 혹은 부정적인 감정을 느낄 때 사용할 수 있는 효과적인 표현법이다(권석만, 2004). 왜냐하면 마음이 불편하거나 화가 나는 상황에서 상대방을 주어로 표현하면 거의 예외 없이 상대의 잘못을 들어 상대를 비난하는 말투가 되기 때문에 서로의 감정을 자극하여 관계가 손상될 가능성이 커지기 때문이다.

하지만 나 전달법이 좋다고 해서 이를 일상적인 대화에 모두 적용할 수는 없다. 그렇게 한다면 대화가 부자연스러워지고 효과 또한 줄어들 수 있기 때문이다. 그래서 나 전달법은 상대의 행동으로 인해 화나 서운함 같은 부정적인 감정을 느낄 때 사용하는 것이 상대의 감정을 덜 상하게 하면서 자신의 마음을 잘 전달할 수 있다는 것을 기억하자.

2) 나 전달법의 효과

나 전달법을 사용하면 어떤 효과를 볼 수 있을까?

첫째, 상대방의 행동을 섣불리 평가하거나 비난하지 않게 된다. 이는 앞에서 설명한 것처럼 상대가 이렇다 저렇다가 아니라 내 마음이 이렇다 저렇다를 표현하는 것이기 때문에, 상대를 단정적으로 평가하거나 비난하게 될 가능성을 줄일 수 있다.

둘째, 상대방에게 자신의 마음과 입장을 전달할 수 있다. 사실 너 전달법으로 표현하면 상대방에 대해서는 말하게 되지만, 나 자신에 대해서는 충분히 표현하지 못한 채 대화를 끝낼 소지가 있다. 나 전달법을 사용하면 자신의 기분과 생각에 초점을 맞춰 표현하게 되므로, 비교적 차분하게 자신의 입장을 상대방에게 솔직하게 전할 수 있는 기회를 갖게 될 것이다.

셋째, 자신의 솔직한 기분을 전달하고 원하는 바를 명확하게 전달하면서도 상대방과의 관계를 해치지 않을 수 있다. 나 전달법은 자신을 표현하고 전달하면서도 상대를 깎아내리거나 비난하지 않기 때문에, 대화를 주고받는 두 사람 간의 관계를 손상시키지 않고 잘 유지하게 하는 데 도움이 된다.

나 전달법이 이와 같은 긍정적 효과가 있음에도, 사람들은 나 전달법보다 너 전달법에 더 익숙하고 일상생활에서 너 전달법을 더 자주 사용하는지도 모른다. 우리가 나누는 일상적인 대화에 나 전달법을 모두 적용할 필요는 없지만, 특히 부정적인 마음을 상대에게 전달하고자 하는 경우에는 나 전달법을 사용하는 게 좋다.

우리가 나 전달법과 너 전달법에 대해 개념적으로 알고 있더라도 일상생활 속에서 대화할 때 이를 제대로 실천하기란 쉽지만은 않다. 따라서 필요할 때 이러한 방법을 제대로 사용할 수 있으려면 평소에 의식적으로 노력하고 꾸준히 연습하는 것이 필요하다. 물론 평소에 연습하는 것도 쉬운 일은 아니지만, 몇 차례 나 전달법의 효과를 직접 체험하게 된다면 연습에 동기가 부여되면서 점점 더 일상생활에서 사용하는 빈도를 늘려 나갈 수 있을 것이다.

3) 나 전달법의 패턴

나 전달법은 일반적으로 다음과 같은 패턴으로 사용한다.

> 나 전달법 = 상황이나 사실 + 나의 기분과 생각 (+ 상대에게 바라는 점)

나 전달법은 앞서 제시한 패턴과 같이 먼저 자신이 경험한 상황이나 사실을 간략히 언급하고, 그래서 지금 나의 기분과 생각이 어떤지 말하고, 마지막으로 필요하다면 상대에게 바라는 점을 간략히 추가하면 된다.

예를 살펴보자. 대학생이 된 자녀들이 바쁜 부모님을 도와 자신이 사용한 그릇은 설거지하기로 부모와 약속했다. 그런데 부모가 막상 집에 돌아와 보니 식탁 위에 빈 그릇들이 그대로 놓여 있다. 이 상황에서 부모 입장이 되어 자녀에게 너 전달법과 나 전달법으로 각각 표현해 보면 다음과 같다.

너 전달법: (다소 화가 난 목소리로) "너희는 약속도 제대로 지킬 줄 모르는구나!"

나 전달법: "너희가 사용한 그릇은 설거지해 놓기로 했는데 그대로구나, 엄마 아빠가 서
운하고 힘이 빠진단다."

이와 같은 상황에서 부모는 약속을 지키지 않은 자녀에게 서운하기도 하고 또 어
느 정도 화가 났을 가능성도 있다. 하지만 이 경우에 이와 같이 너 전달법을 사용하
면 약속도 제대로 지킬 줄 모른다는 부모의 말에 자녀는 즉각적으로 기분이 나빠질
것이고, 그렇게 되면 이후에 부모와 자녀 사이에 기분 좋은 말이 오갈 가능성이 줄
어들 것이다. 그렇다면 이 사례에서 적용한 나 전달법은 어떻게 느껴지는가? 아마
부모의 마음이 자녀에게 훨씬 더 완곡하게 전달될 것이고, 이 말을 들은 자녀는 자
신의 실수를 바로 알아차리고 부모에게 미안한 마음을 가질 가능성이 크다.
이처럼 부정적인 기분이 드는 상황에서 나 전달법을 사용하면 상대의 감정을 덜
상하게 하면서 자신의 마음을 보다 잘 전달할 수 있게 된다. 따라서 필요할 때 나 전
달법을 적절히 사용할 수 있도록 평상시부터 조금씩 연습해 보도록 하자.

연습하기 ●

다음의 두 가지 상황에 대해서 너 전달법과 나 전달법으로 각각 문장을 만들어
보자.

연습 1

동생이 드라마를 재미있게 보고 있는데 언니가 방에 들어와서 말도 없이 갑자기
채널을 돌려 버린다. 이때 동생은?

너 전달법: _____
_____

나 전달법: _____
_____

➡ 너 전달법: "언니는 지금 내가 보고 있는 거 안 보여? 언니는 왜 맨날 언니 마음대

로야?"

나 전달법: "드라마 보고 있는데 말도 없이 채널을 돌리니까 내가 기분이 좀 안 좋
잖아."

연습 2

어린 자녀를 둔 맞벌이 부부인 남편이 요즘 들어 육아와 집안일에 다소 소홀하다.
이 날도 퇴근 후에 남편은 집안일을 같이하지 않고 혼자 스마트폰을 보고 있다. 이
때 아내는?

너 전달법: _____

_____

나 전달법: _____

_____

➜ 너 전달법: "당신은 왜 이렇게 이기적이야? 맨날 집에 오면 스마트폰만 붙잡고 있
잖아!"

나 전달법: "당신은 요즘 집에 오면 거의 스마트폰만 보는데 나는 아이들 챙겨 주고
집안일도 해야 돼서 너무 힘이 들어."

[Self-checking]

• 나는 나 전달법을 사용해 본 적이 있는가? 나 전달법으로 이야기하면 좋을 만한
것을 찾아 이곳에 적어 보자.

_____

_____

3. 공감하기

이 절에서는 성숙하고 건강한 관계를 위한 의사소통인 공감하기에 대해 다룰 것이다. 구체적으로, 공감의 개념과 함께 공감과 구별해야 하는 반응에는 어떤 것이 있는지 알아볼 것이다. 그리고 공감의 반응 패턴을 살펴보고, 마지막에는 공감 반응에 대한 연습을 해 보자.

┌─ **생각해 보기** ─────────────────────────────┐

- 공감이 무엇일까?
- 공감을 잘하려면 어떻게 해야 할까?

└──┘

1) 공감의 개념

공감에 대해서 많은 학자가 정의하고 있는데 이 가운데 몇몇 학자의 정의를 살펴보겠다. 먼저, 아들러와 프락터(Adler & Proctor, 2014/2015)는 공감을 '다른 사람의 관점을 재현하는 능력', '세상을 다른 사람의 관점으로 경험하는 능력'이라고 보았다. 이는 자신의 입장과 관점에서 상대방을 이해하는 게 아니라, 상대방의 입장과 관점으로 세상을 함께 바라보고 이해하는 것을 의미한다.

인본주의 심리학을 창시한 로저스(Rogers, 1975)도 공감을 '상대방의 내부 세계를 느끼고, 느낀 것을 적절하게 전달하는 것'(Egan, 2010/2016 재인용)이라고 하였다. 이처럼 공감을 잘하기 위해서는 관점 취하기(perspective taking) 능력, 즉 상대방의 입장에서 경험하고 이해할 수 있는 능력이 필요하다. 로저스(Rogers, 1980)는 공감의 상태에 대해 '상대방의 삶 속으로 부드럽게 들어가 아무런 판단도 하지 않고 일시적이나마 그 삶을 함께 사는 것'(Egan, 2010/2016 재인용)이라고 표현한 바 있다.

따라서 이 책에서는 이와 같은 공감에 대한 표현과 정의를 토대로, '상대방의 관점에서 함께 경험하면서 그 사람이 느끼고 있는 마음을 알아차려 표현해 주는 것'으로 공감을 정의하고자 한다.

2) 공감의 조건

코헛(Kohut, 1978)은 공감을 '생존에 필요한 심리적 영양소'(Egan, 2010/2016 재인용)라고 하였다. 이는 마치 사람들이 산소 없이 살아갈 수 없는 것처럼 공감이 없으면 심리적으로 생존하기 힘들다는 것을 강조하는 표현이다. 코비(Covey, 1989) 역시 마찬가지로 공감은 사람들에게 '심리적 산소'(Egan, 2010/2016 재인용)를 제공하기 때문에 사람들이 보다 자유롭게 숨 쉴 수 있게 한다고 하였다.

이처럼 공감이 사람들에게 심리적인 영양소나 산소처럼 작용하게 하기 위해서는 비교적 정확하게 이루어져야 할 필요가 있다. 사람들이 느끼는 감정을 한번에 정확히 알아맞힌다는 것은 매우 어렵기 때문에 공감할 때 단 한 번 만에 완벽할 필요는 없겠으나, 어느 정도는 상대가 경험하고 있는 것에 근접할 수 있어야 한다.

우리가 하는 공감 반응이 화살이라고 가정하고 과녁 맞히기에 비유해 보자. 만약 화살이 과녁의 정중앙을 맞힌다면 10점 만점에 10점에 해당하는 매우 정확한 공감이 될 것이다. 하지만 반드시 10점이 아니라 9점이나 8점 정도에 해당하는 언저리만 맞혀도 사람들은 어느 정도 공감받았다는 느낌을 받을 수 있을 것이다.

하지만 공감을 한다고 했는데 중앙에서 멀리 떨어진 과녁의 1점이나 2점에 해당하는 부분을 맞히거나 엉뚱하게 옆에 있는 과녁을 맞힌다면, 이는 사실상 공감이 아니다. 따라서 공감이 효과를 나타내려면 어느 정도 정확성을 갖추어야 한다. 다행히 사람들이 주고받는 대화는 단발성이 아니라 상호 간에 주고받으면서 이어 나가는 것이므로, 조금 미진한 부분이 있더라도 이어지는 대화를 통해 얼마든지 조율해 나갈 수 있다.

이처럼 공감이 정확성을 갖춰야 효과를 발휘할 수 있다는 점은 [그림 5-1]과 같은 감정의 좌표로도 설명할 수 있다. X축은 감정의 종류이고 Y축은 감정의 강도라고 가정해 보자. 예를 들어, 어떤 사람이 화가 난 상태이다. 화라는 감정은 부정적인 감정이므로 0점을 기준으로 X축의 좌측(-)에 위치할 것이다. 화에 해당하는 감정도 강도에 따라 매우 다양한데 만약 단순한 불쾌감이나 짜증 정도라면 Y축의 아래(-)쪽에 해당할 것이고, 분노를 느끼는 수준이라면 Y축의 위(+)쪽에 해당할 것이다.

이처럼 사람들이 경험하는 감정에 공감하기 위해서는 먼저 상대가 경험하는 감

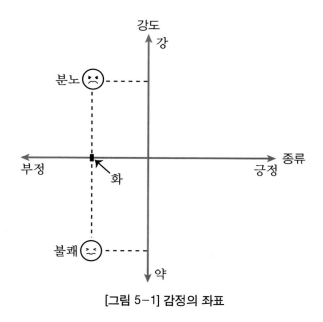

[그림 5-1] 감정의 좌표

정의 종류를 잘 알아차릴 수 있어야 한다. 또한 감정의 종류를 정확하게 파악하면서도 강도를 잘못 짚으면 사실상 공감의 효과가 줄어들게 되므로, 감정의 강도도 잘 살펴야 한다. 다시 말해 상대의 감정이 X축(종류)과 Y축(강도) 좌표의 어느 지점에 해당하는지를 적절히 알아차릴 때 비로소 공감이 정확성을 띠게 되어 효과를 발휘하게 되는 것이다.

여기서 또 한 가지 중요한 것은 상대의 감정을 민감하게 알아차렸다면, 이를 적절한 어휘를 사용하여 상대에게 전달해 주어야 한다. 이러한 점에서 공감은 상대의 감정을 정확하게 파악하는 감수성 차원과 적절하게 전달하는 의사소통 차원을 모두 지니고 있다(이장호, 금명자, 2006). 따라서 공감을 잘하려면 상대의 감정을 파악한 후 이를 자신의 언어로 적절하게 표현해 줄 수 있어야 하며, 이를 위해 다양한 감정이나 상태를 표현하는 적절한 어휘능력을 갖출 필요가 있을 것이다.

3) 공감의 변별

사람들은 다른 사람과 대화할 때 나름대로 상대에게 공감해 주고자 애쓴다. 하지만 상대를 공감해 주려는 이러한 의도와 달리, 막상 상대방은 전혀 공감받았다고 느끼지 못하는 경우도 있다. 따라서 공감을 제대로 하기 위해서는 공감 반응과 공감이 아닌 반응을 구별할 필요가 있다.

이건(Egan, 2010/2016)은 정확하게 공감하지 못하고 그렇게 하는 척하는 반응들로 '무반응, 주의를 분산시키는 질문, 상투적 어구, 해석, 충고, 앵무새처럼 되풀이하기, 동정 및 동의, 이해한 척하기'를 제시하였다. 이 책에서는 이러한 반응을 토대로, 공감과 구별해야 하는 반응으로 상투적인 반응, 자기 이야기 하기, 질문, 충고, 편 들어 주기, 직면, 그리고 해석에 대해 살펴보고자 한다. 이러한 반응은 우리가 일상적인 대화에서 자주 사용하는 것들이며, 친구나 가까운 사람들과의 가벼운 대화에서 사용할 때는 굳이 문제되지 않는다. 따라서 공감과 구별해야 하는 이러한 반응이 그 자체로 문제가 되는 것은 아니며, 일시적 혹은 부분적으로 효과를 보기도 한다. 하지만 다른 사람의 관점에서 함께 경험하면서 그 사람의 기분과 마음을 알아차려 표현해 주는 공감을 그 의미에 맞게 충실하게 사용하기 위해서는, 평상시에 자주 사용하고 있기는 하지만 사실상 공감이 아니거나 공감에 못 미치는 반응을 공감 반응과 구분할 수 있어야 할 것이다.

공감과 구별해야 하는 첫 번째 반응은 상투적인 반응이다. 상투적이라는 말은 습관처럼 사용한다는 의미로서, 상대의 말에 초점을 맞춰 깊이 있게 반응하는 대신 누구나 할 수 있는 뻔한 반응을 함으로써 결과적으로 상대방에게 그다지 도움이 되지 못한다. 예를 들면, 시험을 잘 못 봐서 떨어질까 봐 불안해하고 있는 친구에게, "시험을 못 봐서 걱정되는구나."(공감 반응)라고 말하는 대신 "시험은 원래 어려운 거야."라고 반응한다면 사실상 이는 누구나 할 수 있는 특별히 의미 없는 말이 될 것이고, 이 말을 듣는 사람도 그냥 일반적인 표현 그 이상도 이하도 아닌 반응으로 받아들일 소지가 크다.

공감과 구별해야 하는 두 번째 반응은 자기 이야기 하기이다. 자기 이야기 하기는 자기에 초점을 맞춰 자신의 이야기를 하는 것으로, 상대방의 이야기를 듣고 그 사람의 마음을 알아차려 표현해 주는 공감과 구별된다. 이는 힘든 일을 토로하는 사람에게 그 사람의 관점에서 생각하여 그 사람이 어떤 마음일까를 헤아리는 대신, 자신의 입장에 머무르면서 자신이 겪었던 일을 일방적으로 이야기하는 것이다. 물론 힘든 일을 이야기하는 사람에게 이와 비슷한 경험을 이야기해 주는 것이 도움이 될 때도 있다. 그러나 자신의 경험을 이야기하는 것이 상대에게 효과가 있으려면 이야기의 내용과 공개의 수준이 적절해야 할 뿐 아니라, 자신의 경험을 이야기하는 목적이 자기의 필요에 의한 것이 아닌 상대방을 위한 것이어야 한다.

공감과 구별해야 하는 세 번째 반응은 질문이다. 질문은 상대의 이야기를 듣고 자신이 궁금한 것을 상대에게 묻는 반응으로, 다른 사람의 관점에서 함께 경험하면서 그 사람의 기분을 알아차려 적절하게 표현해 주는 공감과는 구분된다. 예를 들어, 선생님께 꾸중 들은 것을 매우 억울해하고 있는 아이한테 "너 저번에 그 과목에서 몇 점 받았었지?"라고 묻는다면, 이는 선생님한테 꾸중 들어 속상해하는 아이의 마음을 알아주기는커녕 단순히 자기가 궁금한 것을 상대에게 묻는 것에 불과한 반응이 될 것이다. 이 경우에 적절한 공감 반응이 되려면 자신이 궁금한 것을 질문하는 대신, "많이 속상하지, 네가 억울한 게 있나 보구나……."라고 반응해 주는 게 좋다.

네 번째는 충고(또는 조언)이다. 충고는 도움이 필요한 상대에게 정보나 도움을 제공해 주는 것으로, 우리에게 도움이 되기도 하고 필요한 것이기도 하다. 하지만 상대방이 충고나 조언을 구하지 않았는데도 단순히 자신의 경험에 비추어 일방적으로 제공하는 충고나 조언은 그다지 도움되지 못하는 경우가 많다.

충고나 조언이 정말로 상대방에게 유용한 도움이 되려면 다음의 세 가지가 충족되어야 한다. 첫째, 충고나 조언은 상대방이 이를 필요로 해서 구하는 경우에 제공해야 한다. 상대가 구하지도 않았는데 충고를 해 주면 잔소리나 훈계로 들릴 소지가 있고, 사실상 한 귀로 듣고 한 귀로 흘려 보내게 될 것이다. 둘째, 상대방이 처한 상황에 대한 이해가 선행된 이후에 충고나 조언을 제공해야 한다. 그렇지 않고 섣불리 충고를 하면 사실상 충고의 효과는 크게 떨어질 것이다. 셋째, 충고나 조언을 제공하되 결과에 대한 책임은 상대에게 있다는 점을 분명히 해야 한다. 즉, 충고에 따라 행동한 결과가 좋지 않더라도 충고를 해 준 사람에게 그 책임이 있는 것은 아니다. 충고를 해 주는 사람은 이를 제공하는 것까지가 몫이고, 충고를 받아들여 행동하기로 선택하는 것은 충고를 구한 사람의 몫이다. 따라서 충고를 구한 사람이 스스로 선택해서 하는 행동에 책임을 져야 한다는 점을 분명히 할 필요가 있다.

공감과 구별이 필요한 다섯 번째 반응은 편 들어 주기이다. 편 들어 주기란 상대에게 연민이나 동정심을 느껴 무조건 상대방의 편이 되어 주거나, 상대에게 지나치게 동일시해서 무조건 상대방이 옳다는 식으로 반응하는 것을 말한다. 물론 편을 들어 주는 것이 무조건 나쁘다는 말은 아니다. 사람들은 살면서 무조건 내 편이 되어주는 사람들을 필요로 한다. 가족과 친구들은 바로 이런 역할을 하는 사람들일 것이다. 하지만 공감과 편 들어 주기는 구분할 필요가 있다. 공감은 상대방의 관점에서 이해한 바를 알아차려 표현해 주는 것이지만, 편을 들어 준다는 것은 완전히 그 사람의 입장에 동의한다는 의미가 될 것이다. 다시 말해 '네 마음을 알 것 같다'는 것을 전달하는 공감은 '네가 옳아, 네 말이 무조건 맞아.'라고 일방적으로 상대방 편을 들어 주는 것과 구별되어야 한다.

　공감과 구별해야 하는 여섯 번째 반응은 직면이다. 이것은 상대방이 자신의 문제를 객관적으로 볼 수 있도록 정면으로 맞닥뜨리는 반응이다. 직면은 자신에 대한 통찰을 가져오도록 돕기 때문에 변화를 위해서는 필수적인 반응으로, 상담장면에서 내담자의 변화를 위해 활용되는 중요한 반응이다. 따라서 직면이 그 자체로 안 좋다거나 사용해서 안 된다는 의미는 아니다. 직면 반응은 공감을 통해 관계가 잘 형성된 사람들 사이에서 시의적절하게 사용될 때 큰 효과를 볼 수 있다. 따라서 상대방의 관점에서 상대가 이해한 바를 알아차려 주는 공감과 자신의 문제를 정면으로 맞닥뜨리는 데 도움이 되는 직면 반응은 구별될 필요가 있다.

　마지막으로, 공감과 구별되어야 할 반응은 해석이다. 해석은 행동의 이유나 원인 혹은 배경에 대해 나름대로 분석해서 설명해 주는 반응을 말한다. 해석 역시 상담할 때 상담자들이 내담자로 하여금 변화를 가져오게 하기 위해서 사용하는 매우 강력하고 효과적인 반응이다. 따라서 직면과 마찬가지로 해석도 그 자체로 안 좋은 것이 아니며, 적절한 시점에 올바로 사용될 때 효과를 볼 수 있다. 해석이 효과가 있으려면 상대방에 대한 정확한 이해가 선행되어야 한다. 만약 그렇지 않고 섣불리 해석하게 되면 상대를 도우려는 의도와 달리 상대방의 저항과 반발을 불러일으켜 관계를 손상시킬 수 있다. 따라서 해석은 매우 조심스럽게 사용되어야 한다.

　앞에서 우리는 공감과 구별해야 하는 반응으로 모두 일곱 가지 반응을 알아보았다. 이러한 반응을 좀 더 잘 구별하기 위해 다음 대화 사례를 살펴보자.

〈사례 1〉

"같이 일하는 동업자가 글쎄 자기가 내 상사인 것처럼 맨날 이거 해라 저거 해라 나한테 지시하는데, 내가 진짜 왜 그 사람 눈치를 보면서 같이 일하고 있는 건지 참 어이가 없다니까……."

상투적 반응: "동업은 원래 힘든 거야. 그래서 내가 하지 말라고 그랬잖아."

자기 이야기 하기: "나도 말이지, 예전에 동업해 본 적이 있는데 그 사람이 그때 나를 얼마나 애먹였는지 아니? 그때 나 정말 힘들었다니까."

질문: "근데 그 사람 몇 살이었지? 너보다 나이가 많았나?"

충고: "그럴 땐 초장에 기를 확 죽이고 시작해 봐."

편 들어 주기: "그 사람 진짜 이상한 사람이네, 너 진짜 어이가 없겠다."

직면: "네가 그 사람 눈치를 보는 데에도 다 그럴 만한 이유가 있지 않겠어?"

해석: "네가 그 사람 눈치를 본다는 건 너보다 그 사람 얘기가 옳을 때가 더 많아서 그러는 것 같아."

➡ **공감:** "같이 일하는 사람 눈치 보면서 일해야 하니 너도 참 많이 불편하고 당황스럽겠구나."

〈사례 2〉

"나는 왜 어른들 앞에만 가면 말을 제대로 못하는 걸까……. 직장상사들한테 할 말도 좀 하고, 가까운 분들하고는 나도 좀 친하게 지내고 싶은데 말이야……."

상투적 반응: "원래 어른들 앞에서 말 잘하는 게 쉬운 게 아냐."

자기 이야기 하기: "나는 어른들한테 이야기하는 건 하나도 안 어렵던데? 어른들보다 아랫사람이 더 힘들어."

질문: "너희 부서 사람이 모두 몇 명이야?"

충고: "내가 보니까 어른들한테는 일단 인사를 잘해야 돼."

편 들어 주기: "너의 진가를 몰라보는 사람들이 이상한 거야."

직면: "어른 앞에서 긴장하는 이유가 있지 않을까? 한번 잘 생각해 봐."

해석: "내 생각엔 네가 자존감이 너무 낮아서 지나치게 긴장하는 걸로 보여."

→ **공감:** "어른들 앞에서 하고 싶은 말도 하고 가깝게 지내면 좋으련만 그게 마음 같지 않아서 답답하겠구나."

4) 공감 반응의 패턴

공감 반응의 기본 패턴은 "~ 때문에 ~한 기분이 드는구나.", "~로 인해 ~한 기분이 드는구나.", "~ 때문에 ~한 느낌이군요." 혹은 "~해서 네 기분이 ~구나."이다. 다시 말해 말하고 있는 사람이 처한 상황이나 사실을 간략하게 언급하고, 그래서 기분이 이렇겠구나라고 그 사람의 감정을 짚어 주는 것이 공감 반응의 기본 패턴이 된다.

공감 반응 = 상황이나 사실 + 상대가 경험하는 기분이나 심정

연습하기

다음의 사례를 보고, 이와 같은 상황에서 어떠한 공감 반응이 적절할지 연습해 보자.

연습 1

얼마 전에 룸메이트와 말다툼한 친구가 다음과 같이 말하고 있다.

"며칠 전에 룸메이트하고 말다툼했거든. 그래서 서로 말도 잘 안 하고 지낸 지 좀 됐어. 근데 그러고 나서 걔한테 먼저 말을 걸려고 해도 그게 맘처럼 잘 안 되는 거 있지……."

공감: _____

_____

→ **공감:** "룸메이트랑 다퉈서 기분이 안 좋구나. 그 친구랑 다시 잘 지내고 싶은데 그게 잘 안 돼서 맘이 불편하겠다."

연습 2

회사에 입사한 지 얼마 안 된 친구가 다음과 같이 말하고 있다.

"우리 부서 사람들은 내가 신입이라고 당연히 내가 복사하고 심부름해야 한다고 생각하는 것 같아."

공감: _____

_____

→ 공감: "사람들이 그런 일을 당연하게 생각해서 기분이 언짢겠구나."

4. 자기표현

이 절에서는 인간관계와 의사소통의 마지막 부분으로 자기표현에 대해 살펴보겠다. 구체적으로 자기표현이란 무엇인지 살펴보고, 자기표현이 필요한 이유와 사람들이 자기표현을 잘하지 못하는 이유에 대해서 살펴보자. 그리고 자기표현의 세 가지 방식과 자기표현 시 유의할 점이 무엇인지 같이 생각해 보자.

> **생각해 보기**
>
> – 자기표현을 한다는 것은 어떤 의미일까?
> – 표현을 잘하려면 어떻게 해야 할까?

1) 자기표현이란

(1) 자기표현의 개념

자기표현은 자신의 생각이나 기분, 의견 또는 욕구를 다른 사람에게 솔직하고 구체적으로 전달하는 것이다. 자기표현은 자기주장(self-assertiveness)이라고도 하는

데, 자기주장은 자신의 생각이나 기분, 의견 또는 욕구를 다른 사람에게 적극적으로 전달하는 것이다. 이러한 개념에서 알 수 있듯이 자기표현과 자기주장은 서로 비슷한 개념으로, 이들은 모두 자신의 의사를 상대방에게 솔직하고 구체적으로 드러냄으로써 결과적으로 자신을 효과적으로 상대방에게 표현하고 알리기 위한 적극적 행위이다.

다시 말해 자기표현이나 자기주장 모두 자신의 속마음을 상대방에게 전달하지 못하고 억압하거나 혹은 왜곡해서 전달하는 것이 아니라, 자신의 마음을 있는 그대로 잘 표현하고 전달하는 것을 의미한다. 이에 자기표현이나 자기주장이란 용어는 서로 혼용해서 사용되며, 이 책에서는 주로 자기표현이라는 용어를 사용하고자 한다.

(2) 자기표현의 필요성

일반적으로 사람들에게서 나타나는 자기표현 양상을 보면, 자기표현을 적절하게 잘하는 사람도 있지만 자기표현을 잘 못하고 속으로 쌓아 두는 사람도 있고, 이와 반대로 자기표현을 다소 공격적이고 직설적으로 하는 사람도 있을 것이다. 만약 자기표현을 잘 못하거나 지나치게 공격적으로 하는 경우라면, 자기표현을 적절한 수준에서 하도록 노력할 필요가 있다.

그럼 먼저 자기표현을 잘 못하고 억압하는 경우에 자기표현이 왜 필요한지부터 살펴보도록 하겠다. 자기표현을 잘하지 않는 성향의 사람들은 표현을 잘 안 해도 상대방이 내 마음을 알아줄 것이라고 생각하는 경향이 있다. 물론 특별히 말하지 않아도 다른 사람이 내 마음을 잘 헤아려 줄 때도 있지만 매번 그럴 수도 없고, 사실상 그런 경우보다 그렇지 못한 경우가 더 많다. 그래서 말을 안 해도 상대가 내 마음을 잘 알아줄 것으로 생각한다면 사실상 오산이고, 결국 내가 이야기를 안 하면 상대방은 나를 모른다는 게 사실에 가깝다.

입장을 바꿔 놓고 생각해 보면, 상대가 자신의 마음속 이야기를 털어놓고 안 하는데 어떻게 그 사람의 속마음을 잘 알 수가 있겠는가. 어쩌다 맞을 수는 있어도 늘 그럴 수 없고, 또 이심전심은 말이 그렇다는 것일 뿐 대부분의 경우에는 겉으로 표현해야 정확하게 그 의사를 알 수 있게 된다. 그래서 이처럼 속마음을 겉으로 표현하지 않으면 자신이 원하는 것이 계속적으로 안 받아들여지거나 혹은 왜곡될 가능성이 높아지게 된다.

자기표현을 잘 못하고 억압하는 성향의 사람들에게 자기표현이 필요한 두 번째 이유는, 자신의 마음을 억압하다가 엉뚱한 시점에 감정이 폭발하여 화를 내게 되는 경우가 생기기 때문이다. 아마 스스로 소극적이고 억압하는 표현 스타일이라고 생각하는 사람들은 이 이야기에 공감되는 부분이 있을 것이다. 이처럼 오래 억압하다가 괜한 시점에 감정을 과하게 표출하게 되면 사람들과 성숙하고 건강한 관계를 유지하는 데 도움이 되지 않을 뿐더러, 자신의 정신건강에도 별 도움이 되지 않는다. 억압은 정신건강에 해로운 영향을 미치므로, 평소에 속으로 너무 많이 담아 두는 대신 적절하게 표현할 필요가 있다.

그렇다면 반대로 직접적이고 강하게 표현해서 오히려 사람들에게 상처를 주는 경우에 자기표현이 어떤 점에서 필요할지 생각해 보자. 자기표현이 직설적인 사람들은 거침없는 말투로 소위 '돌직구'를 주변 사람들에게 날리는 경우가 많다. 이들은 대개 스스로를 쿨하다고 생각하거나 자신은 뒤끝이 없는 사람이라고 생각하는 경향이 있다. 물론 그것이 어느 정도 사실일 수도 있겠으나, 직설적이고 정제되지 않은 표현으로 인해 주위 사람들이 상처받는 경우가 생각보다 많이 발생한다. 즉, 이들의 공격적인 양상으로 인해 주위에 상처받는 사람들이 많게 되고, 그러다 보면 사람들이 불편하게 여겨 이들과 거리를 두고 싶어질 수 있을 것이다. 그래서 결과적으로 보면 이러한 양상도 결국에는 건강하고 성숙한 관계유지에 도움이 되지 않고, 주위 사람들과의 관계를 손상시키는 결과를 발생시킨다. 혹시 자신이 이런 경우에 해당된다고 생각하면 자신의 표현방식과 이로 인해 대인관계에 미치는 영향에 대해 성찰해 보는 기회를 가질 필요가 있을 것이다.

(3) 자기표현이 어려운 이유

앞에서 자기표현을 잘 못하거나 지나치게 공격적으로 하는 경우에 자기표현이 필요한 이유를 살펴보았다. 그렇다면 이들은 왜 자기표현을 명확하게 하지 못하는 걸까?

자기표현을 소극적으로 하는 사람들은 다른 사람이 자신을 어떻게 생각할지에 대해 많이 의식하기 때문에 자신의 생각이 있어도 그것을 표현하기보다 드러내지 않고 억압하는 편이다. 다시 말해 이들은 '남들이 나를 어떻게 볼까', '사람들이 나를 좋게 봐 줬으면 좋겠는데', '사람들한테 착한 인상을 주고 싶은데'라고 생각하는 경향이 강하기 때문에, 사람들에게 자신의 속마음을 있는 그대로 표현하기보다 웬만하면 상대방에게 맞추려는 성향을 보이는 것이다. 따라서 만약 자신이 이와 같은 생각을 자주 한다고 생각되면 남들에게 보이는 모습에 너무 많은 신경을 쓰는 것은 아닌지, 혹은 사람들에게 좋거나 착한 이미지를 주고 싶은 마음이 지나치게 강한 것은 아닌지 자신을 돌아볼 필요가 있을 것이다.

　소극적이고 억압하는 성향의 사람들이 자기를 표현하는 것이 어려운 두 번째 이유는, 자기를 표현하거나 주장하는 것을 다소 무례하거나 공격적인 것으로 잘못 생각해서일 가능성이 있다. 자기를 표현한다는 것은 말 그대로 자신의 마음을 있는 그대로 솔직하게 드러내는 것일 뿐인데, 이를 잘못 오해해서 그렇게 하면 큰일 나거나 바람직하지 않은 것으로 생각하기 때문에 자기표현이 어려울 수 있다. 또한 어떤 경우에는 표현을 잘하고 싶은데 적절하게 표현하는 조화로운 방법들을 특별히 배운 적이 없기 때문에 표현의 방법을 잘 몰라서 자기표현을 잘하지 못하는 경우도 있다.

　이처럼 속으로 억압하고 소극적으로 표현하는 사람들의 경우에는 사람들에게 좋은 인상을 주고 싶은 마음이 크거나, 자기표현에 대해 오해하고 있거나, 혹은 자기표현을 하는 적절한 방법을 잘 모르기 때문에 자기표현을 잘하지 못하는 것으로 보인다.

　그렇다면 반대로 자기표현이 직설적이거나 공격적인 경우에는 어떤 이유로 인해 적절하고 균형 있는 자기표현이 어려운 걸까? 아마도 이들은 자신에 대한 확신이 상대적으로 강해서 자신의 의견을 표현함에 있어 자신감이 넘치고 거스를 게 없기 때문일 것이다. 또는 솔직한 것에 대해 지나치게 가치를 두고 있기 때문에 속마음을 여지없이 드러내다 보니 그 과정에서 자신도 모르게 타인에게 상처를 주는 경우가 발생하기도 한다.

　또한 이들은 성격이 다소 판단적이고 급한 편이기 때문에 표현도 조심스럽게 정제되기보다 주저함 없이 직접적으로 표현하게 되어 이 과정에서 의도치 않게 주위 사람들에게 상처를 주게 될 가능성이 있다. 그리고 자기표현이 소극적인 사람들과 마찬가지로 이들 역시 조화롭게 자기를 표현하는 방법을 달리 배운 적이 없기 때문에 적절한 표현법을 잘 몰라서일 가능성도 있다.

이처럼 직설적이고 다소 공격적으로 표현하는 사람들의 경우에는 자기확신이 강하거나 혹은 판단적인 성향이 있기 때문에 자기표현이 공격적으로 나타날 가능성이 있고, 혹은 적절한 자기표현방법을 잘 몰라서 자기표현을 잘하지 못할 가능성도 있다.

> **[Self-checking]**
>
> • 나의 표현방식은 소극적이고 억압하는 경우와 직설적이고 공격적인 경우 가운데 어느 것에 더 가까운가?
>
> _____
>
> • 나는 어떠한 이유로 인해 자기표현이 어려운 걸까?
>
> _____
>
> _____

2) 자기표현의 방식

앞서 자기표현이 소극적인 사람과 자기표현이 공격적인 사람들이 자기표현이 필요한 이유와 이들이 자기표현을 적절하게 하지 못하는 이유에 대해 각각 살펴보았는데, 전자에 해당하는 자기표현양식을 가리켜 소극적 표현방식, 후자는 공격적 표현방식이라고 한다. 그리고 소극적 표현과 공격적 표현 사이의 중간에 해당되는 가장 적절하고 이상적인 자기표현양식을 가리켜 주장적 표현방식이라고 일컫는다(김성회, 2007).

(1) 소극적 표현방식

소극적 표현방식은 자신의 욕구와 권리를 충분히 표현하지 못하는 표현방식이다. 이는 자신의 의견이 있음에도 불구하고 다른 사람의 생각을 따라가거나 이에 동조하는 식의 표현방식을 의미한다.

소극적 표현방식을 사용하면 자신에게 정직하지 못하게 되며, 타인에게 자신의 권리를 침해하도록 스스로 허용하는 격이 된다. 따라서 이러한 표현방식을 가리켜 'I'm not OK, You're OK(나는 존중하지 않지만, 너는 존중한다)' 방식이라고 한다. 이는 스스로 자신을 낮춘 채 다른 사람만 존중하기 때문에 상대적으로 자기 자신은 덜 존중하는 식의 태도를 보인다.

자신의 생각이나 의견을 적절하게 표현할 수 있으려면 어느 정도 용기가 필요하고 동시에 상대방에 대한 배려도 갖추어야 한다. 하지만 이들은 다른 사람을 존중하는 면에서는 배려를 갖추고 있지만, 자신의 목소리를 드러내는 용기는 부족하다. 따라서 이들에게는 스스로를 존중하면서 좀 더 자신감 있게 표현할 수 있는 용기가 필요하다.

(2) 공격적 표현방식

공격적 표현방식은 타인의 권리를 침해하거나 타인에게 상처를 주면서 자신의 욕구와 권리를 표현하는 것이다. 이들은 자기 자신한테는 정직할지 모르지만 타인에 대한 존중이나 배려심은 부족하여, 다른 사람의 권리를 침해하더라도 자신의 권리를 내세우고 이를 유지하고자 한다.

이처럼 공격적 표현방식은 상대방보다 자신이 중심이 되고 자신을 우위에 두는 표현방식이다. 따라서 이러한 표현방식을 가리켜 'I'm OK, You're not OK(나는 존중하지만, 너는 존중하지 않는다)' 방식이라고 한다. 이는 자신은 스스로 존중하는 대신 상대방은 덜 존중하는 태도를 보이기 때문이다.

이들은 자신을 드러내는 용기는 갖추었지만 상대적으로 다른 사람을 존중하거나 배려하는 자세가 부족하다. 따라서 이들에게는 다른 사람의 입장을 한 번 더 생각하고 표현하는 배려의 자세가 필요하다.

(3) 주장적 표현방식

앞에서 언급한 소극적 표현방식과 공격적 표현방식은 모두 한쪽으로 치우친 표현방식이라 하겠다. 이러한 방식은 모두 용기가 부족하거나 또는 배려가 부족하며,

다른 사람만 존중하거나 또는 자기 자신만 생각한다. 그렇다면 이 중간에 존재하는 바람직한 표현방식은 어떤 것일까?

주장적 표현방식은 다른 사람도 존중하면서 동시에 자신의 욕구와 권리도 존중하는 표현방식이다. 이러한 표현방식은 'I'm OK, You're OK(나도 존중하고, 너도 존중한다)' 방식이며, 이들은 자신에게 솔직하고 정직하면서도 남에게 상처를 주지 않고, 자신의 권리를 지키면서도 타인의 권리 또한 침해하지 않는다. 이들은 자기표현을 할 때 지녀야 할 두 가지 덕목인 용기와 배려를 모두 고르게 지니고 있기 때문에 가장 바람직한 형태의 표현방식이라 하겠다.

이해를 돕기 위해 다음의 사례를 살펴보자.

〈사례 1〉

상황: 친구가 나한테 살 좀 빼라는 이야기를 여러 차례 반복하고 있다(기분이 좋지 않다).

소극적 표현: "그러게……. 나도 다이어트한다고 하는데 그게 잘 안 되네……."
공격적 표현: "어이구 남 이야기하시네. 너나 네 살 좀 어떻게 해 보지 그래."

➡ **주장적 표현:** "살 빼는 게 나한테는 그렇게 중요하지 않거든. 그러니까 그 이야기는 앞으로 나한테 안 하면 좋겠어."

〈사례 2〉

상황: 입사 동기 A는 도움이 필요할 때만 B에게 연락하여 자료 좀 보내 달라고 요청한다. 이번에도 A가 B에게 연락해서 B가 공들여 만든 자료를 공유해 달라고 요청하고 있다(기분이 좋지 않다).

소극적 표현: "아, 그거 말하는 거지……? 언제까지 필요한데?"
공격적 표현: "내가 미쳤니, 그걸 너한테 보여 주게."

→ **주장적 표현:** "그 자료는 내가 오랫동안 힘들게 찾으면서 만든 거라 그건 좀 어려울 것 같아."

그럼 이번에는 세 가지 표현방식을 잘 구별할 수 있도록 여러분이 직접 표현을 만들어 보는 연습을 해 보자.

연습하기 ●

다음에 제시된 상황을 보고, 소극적, 공격적, 주장적 표현을 각각 적어 보자.

아끼는 캠핑용품을 친구가 빌려달라는데 나는 그럴 마음이 없다.

소극적 표현: _____

_____

공격적 표현: _____

_____

주장적 표현: _____

_____

→ 소극적 표현: "아 그거…… . 너 언제 필요한 건데?"

공격적 표현: "넌 맨날 뭘 그렇게 빌려달라고 그러냐. 네가 이거 한번 쓰고 나면 여기저기 스크래치 날 텐데 내가 그걸 너한테 왜 빌려주냐."

주장적 표현: "지난번에 내가 산 그거, 나도 큰맘 먹고 산 거거든. 내가 캠핑용품 많이 아끼는 거 너도 알잖니…… . 그래서 그건 좀 빌려주기 어려울 것 같아."

● ●

3) 자기표현의 유의할 점

앞에서 언급한 세 가지 표현방식 가운데 주장적 표현방식이 가장 바람직하다 하여 항상 일관되게 주장적으로 표현하기는 쉽지 않을 뿐 아니라, 상황에 따라서는 그것이 적절하지 않을 수도 있다. 자기표현도 사람 사이의 관계에서 일어나는 일이라 모든 관계에 일률적으로 적용하는 것이 적절치 않을 수 있고, 또 동일한 상대라 하더라도 경우에 따라 주장적 표현을 지속하는 게 적절치 않을 수도 있다.

이처럼 자기표현은 상황과 상대를 고려해서 이루어져야 하며, 자기표현을 할 때에는 다음과 같은 유의사항을 고려하여야 한다.

첫째, 주장적 표현이 바람직하다고 해서 항상 일관되게 주장적으로 표현해야 할 필요는 없다. 어떤 경우에는 소극적으로 표현하는 게 더 낫겠다 생각되는 경우도 있을 텐데, 굳이 그런 상황에서까지 무리하게 주장적으로 표현하려 애쓸 필요는 없을 것이다. 앞서 제시한 연습문제에서 만약 내가 아끼는 것이긴 하지만 친구한테 캠핑 용품을 빌려주고 싶은 마음이 드는 경우라면 충분히 빌려줄 수도 있을 것이다. 이런 의미에서 자기표현은 선택이다. 즉, 주장적으로 말할 필요가 있다고 생각되는 상황에서 주장적으로 표현하는 것을 선택하여 실행하면 되는 것이지, 반드시 모든 상황에서 주장적으로 표현해야 한다는 의미는 아니다.

둘째, 자기표현은 어느 날 갑자기 잘되는 것이 결코 아니다. 모든 게 그렇듯이 자기표현에도 꾸준한 연습이 필요하다. 따라서 여러분이 표현하고 싶은 내용과 대상 및 상황을 생각해서, 그 가운데 비교적 편하고 안전한 것부터 점진적으로 적용하며 단계를 점차 올려 나가도록 해야 한다. 처음부터 괜히 난해하거나 심각한 주제, 어려운 대상이나 상황을 선택해서 시도할 필요는 없다. 처음에는 간단하고 마음이 편한 것부터 해야 성공할 가능성이 높고, 일단 성공을 해야 자신감도 높아지게 되어 점점 더 잘할 수 있게 된다. 그러므로 표현을 연습할 내용과 대상을 정하여 차근차근 단계적으로 적용해 보자.

셋째, 자기표현을 한다고 해서 원하던 바가 한번에 이뤄지지는 않는다. 그러므로 이를 먼저 염두에 두고 표현을 시도하는 게 좋다. 오랫동안 마음속에 가지고만 있었던 하고 싶은 말을 용기 내어 시도할 때는 그만큼 이에 대한 기대도 따를 것이다. 그래서 표현한 다음에 나타나는 결과가 내 뜻과 다르다면 실망도 더 클 수밖에 없고 다시 위축될 가능성도 있다. 하지만 그렇다고 해서 시도 자체가 무의미하거나 가치 없는 것은 결코 아니다. 시도를 한 것과 시도를 아예 하지 않은 것에는 큰 차이가 있다. 표현을 시도한 것은 자신의 마음을 상대에게 드러낸 그 자체로 충분한 의미가 있으므로, 설사 원하던 결과가 즉각적으로 나타나지 않더라도 마음을 표현했다는 것에 가치를 두고 계속해서 시도해 볼 것을 권한다.

이 장에서는 성숙하고 건강한 관계를 위해 필요한 몇 가지 표현방법에 대해 다루었다. 이러한 표현방법은 앞서 제4장에서 살펴본 듣기 자세와 함께 사용하는 것으로, 여기서는 건강한 자기노출, 나 전달법, 공감하기, 자기표현을 중심으로 살펴보았다.

이 장을 통해 인간관계에서 자신을 표현하는 것의 중요성에 대한 인식과 함께 건강하고 성숙한 인간관계를 위해 필요한 표현방법들을 익히는 기회가 되었기를 바란다. 결국 잘 듣고 잘 표현하는 의사소통을 통해 건강한 인간관계가 형성될 것이고, 이는 우리의 정신건강에 큰 도움이 될 것이다.

제3부
스트레스와 이상심리

CHAPTER

06
스트레스

Mental
Health

이 장에서는 정신건강과 매우 밀접한 관련이 있는 스트레스에 대해 다룬다. 스트레스는 '만병의 근원'이자 '정신건강의 주범'으로, 스트레스가 우리에게 미치는 영향의 심각성에 대해 모르는 사람은 없을 것이다. 하지만 스트레스의 심각성을 안다고 해서 스트레스를 잘 관리하기 위해 실제로 노력하는 사람들은 그리 많지 않다. 스트레스는 아예 없애는 게 중요한 게 아니라, 제대로 알고 이에 효율적으로 대처하는 것이 더 중요하다.

이에 이번 장에서는 스트레스의 개념과 스트레스를 유발하는 요인을 살펴보고자 한다. 또한 동일한 상황에 처하더라도 사람마다 스트레스를 겪는 정도에 개인차가 생기는 요인이 무엇인지 알아보고, 마지막으로 스트레스에 대처하는 방법에는 어떤 것이 있는지 차례로 살펴보도록 하겠다.

1. 스트레스

이 절에서는 스트레스의 개념에 대해 알아보고, 스트레스를 유발하는 개인 내적 · 외적 요인에 어떤 것이 있는지 살펴보겠다. 아울러 스트레스를 받으면 어떠한 결과가 나타나는지 그 영향을 신체적 · 정서적 · 인지적 · 행동적 측면에서 각각 살펴보고자 한다.

- 스트레스는 왜 생기는 걸까?
- 스트레스를 받고 있다는 것을 어떻게 알 수 있을까?

1) 스트레스의 개념

스트레스라는 용어는 '팽팽히 조이다'라는 뜻의 라틴어인 'stringere'에서 유래되었다. 이러한 어원을 지닌 스트레스는 18세기에 이르러 물리학과 공학 분야에 도입되어 '외부 힘에 의해 물체 표면의 연속성을 잃게 된 상태'로 정의되었고, 20세기 들어 의학용어로 사용되기 시작하였다(김교헌 외, 2010). 이에 현재까지도 물리학에서 스트레스라는 용어는 '물체가 외부 힘의 작용에 저항하여 원형을 지키려는 힘'으로 정의되고 있다(표준국어대사전, 2022).

한편, 심리학에서 스트레스는 '적응하기 어려운 환경에 처할 때 느끼는 심리적·신체적 긴장 상태'로 정의된다(표준국어대사전, 2022). 스트레스를 연구한 대표적 심리학자인 라자루스(Lazarus & Folkman, 1984; Lazarus, 1993)는 스트레스를 인간과 환경의 상호작용에 의해 경험하는 것으로서, 개인이 가진 한계를 초과하여 개인의 안녕을 위협하는 상태 혹은 심리적, 신체적으로 감당하기 어려운 상황에 처했을 때 느끼는 불안과 위협의 감정으로 정의하였다.

스트레스는 대개 생활의 변화를 포함한다. 변화는 신체의 균형과 평형 상태를 깨트려 불균형 상태를 초래하므로, 스트레스는 우리의 면역기능을 저하시키고 다양한 신체적 질병을 유발할 뿐 아니라 마음을 작동시키기 위해 필요한 정신적 에너지를 고갈시켜 소진에 이르게 하고, 나아가 우울이나 불안과 같은 다양한 정신과적 문제를 일으키는 주요 원인이 된다.

그러면 스트레스는 무조건 다 나쁘고 말 그대로 사람들에게 백해무익한 걸까? 물론 스트레스를 받는다는 것은 유쾌한 경험은 아니지만, 스트레스라고 해서 무조건 다 나쁜 것은 아니다. 스트레스의 종류에 따라서는 좋은 변화를 포함하는 긍정적 사건들도 있는데, 예를 들어 취업에 성공하여 새 직장에 출근하는 것도 기쁜 일이지만 스트레스가 되고, 집에 새로운 식구가 생기는 일도 기쁘지만 스트레스가 되기도 한다. 따라서 이러한 것을 가리켜 좋은 것을 나타낼 때 붙이는 접두사 eu를 붙여 유스트레스(eustress)라고 부른다.

스트레스가 무조건 나쁜 것이 아닌 또 다른 이유는 적절한 수준의 스트레스는 우리의 수행을 좋게 하는 데 필요하기 때문이다. 다시 말해 스트레스가 전혀 없는 상태보다는 스트레스가 어느 정도 있을 때 수행의 질이 더 높아진다. 예를 들어, 시험을 앞두고 있는 상황에서 A는 스트레스를 거의 받지 않고 있고 B는 지나치게 스트레스를 많이 받으며 C는 중간 정도로 스트레스를 받고 있다고 가정해 보자. 이 가운데 어떤 사람에게서 수행의 결과가 가장 좋게 나타날까? 물론 수행의 결과에는 여러 변인이 영향을 미치겠지만 이들을 모두 통제하고 세 사람 간에 스트레스를 느끼는 정도의 차이만 있다고 가정할 때, 세 번째 사람인 C에게서 수행의 결과가 가장 좋게 나타날 것이다. 이를 가리켜 여크스-도슨 법칙(Yerkes-Dodson's Law)이라고 하는데, [그림 6-1]과 같이 종을 뒤집어 놓은 모양의 커브를 나타내어 스트레스를 아예 안 받거나 혹은 지나치게 많이 받을 때보다 적정 수준으로 스트레스를 받을 때 수행의 정도가 가장 높아지는 것을 알 수 있다.

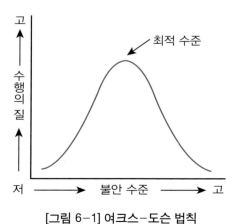

[그림 6-1] 여크스-도슨 법칙

따라서 이로 미루어 보아 스트레스라고 해서 무조건 다 나쁜 것만 있다거나 스트레스를 느끼는 게 무조건 안 좋은 것은 아니며, 스트레스에는 기분 좋은 변화를 포함하는 스트레스도 있고, 스트레스를 어느 정도 적절한 수준으로 느낄 때 오히려 더 좋은 수행 결과를 가져올 수 있다는 점을 기억할 필요가 있다.

2) 스트레스 유발요인

스트레스를 유발하는 요인에는 어떤 것이 있을까? 크게 구분하면 자기 밖에서 일어나는 개인 외적 요인과 자기 안에서 일어나는 개인 내적 요인으로 구분이 가능하다.

(1) 개인 외적 요인

스트레스를 유발하는 개인 외적 요인으로는 주요생활사건, 생활 스트레스, 그리고 물리적 환경변화 등이 있다.

① 주요생활사건

주요생활사건이란 사람들이 살면서 경험하게 되는 일 중에 비교적 변화의 정도가 크고 개인에게 비교적 큰 영향을 가져올 수 있는 중요한 삶의 사건을 말한다. 예를 들어, 질병이나 사고로 건강이 악화되는 것, 경제적으로 곤란한 상태를 겪는 것, 가까운 사람과 이별 또는 사별하게 되는 것이 해당되며, 이 외에도 결혼이나 이혼, 취직 혹은 실직, 임신과 출산, 합격 또는 불합격과 같이 살다가 겪게 되는 주요 인생사들이 여기에 해당된다.

이러한 생활사건에는 앞에서 설명한 바와 같이 나쁜 것만 있는 것은 아니고, 결혼하거나 새 집으로 이사하는 것 혹은 합격이나 승진과 같이 좋은 변화에 해당하는 사건도 포함된다. 이렇게 보면 스트레스를 겪는다는 것은 사건 자체가 긍정적이든 부정적이든 상관없이 우리 생활에 변화를 가져오는 사건이 발생하였다는 것을 의미한다.

변화는 우리로 하여금 달라진 상황에 다시 적응해야 할 필요를 만들고, 이때 발생한 생활사건이 개인에게 얼마나 중요한 비중을 차지하는가에 따라 변화로 인해 재적응을 요구하는 정도 역시 커질 것이다. 이처럼 재적응을 요구하는 정도가 크면 클수록 사람들은 스트레스를 많이 경험하게 된다.

② 생활 스트레스

사람들이 스트레스를 경험하게 되는 데에는 이와 같이 크고 중요한 생활사건들도 있지만, 일상생활 속에서 자잘한 스트레스를 경험하기도 한다. 이를 가리켜 생활 스트레스(daily hassles)라고 하는데, 여기에는 출근하거나 등교하는데 차가 늦게 오거나 길이 많이 막힌다든가, 밥 먹기 위해 줄서서 오래 기다려야 한다든가, 소지품을 잃어버리는 것, 혹은 친구나 가족 등과 사소한 일로 마음을 상하게 되는 것 등이 포함된다.

사람들은 사실상 거의 매일 이러한 소소한 골칫거리를 일상생활에서 경험하는데, 이런 생활 스트레스들은 비록 그 크기나 비중이 주요생활사건에 비해 작을지 몰라도 이것을 자주 겪거나 계속해서 오래 겪게 되면 부정적 기분을 자주 경험하게 되고, 나아가 건강에도 안 좋은 영향을 미칠 수 있다.

따라서 일상생활 속에서 겪는 스트레스가 작은 것이라고 가볍게 여기지 말고, 강도가 작더라도 오래 지속되면 신체건강이나 정신건강에 부정적 영향을 가져올 수 있기 때문에 유의할 필요가 있겠다.

③ 물리적 환경변화

스트레스를 유발하는 개인 외적 요인의 세 번째로 물리적 환경변화를 들 수 있다. 물리적 환경변화는 고도로 산업화된 사회에서 많이 발생하는 것으로서, 미세먼지로 인한 공기 질의 악화, 지구온난화로 인한 기후 변화, 소음이나 과밀현상, 신종 바이러스의 출현과 같은 것이 여기에 포함된다.

이는 개인 차원에서 통제하기 어려운 것들이지만 우리의 생활과 아주 밀접한 관련을 지니고 있어서 신체적인 영향은 물론 사람들의 정신건강에 심각한 영향을 미친다. 미세먼지와 관련한 최근 연구(김시아, 박지혜, 한다영, 정익중, 2020)에서 초등학생 약 2,000명을 대상으로 미세먼지와 아동의 신체 및 정신건강의 관계를 살펴본 결과, 미세먼지는 아동의 신체 및 정신건강에 부적인 영향을 미치는 것으로 나타났고 우울에는 정적인 영향을 미치는 것으로 나타났다. 따라서 미세먼지가 심할수록 신체적 혹은 정신적 건강은 나빠지고, 우울은 증가하는 것을 알 수 있다. 또한 서울에 거주하고 있는 15~79세 사이의 약 27,000명을 대상으로 조사한 연구(Kim et al., 2016)에서도 초미세먼지에 장기간 노출되는 것이 주요우울장애의 위험을 증가시키는 것으로 확인되었고, 이러한 영향은 만성질환이 있는 경우에 더 취약해지는 것으로 밝혀졌다. 이처럼 개인이 통제하기도 어렵고 단시일 내에 해결되는 문제도 아닌 물리적 환경변화로 인한 스트레스에 대해서는 앞으로도 많은 연구가 필요하다.

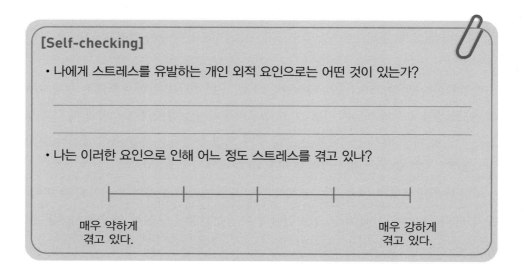

[Self-checking]

• 나에게 스트레스를 유발하는 개인 외적 요인으로는 어떤 것이 있는가?

_____

_____

• 나는 이러한 요인으로 인해 어느 정도 스트레스를 겪고 있나?

매우 약하게   매우 강하게
겪고 있다.   겪고 있다.

(2) 개인 내적 요인

스트레스를 유발하는 개인 내적 요인으로 좌절, 압력, 갈등 그리고 불안에 대해 살펴보자. 스트레스를 유발하는 요인은 이러한 것 외에도 다양한 요인이 있겠지만, 여기서는 이 네 가지에 초점을 두고 살펴보도록 하겠다.

① 좌절

좌절은 개인이 욕구를 만족시킬 수 없을 때 경험하게 되는 긴장 상태이다. 사람이라면 누구든지 크든 작든 좌절을 경험해 본 적이 있을 것이다. 간절히 바라고 원하던 것을 이룰 수 없게 되었을 때 그 대상이 무엇이든 간에 사람들은 좌절을 경험한다.

이처럼 좌절은 사람들이 겪는 스트레스의 중요한 원인을 차지한다. 사람들은 좌절하면 공격적 반응을 나타내는데, 이를 가리켜 돌라드 등(Dollard et al., 1939)은 '좌절-공격 가설(frustration-aggression hypothesis)'이라고 칭하였다. 이는 사람들이 좌절을 경험하면 분노의 감정이 생기게 되고, 분노는 결국 공격성을 일으키는 원인으로 작용하게 된다는 것이다.

좌절로 인해 공격성을 나타낼 때 어떤 경우에는 공격성이 자신을 향하기도 하고, 또 어떤 경우에는 다른 사람을 향하기도 한다. 좌절로 인한 공격성이 자신을 향해 분출될 때 사람들은 우울에 빠지게 되고, 심각하면 자신을 해치는 행동을 하게 된다. 이에 비해 좌절로 인한 공격성이 타인을 향해 분출되면 다른 사람에게 해를 입히기도 한다. 이처럼 좌절로 인한 공격성은 매우 파괴적인 양상으로 드러날 수 있기 때문에, 좌절 경험이 지나치게 역기능적으로 표출되기 이전에 자신의 좌절로 인한 스트레스를 잘 관리해야 한다.

② 압력

스트레스를 유발하는 두 번째 개인 내적 요인은 압력으로, 이는 특정 기준에 자신을 맞추려 할 때 경험하는 긴장 상태로 볼 수 있다. 개인이 느끼는 압력은 실재(實在)하는 외부 요인으로 인해 발생하기도 하지만, 외부 요인의 실재와 상관없이 개인 내적으로 압력을 지각하여 스트레스를 느끼기도 한다. 이는 실재하는 것보다 개인이 지각하는 것이 보다 중요하게 작용할 수 있다는 의미로서, 외부에서 압력을 주지 않더라도 개인이 압력을 받는다고 느끼면 스트레스를 받을 수 있다는 말이다. 다시 말해, 실제로 개인에게 압력을 느끼게 할 만한 외부 요인이 발생하기도 하지만, 외부 요인이 있다고 해서 그것이 무조건 개인에게 스트레스가 되기보다는 개인이 그것을 어떻게 받아들이냐에 따라 스트레스를 느끼는 정도에 차이가 생긴다. 예를 들어, 시험을 앞두고 있다고 가정할 때 시험 자체가 개인에게 압력이 되기도 하겠지만, 사람에 따라 시험을 압력으로 경험하는 정도에 차이가 있을 수 있다.

이처럼 개인의 성향에 따라 외부에서 발생한 스트레스 요인을 더 크게 지각하기도 하는데, 여기에는 완벽주의라는 성격이 영향을 미친다. 스스로 높은 기준을 설정하고 이에 미치지 못할 경우 가혹하게 비판하는 성향을 가리켜 완벽주의라고 한다. 이처럼 완벽주의란 성취에 대하여 지나치게 높은 기준을 설정하기 때문에 이에 도달하려 애쓰는 과정에서 매우 엄격하고 가혹할 뿐 아니라, 사실상 기준 자체가 높기 때문에 이에 도달하기 쉽지 않다. 물론 완벽주의 성향을 지녔다고 해서 다 부정적이고 역기능적인 것은 아니다. 완벽주의적인 특성은 우리로 하여금 보다 철저하게 준비하게 하고 더 열심히 노력하게 한다. 이런 점에서 적절한 수준의 완벽주의적 특성은 어느 정도 순기능을 갖추고 있다고 볼 수 있다.

하지만 완벽주의 성향의 이면에는 역기능적인 면이 있어서, 열심히 노력했음에도 불구하고 워낙 기준 자체를 높게 설정하기 때문에 원하는 목표에 도달하지 못하게 되는 경우가 많다. 그리고 이러한 결과에 대해서 자신을 자책하고 비난하기 때문에 결국 자존감이 낮아지거나 우울감을 경험하게 될 가능성이 크다. 또한 말 그대로 '완벽'한 결과물에 도달하기 전까지는 일을 마칠 수가 없어서 마감 시간에 일을 끝내지 못하고 차일피일 미루게 되는 아이러니한 현상도 발생한다.

이러한 완벽주의적 성향은 외부에서 자신에게 가해지는 기대를 '지각'하는 데 영향을 미친다. 예를 들어, 완벽주의 성향의 사람들은 자신에 대한 주변 사람들의 기대를 실제보다 더 크게 지각할 가능성이 있고, 이로 인해 결과적으로 스트레스를 더 많이 받기도 한다. 또 완벽주의 성향이 강한 사람들은 그렇지 않은 사람들보다 경쟁을 보다 민감하게 받아들이고 타인과의 경쟁에서 이기려는 욕구가 크기 때문에 이로 인해 스트레스를 더 많이 받기도 한다.

이와 같이 완벽주의적 성향의 사람들은 그렇지 않은 사람에 비해 외부에서 발생한 요인에 대해 더 많은 스트레스를 느끼고 자신에 대한 주변 사람들의 기대를 실제보다 더 크게 지각하며 타인과의 경쟁에 보다 민감하기 때문에, 스스로 압력을 더 많이 받게 되고 이로 인해 스트레스를 더 많이 경험하게 될 가능성이 있다.

따라서 스스로 자신에게 부여하는 압력으로 인한 스트레스를 줄이려면, 우선 자신이 완벽주의적인 성향을 어느 정도 지니고 있는지 객관적으로 살펴볼 필요가 있다. 만약 자신이 다른 사람에 비해 완벽주의적 성향이 더 크다고 생각된다면 모든 일을 다 잘하려는 마음을 갖는 대신 조금 못하더라도 괜찮다는 마음을 가지고, 보다 관대하고 너그럽게 자신을 대하도록 노력할 필요가 있을 것이다.

❖ **완벽주의 척도 문항의 예**

• 나는 일단 일을 시작하고 나면 다 마칠 때까지 쉬지 않는다.
• 나는 가능한 한 완벽하려고 애쓴다.
• 모든 일을 완벽하게 하는 것이 나에게는 매우 중요한 일이다.
• 내가 한 일에서 실수를 발견하게 되면 마음이 불편하다.
• 나는 나 자신에게 높은 기준을 부여한다.
• 나는 학업에서나 일에서나 항상 성공해야 한다.

출처: Hewitt과 Flett(1991)이 개발한 Multidimensional Perfectionism Scale을 한기연(1993)
　　이 번안하였음.

③ 갈등

　스트레스를 유발하는 세 번째 개인 내적 요인은 갈등으로, 갈등은 선택을 해야 하는 상태에서 겪게 되는 긴장 상태이다. 인생은 '선택의 연속'이라는 말이 있듯이, 사실상 사람들은 매일의 삶 속에서 크고 작은 선택에 마주치며 갈등을 겪고, 이러한 갈등은 우리로 하여금 스트레스를 경험하게 한다.

　레빈(Lewin, 1935)은 갈등에 다음과 같은 유형이 있다고 하였다. 먼저, '접근-접근 갈등'은 좋은 것 두 가지 중에 한 가지를 선택해야 할 때 겪게 되는 갈등이다. 이런 것을 두고 소위 '배부른 고민'이라고 말하지만, 이는 사람들로 하여금 스트레스를 유발하게 하는 요인이 된다. 좋은 것 중에서 선택해야 하는 접근-접근 갈등과 달리, '회피-회피 갈등'은 싫은 것 두 가지 중에서 하나를 선택해야 할 때 생기는 갈등이다. 이것도 싫고 저것도 싫은데 반드시 한 가지를 선택해야 하는 상황에서 사람들은 스트레스를 겪게 된다. 다음은 '접근-회피 갈등'으로, 이는 좋은 면도 있고 그렇지 않은 면도 동시에 가지고 있는 어떤 대상을 선택해야 할 때 느끼는 갈등이다(김교헌 외, 2010). 이러한 접근-회피 갈등은 현실에서는 대개 '다중 접근-회피 갈등'일 때가 많은데, 이는 각각 좋은 면과 싫은 면을 지니고 있는 여러 개의 대상 중에 한 가지를 골라야 할 때 발생하는 갈등이다. 예를 들어, A 회사는 월급은 많은 반면 개인시간이 너무 부족한 게 흠이고, B 회사는 안정적으로 오래 다닐 수 있는 반면 가족과 멀리 떨어져 혼자 지내야 하는 상황이라고 가정해 보자. 이 경우 선택지 두 개에 모두 장단점이 있어서 이 가운데 한 가지를 선택하는 것에 갈등을 느낄 수 있다. 사람들이 현실에서 겪게 되는 갈등은 사실상 다중 접근-회피 갈등인 경우가 더 많을 것이다. 따라서 이처럼 선택을 해야 하는 상황에서 갈등을 겪게 되고, 갈등은 우리로 하여금 스트레스를 경험하게 하는 원인이 된다.

④ 불안

스트레스를 유발하는 또 다른 개인 내적 요인으로 불안을 생각해 볼 수 있다. 불안은 '마음이 편하지 아니하고 조마조마한 상태'(표준국어대사전, 2021)를 말하며, 정신의학적으로는 부정적인 일이 일어날 것을 염려하여 지나치게 걱정하는 경향이다.

무서움을 유발하는 대상을 마주할 때 사람들은 즉각적으로 긴장하고 놀라게 된다. 그래야만 그 상황에서 맞서 싸울 것인지 아니면 도망갈 것인지(투쟁-도피 반응, fight or flight response)를 재빨리 판단하여 이에 적절한 행동을 취할 수 있기 때문이다. 이러한 점에서 불안은 생존을 위해 반드시 필요한 감정이며, 옛날 우리의 조상들이 이러한 불안 감정을 정상적으로 느낄 수 있었기에 지금까지 인류가 살아남을 수 있었다. 이렇듯 불안이나 공포감을 느끼는 것은 생존을 위해 꼭 필요한 감정이지만, 문제는 실제로 불안을 느낄 만한 상황/대상이 아니거나 그럴 만한 상황이 종결되었음에도 계속해서 불안한 감정을 경험하는 것이다. 불안은 생존이 위협받는 것과 같은 굉장히 강렬한 감정이자 쉽게 떨쳐내기 어려운 감정이다. 또한 불안을 자주 오래 경험하면 교감신경계가 지나치게 활성화되어 우리 몸이 항상 긴장상태에 머무르게 되어 신체적인 기능에 부정적인 영향을 미친다. 따라서 필요하지 않은 상황에서 지나치게 불안을 경험하는 것은 우리의 신체와 정신기능에 부정적인 영향을 미친다.

사람들은 때로는 경제적인 문제나 건강 문제와 같은 구체적인 일들로 인해 불안을 느끼기도 하지만, 딱히 실체가 없는 막연한 상황에서 아직 일어나지도 않은 일을 미리 염려하여 불안을 느끼는 경우도 많다. 이처럼 불안을 느끼는 정도는 사람에 따라 개인차가 있을 수 있는데, 불안에는 유전적 요인이 작용하여 가족이나 가까운 친척 중에 불안장애 진단을 받은 사람이 있는 가계 내에서 그렇지 않은 경우에 비해 불안을 경험할 가능성이 높게 나타난다(Schienle, Ebner, & Schäfer, 2011). 또한 불안을 느끼는 데에는 인지적 요소도 작용하여 위험이나 위협에 관한 단서를 민감하게 받아들이고 이것의 위험성을 실제보다 높게 지각하는 사람들이 불안을 보다 많이 경험(Ferreri, Lapp, & Peretti, 2011)하는 것으로 보고되고 있다.

따라서 자신이 다른 사람에 비해 불안성향이 높은 편은 아닌지 스스로 점검해 볼 필요가 있으며, 이러한 성향으로 인해 스트레스를 많이 받고 일상생활에서 불편과 지장을 느낀다면 불필요한 불안을 낮추고 마음을 편안하게 유지할 수 있도록 꾸준히 노력해야 한다.

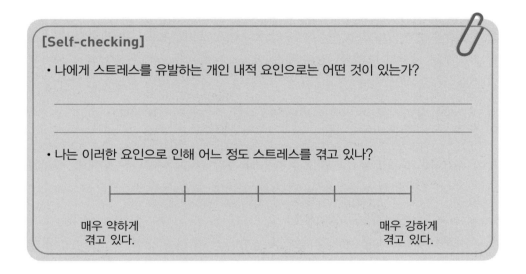

[Self-checking]

• 나에게 스트레스를 유발하는 개인 내적 요인으로는 어떤 것이 있는가?

_____

_____

• 나는 이러한 요인으로 인해 어느 정도 스트레스를 겪고 있나?

매우 약하게 겪고 있다.　　　　　　　　　　매우 강하게 겪고 있다.

3) 스트레스의 영향

앞에서 우리는 스트레스가 무엇인지 그리고 스트레스를 유발하는 요인에는 어떤 것이 있는지 살펴보았다. 그러면 이제 사람들이 스트레스를 겪을 때 어떠한 반응이 나타나는지 알아보자.

스트레스를 받으면 어떠한 변화가 일어날까? 스트레스는 사람들에게 어떠한 영향을 끼치는가? 사람에 따라 스트레스를 받으면 잠을 잘 못 자기도 하고, 소화가 잘 안 되기도 하며, 집중력이 떨어지기도 한다. 또한 기분이 예민해져서 자주 짜증이나 화를 내거나 우울해지는 경우도 있다. 이처럼 사람들이 스트레스로 인해 받게 되는 영향은 매우 다양한데, 여기서는 그 영향을 신체적, 정서적, 인지적 그리고 행동적인 부분으로 나누어 각각 살펴보도록 하겠다.

(1) 신체적 영향

스트레스는 누구나 피해 갈 수 없기에 사람들은 모두 크고 작은 스트레스를 경험해 보았을 것이다. 스트레스를 받으면 우리 몸은 쉽게 피로해지고, 소화가 잘 안 되며, 근육이 긴장돼서 뭉치거나 뻣뻣해지기도 하고, 잠이 잘 안 와서 불면증을 겪게 되기도 한다.

스트레스를 받으면 교감신경계가 활성화되어 우리의 신체로 하여금 긴급 상황에 잘 반응하도록 준비시킨다. 이는 지극히 정상적인 반응이지만, 스트레스 상태가 계속해서 오래 지속될 경우에는 코르티솔(cortisol)이라는 스트레스 호르몬이 지속적으로 분비되어 이로 인해 심장병이나 고혈압과 같은 대표적인 심혈관계 질환에 걸릴 가능성이 높아지고, 우리의 뇌에도 부정적인 영향을 미치게 된다.

셀리에(Selye, 1976)는 스트레스를 연구한 대표적인 초기 학자로서, 스트레스 요인이 무엇이든 상관없이 스트레스를 받을 때 사람들에게 나타나는 신체적, 생리적인 반응이 거의 유사하다고 하면서, 이를 '일반적 적응 증후군(general adaptation syndrome)'이라는 개념으로 설명하였다.

셀리에가 제시한 일반적 적응 증후군([그림 6-2] 참조)을 보면, 스트레스를 받는 초기에는 일시적으로 우리 몸이 피로를 느끼고 두통이나 소화불량과 같은 비교적 가벼운 증상을 나타낸다. 이 시기를 가리켜 경고기(alarm stage)라고 하였는데, 우리 몸은 이 시기에 이러한 신호를 보내 줌으로써 사람들로 하여금 충분한 휴식을 취하도록 한다.

하지만 이러한 신호에도 불구하고 적절한 휴식을 취하지 못한 채 스트레스를 계속해서 받게 되면, 우리 몸은 스트레스에 대항하기 위해 호르몬 분비를 왕성하게 하면서 불균형 상태를 회복하려 최대한 노력을 기울이게 된다. 이 시기를 저항기(resistance stage)라고 하며, 저항기에는 경고기 때 나타났던 증상들이 일시적으로 사라진다.

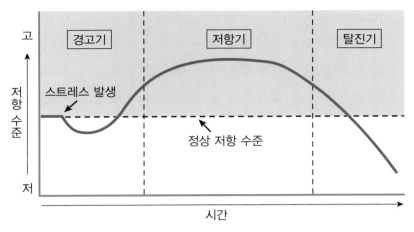

[그림 6-2] Selye의 일반적 적응 증후군

그런데 만약 이쯤에서도 스트레스가 멈추지 않고 계속해서 지속되면 우리 몸의 신체적 방어능력은 급격히 떨어지게 되고 정신적인 에너지도 고갈에 이르게 되는데, 이 시기를 탈진기(exhaustion stage)라고 한다. 탈진기에는 고혈압이나 심장병, 혹은 암과 같이 스트레스에 취약한 신체질환이 발생할 가능성이 높아지고, 심하면 사망에도 이르게 된다.

따라서 스트레스가 일시적으로 나타날 때는 우리의 신체에 미치는 영향이 비교적 적을지 몰라도, 만약 스트레스가 오래 지속되다 보면 신체적으로 매우 안 좋은 결과를 초래할 수 있으므로 이에 대해 보다 각별한 관심을 가지고 세심하게 살펴야 한다.

(2) 정서적 영향

다음은 스트레스가 우리의 정서에 미치는 영향에 대해서 살펴보자. 여러분은 스트레스를 받으면 기분이 어떠한가? 스트레스를 받으면 아무래도 기분이 예민해지고 긴장되며 평소보다 짜증이 많아져서, 평상시 같으면 그냥 지나칠 만한 일에도 언짢은 기분을 드러내는 경우가 생기게 된다.

오래도록 비가 오지 않아 바닥을 드러낸 저수지를 생각해 보자. 저수지에 물이 넉넉하게 차 있어야 오랫동안 비가 오지 않는 환경 속에서도 버틸 수 있는데, 만약 그렇지 않고 저수지에 물이 말라 버리고 없다면 필요할 때 더 이상 물을 끌어다 쓸 수 없게 될 것이다. 우리의 마음도 이와 같아서, 스트레스를 지속적으로 받다 보면 바닥을 드러내는 저수지와 같이 점점 여유가 없는 고갈 상태에 이르게 된다.

스트레스를 받으면 기분이 침체되거나 무기력해지기도 하는데, 사람들은 스트레스를 겪고 나서 계속해서 반추하는 과정을 통해 더더욱 기분이 가라앉는 것을 느끼게 된다. 이러한 상태가 보다 장기간 지속되면 이제는 단순히 스트레스를 느끼는 것을 넘어서서 정신적인 연료가 모두 다 타 버리는 상태에 도달하게 되는데, 이를 가리켜 소진(burn out)이라고 한다. 일반적으로 스트레스는 일시적 혹은 단기적으로 발생했다가 사라지지만, 소진은 이보다 훨씬 더 장기적이고 만성적으로 나타난다. 보통 소진은 감정이 고갈되는 상태로부터 시작하여 점차 냉담해지고 냉소적이 되며, 사람들과 거리를 두는 탈인격화(depersonalization) 단계로 진행된다. 그리고 이는 자신에 대한 부정적 평가로 이어져 자존감이 더 낮아지고 자신감도 저하되어 이제껏 해 오던 일들에 더 이상 의미를 못 느끼고 심한 무기력감을 경험하는 상태에 도달하게 된다.

소진 상태에 이르면 이로부터 회복하는 데 걸리는 시간과 노력이 단순히 스트레스를 겪을 때보다 훨씬 더 많이 든다. 따라서 평소에 생활하면서 스트레스가 소진의 상태로까지 이어지지 않게끔 자기 자신과 주변을 잘 관리할 필요가 있다.

(3) 인지적 영향

스트레스를 받으면 스트레스와 관계된 사람이나 이와 관련된 경험에 대해 생각하고 또 생각하게 된다. 이렇게 지나간 일을 자꾸 되돌아보면서 계속해서 곱씹고 되새기는 것을 가리켜 반추(rumination)라고 하는데, 반추는 스트레스를 받을 때 사람들에게서 많이 나타나는 인지적 증상 중 하나이다. 반추와 함께 나타나는 또 다른 인지적 증상은 아직 발생하지 않은 앞으로의 일에 대해 미리 염려하고 걱정하는 것으로서, 이를 가리켜 예기불안(anticipation anxiety)이라고 한다. 불안의 주제는 아직 일어나지 않은 일을 부정적으로 보고 이를 지나치게 걱정하는 것이며, 따라서 어떠한 이유에서든 스트레스가 생기면 이로 인해 계속해서 일이 잘못되거나 안 좋은 결과가 발생할 것에 대해 미리 걱정하는 현상이 발생한다. 또한 스트레스를 받으면 오랫동안 계속해서 분비되는 코르티솔의 영향으로 뇌의 해마가 손상되어 기억력과 집중력이 저하되는 것으로 알려져 있다(Kleen, Sitomer, Killeen, & Conrad, 2006).

따라서 이처럼 안 좋은 일을 계속해서 떠올리며 반추하는 것, 앞일을 부정적으로 보고 미리 지나치게 걱정하는 것, 또는 기억력과 집중력이 저하되는 것 등이 스트레스를 받을 때 사람들이 자주 경험하게 되는 인지적 증상에 해당된다. 그래서 만약 이러한 현상이 자주 나타난다면 역으로 요즘 스트레스를 많이 받고 있다는 점을 알아차리고, 스트레스를 적절히 관리하고 이에 지혜롭게 대처하려는 노력을 보다 많이 기울일 필요가 있다.

(4) 행동적 영향

스트레스는 우리의 행동적인 측면에도 영향을 미친다. 집중력이나 주의력 저하로 인해 평상시에는 잘하지 않던 실수를 하게 되기도 하고, 정신적인 여유와 인내력이 감소하게 됨에 따라 다소 충동적인 행동을 나타내기도 한다.

또한 스트레스를 많이 받다 보면 탐닉적인 행동에 빠져들기도 하는데, 사람들이 자주 보이는 탐닉적 행동에는 흡연이나 과음, 과식, 혹은 약물에 빠지는 것과 같은 물질중독(substance addiction)이 있는가 하면, 쇼핑이나 게임, 인터넷이나 SNS에 과몰입하는 것과 같은 행위중독(behavioral addiction)도 있다.

물질적인 것이든 행동적인 것이든 간에 적절한 선에서 사용함으로써 스트레스 해소에 도움이 된다면 모르겠지만, 이러한 수준을 넘어서서 지나치게 탐닉하게 되는 것은 결코 바람직한 현상이 아니다. 따라서 평소보다 이와 같은 탐닉적 행동을 더 많이 한다거나 혹은 실수나 충동적인 행동이 늘어난다면 이때에도 역으로 요즘 스트레스를 많이 받고 있는 것은 아닌지 자신의 상태를 점검해 볼 필요가 있다.

[Self-checking]

• 나는 스트레스로 인해 어떠한 영향을 받고 있나?

– 신체적 영향: _____

– 정서적 영향: _____

– 인지적 영향: _____

– 행동적 영향: _____

2. 스트레스의 개인차 요인

이 절에서는 사람들이 스트레스를 느끼는 데 있어서 차이가 생기는 이유가 무엇인지, 스트레스를 완화시키거나 아니면 반대로 악화시키는 데 기여하는 개인적 특성이 있다면 그것이 무엇일지에 대해 함께 생각해 보도록 하겠다.

┌─ 생각해 보기 ──────────────────────────────┐

– 스트레스를 받는 정도가 사람마다 다른 이유는 무엇일까?

└──┘

앞 절에서 우리는 스트레스 유발 요인과 스트레스를 경험할 때 나타나는 반응에 대해 살펴보았다. 이는 스트레스를 각각 자극과 반응의 관점에서 살펴본 것인데, 이번 절에서는 스트레스를 유발하는 자극과 이에 대한 반응 사이를 중재하는 요인에는 어떤 것이 있는지 알아보고자 한다.

스트레스를 유발하는 자극과 스트레스 반응의 관계를 중재한다는 의미는, 스트레스를 유발하는 자극이 유사하더라도 사람들마다 각기 다른 반응을 보이는데 그 이유는 사람들마다 각기 다른 특성을 지니고 있기 때문에 이로 인해 동일한 자극을 받더라도 서로 다른 결과를 유발하게 된다는 의미이다. 다시 말해, 한 집단의 사람들에게 스트레스를 유발하는 자극이 동일하게 발생한다고 해서 무조건 그 사람들이 모두 동일한 스트레스 반응을 나타내지 않으며, 이들이 각자 어떤 특성을 지닌 사람이냐에 따라 스트레스에 대한 반응이 각기 달리 나타난다는 말이다.

만약 스트레스 자극이 곧바로 스트레스 반응으로 이어지는 것이라면 사실상 유사한 자극을 경험하는 거의 모든 사람은 비슷한 정도로 스트레스를 겪어야 할 것이다. 하지만 우리가 경험을 통해 알고 있듯이, 스트레스를 겪는 정도에는 사람에 따라 적지 않은 개인차가 있다. 일례로, 똑같이 실패하는 경험을 하더라도 남보다 스트레스를 더 많이 받는 사람이 있는가 하면 상대적으로 적게 받는 사람도 있고, 또 똑같이 안 좋은 일을 겪더라도 그 일을 겪고 난 후의 반응이 사람에 따라 차이가 나는 것을 볼 수 있다. 따라서 유사한 스트레스 자극이 발생했다고 해서 유사한 반응을 가져오는 게 아니라, 스트레스를 겪는 사람이 어떤 성향과 자원을 지닌 사람인지에 따라 스트레스를 겪는 정도가 달라진다.

그렇다면 스트레스를 경험하는 데 있어서 이처럼 개인차를 가져오는 요인에는 어떤 것이 있을까? 여기서는 자아개념 또는 자기효능감, 낙관성, 성격유형, 탄력성, 통제감 그리고 사회적 지지를 중심으로 살펴보겠다.

1) 자아개념 또는 자기효능감

자아개념(self-concept)은 사람들이 자기 자신에 대해 어떻게 생각하는지를 나타내는 것이고, 자기효능감(self-efficacy)은 어떠한 일을 해낼 수 있다고 생각하는 일종의 자신감 또는 유능감을 의미한다. 이러한 자아개념과 자기효능감은 사람들이 느끼는 스트레스 정도에 차이를 가져온다.

일반적으로 긍정적인 자아개념을 가지고 있고 자기효능감이 높을수록 위기나 어려움을 겪을 때 그 상황을 보다 잘 헤쳐 나갈 수 있게 된다. 긍정적인 자아개념과 높은 자기효능감을 지닌 사람들은 자신에 대한 신뢰가 높으며 상황을 자신이 통제할 수 있다고 생각하는데, 이러한 요인들은 스트레스를 경험하는 정도에 차이를 가져오는 중요한 개인 내적 특성으로 간주되고 있다.

김요셉 등(2011)이 2,077명의 중학교 1학년 학생을 대상으로 청소년기 스트레스에 영향을 미치는 요인을 조사한 결과, 긍정적인 자아개념을 지닐수록 스트레스를 덜 지각하는 것으로 나타났고, 자기 결정에 대해서 신뢰하는 정도나 스스로 문제해결을 할 수 있다고 생각하는 정도를 의미하는 '자기신뢰감'이 높을수록 스트레스를 적게 경험하는 것으로 나타났다. 이러한 결과는 긍정적인 자아개념이나 자기신뢰감 혹은 자기효능감과 같은 요인이 스트레스를 낮추는 보호요인이 된다는 점을 시사한다.

> ### ❖ 자기효능감 척도 문항의 예
>
> • 나는 여러 종류의 일을 효과적으로 해낼 수 있다.
> • 문제 상황에 직면할 때 나는 여러 가지 해결책을 찾을 수 있다.
> • 나는 일을 할 때 필요한 자원(정보, 사람 등)을 효과적으로 활용할 수 있다.
> • 나는 내가 계획한 목표의 대부분을 성취할 수 있다.
>
> 출처: 송윤아(2010)가 개발한 일반적 자기효능감 척도의 일부임.

2) 낙관성

스트레스를 경험하는 데 있어서 개인차를 가져오게 하는 다음 요인은 낙관성(optimism)으로, 낙관성은 앞으로 좋은 일이 생길 것이고 나쁜 일은 덜 일어날 것으로 믿는 보편적인 기대감을 말한다. 이러한 낙관성은 시간과 상황이 바뀌더라도 비교적 일관되게 나타나는 안정적인 성격특성이다(Scheier & Carver, 1992).

사람들이 경험하는 스트레스는 이러한 낙관성의 정도에 따라 차이가 발생한다. 낙관성이 높은 사람은 그렇지 않은 사람에 비해 어려운 상황을 겪더라도 고통을 덜 느낄 뿐 아니라, 고통스러운 경험으로부터 보다 빨리 회복되는 것으로 알려져 있다. 또한 이들은 심리적 적응 수준이 높으며, 비관적인 사람들보다 인생의 과도기에 보다 잘 적응하는 것으로 나타났다(Aspinwall & Taylor, 1992; Scheier, Carver, & Bridges, 1994).

키비마키 등(Kivimäki et al., 2005)은 낙관성이 미치는 장기적인 효과를 알아보기 위해 근로자를 대상으로 종단 연구를 실시하였다. 이들은 사전에 근로자들의 낙관성을 측정하고, 이로부터 3년 후 이들이 스트레스 사건을 겪은 다음에 근무 기록이 어떤지 살펴보았다. 그 결과, 낙관적인 근로자가 그렇지 않은 사람에 비해 결근 횟수가 더 적고, 스트레스 사건 이후에 보다 빨리 회복하는 것으로 나타났다(Kalat, 2014/2017 재인용).

직장인 356명을 대상으로 낙관성과 심리적 안녕감 간의 관계를 살펴본 이민정과 최진아(2013)는 낙관성이 심리적 안녕감에 직접적으로 영향을 미친다고 하였으며, 대학생을 대상으로 낙관성을 비롯한 다양한 정서조절전략과 사회적 지지 변인 중에 어떠한 요인이 심리적 안녕감을 가장 잘 설명해 주는지 살펴본 김민정과 이희경(2006)은 낙관성이 심리적 안녕감을 예측하는 가장 중요한 변인이라고 하였다.

따라서 낙관성이 높은 사람은 그렇지 않은 사람에 비해 스트레스를 보다 잘 견딜 뿐 아니라 스트레스 사건 이후에 보다 빨리 회복하며, 낙관성은 사람들의 심리적 안녕감 수준을 높이는 데 직접적으로 기여하는 것을 알 수 있다.

❖ 낙관성 척도 문항의 예

- 삶에 대한 긍정적 기대: 내 삶에는 좋은 일들이 더 많이 생길 것이다.
- 삶에 대한 긍정적 인식과 대처: 나는 어려운 상황에 처해도 좀처럼 절망하거나 비관하지 않는 편이다.
- 관계에 대한 낙관성: 내가 어려움에 처할 때 자기 일처럼 나를 돕는 사람들이 있을 것이다.
- 성취에 대한 낙관성: 새로운 과제나 일에 착수할 때 성공할 수 있을 거라고 생각한다.

출처: 노영천(2011)이 개발한 한국인용 낙관성 척도의 일부임.

---

3) 성격유형

어떠한 성격특성을 지니는가에 따라 사람들이 경험하는 스트레스 정도에 차이가 발생한다. 스트레스와 관련해서 많이 언급되는 성격유형이 있는데, 그것은 바로 A형 성격과 C형 성격이다.

성격이 급하고 시간에 쫓기고 성취 지향적이며 경쟁적이고 호전적 성향의 사람

을 가리켜 A형 성격(type A personality)이라고 한다. 이들은 항상 일과 성취에 대해
생각하고 남들과의 경쟁에서 이기려 하며 일에 대한 압박감을 지니고 있기 때문에,
그렇지 않은 사람들에 비해 심장질환에 걸릴 확률이 높은 것으로 알려져 있다
(Friedman & Rosenman, 1974).

　이러한 성격을 지닌 사람들에게 A형 성격이라는 명칭을 처음 붙인 사람은 프리
드먼과 로젠만(Friedman & Rosenman)이라는 심장병 전문의인데, 이들은 우연한 기
회에 심장질환 환자들이 주로 앉는 진료실 의자의 앞부분이 많이 닳아 있는 것을 발
견했다고 한다. 그래서 이들이 지니는 공통적인 성격특성에 대해 관심을 갖고 연구
하기 시작했는데, 그 결과 심장질환 환자들은 다른 환자들에 비해 조바심이 더 많고
성급한 면이 있다는 것을 알게 되었다. 그래서 이러한 성격을 '관상동맥 심장질환에
걸리기 쉬운 성격(coronary heart disease-prone personality)'이라고 하는데, 실제로 A
형 성격의 사람이 느긋하고 여유 있는 성격을 나타내는 B형 성격의 사람들에 비해
심장질환에 걸리는 확률이 2배가량 더 높게 보고되고 있다(McLeod, 2017).

❖ A형 행동양식 척도 문항의 예

- 나는 대체로 시간에 쫓기는 압박감을 느낀다.
- 나는 대부분의 일에서 매우 뛰어나고자 하는 강한 욕구가 있다.
- 나는 음식을 급히 먹는다.

출처: Haynes 등(1978)이 타당화한 Framingham type A behavior scale을 김미하, 손정락
　　(1996)이 번안하였음.

　한편, 그리어와 모리스(Greer & Morris, 1975)는 '암에 걸리기 쉬운 성격(cancer-
prone personality)'으로 C형 성격(type C personality)을 제시하였는데, 이 성격은 정확
하고 논리적인 반면 감정에는 익숙하지 않은 편이어서 감정변화가 거의 없고 감정
표현을 자제하고 억압하는 사람들을 말한다. 이들은 다른 사람을 먼저 생각하고 협
조적인 성격으로 인해 수동적인 태도를 보이며 자신의 생각이나 의견을 많이 억압
하는데, 이것이 결과적으로 이들로 하여금 심리적으로나 신체적으로 취약하게 만

든다(Rymarczyk, Turbacz, Strus, & Cieciuch, 2020).

아이젱크(Eysenck, 1991)는 심장병에 취약한 A형 성격과 암에 걸리기 쉬운 C형 성격, 그리고 특정 질환과 상관없이 병에 잘 걸리지 않는 B형 성격을 외향성과 신경성 특질과 관련하여 [그림 6-3]과 같이 설명하였다. 그에 의하면, C형 성격은 신경성과 내향성이 관련되며, A형 성격은 신경성과 외향성이 관련된다고 한다. 물론 이것이 경험적으로 일관되게 검증되지는 못하였지만, 특정 신체질환의 발생 및 그 경과에 미치는 성격의 영향에 대해서는 앞으로 더 많은 연구가 필요하다.

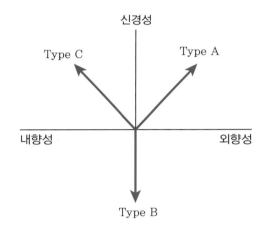

[그림 6-3] A, B, C형 성격과 외향성, 신경성의 가설적 관계

출처: Eysenck (1991).

따라서 성격이 급하고 경쟁적인 A형 성격이나 정서가 제한되고 순종적인 C형 성격을 지니는 사람들이 스트레스에 보다 취약하다고 볼 수 있다.

4) 탄력성

탄력성(resilience)은 개인이 역경으로부터 회복하여 긍정적인 적응을 하게 하는 심리사회적 요인(Garmezy, 1993)으로, 어려운 환경 속에서도 사람들로 하여금 심리적, 신체적 건강을 유지할 수 있게 도와주는 중요한 요인이다(Bonanno, 2004). 탄력성이 높으면 역경이나 외상 경험을 겪더라도 이로부터 보다 빨리 회복하여 다시 긍정적으로 적응할 수 있기 때문에, 탄력성은 변화하는 환경에 적절히 반응하도록 하는 안정적인 성격특성으로 볼 수 있다.

실제로 역경을 겪은 사람들을 대상으로 탄력성과 역경 이후의 회복의 관계를 살펴본 연구(Waugh, Fredrickson, & Taylor, 2008)에 의하면, 탄력성이 높은 사람들은 탄력성이 낮은 사람들에 비해 위협적 상황에서 보다 완전한 정서적 회복을 보였다. 또한 탄력적인 사람들은 사랑이나 감사와 같은 긍정 정서를 보다 많이 경험하기 때문에, 위기 이후에 우울을 적게 경험하고 심리적인 성장을 보다 많이 이루는 것으로 보고되었다(Fredrickson, Tugade, Waugh, & Larkin, 2003).

이처럼 탄력성은 삶에서 맞이하게 되는 다양한 스트레스와 도전적인 상황으로부터 보다 잘 회복하게 도와줌으로써, 긍정적이고 성공적인 적응을 하게 하는 중요한 자원으로 기능한다.

❖ 회복탄력성 척도 문항의 예

- 자기조절능력
  - 나는 압박과 스트레스 상황에서도 평온함을 유지할 수 있다.
  - 나는 대부분의 상황에서 감정을 조절할 수 있다.
- 대인관계능력
  - 나는 대부분의 상황에서 사람들과 소통할 수 있다.
  - 나는 대부분의 상황에서 주변 사람들과 친밀한 관계를 맺을 수 있다.
- 긍정성
  - 나는 대부분의 상황에서 다시 좋아지리라 믿는다.
  - 나는 대부분의 상황에서 감사하는 마음이 있다.
- 자기신뢰
  - 나는 나 자신을 믿을 수 있다.
  - 나는 내가 가치 있는 사람이라고 생각한다.

출처: Reivich와 Shatte(2003)가 개발하고 김주환(2011)이 수정·보완한 한국형 회복탄력성 척도(KRQ-53)를 토대로, 김은희(2021)가 제작하였음.

5) 통제감

사람들은 자신이 상황을 통제할 수 있다고 느낄 때와 통제할 수 없다고 느낄 때 심리적으로 큰 차이를 경험한다. 이에 대한 매우 극명한 연구는 학습된 무기력에 대한 셀리그먼(Seligman, 1975)의 연구이다. 셀리그먼은 상자의 바닥에 전기가 들어오도록 만들어 그 안에 실험용 개를 넣은 채로 전기자극을 계속해서 보내 주었다. 개는 처음에 전기자극을 피하기 위해 이리저리 움직이는 모습을 보였지만, 그곳을 빠져나갈 수 없었다. 시간이 지나도 전기자극이 멈추지 않고 계속 주어지자 마침내 개는 무기력해져서 탈출할 수 있는 문이 열려진 상황에서조차 움직이지 않고 전기자극을 그대로 받고 있는 모습을 보였다. 이러한 현상을 두고 셀리그먼은 '학습된 무기력(learned helplessness)', 즉 무기력 현상이 학습된 것이라고 하면서, 통제할 수 없는 상황 속에 계속해서 머무르다 보면 유기체는 심각한 좌절과 무기력을 학습하게 되어 우울증과 같은 증상을 보이게 된다고 설명하였다.

비교적 최근에 이뤄진 실험 한 가지를 더 살펴보자. 이 실험은 살로몬 등(Salomons et al., 2004)에 의해 이뤄진 것으로, 게임하는 동안 팔에 뜨거운 자극을 주고 이것을 사람들이 얼마나 고통스럽게 느끼는지 알아보았다. 이때 연구 대상자를 두 집단으로 나누어 A 집단에는 뜨거운 자극을 본인이 통제할 수 없다고 알려 주고, B 집단에는 뜨거운 자극이 올 때 반응을 보이면 그 자극을 줄일 수 있다고 알려 주었다. 연구 결과, 자신이 자극을 통제할 수 있다고 알려 줬던 B 집단 사람들이 A 집단보다 실제로 자극을 덜 고통스럽다고 지각했다. 또한 이를 보다 객관적으로 확인하기 위해서 뇌 MRI 영상을 확인한 결과, B 집단의 사람들에게서 실제로 고통을 담당하는 뇌 영역이 덜 활성화된 것으로 나타났다(Kalat, 2014/2017 재인용).

이처럼 사람들은 자신이 상황을 스스로 통제할 수 있다고 생각할 때와 그렇지 않을 때 스트레스에 대한 반응이 달라지며, 자신이 상황을 통제 가능하다고 지각하면 그 상황에서 느끼는 스트레스 정도가 적어진다.

6) 사회적 지지

앞에서 살펴본 요인은 모두 스트레스의 개인차를 유발하는 개인 내적 요인들이었다. 마지막으로 살펴볼 요인은 사회적 지지로, 이는 개인 외적 요인에 해당한다. 사회적 지지는 개인이 지니고 있는 사회적 관계망으로부터 제공받을 수 있는 다양한 형태의 도움을 의미하는 것으로, 여기에는 물질적 지지와 비물질적 지지가 모두 포함된다.

사회적 지지의 정도와 사람들이 경험하는 스트레스의 관계에 대해서 오래전부터 많은 연구가 있어 왔는데, 이러한 연구들이 공통적으로 지지하는 바는 사회적 지지를 많이 받을수록 스트레스를 경험하는 정도가 낮아져 이후에 보다 큰 정신적, 신체적 문제로 이어질 위험을 줄이게 된다는 것이다.

사람들은 누구나 스트레스를 경험해 보아서 잘 알 수 있듯이, 시험을 앞두고 스트레스를 많이 받고 있는 학생의 경우에는 가족이나 친구, 선생님의 지지가 큰 위로가된다. 또 살다가 큰 스트레스나 삶의 위기를 겪게 되는 순간 곁에서 우리의 안위를 걱정해 주고 이야기를 들어 주며 문제해결을 위해 물심양면으로 도와주는 사람들의 존재는 우리에게 큰 힘이 된다.

이러한 사회적 지지는 심리적 안녕감에 어떤 영향을 주는 걸까? 문은식(2005)은 중·고등학생을 대상으로 사회적 지지와 심리적 안녕감의 관계를 살펴본 결과, 지각된 사회적 지지가 높은 학생일수록 심리적 안녕감이 높고 학교에 적응하는 수준도 높은 것으로 나타났다. 또한 원두리(2011)가 중고생 267명을 대상으로 사회적 지지와 심리적 안녕감, 그리고 이 두 변인 사이를 매개하는 변인을 살펴본 결과, 사회적 지지는 희망을 촉진하고 희망은 문제해결대처를 촉진해서 결국 심리적 안녕감에 정적 영향을 미치는 것으로 나타났다. 따라서 이와 같은 연구로 미뤄 볼 때 사회적 지지는 심리적 안녕감에 직접 혹은 간접적으로 모두 영향을 미치는 중요한 요인이 된다.

사회적 지지에 대한 주요 연구 결과를 보고한 소이츠(Thoits, 1995)에 의하면, 사회적 지지가 있느냐 없느냐는 사망률 감소를 포함해서 사람들의 신체적, 정신적 건강과 정적 관련이 있다고 하였다. 그리고 사회적 지지 가운데서도 특히 정서적 지지는 주요 생활사건이나 만성적인 중압감으로 인한 신체적 또는 정신적 영향을 완충시키는 중요한 역할을 한다고 보고하였다.

이처럼 스트레스와 심리적 안녕감에 중요한 영향을 미치는 사회적 지지에는 여러 유형이 있는데, 하우스(House, 1981)와 이후의 연구자들(Glanz, Rimer, & Viswanath, 2008; Korte & Simonsen, 2018)은 다음과 같은 네 가지 형태로 사회적 지지의 종류를 제시하고 있다.

먼저, 정서적 지지는 사람에게 관심을 보여 주고, 공감과 사랑, 신뢰와 돌봄을 제공해 주는 것을 말한다. 이러한 지지는 힘들어하는 사람의 이야기를 들어 주거나 그 사람을 돌봐 주는 행동 등을 통해 전달되는데, 이처럼 공감해 주고 위로해 주고 곁에 있어 주는 것만으로도 다른 형태의 사회적 지지에 비해 정신건강에 보다 강력한 영향을 미치는 것으로 알려져 있다. 다음은 도구적 지지로서, 이는 도움을 필요로 하는 사람에게 직접적으로 도움이 될 수 있는 가시적인 물건이나 도움을 제공해 주는 것을 말한다. 예를 들어, 돈이 필요한 사람에게 돈을 제공해 주는 것이나, 도움이 필요한 사람에게 자신의 시간이나 자원을 제공해 주는 것이 도구적 지지이다. 정보적 지지는 문제를 해결하는 데 사용할 수 있는 조언이나 제안 혹은 정보를 제공해 주는 것으로, 해결해야 할 필요가 있는 문제가 발생했을 때 유용하게 작용한다. 마지막은 평가적 지지인데, 이는 자기평가에 도움이 되는 정보를 제공해 주는 것으로서 도움이 필요한 사람에게 건설적인 피드백을 제공해 주거나 혹은 동의나 지지를 통해서 확인해 주는 것을 의미한다. 평가적 지지를 받게 되면 보다 객관적인 사회적 비교가 가능해질 뿐 아니라 스스로 반성적인 평가를 하는 데에도 도움을 받을 수 있다.

따라서 동일한 스트레스 사건을 겪더라도 이와 같은 정서적, 도구적, 정보적, 평가적인 사회적 지지를 많이 받을수록 스트레스를 적게 경험하게 되므로, 평소에 주위 사람들과 진정성 있는 관계를 유지하면서 사회적 관계망을 잘 구축해 놓는 것이 우리의 정신건강을 지키는 데 도움이 될 수 있을 것이다.

❖ 사회적 지지 척도 문항의 예

- 정서적 지지
  - 내 주변 사람들은 내가 사랑과 보살핌을 받고 있다고 느끼게 해 준다.
  - 내 주변 사람들은 내가 고민하는 문제에 대해 이야기하면 기꺼이 들어 준다.
- 도구적 지지
  - 내 주변 사람들은 내가 필요로 할 때 자기가 소유한 것들을 빌려 준다.
  - 내 주변 사람들은 내가 요청할 때마다 기꺼이 시간을 내주고 응해 준다.
- 정보적 지지
  - 내 주변 사람들은 내가 중요한 선택을 해야 할 때 충고와 조언을 해 준다.
  - 내 주변 사람들은 내게 일어난 문제의 원인을 찾는 데 도움이 되는 정보와 지식을 제 공해 준다.
- 평가적 지지
  - 내 주변 사람들은 내가 필요하고 가치 있는 존재임을 인정하고 알게 해 준다.
  - 내 주변 사람들은 내가 취한 행동의 옳고 그름을 객관적으로 평가해 준다.

출처: 박지원(1985)이 개발한 사회적 지지 척도의 일부임.

이와 같이 사람들이 지닌 성향이나 자원에 따라 비슷한 스트레스 사건을 경험하더라도 스트레스를 느끼는 정도에는 차이를 보일 수 있다. 따라서 여러분이 다른 사람에 비해 스트레스를 많이 받는다고 여겨진다면, 어떠한 이유 때문에 스트레스를 많이 받는 것인지 생각해 볼 필요가 있다. 이는 물론 스트레스를 유발한 사건의 크기가 매우 크고 고통스럽기 때문일 수도 있겠으나, 본인의 성향이나 성격 때문일 수도 있고, 필요할 때 나에게 도움을 줄 수 있는 사회적 자원이 부족해서일 가능성도 있다. 또 경우에 따라서는 자신이 상황을 통제할 수 없다고 지각하기 때문에 스트레스를 보다 크게 지각할 수도 있을 것이다.

[Self-checking]

• 만약 내가 다른 사람에 비해 스트레스를 많이 받는 편이라면, 그 이유는 무엇일까?

_____

_____

이처럼 여러 요인 가운데 자신에게 해당하는 이유를 살펴보았다면, 다음으로는 자신의 정신건강을 위해 스트레스를 가급적 덜 받을 수 있도록 노력할 필요가 있다. 예를 들어, 자신이 A형 성격에 해당한다고 생각되면 자신을 다그치기보다 조금 더 관대하게 대하도록 하고, 성취와 경쟁에 대한 압박감을 조금 내려놓을 필요가 있을 것이다. 만약 자기효능감이 부족하다고 생각되면 자신이 할 수 있는 여러 긍정적인 경험을 통해 자기효능감을 높이려는 노력이 필요할 것이다. 또 어떤 사람들은 주변 사람들과의 관계를 보다 돈독하게 함으로써 사회적 지지망을 확충하려는 노력이 필요할 것이고, 어떤 경우에는 상황에 대한 인식을 바꿔 내가 겪고 있는 일이 정말로 내가 통제할 수 없는 일인지를 객관적으로 점검해 봄으로써 통제할 수 없다고 생각하는 범위를 줄여 보는 노력이 도움이 될 것이다.

우리는 모두 살면서 스트레스를 피해 갈 수 없다. 하지만 그렇더라도 우리가 겪는 스트레스의 정도를 줄이거나 조절하는 것은 가능하다. 그러므로 어떤 특성과 자원을 지니는 것이 스트레스 관리에 도움이 될지 생각해 보고, 스스로를 돌아보는 시간을 가져 보도록 하자.

3. 스트레스에의 대처

인생을 살다 보면 우리에게 수많은 일이 생긴다. 이 중에는 우리를 기쁘고 신나게 하는 것도 있지만, 반대로 힘들고 지치게 하는 일도 있다. 우리가 만나고 싶지 않다고 해서 스트레스가 되는 사건들을 안 만날 수도 없고, 겪고 싶지 않다고 해서 피해

갈 수도 없다. 종류는 다 다르겠지만 누구에게든 힘든 일이 있게 마련이고, 어차피 이러한 일들과 같이 살아가야 하는 것이 우리의 인생이기도 하다.

따라서 이 절에서는 살면서 피해 갈 수 없는 부정적인 사건들을 어떻게 하면 효율적으로 잘 다루면서 살 수 있는지 그 방법에 대해 살펴보고자 한다. 이에 스트레스에 대처하는 구체적 방법으로, 인지중심, 문제중심, 정서중심, 신체중심 대처에 속하는 방법을 각각 살펴보고, 마지막에는 외상 사건을 겪은 후에 오히려 심리적인 성장을 이루는 '외상후 성장'에 대해 알아보겠다.

> ── 생각해 보기 ──
> – 스트레스 사건을 겪을 때 사람들이 주로 사용하는 대처방법은 무엇인가?
> – 힘든 일을 겪고 나서 의미 있는 성장을 이루려면 어떻게 해야 할까?

1) 대처의 개념과 방법

스트레스를 겪으면 이에 '대처'한다는 표현을 사용하는데, 대처(coping)라는 용어는 스트레스에 대한 정서적 반응이나 스트레스를 유발시키는 원인을 해소하기 위해 목적지향적으로 하는 모든 행동을 의미한다(Lazarus & Folkman, 1984). 이런 의미에서 대처는 스트레스 사건에 의해 유발된 내적·외적 요구들을 다루기 위한 인지적·정서적·행동적 노력이라고 정의할 수 있다.

그렇다면 사람들이 스트레스에 대처하기 위해 사용하는 방법에는 어떤 것이 있을까? 사람들이 사용할 수 있는 효율적인 대처방법에는 인지중심 대처, 문제중심 대처, 정서중심 대처, 신체중심 대처가 있는데, 이에 대해 차례로 살펴보자.

(1) 인지중심 대처

인지중심 대처는 다른 말로 '인지적 재평가(cognitive reappraisal)'라고 하며, 이는 스트레스 사건이나 상황에 대한 자신의 생각이나 평가를 바꾸는 방식으로 스트레스에 대처하는 방법을 의미한다. 다시 말하면 개인이 상황을 받아들이고 해석하는 방식에 따라 그것이 큰 위험이나 위기가 될 수도 있고 반대로 도전이나 성장의 기회로 삼을 수도 있기 때문에, 그만큼 스트레스 상황을 지각하고 받아들이는 관점이 중요하다는 뜻이다.

사람들은 위기가 기회가 될 수 있다는 말을 자주 한다. 물론 한창 힘든 일을 겪고 있는 와중에는 이러한 말이 귀에 잘 들어오지 않는다. 하지만 어느 정도 시간이 지나 다시 돌이켜 보면 힘들었던 일이 자신을 좀 더 돌아보게 하고 어떤 면에서 성장하게 이끌기도 했다는 것을 깨달을 때도 있다.

이런 점에서 스트레스 사건을 겪는다고 해서 무조건 안 좋게 생각하고 위협적으로만 인식할 게 아니라, 그 사건 속에서도 긍정적인 의미를 찾는 노력이 필요할 것이다. 또한 불안하고 위축된 상태에서 상황을 지나치게 위협적으로만 해석하기보다, 위협이라고 느끼는 현실을 보다 객관적으로 냉철하게 인식함으로써 상황을 덜 위협적인 것으로 재평가하려는 노력이 필요하다.

신라시대에 원효대사가 당나라로 유학을 떠나던 길에 비를 피해 동굴 속에 들어가 잠을 청하였다가 갈증을 느껴 잠에서 깨어 마침 옆에 있던 물을 달게 마시고 다시 잠이 들었다고 한다. 그런데 아침에 일어나 보니 그 물이 썩은 해골에 담겨져 있던 것을 발견하고는 이내 큰 깨달음을 얻고 한 말이 일체유심조(一切唯心造)이다. 일체유심조란 모든 것은 오로지 마음이 지어 내는 것이라는 뜻이고, 이는 곧 우리가 스트레스 상황에 처하더라도 그것을 어떻게 생각하고 받아들이느냐에 따라 이를 또 다른 관점에서 볼 수 있다는 의미이다.

그래서 힘든 일로 인해 괴롭고 힘이 들 때 이로부터 조금 거리를 두고 떨어져 나와 조금 다른 각도에서 생각해 보거나 그 일을 재평가해 보는 것이 도움이 될 수 있다. 이러한 작업이 물론 말처럼 쉽고 간단하지 않을지라도 스트레스 상황에 대한 자신의 생각이나 관점을 바꾸려고 노력하는 것 자체에 의미가 있으며, 이런 노력을 지속적으로 기울이다 보면 어느새 스트레스 사건을 바라보는 자신의 생각과 관점에도 조금씩 변화가 생기는 것을 경험할 수 있다.

(2) 문제중심 대처

문제중심 대처란 스트레스를 가져온 문제 자체를 해결하고자 노력하는 방식의 대처를 말한다. 문제중심 대처에는 구체적으로 문제 상황을 개선하고 이를 해결하기 위한 노력과 행동이 포함되는데, 예를 들어 문제를 해결하기 위한 정보나 자료를 수집하여 분석하는 것 또는 문제를 해결하기 위해 계획을 세워 실천하는 것과 같은 노력들이 여기에 해당된다.

이러한 문제중심 대처는 우리가 스트레스 사건을 통제할 수 있을 때 사용하는 것이 효과적이다. 그래서 만약 자신이 겪고 있는 스트레스가 스스로 해결하거나 통제할 수 있는 것이라면 이러한 상황에서는 문제중심 대처방법을 사용하는 것이 가장 효과적이다. 또한 문제중심 대처방법을 사용하면 문제에 잘 대처해서 극복한 경험으로 인해 자기효능감이 증진되어, 추후에 유사한 문제가 생길 때 문제에 보다 잘 대처할 수 있게 된다.

(3) 정서중심 대처

정서중심 대처란 스트레스 상황 속에서 자신의 정서를 잘 조절하고 기분을 다스리는 방식으로 스트레스에 대처하는 방식을 말한다. 이러한 정서중심 대처는 자신이 당장 통제하기 어렵거나 혹은 통제가 불가능한 스트레스 사건이나 상황에서 효과가 큰 것으로 알려져 있다.

스트레스를 가져오는 일의 성격에 따라서는 문제를 해결하기 위해 직접적으로 부딪치는 것이 별로 효과가 없을 때도 있다. 따라서 이러한 경우에는 먼저 자신의 정서에 초점을 맞춰 기분을 진정시키고 완화시킨 다음, 차차 문제에 초점을 두면서 해결해 나가는 방식을 권한다.

정서중심 대처에는 자신의 기분을 표현하거나 기분을 전환시키려는 노력이 포함된다. 따라서 힘들 때 힘든 마음을 드러내고 이야기하면서 자신의 감정을 충분히 표현하는 것만으로도 상당한 효과를 볼 수 있다. 앞에서 스트레스에서 개인차를 가져오는 요인 가운데 C형 성격유형을 다룬 적이 있다. C형 성격은 자신의 마음을 드러내기보다 다른 사람에게 맞추는 것을 보다 우선시하기 때문에 자신의 감정표현을 많이 억압하는 성격유형이었다. 그래서 이러한 사람들은 A형 성격인 사람들과는 또 다른 이유로 심리적 혹은 신체적으로 취약한 유형이었다. 이처럼 정서를 억압하는 것은 정신건강을 해치는 매우 중요한 원인이 되므로, 힘들 때 힘들다고 자신의 마음을 드러내는 것이 스트레스를 완화하는 데 큰 도움이 된다는 사실을 기억할 필요가 있다. 또한 사람들은 스트레스를 받을 때 자신의 기분을 전환시키기 위해 무언가를 할 수도 있다. 가령, 좋아하는 음악을 듣거나 영화를 볼 수도 있고, 초록이 무성하고 예쁜 꽃들이 피어 있는 길을 걸으면서 마음을 달랠 수도 있다. 이와 같이 기분을 전환시키기 위해 취하는 방법들도 정서중심 대처에 속한다.

이완이나 호흡 그리고 명상을 하는 것도 정서중심 대처에 속하는 방법이다. 먼저, 이완의 경우 이완을 해야 한다는 것은 알아도 어떻게 하는 것인지 잘 모르는 경우가 있다. 이완은 우리 몸의 근육을 차례로 이완시키면서 몸 전체의 근육이 편안하게 되도록 하는 것이다. 신체가 이완되면 평상시에 뛰거나 싸우는 것과 같이 곧바로 반응하기 좋은 상태인 베타파에서 알파파로 뇌파가 전환되면서, 맥박이 줄어들고 호흡이 느려지며 생각은 맑아져서 집중을 보다 잘할 수 있는 차분한 상태로 들어가게 된다(김종운, 박성실, 2011). 근육을 충분히 이완시키기 위해서는 바로 이완 상태로 돌입하기보다, 먼저 근육을 긴장시켰다가 한꺼번에 긴장을 풀면서 이완하는 절차를 반복하는 것이 더 효과적이다(제13장 이완훈련 참조). 호흡은 복식호흡을 하는 게 도움이 되는데, 우선 자세를 바로 하고 코로 천천히 숨을 깊이 들이쉬어 배에 숨이 가득 차게 한 다음 잠시 멈추었다가, 다시 코로 들이마셨던 숨을 천천히 내쉬는 과정을 반복한다. 숨을 들이쉴 때보다 내쉴 때 더 천천히 오래 내쉬는 것이 좋고, 숨을 들이쉴 때는 코를 통해서 숨이 기도를 따라 배 속까지 들어가 배가 앞으로 불룩해지는 걸 느끼고, 반대로 숨을 내쉴 때는 다시 천천히 배가 등 쪽으로 가까워지는 것을 느끼면서 남은 숨까지 모두 천천히 뱉어 내도록 한다. 명상은 아주 오래전부터 사람들이 행해 오던 수련방법이며, 최근에는 종교와 무관하게 사람들의 많은 관심을 받고 있는 일종의 수행법이다. 명상은 마음을 번잡하게 하는 생각을 내려놓고 지금 여기 이 순간 자신이 살아 있음을 충만하게 느끼면서 현재에 머무르는 것이다.

인간은 머리를 써서 생각하는 고도의 인지기능으로 인해 스스로 성찰하고 고도의 발전을 이룰 수도 있었지만, 때로는 지나친 과잉 생각으로 인해 괴로움을 겪고 피폐해지기도 한다. 또한 생각이 또 다른 생각을 낳으면서 걷잡을 수 없이 자신을 괴롭히는 괴물처럼 커져 버리기도 한다. 이럴 때 생각은 우리에게 더 이상 도움이 되지 못하므로 생각을 잠시 내려놓을 줄도 알아야 한다. 감각에 집중하는 것은 바로 이러한 경우에 도움이 된다. 명상을 할 때 호흡을 중요시하는데, 호흡을 알아차린다는 것은 바로 지금 여기에 자신이 살아 있다는 것을 느끼게 해 주는 가장 중요한 감각이 되기 때문이다. 그래서 천천히 심호흡하면서 감각에 집중하는 것이 좋은 명상법이며, 하루에 짧은 시간이라도 차분히 눈을 감고 호흡에 집중하는 명상을 하는 것이 스트레스를 관리하는 데 큰 도움이 될 것이다.

(4) 신체중심 대처

신체중심 대처는 스트레스를 받을 때 신체 상태를 보전하고 신체기능을 더 잘 유지하기 위해 노력하는 대처방법으로, 스트레스를 잘 극복하고 견뎌 내게 하는 데 중요한 영향을 미치는 가장 기본적인 대처방식이다. 이러한 신체중심 대처에는 충분한 수면을 취하는 것, 균형 잡힌 영양을 섭취하는 것, 그리고 꾸준히 운동하는 것 등이 포함된다.

수면은 소위 '마음의 밥'에 해당하는 것으로, 수면을 통해 사람들은 신체적 에너지뿐 아니라 정신적 에너지를 보충한다. 수면을 충분히 취하면 면역기능이 강화되고 기억력이 좋아지며 우울증을 개선시키는 효과도 있다(서진원, 2021). 이처럼 잠을 잘 자는 것은 신체 기능을 원활하게 유지하는 데 도움을 주는 것을 넘어, 심리적 · 정신적 기능에도 매우 중요한 영향을 미친다. 따라서 수면관리는 신체적 · 정신적 측면에서 모두 중요하므로, 스트레스를 받는 상황이라 할지라도 잠을 충분히 잘 수 있도록 최대한 노력할 필요가 있다.

음식을 골고루 섭취하고 식사를 거르지 않는 것 또한 스트레스에 효과적으로 대처하는 신체적 방법이다. 흔히 스트레스를 받으면 입맛이 없어지고 소화기능도 떨어지므로 끼니를 거르게 되고 제대로 챙겨 먹지 못하게 되는 경우가 많다. 하지만 스트레스를 잘 견뎌 내고 극복하려면 무엇보다도 체력이 뒷받침되어야 하므로, 충분히 영양을 섭취하려는 노력을 게을리 하지 말아야 할 것이다.

운동 또한 신체중심 대처방법으로 빼놓을 수 없다. 운동을 하면 기분을 좋게 하는 엔도르핀이 공급되고, 우리 몸에 쌓여 있는 스트레스 화학물질 등을 몸 밖으로 배출하게 된다. 그런데 이러한 사실을 잘 알고 있으면서도 스트레스를 많이 받으면 정신적으로 피곤해지고 기력이 떨어지기 때문에 운동을 하고 싶은 마음도 줄어들고, 여러 가지 현실적인 이유로 운동할 시간을 내는 것도 어려워질 수 있다. 따라서 스트레스를 받을 때는 운동을 너무 어렵게 생각하지 말고, 계단을 오르거나 걷는 것과 같이 생활 속에서 할 수 있는 가벼운 운동을 실천하는 것이 좋다. 특히 스트레스가 심각하여 정신적으로 심각한 우울 상태에 있게 되면 신체활동 수준이 급격히 같이 떨어지는데, 이런 경우에는 단순히 몸을 움직이는 것 자체만으로도 기분이 나아지는 효과를 볼 수 있으므로 일상생활 속에서 몸을 움직이려는 노력을 꾸준히 기울여야 한다.

따라서 스트레스를 받을 때 잠을 충분히 자기, 영양을 골고루 섭취하기, 생활 속에서 꾸준히 몸을 움직이기와 같은 신체중심 대처방법을 사용하면 가장 기본적이고도 효과 또한 좋은 대처방법이 될 수 있으므로, 생활 속에서 이를 잊지 말고 꾸준히 실천하도록 노력하자.

[Self-checking]
• 스트레스에 효과적으로 대처하기 위해 나는 어떠한 노력을 해야 할까?

2) 외상후 성장

앞에서 우리는 스트레스가 무조건 나쁜 것만은 아니고 그것을 어떻게 생각하고 받아들이느냐에 따라 자신에게 도움이 되는 긍정적 기회로 활용할 수 있다는 점에 대해 언급하였다. 스트레스는 어떤 경우에는 치명적인 영향을 미치는 심각한 외상경험이 되어 그 영향이 부정적으로 오래 지속되기도 하지만, 또 어떤 경우에는 역경을 겪은 후에 오히려 보다 나은 심리적 성장을 이뤄 내게 하기도 한다.

이처럼 외상경험 후에 심리적 성장을 하게 되는 것을 가리켜 테데스키와 캘훈(Tedeschi & Calhoun, 1996)은 외상후 성장(post-traumatic growth)이라 하였다. 외상후 성장이란 '사람들이 살면서 경험하는 도전적인 상황에 대한 투쟁의 결과로 얻게 되는 긍정적인 심리적 변화'를 말한다. 여기서 투쟁의 결과라는 것은 외상사건을 겪은 것만으로는 외상후 성장에 쉽게 도달하지 않는다는 의미이고, 외상후 성장은 그야말로 오랜 시간에 걸친 자기 자신과의 투쟁을 기반으로 한다는 뜻이다.

외상 경험은 누구에게나 삶을 송두리째 뒤흔드는 고통이며, 이러한 고통을 겪게 되면 이제까지 살아오면서 굳건하게 지녀 왔던 자신과 타인과 세상에 대한 믿음이 전면적으로 부정당하게 된다. 이러한 경험은 기존의 삶의 태도나 사고방식으로는 도저히 이해하거나 수용하기 어려운 것으로서, 자신의 삶과 세상에 대해 끊임없는 의구심을 갖게 한다. 이러한 과정에서 사람들은 말로 다할 수 없는 고통과 괴로움을 겪게 되고, 자신이 겪은 외상사건에 대한 부정적인 반추를 지속하게 된다. 그래서 어떤 사람들은 삶에 대해 냉소적인 태도를 지니게 되고 사람들과 세상으로부터 스스로를 철회시키기도 한다.

하지만 여기서 멈추지 않고 이러한 개인적 고통과 투쟁을 바탕으로 자신의 삶에서 질적인 변화를 이루어 내는 사람들도 있다. 이들은 투쟁의 과정을 거치면서 삶의 우선순위가 조정되고, 자신에게서 새로운 가능성을 인식하며, 인간에 대한 연민과 유대감을 바탕으로 보다 깊이 있는 관계를 이뤄 나가고, 삶에 대한 깊은 감사와 통찰, 그리고 영적인 성숙을 이룬다. 그래서 이들은 단지 외상사건을 겪기 이전 수준으로 회복되는 것을 넘어 그 이상으로 성장한다(김교헌 외, 2010; Tedeschi & Calhoun 1996).

물론 이렇게 오랜 시간 고통과 자신과의 투쟁을 통해 외상후 성장을 이루었다 할지라도 외상경험으로 인한 정서적 고통이 완전히 해결되는 것은 아니다. 얄롬(Yalom, 2008/2008)은 시간이 지남에 따라 외상으로 인한 고통은 점차 옅어지겠지만, 정서적 고통과 문득 떠오르는 삶에 대한 의구심과 반추는 여전히 공존할 수 있다고 하였다(김교헌 외, 2010 재인용).

그렇다면 어떠한 요인이 우리로 하여금 외상경험 후에 성장을 하도록 돕는 것일까? 최근에 이뤄진 연구들에 의하면, 자신의 삶이 의미가 있다고 생각하여 삶에서 의미를 찾으려고 추구하는 경향성이 높을수록(김보라, 신희천, 2010; 신선영, 정남운, 2012), 자기노출을 많이 할수록(Pennebaker, 1989), 사회적 지지수준이 높을수록(신선영, 정남운, 2012; 유희정, 2014) 외상 경험 후에 성장을 이루게 되는 것으로 밝혀졌다. 또한 외상사건이 발생했을 때 이에 대해 걱정하면서 계속해서 부정적인 방향으로 생각하는 침습적 반추와 달리, 사건을 이해하려는 목적성 있는 생각인 의도적 반추(deliberate rumination)를 많이 할수록 외상후에 성장할 가능성이 보다 높아지는 것으로 나타났다(유희정, 2014; Tedeschi & Calhoun, 2004).

　이렇듯 외상사건을 경험한다고 해서 삶이 반드시 부정적으로 귀결되는 것은 아니다. 오히려 고통스러웠던 경험을 바탕으로 보다 나은 인간적 성장과 의미 있는 변화를 이루게 되기도 한다. 따라서 힘든 일을 겪을 때 때로는 그 사건 자체에 지나치게 몰입하기보다, 한걸음 뒤로 물러서서 그 일을 바라보는 관점이나 마음 자세를 달리할 필요가 있다. 이러한 과정은 결코 빨리 이루어지거나 간단하지는 않을 것이다. 하지만 이제까지와는 다른 각도로 사건의 의미를 이해하고 사건이 나에게 미친 영향과 삶의 의미를 곱씹다 보면 어느새 삶을 대하는 자신의 태도가 달라진 것을 발견할 수 있게 될 것이다.

❖ 외상후 성장 척도 문항의 예

- 새로운 가능성의 발견: 나는 인생에서 무엇이 중요한지에 대한 생각이 바뀌었다.
- 영적 · 종교적 관심의 증가: 영적/정신적 세계에 대한 이해가 더 커졌다.
- 대인관계 깊이 증가: 나는 타인과의 관계에서 더 큰 친밀감을 느끼게 되었다.
- 자기지각의 변화: 나는 생각했던 것보다 내 자신이 강하다는 것을 알게 되었다. 나는 내 삶에서 경험하게 되는 것들을 더 잘 받아들일 수 있게 되었다.

출처: Tedeschi와 Calhoun(1996)이 개발한 Posttraumatic Growth Inventory(PTGI)를 송승훈, 이홍석, 박준호, 김교헌(2009)이 번안하였음.

이 장에서는 스트레스의 개념과 스트레스 유발요인을 살펴보고, 스트레스가 우리에게 미치는 신체적, 정서적, 인지적, 행동적 영향을 각각 살펴보았다. 그리고 스트레스에서 개인차를 가져오는 개인 내적·외적 요인들로, 자아개념 또는 자기효능감, 낙관성, 성격유형, 탄력성, 통제감 그리고 사회적 지지에 대해 다루었다. 또한 스트레스에 대처하는 인지중심, 문제중심, 정서중심, 신체중심 대처방법과 외상후 성장에 기여하는 요인들을 알아보았다.

스트레스는 아예 경험하지 않는 것이 좋은 것도 아니고, 또 반대로 지나치게 많이 경험하는 것도 여러 가지 문제와 부작용을 가져올 수 있으므로 유의해야 한다. 또한 스트레스를 느끼는 데에는 개인차가 있다. 그래서 만약 자신이 다른 사람에 비해 스트레스를 많이 받는 편이라고 여겨진다면 어떠한 요인으로 인해 스트레스에 보다 취약한지 생각해 보고, 이를 보완할 수 있는 방법을 적용해 보면 좋을 것이다. 또한 스트레스에 대처하는 다양한 방법을 실천해 보면서 자신에게 잘 맞는 방법을 찾아 나가기 바란다.

CHAPTER

07
이상심리의 이해 및 분류

이 장에서는 정신건강과 밀접한 관련이 있는 이상심리(abnormal psychology)에 대해 살펴보겠다. 이상(abnormal)은 정상이 아닌 것을 칭하며, 이상행동을 연구하는 학문 분야를 가리켜 이상심리학이라고 한다. 이상심리나 이상행동 혹은 정신과적 장애나 질환은 정신건강을 논하는 데 있어 빠트릴 수 없는 영역이며, 많은 현대인이 다양한 정신과적 문제들을 직접 겪고 있기도 하다. 따라서 제7장부터 제11장까지 다섯 장에 걸쳐 이상심리에 대해 집중적으로 다루고자 한다.

1. 이상

이 절은 이상심리를 다루는 첫 부분으로, 이상심리학이란 어떤 학문인지 살펴보고, 이상은 정상과 어떻게 구별되는지 정상과 이상을 구분하는 몇몇 기준에 대해서 알아보도록 하겠다.

┌─ 생각해 보기 ─────────────────────────────
│
│ – 정신과 영역에서 정상이 아닌 이상(異常)은 어떻게 판단할까?
│
└──

1) 이상심리학이란

'심리학'이나 '정신건강'이라는 용어를 들으면 사람들은 심리적 증상이나 정신과적 문제, 그리고 이에 대해 상담하는 장면을 떠올리곤 한다. 사람들은 살면서 다양한 심리적 증상과 어려움을 겪는데, 케슬러 등(Kessler et al., 2005)에 의하면 미국인의 거의 절반에 해당하는 사람들이 삶의 어느 특정 시기에 정신과적 진단에 해당된다고 하였다. 이렇게 볼 때 정신과적 문제는 더 이상 우리와 관계없는 사람들의 이야기가 아니라, 나 자신을 포함하여 주변에서 충분히 발생할 수 있는 일이 될 것이다. 따라서 정신건강과 깊은 관련이 있는 이상심리에 대해 보다 자세히 살펴볼 필요가 있다.

이상심리학은 이상행동과 정신장애에 대해 연구하고 다루는 학문분야로서, 이상행동과 정신장애를 현상학적으로 기술·분류하고, 장애의 원인을 밝혀내어 설명하며, 나아가 정신과적 문제를 치료하는 방법을 강구하는 학문이다(권석만, 2013). 이에 이번 장부터 다양한 이상심리에 대해 차례로 살펴볼 텐데, 이상심리에 대해 본격적으로 들어가기 전에 먼저 유의해야 할 점이 있다. 옛말에 '아는 것이 병'이라는 말이 있다. 이 말은 모르면 그냥 지나갈 일인데 오히려 많이 알게 되어 문제가 될 수 있다는 뜻이다. 이러한 현상은 사람들이 이상심리를 공부할 때에도 발생하곤 한다. 즉, 이상심리에 대해 잘 모를 때에는 별로 문제 삼지 않을 만한 것을 이상심리를 배우고 나서는 그것이 마치 자신의 이야기처럼 생각되어 불필요한 걱정을 하게 될 수 있다. 이러한 현상을 '의대생 증후군(medical students' disease)'이라고도 부르는데, 의대생들이 수련과정을 거치며 갖가지 신체적 질환과 증상을 배우면 자신에게도 그러한 증상이 있는 것은 아닌지 의심하게 되고, 실제로도 몸 여기저기가 아픈 것 같은 현상을 보이게 된다고 한다.

이러한 현상은 새로운 지식을 알아 가는 과정에서 누구에게나 있을 수 있지만, 걱정과 염려가 지나친 경우에는 오히려 문제가 될 수도 있다. 그래서 자신이 알게 된 지식만으로 이상성(abnormality)을 판단하거나 정신과적 진단을 함부로 붙여서는 안 되며, 정신과적 질환이 염려되거나 의심되는 경우에는 반드시 전문가를 찾아 정확한 평가를 받아야 한다. 따라서 이상심리에 관심을 가지고 이를 배우는 것은 필요한 일이지만, 그렇다고 해서 지나칠 정도로 걱정하거나 임의로 진단을 붙임으로써 지식을 잘못 사용하지 않도록 유의해야 할 것이다.

2) 정상과 이상의 기준

그렇다면 '이상행동'은 어떻게 규정될 수 있을까? 사람들이 어떤 행동을 보고 '이상'이라고 판단할 때 그 판단 근거는 무엇일까? 그리고 그 근거는 보편 타당할까? 결론부터 말하면, 모든 이상행동과 정신장애를 포괄하는 일관된 정의나 기준은 없다. 이는 정상이냐 이상이냐를 구분한다는 게 말처럼 간단하지 않다는 의미이기도 하다.

그럼에도 정신과적 영역에서 '정상'이 아닌 '이상'을 규정해야 이상행동에 대한 연구를 수행할 수 있을 뿐 아니라 정신과적 문제에 대한 치료도 가능하게 된다. 따라서 정상과 이상을 구분하는 기준에는 어떤 것이 있고, 또 그 기준들이 지니는 각각의 한계점은 무엇인지 살펴보도록 하겠다.

(1) 통계적 기준

이상을 규정하는 통계적 기준에서는 평균으로부터 멀리 일탈된 경우를 가리켜 '이상'으로 간주한다. 사람들의 어떤 특성을 측정하여 빈도를 그래프로 나타내면 마치 종을 거꾸로 엎어 놓은 것과 같은 모양이 되는데, 이를 가리켜 정상분포 곡선이라고 한다. 이 그래프에 의하면 가운데 평균값에 해당되는 지점의 사람이 가장 많고, 평균으로부터 멀어질수록 해당되는 사람의 수가 점점 줄어든다. 따라서 가운데 평균으로부터 많이 떨어져 멀리 이탈된 경우를 가리켜 통계적 관점에서는 '이상'으로 간주한다.

통계적 기준을 적용한 대표적인 예가 바로 사람들의 지능이다. 지능은 평균을 100, 표준편차를 15로 설정하여 평균으로부터 2 표준편차(30점) 떨어진 지점이 그래프 왼쪽으로는 70이 되고, 오른쪽으로는 130이 된다([그림 7-1] 참조). 따라서 평균으로부터 많이 벗어난 지점, 즉 지능지수가 70 이하이거나 혹은 반대로 130 이상인 경우가 통계적 관점에서 '이상'에 해당된다고 볼 수 있다.

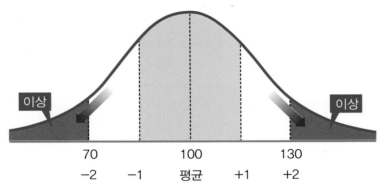

[그림 7-1] 통계적 기준에 의한 지능의 이상성

하지만 여기서 통계적 기준이 지니고 있는 한계점이 드러난다. 왜냐하면 지능의 경우 소위 높을수록 좋다는 가치 기준을 적용하므로, 단지 통계적 관점에서 평균으로부터 많이 벗어났다고 해서 그것을 문제가 있다고 생각하지 않기 때문이다. 다시 말해 통계적 기준을 곧이곧대로 적용한다면 지능이 130이 넘는 사람들도 모두 이상으로 간주해야 하지만, 이는 통념상 적절하지 않다.

따라서 높을수록 좋다(혹은 낮을수록 좋다)고 생각하는 가치가 개입된 특성이나 행동의 경우에는 통계적 기준을 일괄적으로 적용하는 것은 적절치 않다. 이러한 점으로 볼 때 통계적 기준은 정상과 이상을 구분 짓는 하나의 기준은 될 수 있지만, 이것이 정상과 이상을 구분하는 절대적 기준은 아니다.

뿐만 아니라 이상을 규정하는 보편적 기준으로 통계적 기준을 적용하려면 사람들의 모든 행동을 측정하여 평균과 표준편차를 구하고 빈도분포를 산출해야 하는데, 사실상 이를 수행한다는 것은 불가능하다. 따라서 이러한 측면에서도 통계적 기준은 정상과 이상을 구분 짓는 하나의 기준은 될 수 있어도 완전한 기준이 될 수는 없다.

(2) 주관적/개인적 기준

이상을 규정하는 주관적/개인적 기준이란, 어떤 사람이 자신의 증상이나 행동으로 인해 주관적으로 고통과 불편감을 심하게 느낀다면 그것을 '이상'이라고 간주하는 것이다. 예를 들어, 어떤 사람이 불안 수준이 매우 높아서 이로 인해 심한 고통과 불편을 겪는다면 그 사람은 바로 '이상'에 해당될 수 있다는 의미이다.

물론 이상을 구분할 때 이러한 개인적인 고통 수준은 중요하게 고려해야 하는 요소임에는 분명하다. 하지만 사람들이 고통이나 불편감을 경험한다고 해서 무조건 그것이 이상, 즉 비정상에 해당하는 것은 아닐 수 있다. 예를 들어, 예기치 않은 불의의 사고를 당하거나 슬픈 일을 겪었다고 하자. 이 상황에서 사람들은 정서적으로 매우 고통스럽고 힘들며 때로는 혼란스러움을 느낄 것이다. 그런데 이와 같은 감정은 이러한 상황에서라면 누구나 경험하는 정상적인 감정이다. 그러므로 단지 사람들이 주관적 고통과 불편감을 느낀다고 해서 이를 가리켜 무조건 '이상'이라고 단정짓지 않는다. 즉, 특별한 상황에서는 누구나 심각한 심리적인 고통을 경험하게 되므로, 고통을 경험한다는 사실만으로 무조건 비정상으로 간주하는 데는 문제가 있을 수 있다.

아울러 주관적/개인적 기준은 사람에 따라 고통과 불편에 대한 판단이 다를 수 있다는 한계점을 지니고 있다. 예를 들어, 작은 자극에도 고통을 크게 느끼는 사람이 있고, 반면 상당한 자극에도 별로 고통을 느끼지 못하는 사람이 있을 수 있다. 이처럼 사람들이 주관적으로 느끼는 고통의 정도에는 차이가 있을 수 있으므로, '어느 정도' 고통을 느껴야 그것을 '이상'으로 판단할 수 있을지 그 기준을 규정하기는 사실상 어려운 일이다.

또한 제3자가 보기에는 어떤 사람의 행동이 분명히 정상이 아닌 이상으로 보임에도, 막상 당사자는 스스로 고통이나 불편감을 느끼지 못하는 경우도 있을 수 있다. 예를 들어, 어떤 사람이 과대망상을 지니고 있다고 가정해 보자. 과대망상은 자기 자신에 대해서 실재하는 것보다 훨씬 더 과대하게(혹은 중요하게) 지각하고 이를 굳건히 믿는 현상을 말한다. 실제로 과대망상을 지닌 경우에는 자신이 실재보다 더 위대하고 힘이 세고 돈도 많고 못 하는 게 없을 뿐 아니라, 심지어는 초월적인 능력이나 힘도 갖고 있다고 생각한다. 그래서 이 경우에는 주체하기 어려울 정도로 기분이 좋아지기도 하는데, 만약 어떤 사람이 이러한 상태에 있는 경우라면 이는 분명 '이상'의 상태이지만 개인적으로는 고통이나 불편감을 전혀 느끼지 못할 수도 있다. 따라서 본인이 스스로 주관적인 고통을 느끼는 경우에 이상으로 간주할 수 있다면, 이 경우에는 누가 봐도 이상에 해당하지만 본인은 개인적으로 고통을 느끼지 않기 때문에 이상임에도 이상으로 간주하지 못하는 오류가 발생한다. 이러한 이유들로 인해 주관적/개인적 기준은 이상을 구분하는 하나의 기준일 뿐, 이 또한 보편적이거나 절대적 기준이 되기는 어렵다.

(3) 사회문화적 기준

사회는 소속된 구성원에게 적절한 행동의 기준과 관점을 부여하고, 사람들은 어느 정도 그러한 기준에 맞춰 살아간다. 하지만 일부 사람들은 사회가 부여한 기준에 따르지 않기도 하는데, 이처럼 사회에서 정하고 있는 규범이나 기준에서 벗어나는 행동을 할 때 그것을 '이상'으로 간주하는 것이 이상을 규정하는 사회문화적 기준이다.

이러한 기준 역시 '이상'을 구분 짓는 데 있어서 몇몇 한계점을 지니고 있다. 예를 들어, 어떤 사회나 어떤 시대에서는 정상으로 받아들여지는 행동이 다른 사회나 다른 시대에서는 이상으로 비춰질 수도 있다. 이를 가리켜 시대적/문화적 상대성이라고 하는데, 한 시대 혹은 한 문화에서 정상적인 행동이 다른 시대와 다른 문화에서는 이상행동으로 여겨질 수 있고, 혹은 반대로 한 시대 혹은 한 문화에서 이상행동이 다른 시대와 다른 문화에서는 정상적인 행동으로 여겨질 수 있다는 말이다.

시대가 변하면서 정상과 이상의 기준이 변화된 예로 동성애에 대한 진단기준을 들 수 있다. 1952년에 처음 만들어진 DSM(Diagnostic and Statistical Manual of Mental Disorders)이라는 정신과적 장애의 진단기준을 수록한 책에서는 동성애를 사회병질적 성격장애(Sociopathic Personality Disturbance)로 분류하여 일종의 정신과적 질환으로 간주하였고, 1968년에 개정된 DSM-II에서는 이를 성적일탈(sexual deviation)로 재분류하여 성적 지향성 장애(sexual orientation disturbance: SOD)로 진단하였다. 이렇게 동성애를 병리적 현상으로 보는 배경에는 프로이트의 정신역동적 관점이 영향을 주었지만, 1960년대에 일어난 성 혁명 사회운동의 영향을 받아 1973년에 APA 이사회는 동성애를 DSM에서 공식적으로 삭제하기로 결정하였다. 하지만 이 결정은 정신역동적 배경을 지닌 일부 정신의학계의 반대로 즉각적으로 반영되지 못하였고 여전히 동성애를 질병으로 간주하려는 경향이 남아 있게 되었다. 이에 DSM-II에 수록된 성적 지향성 장애(SOD)는 이후 DSM-III(1980)에서 자아 비동조적 동성애(ego-dystonic homosexuality)로 대체되어, 동성애를 하는 사람이 스스로 행복하지 않고 부적절감을 느끼는 경우에는 여전히 질병으로 간주하였다. 하지만 자아 비동조적, 즉 본인이 스스로 만족하거나 즐겁지 않으면 정신적으로 문제가 있는 것으로 보는 기준이 과연 타당한가에 대한 이슈(예를 들어, 자신의 키나 피부색에 만족하지 않으면 이것도 장애인가?)가 강하게 제기되어, DSM-III-R(1987)에서 이 진단 역시 삭제되었다. 따라서 이제는 동성애를 더 이상 정신과적 진단이 가능한 문제로 보지 않는다(Shorter, 2014; Drescher, 2015).

이처럼 정상과 이상에 대한 서로 다른 기준은 문화에 따라서도 달리 나타나는데, 특정 행동이나 증상을 어떤 문화권에서는 진단이 가능한 이상행동으로 보는 경우가 있다. 예를 들어, 최근까지도 DSM에는 '화병'이라는 진단이 문화권 증후군(culture-bound syndrome)으로 수록되어 있었다. 화병은 특별히 한국의 중년 여성들에게 불안, 신체화 혹은 우울과 같은 증상이 복합적으로 나타날 때 붙일 수 있는 진단으로, 이렇게 특정 문화에서 발생하는 증상에 대해 이상으로 간주하기도 하였다. 따라서 이러한 점으로 미뤄 볼 때 시대나 문화에 따라 사회가 규정하고 있는 기준이 서로 상이할 수 있기 때문에, 사회문화적 기준으로 정상이냐 이상이냐를 절대적으로 구분하기에는 한계가 있다.

사회문화적 기준이 지니는 또 다른 한계점으로 생각해 볼 수 있는 것은, 어떤 경우에는 특정 문화에서 부과하는 규범 자체가 바람직하지 못할 수도 있는데 이 경우에 그 기준을 그대로 따르지 않는다고 해서 이를 단순히 '이상'으로 간주할 수 있는가 하는 점이다. 자신이 속해 있는 사회에서 정하고 있는 규범이나 기준에 맞춰 살아가는 것도 중요한 일이지만, 그렇다고 해서 그 기준이 모두 절대적인 것은 아닐 것이다. 따라서 사회에서 부여한 기준과 다른 행동을 한다고 해서 이러한 행동을 모두 '이상'으로 간주할 수 있을지 생각해 볼 필요가 있다.

이처럼 사회문화적 기준은 그 자체로 나름의 의미가 있고 이것 역시 부분적으로는 정상과 이상을 구분하기 위해 적용할 수 있지만, 사회문화적 기준만으로 정상과 이상을 구분하기에는 충분하지 않다.

(4) 전문가적 기준

앞에서 정상과 이상을 구분하는 통계적 기준, 주관적/개인적 기준, 사회문화적 기준에 대해 각각 살펴보았는데, 이러한 기준은 모두 나름의 한계점을 지니고 있다. 이에 마지막으로 살펴볼 기준은 전문가적 기준으로, 전문가가 앞에서 열거한 기준을 모두 고려하고 이에 더하여 증상이나 문제행동으로 인해 중요한 기능적 손상을 보이는지 판단하여 최종적으로 '이상'으로 간주하는 것을 말한다.

전문가적 기준에서는 이상행동을 정의하고 분류하는 데 있어서 개인의 적응을 방해하는 기능적 손상이 동반되느냐 그렇지 않느냐를 중요한 기준으로 삼는다. 기능적 손상이란 한 개인이 개인적, 가정적, 사회적 혹은 학업이나 직업적 측면에서 적절한 기능을 수행하는 데 어려움과 지장이 생기는 것으로, 이러한 경우에 전문가는 적절한 판단과정을 거쳐 이를 이상으로 간주한다.

이 장을 시작하면서 정신과적 진단의 경우 매우 신중하게 내려져야 함을 강조한 바 있다. 정신과적 장애에 대한 정확한 진단은 전문가에 의해서만 가능하다. 전문가는 어떤 사람의 행동을 놓고 정상과 이상을 구분하고, 나아가 이상에 속한다고 판단될 때 어떠한 진단에 속하는지를 판별한다. 그리고 이 과정에서 앞에서 언급한 통계적, 주관적/개인적, 혹은 사회문화적 기준을 모두 고려할 뿐 아니라, 증상으로 인해 중요한 기능적 손상이 있는지 여부를 정확히 평가하여 이상성에 대한 종합적인 판단을 최종적으로 내리게 된다.

가장 최근에 출간된 DSM-5(2013/2015)에 의하면, 여러 심리증상이 현저한 사회적, 직업적 부적응을 초래하는 경우에 정신장애로 판정한다고 기술하고 있다(APA, 2013/2015). 이때 현저한 부적응에 대한 판단은 바로 전문적 훈련과 교육을 받은 임상가에 의해서 이뤄지는 것이므로, 진단은 반드시 정신과 의사에 의해 최종적으로 내려진다는 사실을 기억할 필요가 있다.

2. 이상심리학의 발달과정 및 주요 모형

이 절에서는 그동안 이상심리학이 발전해 온 역사적 과정을 살펴보고, 이상행동을 설명하기 위해 20세기부터 등장한 심리적 원인론(정신역동적 입장, 행동주의적 입장, 인지적 입장)과 신체적 원인론을 차례로 살펴보겠다. 그리고 마지막으로 비교적 최근에 등장한 이상심리의 통합적 모형에 대해 알아보고자 한다.

생각해 보기

– 사람들에게 정신과적 문제가 발생하는 이유는 무엇일까?

---

1) 이상심리학의 역사적 발달과정

인간이 보이는 여러 가지 이상행동에 대한 관심은 아주 오래전부터 시작되었다. 사람들은 이상행동이 왜 발생하는지, 정신과적 문제가 있는 사람들을 어떻게 치료할 수 있는지에 대해 나름대로 이해하고 설명하고 또 대처하려고 노력해 왔다.

과학이 발달하기 이전인 고대 원시사회에서는 정신장애를 인간의 이성이나 논리 혹은 자연의 이치로 설명할 수 없는 초자연적 현상으로 간주하였다. 따라서 정신적 문제를 지닌 사람들을 귀신에 씌거나 신의 저주를 받은 것으로 보았고, 달의 움직임이나 별자리의 영향으로 사람들에게 정신장애가 생긴다고 보기도 하였다. 이에 따라 이들을 치료할 때 초자연적 방법을 사용하여 귀신을 쫓기 위한 의식이나 위령제를 지내거나 악령을 내쫓기 위해 잔혹한 방법을 사용하였다.

이후 그리스 시대에 들어서 정신장애를 의학적 문제로 보려는 시도가 처음으로 등장하였다. 히포크라테스는 우리 몸을 구성하고 있는 체액의 불균형으로 인해 정신장애가 발생하는 것으로 보고, 주술적인 방법 대신 식이요법과 같은 신체적인 방법을 사용하여 치료할 것을 권장하였다. 이와 같이 그리스 시대는 정신장애를 종교적 차원에서의 접근보다 의학적·신체적 차원에서의 접근을 강조한 최초의 시기가 되었다.

하지만 중세로 접어들면서 정신장애를 의학적 문제로 접근하려던 그리스 시대의 노력이 다시 고대의 귀신론적 입장으로 회귀하게 된다. 중세시대에는 정신장애를 앓았던 수많은 사람을 악령이 들리거나 귀신에 쐰 사람으로 간주하여 고문이나 화형에 처하거나 심지어 종교재판을 하기도 하였다. 이러한 귀신론은 중세 말기에 이르러 더욱 심해져서 아주 끔찍하고 잔혹한 방법으로 이들을 처형하였으며, 이러한 시기는 무려 천 년 동안이나 지속되었다.

그러던 중 정신장애를 보는 인식에 변화가 생기기 시작하였는데, 이는 18세기에 접어들어 정신장애를 지닌 사람들을 인도주의적 관점에서 치료해야 한다는 주장이 제기되기 시작하면서부터이다. 이러한 주장을 펼친 대표적인 사람은 프랑스 의사 피넬(Pinel, 1745~1826)로서, 피넬은 당시 정신장애 환자들을 묶어 놨던 쇠사슬을 제거하고 이들을 때리지 못하도록 하였으며, 어둡고 칙칙한 수용소에서 나와 밝고 쾌적한 공간에서 기거하도록 하였다.

이러한 인도주의적 입장을 실천한 피넬과 더불어 미국의 딕스(Dix, 1802~1887), 영국의 투크(Tuke, 1732~1822)와 같은 의사들 역시 인도주의적 치료를 주장함으로써, 정신과적 장애를 의학적 관점에서 일종의 질병으로 간주하여 이에 부합하는 적절한 치료를 해 줘야 한다는 인식이 널리 퍼지게 되었다. 이처럼 정신과적 질환에 대한 의학적 관점과 인도주의적 인식이 형성된 것은 지금으로부터 200여 년 정도에 불과하다.

19세기와 20세기 들어 의학과 과학이 눈부신 발전을 이루면서, 정신장애에 대한 인식도 많이 변화되고 치료방법도 보다 과학적, 체계적으로 개발, 적용되기 시작하였다. 특히 20세기에 들어서 심리적인 문제를 이해하고 이에 개입하기 위한 다양한 상담이론과 기법이 등장하였고, 이를 토대로 정신장애에 대한 과학적, 경험적 연구들도 급격히 증가하게 되었다.

이 무렵 정신과적 문제를 설명하고 치료하기 위해 등장한 이론들이 바로 우리에게 익숙한 정신역동, 행동주의, 인지주의 이론과 같은 것이고, 이 이론들은 현재까지도 심리적인 문제를 다루는 상담과 심리치료 분야에서 중요한 이론적 토대를 제공하고 있다. 앞서 제2장에서 우리는 프로이트의 성격발달이론에 대해 살펴보았는데, 프로이트는 인간의 행동에 미치는 무의식의 중요성을 강조하였고, 이러한 무의식을 깨달아 알게 하는 것을 정신분석 치료의 목표로 삼았다. 이러한 프로이트의 업적으로 사람들은 비로소 정신장애가 심리적인 원인에 의해 발생할 수 있다는 점을 인식하는 계기가 되었다.

또한 20세기 들어 정신장애의 심리적 원인에 대한 인식과 더불어, 신체적·생물학적 원인에 의해서 정신장애가 유발될 수 있다는 입장이 대두되어 이를 과학적인 방법으로 연구하기 시작하였다. 1950년대 무렵부터는 정신장애를 치료하기 위한 약물이 본격적으로 개발되기 시작하였으며, 이와 함께 신경전달물질과 정신장애의 관계에 대한 연구가 활발히 이뤄졌다. 따라서 현대 이상심리학은 심리적 원인 혹은 신체적 원인에 의해 정신장애가 발생할 수 있다고 보는 입장이 공존하게 되었다.

1952년에는 미국정신의학회에서 DSM-I을 발표하게 되는데, DSM은 Diagnostic and Statistical Manual of Mental Disorders의 약자로, 정신장애의 진단통계편람을 말한다. 이 책에는 모든 정신과적 장애가 수록되어 있고 이에 대한 진단기준을 포함하고 있어서 이 책의 출간과 함께 이상심리학 분야는 한층 더 발전할 수 있는 계기가 마련되었으며, 이에 따라 관련 연구도 폭발적으로 증가하였다. 현재 DSM은 5판까지 출간된 상태로, DSM에 대해서는 이 장의 세 번째 절에서 좀 더 설명하도록 하겠다.

2) 이상심리의 이론적 모형

이상심리나 이상행동을 설명하는 입장은 크게 심리적인 원인론과 신체적인 원인론으로 구별할 수 있다. 심리적인 원인론에 해당하는 이론적 입장은 크게 정신역동적 관점, 행동주의적 관점, 그리고 인지적 관점으로 분류되며, 이러한 관점은 심리학 분야에서 활발히 연구되고 있다. 심리적 원인론과 구별되는 신체적 원인론은 생물학적·기질적 이유로 인해 정신과적 문제가 발생한다고 보는 입장이며, 이는 의학 분야에서 활발히 연구되고 있다. 이에 심리적 원인론부터 차례로 살펴보자.

(1) 심리적 원인론

심리적인 이유로 인해 이상행동이 발생한다고 보는 이론적 모형으로는 크게 정신역동 이론, 행동주의 이론, 인지주의 이론이 있으며, 이 이론은 이상행동의 발생과 유지과정에 대해 각기 다른 차별적인 설명을 제공한다.

먼저, 정신역동적 입장에서는 어린 시절의 경험에서 비롯된 무의식적 갈등이나 성격을 구성하는 원초아, 자아, 초자아의 불균형으로 인해 다양한 이상행동이나 정신과적 문제가 발생한다고 보고 있다. 그래서 원초아의 충동이 너무 강하거나 반대로 초자아의 처벌 위협이 너무 강할 때 사람들은 불안을 겪고, 자각하기 어려운 어린 시절의 상처나 좌절 경험이 살다가 겪게 되는 어떤 경험에 의해 촉발될 때 이상행동이 나타나게 된다고 본다.

행동적 입장에서는 인간의 모든 행동이 환경으로부터 학습되는 것으로 보기 때문에, 여러 가지 다양한 부적응 행동이나 이상행동 역시 잘못된 조건형성이나 모방학습을 통해 학습되는 것으로 간주한다. 예를 들어, 어렸을 때 물에 빠질 뻔한 경험이 있다면 성장한 이후에도 물을 무서워하여 물에 들어가지 않으려 한다거나, 형이나 누나가 물을 무서워하는 모습을 보고 동생도 따라서 물을 무서워하게 되기도 한다. 이처럼 행동적 입장에서는 이상행동을 자극과 반응 간의 조건형성 혹은 보고 배우는 모방학습에 의해 발생하는 것으로 본다.

인지적 입장에서는 개인이 가지고 있는 역기능적인 생각이나 비합리적인 믿음, 혹은 잘못된 정보처리과정으로 인해 이상행동이나 정신과적 문제가 발생한다고 보고 있다. 다시 말해 일반적인 경험이나 현상을 부정적으로 왜곡하여 생각하고 실제와 달리 과장되게 인식하므로, 이러한 잘못된 생각들로 인해 부적응적인 이상행동이 발생한다고 보는 것이다.

이와 같이 어떤 관점에서 보고 무엇을 강조하느냐에 따라 이상행동을 설명하는 심리적 원인론 사이에 차이가 발생하며, 이에 따라 이상행동을 치료하기 위한 방식에 있어서도 입장 간에 차이가 존재한다. 정신역동치료에서는 무의식에 잠재되어 있는 갈등을 깨달아 알게 함으로써 이제까지 모르고 하던 행동의 의미를 알아차려 스스로 이를 조절할 수 있도록 도와준다. 행동치료에서는 잘못 학습된 이상행동을 교정하기 위해 탈학습을 시키거나 새롭게 적응적인 행동을 재학습하게 도와준다. 그리고 인지치료에서는 잘못된 생각을 찾아 이를 적응에 도움이 되는 보다 현실적이고 타당한 생각들로 교정하는 노력을 기울인다.

(2) 신체적 원인론

앞서 제시한 심리적 입장 이외에 이상행동을 설명하는 또 하나의 크고 중요한 관점이 있는데, 그것은 바로 신체적 원인론에 기초한 생물학적 접근이다. 신체적 원인론은 정신과적 장애에 기여하는 유전적 요인이나 뇌의 구조적·기능적 이상에 초점을 맞추는 것을 말한다.

신체증상이나 신체질환이 유전되는 것과 마찬가지로, 정신과적 문제들도 유전된다. 물론 가족력이 있다고 해서 어떤 문제가 100% 발현되는 것은 아니다. 하지만 유전적인 요소는 정신과적 문제에서도 중요하게 영향을 미치는 요인이며, 일부 특정 장애에 있어서는 유전으로 설명되는 비중이 다른 장애들에서보다 더 높게 나타난다. 이와 같은 유전적 요인 이외에 또 어떤 경우에는 뇌의 구조적 이상으로 인해 정신과적 문제가 나타나기도 하고, 신경세포 간의 정보전달을 담당하는 신경전달물질의 이상으로 인해 정신과적 문제가 발생하기도 한다.

신체적 입장에서는 주로 약물치료를 통해 신경전달물질의 분비를 조절해서 정신과적 증상을 다스린다. 예를 들어, 우울증은 세로토닌 분비의 감소와 관련되고 조현병은 도파민의 과다분비와 관련되기 때문에, 이러한 신경전달물질의 분비를 조절하는 약물을 사용하여 정신과적 문제를 치료한다.

3) 이상심리의 통합적 모형

앞에서 언급한 심리적 원인론과 신체적 원인론에 기초한 여러 이론적 입장 이외에, 보다 최근에는 어느 특정 입장에 국한하지 않은 통합적 관점을 지향하는 접근이 강조되고 있다. 여기에는 취약성-스트레스 모델과 생물심리사회모델이 포함되며, 이러한 통합적 모형들은 이상행동이 어느 한 가지 단일요인에 의해 발생한다기보다 신체적·심리적·사회적 측면의 다양한 요인에 의해 유발된다고 본다.

(1) 취약성-스트레스 모델
취약성-스트레스 모델(vulnerability-stress model)은 이상행동의 유발과정을 이해하려면 개인의 유전적 소인 또는 신체적·심리적 특성뿐 아니라 환경에서 주어지는 심리사회적 스트레스를 모두 고려해야 한다는 점을 강조한다. 이는 특정한 장애에 걸리기 쉬운 개인적 특성인 '취약성'과 환경에서 발생하는 심리사회적 '스트레스'

가 상호작용하여 정신장애가 발생한다는 의미이다. 따라서 이 모델에서는 선천적 취약성이나 환경에서 발생한 스트레스 가운데 어느 한 가지를 지니고 있다고 해서 심리적 문제가 발생하는 것이 아니고, 이 두 가지가 함께 결합될 때 문제가 발생한 다고 본다.

이처럼 취약성과 스트레스가 상호작용하여 문제가 발생한다고 보는 관점은 심리적 문제의 발생에 영향을 미치는 요인의 비중이 개인마다 다르게 나타날 수 있다는 점을 시사한다. 즉, 어떤 경우에는 개인이 지니고 있는 취약성이 경미하더라도 환경에서 주어진 스트레스가 아주 심각하여 문제가 발생할 수 있고, 또 반대로 스트레스는 경미하더라도 취약성이 아주 심각하여 문제가 발생할 수 있다고 보는 것이다. 이처럼 취약성과 스트레스는 상호작용하여 문제를 발생시키지만, 심리적 문제 발생에 기여하는 취약성과 스트레스의 비중은 사람마다 다양하게 나타날 수 있다.

주빈과 스프링(Zubin & Spring, 1977)이 제안한 조현병의 스트레스–취약성 모델 (stress–vulnerability model of schizophrenia)에 따르면, 개인이 지니고 있는 생물학적 취약성이 조현병의 발생에 영향을 미치지만, 생물학적 취약성만으로 조현병이 발생한다고 보지는 않는다. 또한 스트레스 수준도 조현병의 발생에 영향을 미치지만, 스트레스만으로 조현병이 발생한다고 보는 것은 아니다. 따라서 이상행동의 원인을 통합적으로 설명하는 취약성–스트레스 모델에서는 정신장애가 선천적 취약성 요인이나 후천적 스트레스 요인 중 어느 한 요인에 의해 발생하는 것이 아니라, 이들이 함께 결합되었을 때 발생한다고 보고 있다.

(2) 생물심리사회모델

이상행동을 통합적으로 설명하는 또 다른 모형은 '생물심리사회모델(biopsychosocial model)'이라 불리는 것으로, 이는 1977년 조지 엥겔(George Engel)에 의해 처음 제기되었다. 엥겔은 신체질환이 생물학적 원인뿐 아니라 심리적 원인 혹은 사회적 원인에 의해서도 유발될 수 있다는 입장을 제시하였는데, 이것이 비단 신체질환뿐 아니라 정신질환을 설명하는 데에도 동일하게 적용될 수 있다고 보아 정신과적 장애를 설명하는 통합적 모델로 자리 잡게 되었다.

생물심리사회모델은 이상행동을 이해하기 위해서는 생물학적, 심리적, 사회적 측면을 모두 고려해야 하고, 이 세 가지 영역이 상호작용하여 정신과적 문제가 발생한다고 보는 입장이다. 생물학적 영역에는 유전적 요인, 신체의 기능상태, 신체적인 질병의 유무, 뇌의 구조적 이상이나 신경전달물질의 이상 여부 등이 포함되고, 심리적 영역에는 다양한 인지, 정서, 행동적 요인과 사람이 태어나서 발달하는 과정 중에 생긴 다양한 발달적 요인 혹은 대인관계나 기타 스트레스 경험이 포함된다. 그리고 사회적 영역에는 가족관계나 직업적 요인, 경제적 상태, 다양한 사회적 지지 여부 혹은 환경적인 여건 등이 포함된다.

따라서 어떤 사람에게 정신과적 문제가 발생한다고 할 때 어떤 한 가지 측면의 요소로 인해 문제가 발생한다고 보는 대신, 생물학적, 심리적, 사회적 측면에서 그 사람의 심리적인 문제의 발생에 기여한 요인들을 종합적으로 이해하는 입장을 취한다. 따라서 치료과정에서도 어느 한 측면만 다루고 개입하는 것이 아니라, 이 세 가지 측면의 요소를 모두 복합적으로 고려하여 개입할 때 가장 효과가 좋다고 보고 있다.

취약성-스트레스 모델이나 생물심리사회모델은 모두 탈이론적 입장을 취하고 있으며, 단일 요인이 아니라 다차원적으로 정신과적 문제를 이해하고 접근해야 함을 강조하는 입장이다. 이 절을 시작하면서 〈생각해 보기〉를 통해 정신과적 문제가 발생하는 이유가 무엇이라고 생각하는지 독자들에게 질문을 던진 바 있다. 하지만 정신과적 질환이 발생하는 이유를 정확하게 말한다는 것은 결코 쉽지 않은 일이다. 이는 아직까지 뇌의 기능과 역할에 대해 충분히 알려진 바가 없기 때문일 수도 있고, 심리적인 문제라는 것이 한두 가지 요소에 의해서가 아니라 다양한 요인의 복합적인 상호작용으로 인해 발생하는 것이기 때문일 수도 있다. 따라서 이러한 점에서 정신과적 문제의 발생에 기여하는 요인을 보다 종합적으로 이해하려는 노력이 필요하다 하겠다.

3. 이상심리의 분류 및 진단

이 절에서는 이상심리의 분류 및 진단에 대해서 살펴보기로 하자. 먼저, 이상행동의 분류 및 진단의 개념과 필요성에 대해 짚어보고, 분류와 진단이 지니는 한계점에 대해 알아볼 것이다. 그리고 정신과적 장애의 범주를 구분하기 위해 사용하고 있는 신경증과 정신증의 개념에 대해 살펴보고, 마지막으로 정신과적 장애의 진단기준을 수록한 DSM에 대해 알아보고자 한다.

> **생각해 보기**
>
> – 진단을 내리는 것은 과연 도움이 될까?
> – 정신과적 진단에는 어떤 것들이 있을까?

1) 이상행동의 분류 및 진단

사람들은 신체적 문제에 대해 진단을 붙이는 것에는 그리 큰 저항이나 부담을 가지지 않지만, 정신과적 문제에 대해서는 부담과 저항이 큰 편이고 진단 자체에 대한 논란도 여전히 존재하고 있는 게 사실이다.

정신과적인 문제는 혈액 검사나 X-ray와 같은 객관적인 의학적 검사를 통해 알아낼 수 없으므로, 정신과적 진단을 내린다는 것은 신체질환에 대해 진단을 내리는 것에 비해 훨씬 더 복잡하고 어려운 작업이다. 치료자 사이에서도 실제로 정신과적 진단을 내리는 것을 여러 이유로 인해 꺼리거나 조심하기도 하는데, 정신과적 진단이 이렇게 조심스럽고 복잡한 거라면 진단을 꼭 내려야 하는 것인지, 진단이 필요하다면 어떤 의미에서 진단을 내리는 게 필요할지 함께 생각해 보자.

(1) 분류와 진단의 개념

본격적으로 이상행동의 분류 및 진단에 들어가기 전에, 먼저 용어에 대한 정의부터 살펴보자. 먼저, 분류는 classification인데, 이는 일정한 기준에 따라 유사한 것끼리 나누는 작업을 의미한다. 사람들은 이러한 분류작업을 통해 증상에 대해 기술되어 있는 다양한 장애 목록을 만드는데, 이를 '분류체계'라고 한다.

　분류체계에 따라 어떤 사람이 어떤 증상을 보일 때 그 증상이 특정 장애를 반영하면 특정 장애에 해당된다는 결정을 내리게 되며, 이를 진단(diagnosis)이라고 한다. 다시 말해 진단은 특정 증상을 보이는 사람을 분류체계에 따라 특정 장애에 할당하는 작업이다.

(2) 분류 및 진단의 필요성

분류와 진단은 다음과 같은 몇 가지 측면에서 필요하다.

　첫째, 분류는 전문가 사이에서 공통적으로 사용할 수 있는 용어를 제공해 줌으로써 전문가들이 서로 일관되고 정확하게 의사소통하도록 돕는다. 만약 동일한 증상을 보이는 사람을 두고 전문가인 A와 B가 서로 다른 용어를 사용한다면 전문가 간에 정확한 의사소통은 불가능할 것이다. 따라서 이런 점에서 분류는 유용하다고 볼 수 있다.

　둘째, 분류는 과학적인 연구를 수행하기 위해서 필수적이다. 분류를 적절하게 하는 것은 특정 장애의 원인을 이해하거나 그러한 질병을 지닌 사람들의 특징을 이해하는 데 도움을 준다. 따라서 분류는 관련 분야 지식의 획득을 촉진시키는 데 크게 기여한다.

　셋째, 적절한 분류는 특정 진단에 해당하는 사람들의 병의 진행과정을 예측하는 것과 나아가 어떤 치료가 가장 효과적인지 판단하고 결정하는 데 도움을 준다. 따라서 증상을 분류하여 적절한 진단을 내리는 작업은 이러한 점에서 의미가 있고 유용하다.

(3) 분류 및 진단의 한계점

앞에서 언급한 분류나 진단의 유용성에도 불구하고, 분류나 진단은 다음과 같은 한계점을 지니고 있다.

　첫째, 증상을 분류하여 이에 따라 진단을 붙이는 순간 특정 진단과 일치하지 않는 문제나 증상 혹은 개인의 고유한 독특성과 같은 정보들은 더 이상 주목을 받기 어렵게 된다. 가령, 조현병으로 진단받은 사람 열 명이 있다고 가정해 보자. 이들에게 내려진 진단명은 조현병으로 모두 동일하지만, 사실상 이들이 보이는 증상은 서로 일치하지 않으며 사람마다 차이를 보일 것이다. 물론 이 열 명의 사람은 조현병 진단에 필요한 핵심적인 주요 증상을 모두 지니고 있기 때문에 조현병이라는 동일한 진단을 받았겠지만, 그럼에도 열 명을 각각 개별적으로 본다면 이들은 서로 독특하거나 차별적인 증상을 나타낼 것이다. 그런데 이들에게 조현병이라는 진단이 내려지는 순간, 이들이 각자 지니고 있던 이러한 특수성은 더 이상 관심받기 어려워지게 된다. 이는 분류를 하고 진단을 붙이게 됨에 따라 이러한 개인적 특수성이 소홀하게 취급될 가능성이 높아질 수 있음을 시사하는 것이며, 이는 바로 분류 및 진단이 지니는 한계점이다.

둘째, 분류나 진단은 사람들에게 부정적인 낙인의 효과를 가져올 수 있다. 정신과적 장애에 대한 편견이나 고정관념이 예전에 비해 많이 줄어들었다고는 하지만, 아직까지도 정신과적 문제를 지닌 사람들에 대한 불편한 시각이 여전히 존재하고 있는 게 사실이다. 따라서 진단을 붙이게 되는 순간 진단을 받은 사람에 대해 다소 부정적 인식을 갖게 될 소지가 있는데, 이것 역시 진단이 지니는 한계점이다.

진단이 지니는 세 번째 한계점은 진단으로 인해 병의 진행 과정이나 예후, 치료 효과에 대해 일종의 선입견을 갖게 될 소지가 있다는 점이다. 물론 적절한 진단은 치료에 도움을 주지만, 진단을 받게 되면 치료를 시작하기도 전에 미리 부정적으로 생각하고 예단하게 될 가능성이 있다.

질병을 분류하거나 이에 맞게 적절한 진단을 붙이는 것은 의학적 차원에서 매우 중요한 일이며, 반드시 해야 하는 작업이다. 그렇기에 분류와 진단이 이와 같은 제한점을 지니고 있다고 해서 이것이 무용하다는 의미는 아니다. 하지만 앞에서 살펴본 바와 같이 분류와 진단이 내포하고 있는 위험성이 있을 수 있으므로, 분류를 하거나 진단을 내릴 때에는 이러한 한계점을 충분히 고려하여 최대한 신중하게 해야 한다.

2) 신경증과 정신증

　신경증과 정신증이라는 용어는 1952년에 출판된 DSM에 뇌의 구조적 변화 또는 기질적(신체적) 원인 없이 심리적인 원인(psychogenic origin)으로 발생하는 정신과적 장애에 속하는 진단을 범주화하여 나타내기 위한 용어로 처음 사용되었다. 이후 정신과적 장애를 범주화할 때 신경증과 정신증 용어를 공식적으로 사용하다가, 1980년에 출간된 DSM-III부터 이 용어를 사용하지 않게 되었다. 따라서 엄밀히 말하면 신경증과 정신증이라는 용어는 현재 이상심리 분류체계에서 공식적으로 사용하고 있는 용어는 아니다. 하지만 이 용어는 아직까지도 임상현장에서 널리 사용되고 있으므로, 이에 대해 간략히 살펴보고자 한다.

(1) 신경증

　여러분은 아마 노이로제라는 용어를 듣거나 사용해 본 적이 있을 것이다. 독일어로 노이로제가 바로 신경증으로, 영어로는 뉴로시스(neurosis)라고 한다. 신경증은 사고나 감정, 행동으로 나타나는 증상이 극단적인 이탈이나 큰 손상은 없는 상태로서, 일상생활을 하는 데 다소 불편할 수는 있어도 현실검증력이 손상되지 않았기 때문에 병에 대한 통찰을 지니고 있는 경우이다.

　신경증은 치료가 필요한 경우 일반적으로 상담이나 외래치료를 받으며, 경우에 따라서는 특별히 치료받지 않아도 일정 시간이 경과하면 자연스럽게 회복되기도 한다. 신경증에 속하는 대표적 질환으로는 우울증이나 불안장애가 있다.

(2) 정신증

　정신증(psychosis)은 사고나 감정, 행동 증상이 극단적으로 이탈되어 있어서 개인적 기능이나 사회적 기능이 심하게 손상된 상태로서, 정신증에 걸리게 되면 일상생활을 정상적으로 영위해 나가는 것이 쉽지 않다. 정신증 상태에서는 현실을 있는 그대로 객관적으로 판단할 수 있는 현실검증력이 손상되기 때문에 치료를 위해서는 약물을 사용하거나 입원을 하는 것이 필요하다. 정신증에 속하는 대표적인 질환은 조현병이나 양극성 장애이다.

우울이나 불안 같은 신경증은 실제로 많은 사람이 겪고 있는 문제이며, 이러한 증상은 시간이 지나면서 특별한 치료 없이 저절로 나아지기도 한다. 하지만 정신증은 반드시 약물치료와 입원치료를 필요로 하는 정신과적 장애로서, 개인적, 사회적, 직업적 측면에서 심각한 손상을 가져올 수 있으므로 증상이 나타나는 조기에 발견해서 적절한 치료를 하는 것이 매우 중요하다.

〈표 7-1〉 신경증과 정신증

구분	신경증	정신증
사고·감정·행동 증상	극단적으로 이탈되지 않음	극단적으로 이탈됨
개인적·사회적 기능	조금 손상됨	심하게 손상됨
현실검증력	온전함	손상됨
병에 대한 통찰	있음	없음
치료	상담이나 외래치료 또는 자발적 회복	약물치료와 입원을 요함
대표적 질환	우울증, 불안장애	조현병, 양극성 장애

3) DSM

(1) DSM의 발달과정

앞에서 언급한 바와 같이 DSM은 Diagnostic and Statistical Manual of Mental Disorders의 앞 철자를 딴 것으로, 미국정신의학회(American Psychiatric Association)에서 출판한 정신질환 진단 및 통계편람이다.

DSM은 주로 미국에서 널리 사용되고 있고, 우리나라도 DSM에 근거하여 정신과적 문제를 진단하고 있다. 1952년에 처음 출간된 DSM(APA, 1952)은 그동안 몇 차례에 걸쳐 개정작업이 이뤄져 왔으며, 현재는 2013년에 출판된 5판을 사용하고 있다.

DSM의 발전과정을 살펴보면, 1952년에 I판(DSM-I)이 출판된 후 II판(DSM-II)은 1968년(APA, 1968), III판(DSM-III)은 1980년에 출판되었다(APA, 1980). 이후 1987년에 III판의 개정판(DSM-III-R)이 출간되었고(APA, 1987), 1994년에 IV판(DSM-IV)이

출간(APA, 1994)되어 20년가량 사용되다가, 2013년에 5판(DSM-5)이 출간되어 현재까지 사용 중이다(APA, 2013).

DSM이 처음 출판되고 나서 IV판까지는 로마자 숫자로 몇 번째 개정판인지를 표기하다가, 5판에 이르러 아라비아 숫자로 표기방식을 변경하였다. 이는 지금까지 그랬던 것처럼 앞으로도 계속해서 개정판을 출간하게 될 것을 염두에 두고, 사람들이 표기하거나 읽기 쉽게 하기 위해 로마자 숫자 대신 아라비아 숫자를 사용하게 된 것이다.

앞으로 DSM-6가 언제 출간될지 모르지만, 향후 출간될 개정판에는 지금까지 없었던 진단이 새로 수록될 수도 있고 기존에 있었던 진단에 다소간의 변화가 생길 가능성도 있다.

(2) DSM-5의 특징

DSM-5는 신경발달장애(Neurodevelopmental Disorders)부터 시작하여 마지막에 기타정신장애(Other Mental Disorders)에 이르기까지 모두 20개 범주로 구성되어 있고, 그 안에 약 300개의 정신과적 장애를 수록하고 있다. DSM은 1980년에 출간된 III판부터 시작하여 5판이 출간되기 전까지 다축진단체계, 즉 여러 개의 축에 따라 진단을 내리도록 하는 방식을 채택해 왔다. 하지만 다축진단체계가 실질적으로 임상장면에서 활용되는 유용성이 떨어진다고 하여 5판부터는 이를 폐기하고 단축진단체계로 다시 변경하였다.

또 하나 DSM-5가 지니고 있는 특징 가운데 눈여겨볼 것은 차원-범주 혼합모델(hybrid dimensional-categorical model)의 적용이다. 혼합모델이란 범주적 분류와 차원적 분류를 함께 사용한다는 의미인데, 범주적 분류라는 것은 쉽게 말하면 이상행동과 정상행동, 혹은 각기 다른 이상행동들은 서로 질적으로 구분된다는 의미이다. 따라서 범주적 분류에 의해서는 어떤 사람이 어떤 질환을 지니고 있는지 아닌지 증상의 유무만 평가하면 되는 것이다. 예를 들어, 어떤 사람이 나타내고 있는 증상을 살펴서 이 사람이 우울증 진단에 해당되는지 아닌지만 구분하여, 우울증 진단기준에 맞으면 우울증이라고 진단하면 된다.

이에 비해 차원적 분류는 기본적으로 이상행동과 정상행동은 정도의 차이, 즉 양의 차이이지 질적으로 구분되는 것은 아니라는 의미이다. 따라서 어떤 사람이 어떤 증상을 보일 때 그 증상의 심각도에 따라서 평가한다. 차원적 분류에 의하면, 어떤 사람을 그냥 '우울증'이라는 범주로 진단하는 데 그치는 게 아니라 우울은 몇 점 중에 몇 점 정도로 평가될 수 있는지 살펴보고, 만약 이 사람이 불안 증상을 함께 지니고 있다면 불안은 또 몇 점 중에 몇 점 정도 수준으로 지니고 있는지를 함께 평가하는 것이다.

범주적 분류는 상대적으로 간단할 수는 있지만 개인에 대한 다양한 정보를 상실하게 되는 측면이 있고, 차원적 분류는 한 개인을 충분히 이해하기 위해 매우 유용할지 모르나 임상장면에서 사용할 때 다소 복잡하다는 한계점을 지니고 있다. 사실 범주적 분류라고 해서 일방적으로 좋거나 안 좋은 것은 아니고, 또 차원적 분류라고 해서 일방적으로 좋거나 안 좋은 것도 아니다. 이러한 분류체계는 모두 장점도 있지만 한계점도 지니고 있어서, 어느 한 가지 분류체계만 가지고 진단을 내리기보다 두 가지 차원을 서로 혼합해서 사용하는 것이 더 유용할 수 있다. 이에 DSM-5에서는 이와 같은 범주적 분류와 차원적 분류를 모두 사용하는 혼합모델을 적용하게 되었다.

〈표 7-2〉 범주적 분류와 차원적 분류

구분	범주적 분류	차원적 분류
의미	질적 구분	양적 구분
평가	증상의 유무	증상의 심각성
장점	사용이 간단한 편	개인을 충분히 이해함
단점	개인에 대한 정보 상실	사용이 복잡한 편

마지막으로, DSM-5에서는 이러한 진단과 심각도에 대한 정보 이외에, 진단받은 사람을 이해하는 데 도움이 될 만한 추가적인 정보가 있을 때 이를 기술하도록 하고 있다. 예를 들어, 증상이나 질환에 영향을 줄 수 있는 특정 신체질환과 같은 의학적 문제가 있거나, 재정적으로 힘든 상태라든가, 가족생활에 특이한 점이 있는 것과 같

3. 이상심리의 분류 및 진단

이 한 개인을 이해하는 데 있어서 중요한 심리사회적 문제가 있다면 이를 함께 기술할 수 있다.

(3) DSM-5에 수록된 정신장애 범주

DSM-5에는 모두 20개의 정신장애 범주가 수록되어 있다. 이에 여기서는 20개 범주가 어떤 것인지 개략적으로 살펴보고자 한다.

DSM-5에서는 생애 가장 이른 시기에 발생할 수 있는 문제들을 모아 제일 앞부분에 제시하고 있는데, 이것이 바로 신경발달장애(Neurodevelopmental Disorders)이다. 신경발달장애는 중추신경계, 즉 뇌의 발달 지연이나 뇌 손상과 관련된 것으로 알려진 정신장애를 의미하는데, 이러한 문제는 생애 초기부터 나타날 수 있다. 여기에는 몇 가지 하위 장애가 포함되는데, 우리가 많이 알고 있는 지적 장애, 자폐 스펙트럼 장애, 주의력 결핍 과잉행동장애, 특정 학습장애와 같은 것들이 포함된다. 이러한 진단은 모두 유아기나 아동기 때 진단될 수 있는 것이다.

두 번째 범주는 조현스펙트럼 및 기타 정신증적장애(Schizophrenia Spectrum and Other Psychotic Disorders)로서, 여기에는 조현병을 비롯한 심각한 정신장애가 포함된다. 따라서 이 범주에는 망상이나 환각, 상황에 맞지 않는 부적절한 행동과 단조롭고 밋밋한 정서, 그리고 대인관계에서의 철수와 같은 증상을 나타내는 조현병을 중심으로 이와 비슷한 증상이나 원인을 공유하는 진단이 포함되어 있다.

세 번째 범주는 양극성 및 관련장애(Bipolar and Related Disorders)이다. 양극성은 영어로 bipolar인데, 이는 양쪽에 해당하는 극을 모두 지니고 있는 것을 의미한다. 그래서 양극성 장애란 기분이 고양된 상태와 가라앉는 상태가 왔다 갔다 하는 장애이다. 아마 사람들은 양극성 장애보다 조울증이라는 용어에 보다 익숙할 텐데, 조울증은 조증과 울증이 합쳐진 용어로서 기분이 떴다가 가라앉기를 반복하는 것이다. 양극성 및 관련장애 범주에는 제1형 양극성 장애, 제2형 양극성 장애, 그리고 순환성 기분장애가 포함된다.

네 번째 범주는 우울장애(Depressive Disorders)이다. 우울장애는 일반 사람들이 아주 많이 겪고 있는 문제로서, 우울하거나 슬픈 기분이 들어서 전반적으로 기분이 아주 많이 처지고 가라앉아 있는 상태를 의미한다. 우울장애에는 심각한 우울증상이 뚜렷하게 나타나는 주요우울장애를 비롯하여, 지속성 우울장애와 월경전 불쾌장애가 포함된다.

다섯 번째 범주는 불안장애(Anxiety Disorders)로서, 불안장애 역시 사람들이 아주 많이 경험하고 있는 정신과적 문제이다. 우울을 정신과 영역에서는 감기에 비유하여 '마음의 감기'라고 하는데, 불안 역시 이러한 우울과 일종의 사촌 격으로 불릴 만큼 사람들이 많이 경험하는 정신과적 문제이다. 여기에는 범불안장애, 특정공포증, 사회공포증 그리고 공황장애 등이 포함된다.

여섯 번째 범주는 강박 및 관련장애(Obsessive-Compulsive and Related Disorders)이다. 강박 관련장애의 경우 DSM-5 이전에는 불안장애 범주에 속해 있었으나, 5판이 출간되면서 독립적인 범주로 등재되었다. 강박증 또는 강박장애는 불안을 일으키는 생각이 끊임없이 떠올라 이러한 생각을 없애기 위해 어떤 행동을 강박적으로 계속하는 것을 말한다. 예를 들어, 손에 더러운 것이 묻어서 병에 걸릴 것 같은 생각이 계속해서 떠오른다면 이 생각을 없애기 위해서 계속해서 손을 씻는 행동을 반복할 텐데, 바로 이런 것이 강박장애에 해당된다. 강박 및 관련장애에는 이러한 강박장애와 함께 저장장애, 신체이형장애 등이 포함된다.

일곱 번째 범주는 외상 및 스트레스 관련장애(Trauma-and Stressor-Related Disorders)이다. 이 장애는 충격적인 외상사건 후에 불안이나 우울과 같은 부적응적인 정서적 증상들을 나타내는 것이다. 여기에는 외상후 스트레스 장애, 급성 스트레스 장애, 적응장애 등의 진단이 포함된다.

여덟 번째 범주는 해리장애(Dissociative Disorders)로서, 해리라는 것은 기억이나 의식 또는 정체성이 연속성 있게 통합되지 않고 급격하게 변화되는 것을 의미한다. 여기에는 해리성 기억상실증, 해리성 정체감 장애 등이 포함되며, 외상 및 스트레스 관련장애와도 밀접하게 관련되는 것으로 알려져 있다.

아홉 번째는 신체증상 및 관련장애(Somatic Symptom and Related Disorders)라는 범주이다. 신체라는 용어가 붙어 있는 것에서 알 수 있듯이, 이 범주는 여러 신체증상이 나타나거나 이에 대해 지나치게 염려하는 것이 특징인 장애이다. 여기에는 신체적인 불편과 증상을 다양하게 호소하는 것이 특징인 신체증상장애, 건강염려증으로도 불리는 질병불안장애, 운동이나 감각기능의 이상을 보이는 전환장애 등이 포함된다.

　열 번째 범주는 급식 및 섭식장애(Feeding and Eating Disorders)이다. 급식 및 섭식장애라는 용어가 다소 생소하게 들릴지 몰라도 거식증이나 폭식증과 같은 용어는 들어 본 적이 있을 것이다. 신경성 식욕부진증은 우리가 알고 있는 거식증과 같은 것이고, 이와 달리 단시간에 엄청난 양의 음식을 섭취한 후 이를 의도적인 방법을 사용해서 제거하는 행위를 반복하는 신경성 폭식증, 먹으면 안 되는 종이나 흙 같은 것을 먹는 이식증이 여기에 포함된다.

　열한 번째 범주는 배설장애(Elimination Disorders)로서, 배설장애는 아동·청소년기에 주로 진단된다. 배설을 가릴 충분한 신체적 연령이 되었음에도 불구하고 소변을 잘 못 가리는 유뇨증, 대변을 제대로 못 가리는 유분증이 여기에 해당된다.

　열두 번째는 수면 각성 장애(Sleep-Wake Disorders)로, 수면과 관련한 정신과적 장애들이 이 범주에 해당한다. 여기에는 잠을 자고 싶을 때 제때 못 자거나 자다가 자주 깨서 충분한 수면을 이루지 못하는 불면장애, 반대로 충분히 잤는데도 계속해서 졸리거나 지나치게 잠을 많이 자는 과다수면장애, 자다가 악몽을 꿔서 자주 깨어나는 악몽장애와 같은 진단이 포함된다.

　열세 번째 범주는 성기능 부전 혹은 성기능 장애(Sexual Dysfunctions)로서, 남성 성욕감퇴장애, 여성 성적관심 및 흥분장애 등과 같은 성기능상의 문제들이 포함된다.

　이러한 성기능 장애와 달리, DSM에는 열네 번째 범주로 성별 불쾌감 혹은 성 불편증(Gender Dysphoria)이라는 범주가 있는데, 성 불편증은 자신의 생물학적인 성과 자신이 경험하는 성 간에 심한 괴리가 일어나 이로 인해 고통을 겪게 될 때 붙일 수 있는 진단범주이고, DSM-IV에서는 성 정체감 장애로 수록된 바 있다.

　열다섯 번째 범주는 파괴적, 충동조절 및 품행장애(Disruptive, Impulse Control, and Conduct Disorders)로서, 이 범주의 장애는 주로 행동이나 정서에서 자기통제가 잘 안 되는 현상을 보인다. 나이에 걸맞지 않게 심한 화를 내거나 공격적인 행동을 나타내는 아동에게 가능한 적대적 반항장애, 다른 사람에게 피해를 주고 사회규범에 어긋나는 행동을 지속적으로 나타내서 문제가 되는 아동이나 청소년에게 가능한 품행장애와 같은 진단이 포함된다.

열여섯 번째는 물질관련 및 중독장애(Substance-Related and Addictive Disorders)이다. 물질관련장애는 술이나 담배, 약물과 같이 중독성 물질들을 사용함으로써 이로 인해 내성이나 금단 등의 다양한 증상이 나타나는 경우이다. 그리고 비물질 관련 장애는 도박장애와 같이 어떤 행동에 중독되어 이로 인해 파생되는 다양한 문제와 증상을 나타낼 때 붙일 수 있는 진단이다.

열일곱 번째로는 신경인지장애(Neurocognitive Disorders)가 있는데, 우리에게 익숙한 치매와 같은 것이 여기에 속한다. 신경인지장애는 뇌의 손상으로 인해 기억이나 의식과 같은 인지기능에 결손이 생기는 경우를 말하는데, 주로 기억에 손상이 있는 치매와 의식에 손상을 보이는 섬망이 여기에 포함된다.

열여덟 번째는 성격장애(Personality Disorders)로서, 성격장애는 말 그대로 성격 자체에 큰 문제가 있어서 이로 인해 지속적으로 문제를 겪는 것으로, 크게 A군, B군, C군 성격장애로 구분된다. A군에는 3개의 하위 성격장애가 포함되고, B군에는 4개, C군에는 3개의 성격장애가 포함되어 모두 10개의 성격장애가 DSM-5에 수록되어 있다.

열아홉 번째 범주는 변태성욕장애(Paraphilic Disorders)이다. 변태성욕장애는 성 행위 방식이나 대상에 있어서 정상적이지 않은 양상을 통해 성적 흥분을 느끼는 것으로서, 여기에는 관음장애, 노출장애, 소아성애장애, 물품음란장애, 복장도착장애와 같은 것이 포함된다.

마지막으로, 스무 번째 범주는 기타 정신질환(Other Mental Disorders)으로서, 앞서 제시한 19개의 범주에 속하지 않지만 개인에게 고통을 가져오고 사회적·직업적 측면에서 여러 기능상의 어려움을 동반하는 경우가 여기에 포함된다.

이렇게 해서 DSM-5에서는 모두 20개의 범주로 정신장애를 분류하고 있고, 여기에는 매우 다양한 증상을 나타내는 정신과적 진단이 포함되어 있다. 이어지는 제8장부터 제11장까지 불안장애를 시작으로 주요 정신과적 질환에 대해 좀 더 자세하게 살펴볼 것이다.

　　이 장에서는 정신건강과 밀접한 관련이 있는 이상심리에 대해 살펴보았다. 정상과 이상을 구분하기 위해 어떠한 기준이 적용되는지 알아보았고, 이상행동을 설명하는 입장을 크게 심리적 원인론과 신체적 원인론으로 나누어 여기에 속하는 주요 이론들을 살펴보았다. 또한 특정 이론에 국한하지 않고 탈이론적이고 통합적 관점을 지향하는 보다 최근의 모형들에 대해서도 함께 생각해 보았다. 아울러 진단과 분류의 유용성과 제한점을 짚어 보고, DSM-5에 수록된 20개 범주를 간략히 살펴보았다. 이 장을 통해 이상(異常)과 이상심리에 대한 전반적인 이해가 증진되었기를 바란다.

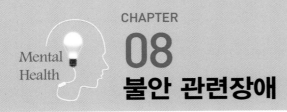

CHAPTER
08
불안 관련장애

Mental Health

　이 장에서는 이상심리 가운데 불안과 관련된 다양한 정신과적 장애에 대하여 다루고자 한다. DSM-5가 출간되기 직전까지 사용되던 DSM-IV에서는 불안장애 범주 안에 공포증을 비롯한 다양한 불안장애와 강박증, 외상후 스트레스 장애가 함께 수록되어 있었다. 하지만 DSM-5가 출간되면서 강박장애와 외상후 스트레스 장애가 각각 불안장애 범주로부터 독립하여 별도의 진단범주를 이루게 되었다.

　따라서 이 장에서는 DSM-5에 기초하여, 불안장애 범주에 속하는 다양한 불안장애부터 살펴보고, 이어서 강박 및 관련장애 외상 및 스트레스 관련장애 범주에 대해 차례로 살펴보고자 한다. 또한 이들 범주와 독립적인 별개의 범주이지만 불안과 밀접한 관련이 있는 신체증상 및 관련장애 범주에 대해서도 이 장에서 추가로 다룰 것이다.

1. 불안장애

　이 절에서는 먼저 불안이란 무엇이고 불안이 얼마나 흔한 문제인지, 불안할 때 어떠한 증상이 나타나는지 살펴보도록 하겠다. 그리고 특정공포증, 사회불안장애, 공황장애, 광장공포증, 범불안장애와 같이 불안장애 범주에 속하는 몇 가지 정신과적 문제에 대해 차례로 다루고자 한다. 나아가 불안장애를 치료하는 방법에 대해서도 알아보자.

– 불안은 느껴서는 안 될 좋지 않고 불필요한 감정일까?

– 불안이 문제가 되는 경우는 어떤 경우일까?

1) 불안이란

불안은 위험이나 위협을 느낄 때 경험하게 되는 감정으로, 편치 않고 불쾌하며 때로는 끔찍하고 고통스럽기까지도 한 감정이다. 불안은 이처럼 사람들을 힘들게 하므로 경험해서는 안 될 안 좋은 감정이라고 생각할 수도 있다. 하지만 불안은 결코 느껴서는 안 되는 감정이거나 안 좋은 감정이 아니다. 불안을 유발하는 상황에서는 오히려 불안을 느껴야 그 상황에서 적절한 반응을 할 수 있게 된다. 아주 먼 옛날 원시인들이 들에서 커다란 짐승을 마주쳤을 때를 상상해 보자. 아마도 짐승을 마주친 순간 바짝 긴장하고 불안한 감정을 느꼈을 테고, 이에 얼른 도망가든지 아니면 짐승과 싸우든지를 재빨리 판단하여 적절한 행동을 취하였을 것이다. 즉, 우리의 조상들이 생명을 위협하는 위험에 처했을 때 죽지 않고 살아남을 수 있었던 것은 바로 그러한 상황에서 불안이라는 감정을 느낄 수 있었기 때문이다. 이렇게 볼 때 불안이라는 감정은 사실상 인간의 생존과 직결된 정서이고, 사람들로 하여금 위험한 순간에 적절하게 대처하게 도와줌으로써 적응적인 기능을 하게 하는 지극히 정상적이고 보편적인 감정이다.

하지만 불안이 사람들에게 문제가 되는 경우도 있다. 이에 대해 권석만(2013)은 현실적인 위험이나 위협이 없는데도 불구하고 불안을 느끼는 경우, 현실적인 위험의 정도에 비해 과도하게 심한 불안을 느끼는 경우, 그리고 불안을 느끼게 하는 요인이 사라졌는데도 불구하고 불안이 지나치게 오래 지속되는 경우를 들었고, 이러한 경우에 해당되면 더 이상 정상적인 불안으로 보기 어렵고 병적인 불안에 해당된다고 하였다. 다시 말하면, 불안을 느낄 필요가 없는 상황에서도 지나치게 불안을 느껴서 이로 인해 생활이 과도하게 제한된다면, 이 경우에 불안은 문제가 된다고 볼 수 있다.

간단한 예를 한번 들어 보자. 만약 엘리베이터를 타고 있는 중에 삐익 소리가 나면서 갑자기 멈춘다면 어떨까? 아마도 그 순간 사람들은 모두 긴장하고 불안을 느낄 것이다. 그런데 이러한 상황에서 느끼는 불안은 매우 정상적인 불안이다. 왜냐하면 자신의 안전이 위협받는다고 지각되는 상황에서 느끼는 불안은 그 순간에 우리로 하여금 적절하게 대처하도록 우리 몸을 긴장시키고 재빨리 상황을 판단하여 이에 적절한 행동을 취하게 하는 역할을 하기 때문이다. 하지만 만약 어떤 건물의 엘리베이터가 한 번 고장 난 적이 있었다고 해서 다시는 그 건물에 절대로 가지 않으려 한다거나, 혹은 엘리베이터가 다시 멈출 것을 우려해서 20층도 넘는 곳에 위치한 사무실까지 매번 걸어서 올라간다면, 이 경우에는 보통 일반적인 사람들이 느끼는 정상적인 불안의 범주를 벗어난 것으로 봐도 지나치지 않을 것이다.

정리하면, 불안이라는 감정 자체가 비정상적인 것은 아니지만 불안을 느끼지 않아도 되거나 불안을 느낄 필요가 없어졌는데도 불구하고 계속해서 불안을 과도하게 느껴, 이로 인해 일상생활을 하는 데 심각한 지장을 받거나 고통을 경험한다면 어느 정도는 치료가 필요한 불안상태라고 보는 것이 적절하다.

❖ 불안(BAI) 척도 문항의 예

- 매우 나쁜 일이 일어날 것 같은 두려움을 느낀다.
- 가끔씩 심장이 두근거리고 빨리 뛴다.
- 자주 겁을 먹고 무서움을 느낀다.
- 안절부절못한다.
- 자주 소화가 잘 안 되고 배 속이 불편하다.
- 자주 얼굴이 붉어지곤 한다.

출처: Beck 등(1988)이 개발한 Beck Anxiety Inventory를 육성필, 김중술(1997)이 번안하였음.

2) 불안의 유병률

불안은 얼마나 많은 사람이 경험하는 문제일까? 일반적으로 불안은 우울과 함께 사람들이 가장 흔하게 겪는 정신장애 중 하나로 알려져 있다. 실제로 불안장애로 진단 가능한 아동은 약 10명 중 1명 정도로 알려져 있고(Rapee et al., 2008/2014), 진단까지 가능하지 않더라도 불안 '증상'을 경험하고 있는 아동은 이보다 훨씬 더 많은 것으로 추정되고 있다.

미국 질병통제예방센터의 자료(CDC, 2011)를 인용해 보면, 미국 성인의 12.3%가 살면서 한 번 정도 불안장애를 경험하고 있고, 우리나라에서 실시한 조사자료(보건복지부, 2021)에서도 불안장애의 평생 유병률이 9.3%로 나타나, 동서양을 막론하고 인구의 거의 열 명 중 한 명은 불안장애 진단이 가능한 것으로 보인다.

불안은 일반적으로 남성보다 여성에게서 거의 2배 가까이 높은 유병률을 보인다. 특히 우리나라의 경우 여성에게서 가장 높은 평생 유병률을 보이는 정신과적 장애가 바로 불안장애이다. 여성의 불안장애 평생 유병률은 13.4%(보건복지부, 2021)로, 실제로 열 명 중 한 명이 넘는 여성들이 불안장애 진단을 받을 정도로 여성에게 있어서 불안은 매우 흔한 정신과적 문제이다.

3) 불안의 증상

불안을 겪을 때 경험하는 증상에는 어떤 것이 있을까? 불안의 증상을 정서, 신체, 인지 그리고 행동적 영역으로 구분하여 살펴보자.

(1) 정서적 증상

사람들은 불안할 때 정서적으로 안절부절못하고 긴장감과 초조감을 느끼며, 두려움을 겪거나 심하면 공포감도 느끼게 된다. 불안은 공포(phobia)의 감정과 구별되는데, 위험이나 위협을 느끼는 대상이 구체적으로 있을 때 느끼는 감정을 공포라고 하며, 구체적인 대상이 없이 막연하게 느끼는 위협과 혼돈의 감정을 불안이라고 한다. 다시 말해 불안은 위험이나 위협을 느낄 만한 상황이 아닌데도 막연하게 긴장하고 두려움을 느끼는 정서적 상태이다.

(2) 신체적 증상

사람들은 불안할 때 심장박동이 빨라지고 호흡이 가빠지며, 땀이 나고 소변이 자주 마렵고, 근육이 긴장되거나 소화가 잘 안 되는 것과 같은 신체증상을 나타낸다. 우리의 신체는 교감신경계와 부교감신경계가 상황에 맞게 적절히 활성화되면서 서로 균형을 맞추도록 설계되어 있다. 하지만 지나치게 위험을 감지하거나 오랫동안 과도한 스트레스를 받으면 교감신경계가 지나치게 활성화되는 반면, 우리 몸을 편안하게 해 주는 역할을 담당하는 부교감신경계는 제대로 작동하지 못한다. 따라서 불안을 느끼게 되면 교감신경계의 지나친 활성화로 인해 우리의 신체는 과도한 긴장상태를 나타낸다.

(3) 인지적 증상

사람들은 불안을 느끼면 앞으로 일어날 일에 대해 많은 걱정을 하게 된다. 아직 일어나지도 않은 일에 대해 미리 염려하고 노심초사 걱정하는 것을 가리켜 예기불안(anticipatory anxiety)이라고 한다. 즉, 어떤 일이 아직 일어나지 않았음에도 안 좋은 일이 일어날 것을 미리 염려하여 온갖 부정적인 생각들을 꼬리에 꼬리를 물고 떠올리게 되는 것이다. 때로는 걱정하는 그 일이 실제로 일어날 가능성이 매우 적거나 거의 없음에도 극단적으로 안 좋은 경우를 떠올려 지나치게 염려하기도 한다.

이처럼 불안하게 되면 나쁜 일이 일어날 가능성을 과대평가(확률의 과대평가)할 뿐 아니라, 그 일이 가져올 결과를 극단적으로 생각(결과의 과대평가)하게 된다. 일례로 불안이 심한 어린아이의 경우 엄마 아빠가 집에 늦게 들어올 때 부모님이 혹시 다치거나 죽었을까 봐 지나치게 걱정하기도 한다(Rapee et al., 2008/2014). 또한 불안하면 주의집중을 제대로 하기 어렵고 기억력도 줄어들게 되며, 현재 걱정하는 것 이외에 다른 것을 생각하는 것이 힘들기도 한데, 이러한 증상은 모두 불안할 때 나타나는 인지적 증상이다.

(4) 행동적 증상

불안의 감정은 고통스럽고 때로는 위협적으로 느껴지기 때문에, 사람들은 불안을 느끼는 상황에서 얼른 벗어나고 싶어 한다. 그래서 소위 '회피'라는 행동적 증상을 나타내는데, 이러한 회피행동은 불안으로부터 자신을 보호해 주는 효과가 있다. 하지만 이러한 효과는 그야말로 일시적이며, 중장기적으로는 불안을 극복하는 데 전혀 도움이 되지 않는다.

다시 말해 어떤 상황에서 불안을 느껴 회피행동을 하게 되면 그 순간에는 불안을 느끼지 않아도 되기 때문에 마음이 편해질지 모르지만, 사실상 회피행동은 문제 자체를 해결하거나 극복하는 것과는 관계가 없을 뿐 아니라, 오히려 문제해결의 기회를 놓치게 함으로써 문제를 더 악화시키는 데 기여한다.

[Self-checking]

• 나의 불안 수준은 어떠한가? 내가 느끼는 불안 수준은 정상일까?

_____

_____

4) 불안장애의 유형

DSM-5의 불안장애 범주에는 특정공포증, 사회불안장애, 공황장애, 광장공포증, 범불안장애와 분리불안장애, 선택적 무언증이 포함되어 있다. 여기서는 이 가운데 특정공포증, 사회불안장애, 공황장애, 광장공포증, 범불안장애에 대해 차례로 살펴볼 것이다.

(1) 특정공포증

특정공포증(specific phobia)은 객관적인 위험이 없는데도 특정 대상이나 상황을 지나치게 무서워하여 이를 회피하거나 이러한 상황에서 심한 공포나 불안을 경험하는 것을 말한다. 특정공포증 진단은 이와 같은 증상이 개인적, 사회적 혹은 직업적 기능에 현저한 고통과 손상을 초래하며, 6개월 이상 지속될 때 가능하다. 일반적으로 특정공포증을 지닌 사람들은 평균적으로 세 가지 대상이나 상황을 두려워한다고 알려져 있으며, 특정공포증의 평균 발생연령은 10세로 이러한 증상은 주로 어린 시절에 처음 발생하는 것으로 알려져 있다(APA, 2013/2015).

특정공포증에는 몇 가지 종류가 있는데, 먼저 거미나 뱀, 개 또는 조류 등과 같이 특정 동물을 지나치게 무서워하는 경우 특정공포증의 동물형(animal type)에 해당된다. 또한 껌껌한 어둠이나 폭풍우, 천둥이나 번개 혹은 물과 같은 자연을 두려워하는 자연환경형(natural environment type)도 있으며, 주사 맞는 것을 두려워하거나 피나 상처를 잘 보지 못하고 이러한 것들을 지나치게 두려워하는 혈액-주사-손상형(blood-injection-injury type)이라는 특정공포증도 있다. 그리고 비행기나 엘리베이터 혹은 밀폐된 좁은 장소와 같은 특정한 공간에서 공포를 느끼는 경우가 있는데, 이러한 경우는 상황형(situational type)에 해당한다. 상황형 특정공포증에는 높은 곳에 올라가는 것을 지나치게 두려워하는 고소공포증이나, 좁고 닫힌 공간을 두려워하는 폐소공포증과 같은 것이 있다.

이처럼 특정한 대상이나 상황을 두려워하는 사람들을 주변에서도 가끔 볼 수 있는데, 이러한 상황을 단지 무서워한다고 해서 정신과적 치료까지 받는 경우는 사실상 그렇게 많지 않다. 실제로도 특정공포증은 일상적인 생활을 하고 있는 일반 사람들에게서 더 자주 나타나며, 정신과 장면에서는 쉽게 보기 힘들다.

정신과적 진단은 증상이 일정 기준을 충족할 정도로 매우 심각하여 당사자가 겪고 있는 고통이나 불편이 현저할 정도로 커야 하고, 이로 인해 일상생활을 정상적으로 하는 데 심각한 지장이나 방해를 받아야 비로소 가능하다. 따라서 일시적이거나 부분적으로 어떤 증상을 경험한다거나 혹은 어느 정도 증상을 겪고 있기는 하지만 일상생활을 하는 데 특별한 지장이 없다면, 굳이 이러한 증상에 대해서 정신과적 진단을 붙이거나 치료를 받아야 할 필요는 없다고 봐도 무방할 것이다. 그런데 뒤집어 놓고 보면 이 말은 증상으로 인해 느끼는 고통과 불편이 매우 심해서 일상생활에 큰 지장을 초래하는 경우라면 더 이상 주저하지 말고 정신과적 진단과 치료를 받아야 한다는 의미가 된다.

18~64세 미국 성인에게서 특정공포증의 평생 유병률은 13.8%(남성 9.9%, 여성

17.5%)로, 남성보다 여성이 약 2배 가까이 많은 것으로 나타났다(Kessler et al., 2012). 우리나라 조사자료(보건복지부, 2021)에서는 평생 유병률이 6.3%로 나타났고, 남성이 2.6%, 여성이 10.6%로 여성이 약 4배 정도 많은 것으로 보고되었다.

(2) 사회불안장애

다음은 사회불안장애(social anxiety disorder)로서, 이는 다른 일반적인 상황에서는 불안을 느끼지 않는데 유독 사람들이 자기를 지켜보거나 혹은 사람들로부터 평가 받을지도 모른다고 생각되는 상황에서 어떤 행동을 하게 될 때 지나치게 긴장하고 불안을 경험하는 것을 말한다.

사회불안장애는 일반적으로 '대인불안'이라고도 부르며, 특정 상황을 빗대어 면접공포증, 무대공포증, 발표불안, 데이트불안과 같은 용어로도 불린다. 하지만 이러한 용어들은 주로 일반인 사이에서 사용되고 있는 용어이며, 정확한 학술적 명칭은 사회불안장애이다.

사회불안장애를 갖고 있는 사람들은 보통 완벽주의적 특성을 지니고 있는 경우가 많다(권정혜, 이정윤, 조선미, 1998). 따라서 이들은 사람들한테 좋은 인상을 주려는 동기가 강해서 '혹시나 사람들 앞에서 실수해서 망신을 당하거나 부정적인 평가를 받게 되면 어쩌나' 하는 걱정을 많이 한다. 즉, 사회불안이 높은 사람들은 부정적 평가에 대한 두려움(fear of negative evaluation)이 지나치게 강하기 때문에 이로 인해 다른 사람을 지나치게 많이 의식하게 되어 사회불안 증상이 발생하는 것으로 보고 있다.

이처럼 부정적 평가에 대한 두려움은 사회불안장애를 일으키는 주요한 요인(Watson & Friend, 1969)으로 알려져 있는데, 최근에는 긍정적 평가에 대한 두려움(fear of positive evaluation) 역시 사회불안과 관련이 있는 것으로 보고되고 있다. 길버트(Gilbert, 2001)는 사람들이 긍정적 평가를 받게 되면 사회적 지위가 올라가고 이에 따라 사람들의 주목을 받거나 다른 사람과 경쟁하게 될 가능성이 높아지는데, 사회불안을 지니고 있는 사람들이 바로 이러한 긍정적 평가에 대한 두려움을 지니고 있기 때문에 사회적 상황에서 지나치게 불안을 느낀다고 보았다.

사회불안장애의 평생 유병률은 4~13%로, 이는 결코 낮지 않은 비율이다(권정혜

외, 1998). 케슬러 등(Kessler et al., 2012)이 실시한 미국 성인 대상의 평생 유병률 조사에서도 사회공포증은 13.0%(남성 11.8%, 여성 14.2%)로 보고되었다. 아마 이 책을 읽고 있는 독자 중에서도 발표할 때나 남들이 지켜보는 상황에서 뭔가를 해야 할 때 이러한 불안 증상을 경험해 본 사람이 있을 것이다. 하지만 앞에서도 언급했듯이 증상을 일부 경험한다고 해서 바로 정신과적 진단으로 연결되는 것은 아니다. 사회불안장애 진단에 해당되려면 사람들과 대화하거나 낯선 사람을 만날 때 혹은 사람들 앞에서 음식을 먹거나 발표하는 것과 같은 사회적 상황에서 지속적으로 불안과 공포를 느껴서, 이로 인해 사회적·직업적 영역에서 현저한 고통과 손상을 초래하는 경우라야 가능하다.

사회불안장애는 많은 경우에 8~15세 사이에 처음 증상이 나타나기 시작하며, 사회불안장애 환자들의 행동억제성향은 유전의 영향을 많이 받는 것으로 알려져 있다. 또한 사회불안장애 환자의 일차 친족들(first-degree relative)은 2~6배 정도 발병 위험이 더 높다(APA, 2013/2015).

(3) 공황장애

공황장애(panic disorder)는 갑자기 숨 쉬기가 힘들어지고 심장이 두근거리며 심한 어지러움과 함께 가슴에 통증을 느끼게 되어, 이러다가 곧 죽을 것 같은 느낌이 들 정도로 매우 강렬한 불안을 경험하는 정신과적 장애이다. 이는 대부분 정상적으로 일상생활을 하다가 증상이 갑자기 나타나며, 일반적으로 증상이 나타나고 대략 10분 후쯤 절정에 다다라 마치 죽을 것 같은 극심한 공포를 느끼게 된다.

공황장애의 경우 어떤 사람들은 그냥 아무 일 없이 쉬고 있다가 증상을 갑자기 경험하기도 하고, 또 어떤 사람들은 운전하다가 갑자기 이런 순간을 맞이하기도 한다. 누구든 이런 증상을 처음 경험하면 무척 놀라고 당황할 것이며, 심장이나 몸에 큰 이상이 생긴 것은 아닌지 염려되어 병원을 찾을 것이다. 하지만 검사 결과 기질적인 문제가 아무것도 없는 것으로 나오면(기질적 문제가 있는 경우에는 공황장애라고 진단하지 않는다), 정신과적 문제인 공황장애일 가능성을 의심하여 정신과 치료를 권유받게 된다.

일반 인구집단에서 공황장애의 12개월 유병률은 대략 2~3%로 알려져 있고, 평균 발생 연령은 대략 20~24세 정도인데 일부에서는 45세 이상의 성인에게서 발병하기도 한다고 보고하고 있다(APA, 2013/2015). 또한 케슬러 등(Kessler et al., 2012)에 의하면 18세에서 64세 사이 미국 성인들의 공황장애 평생 유병률은 5.2%로, 남성이 3.3%, 여성이 7.0%라고 한다. 공황장애는 한 번 증상이 나타나면 재발하는 경우가 많아 증상이 만성화되는 경향이 있으므로, 발병 초기에 빨리 병원을 찾아 정확한 진단을 받고 적절한 치료를 하는 것이 매우 중요하다.

공황장애의 원인에 대해서는 여러 가지 가설이 존재한다. 먼저, 생물학적 입장에서는 공황장애를 겪고 있는 사람들이 혈액 속 이산화탄소 수준에 민감해서 이산화탄소 수준이 높아지게 되면 과잉호흡을 하여 그 수준을 떨어뜨리려 하는데, 이러한 과잉호흡이 공황장애를 일으키는 것으로 설명한다. 또한 우리 신체 가운데 위험을 감지하는 경보장치가 간뇌에 있는 청반핵(nucleus of locus ceruleus)인데, 공황장애를 지니고 있는 사람들의 경우 이곳이 지나치게 활성화되어 있어서 그다지 위험하지 않은 상황조차 위험으로 인식하는 오작동을 일으켜 공황장애 증상이 나타나는 것으로도 설명한다(권석만, 2013).

인지적인 입장에서는 공황장애 증상을 경험하는 사람들이 자신의 신체감각 변화에 지나치게 예민하게 반응하거나, 사소한 신체변화를 마치 큰 일이 날 것 같이 파국적으로 확대 해석하는 경향이 있다고 보고 있다. 따라서 이러한 경우에는 신체 변화에 대한 파국적 해석의 오류를 줄이는 인지치료를 실시하게 된다(양종철, 오영근, 2012).

(4) 광장공포증

광장공포증(agoraphobia)은 쉽게 빠져나오기 어렵거나 사람들의 도움을 받기 어렵다고 생각하는 상황에 처할 때 지나치게 불안을 느끼는 장애로서, 광장공포증을 지닌 사람들은 이러한 상황에서 심장과 호흡이 빨라지거나 식은땀을 흘리는 것과 같은 공황발작(panic attack) 증상을 경험한다. 광장공포증은 흔히 광장이라는 용어로 인해 마치 광장과 같이 넓은 장소에 있는 것을 두려워하는 장애라고 오해할 수 있다. 하지만 실제로는 사람이 붐비는 공공장소나 지하철과 같은 장소에 있는 것을 두려워하고, 심지어는 혼자 집을 나서는 것과 같은 상황에서도 공포나 불안을 경험하곤 한다. 즉, 광장공포증은 즉각적으로 도움받기 어렵다고 생각되는 특정한 장소나 상황에 있게 되면 심한 불안을 느끼는 장애이다.

광장공포증을 겪고 있는 사람은 혼자 외출하거나 안전한 집을 떠나 멀리 여행하는 것을 두려워하고, 자동차나 기차를 타고 쉽게 빠져나오기 어려운 다리 위나 터널 속을 지난다든가, 사람이 북적거리는 시장이나 백화점 같은 곳에 가는 것을 두려워한다. 그래서 실제로 광장공포증이 있는 경우 집을 떠나 여행을 가고 싶어도 이러한 증상으로 인해 쉽게 가지 못하며, 지방이나 외국으로 출장을 가야 하는 경우에도 이런저런 핑계를 대고 가지 않는 경우도 있다. 또한 운전하다가 터널 속에서 막연하게 불안에 휩싸였던 경험으로 인해 다시는 터널이 있는 곳으로 들어가려 하지 않는 모습을 보이기도 한다.

광장공포증의 평생 유병률은 연구에 따라 차이가 있지만, 외국의 경우 0.6에서 많게는 6%까지 보고되고 있고, 남성보다 여성에게서 2배 이상 더 많이 발생한다고 알려져 있다(권석만, 2013). 미국 성인의 평생 유병률도 2.6%(남성 2.0%, 여성 3.2%)로 보고된 바 있다(Kessler et al., 2012). 한편, 보건복지부(2021) 자료에 의하면 광장공포증은 0.3%의 평생 유병률을 나타내고 있으며, 남성은 0.2%, 여성은 0.4%로 여성에게서 더 많이 나타나는 것으로 보고되었다.

(5) 범불안장애

범불안장애(generalized anxiety disorder)는 수많은 일상적인 활동에 대해 과도한 불안과 걱정을 나타내는 것이 특징으로, 범불안장애를 겪고 있는 사람들은 대부분 오랜 기간에 걸쳐 만성적으로 다양한 불안을 경험하곤 한다. 이들을 가리켜 소위 '불안한 성격'을 지닌 것으로 묘사하기도 하는데, 불안이 마치 생활 전반에 걸쳐 다양하게 떠다닌다고 하여 부동불안(free floating anxiety)이라고 표현한다.

범불안장애를 겪고 있는 사람들이 하는 걱정의 내용은 자신의 건강이나 직업, 경제적인 것, 사람 사이의 관계에 대한 것뿐 아니라, 자녀를 비롯한 가족의 건강, 안전을 포함하여 그들의 일상생활이나 학업 · 직업과 관련된 일들까지 매우 광범위하다. 이들은 매사에 걱정이 많고 늘 긴장되어 있고 조바심을 내며 신경도 예민하기 때문에 소화기 문제를 비롯한 다양한 신체증상을 호소하는 경우가 많다.

미국 성인들의 범불안장애 평생 유병률은 6.2%로, 남성은 4.6%, 여성은 7.7%가 평생 한 번 이상 범불안장애에 해당되는 것으로 보고되었고(Kessler et al., 2012), 우리나라는 1.7%로 보고된 바 있다(보건복지부, 2021). 범불안장애 역시 남성보다는 여성에게서 많이 보고되고 있고, 다른 불안장애들에 비해 평균 발병 연령이 늦은 편이며, 대개 만성적인 경과를 나타내어 증상이 평생 동안 지속되기도 한다(APA, 2013/2015).

5) 불안장애의 치료

지금까지 불안장애에 속하는 주요 정신과적 진단에 어떤 것들이 있는지 살펴보았다. 이제는 불안 증상을 치료하는 방법으로 약물치료와 행동치료, 인지치료에 대해 소개할 것이다.

(1) 약물치료

불안증상을 치료하기 위해서는 주로 벤조디아제핀계의 약물을 사용하거나 경우에 따라 항우울제를 사용하기도 한다. 약물치료의 장점은 무엇보다 치료효과가 빨리 나타난다는 점이지만 사실상 약물에 의존하게 되는 문제점이 있을 수 있고, 또한 약을 중단하면 다시 증상이 나타나는 경우가 발생하기도 한다. 그리고 사람에 따라 약물에 반응하는 정도에 차이가 있을 수 있으므로, 약이 필요한 경우에는 반드시 정신과 의사와 면담을 거쳐 전문가의 처방에 따라 약물을 복용하도록 해야 한다.

(2) 행동치료

행동적 입장에서는 불안장애를 치료하기 위해 다양한 방법을 사용한다. 우선, 체계적 둔감화(systematic desensitization) 기법은 이완된 상태와 불안한 상태는 함께 양립하지 못한다는 전제를 바탕으로 하는 치료방법으로, 먼저 신체를 충분히 이완시키는 방법을 훈련한 후 불안을 느끼는 목록을 별도로 작성한다. 그리고 나서 이 두 가지를 단계적으로 연합시키면서 점차 불안을 극복하도록 하는 치료법이다.

예를 들어, 비행기 타는 것을 몹시 두려워하는 사람에게 이 기법을 적용한다고 가정해 보자. 치료를 위해 먼저 이완훈련을 통해서 신체적으로 편안해지고 이완되는 것을 반복적으로 훈련시킨다. 이완훈련에 어느 정도 익숙해지면, 다음으로 불안을 느끼는 목록을 위계적으로 작성하도록 한다. 이때 불안을 적게 느끼는 상황부터 점점 더 심하게 느끼는 순서대로 목록을 작성하는데, 예를 들어 활주로에 있는 비행기 사진을 보는 것, 비행기가 이륙하는 것, 비행기가 완전히 하늘 높이 떠서 5천 피트 상공을 날고 있는 것과 같이 세 단계로 목록을 만들었다고 가정해 보자. 이처럼 이완훈련과 위계적 불안 목록 작성을 각각 마치고 나면 다음으로 이 두 가지를 연합하게 되는데, 먼저 신체를 충분히 이완시킨 상태에서 제일 불안이 낮은, 즉 비행기가 활주로에 서 있는 이미지를 떠올려 보도록 한다. 시행 초기에는 비록 우리 몸이 이완을 했다고는 하지만 비행기를 떠올리는 순간 다시 불안을 느끼게 될 가능성이 있다. 하지만 이러한 연합을 계속해서 반복하다 보면 비행기가 활주로에 있는 모습을 떠올릴 때 더 이상 불안해지지 않고 편안하게 이완된 상태에 머무를 수 있을 것이다. 그러면 이 단계에서의 불안은 일단 극복한 것으로 보고, 그다음 단계로 한 단계 더 올려서 연습을 이어 간다.

다음 단계로 올라가 이제는 이완된 상태에서 비행기가 이륙하는 것을 상상해 보도록 한다. 이것 역시 몇 차례 계속 연합해서 시행해야 하며, 이완된 상태에서 비행기가 이륙하는 모습을 상상해도 더 이상 불안을 느끼지 않게 되면, 한 단계 더 올려서 마지막 장면, 즉 비행기가 하늘 높이 떠 있는 모습을 상상해 보도록 한다. 이렇게 이완된 상태에서 점점 불안을 느끼는 수준을 올려 가면서 그 상황을 충분히 상상하게 하여 더 이상 불안을 느끼지 않게 된다면 치료가 된 것으로 간주한다. 체계적 둔감화 치료는 불안을 느끼는 상황에서 더 이상 불안을 느끼지 않을 수 있을 때까지 여러 차례 반복해서 시행해야 하며, 특히 공포증을 치료할 때 효과가 매우 좋은 것으로 보고되고 있다.

다음은 노출치료(exposure therapy, 혹은 직면치료)라고 하는 치료 방법이다. 이것은 이제까지 두려워서 피해 왔던 상황을 더 이상 회피하지 않고 그 상황에 직접 맞닥뜨려 보게 하는 치료법이다. 이 방법도 일반적으로 불안을 적게 느끼는 상황부터 시작하여 점진적으로 수준을 높여 가며 시행한다. 예를 들어, 발표불안이 있어서 사람들 앞에서 발표해야 하는 상황을 계속 피해 왔던 사람이 있다고 가정해 보자. 이 경우에 먼저 비교적 가깝고 편한 소수의 사람 앞에서 짧게 인사나 자기소개를 해 보도록 하고, 이것이 가능해지면 그다음으로 조금 더 인원을 늘려 좀 더 많은 사람이 모일 때 발표를 시도해 보도록 한다. 그런 이후에는 좀 더 공식적인 상황, 예를 들어 학교나 직장에서 발표나 프레젠테이션을 시도해 보도록 한다. 이처럼 점점 불안을 느끼는 단계를 높여 가면서 점진적으로 상황에 노출하거나 직면해 보도록 함으로써, 단계별로 성취감을 느끼면서 불안을 점진적으로 극복하도록 하는 방법이 노출(직면)치료이다.

행동적 접근에서는 불안을 치료하기 위해 자기주장훈련이나 사회성기술훈련도 사용한다. 만약 수줍음이 많거나 자기표현을 억제하는 경우에 자신의 생각이나 의견을 주장적으로 표현하는 연습이 필요하다면, 앞서 제5장에서 살펴본 자기표현훈련을 참고할 수 있다. 혹은 상황에 적절한 대화를 주고받거나 친구 사귀는 요령과 같은 사회성 기술을 구체적으로 가르치는 사회성기술훈련도 불안장애 치료에 적용한다.

(3) 인지치료

인지치료에서는 불안에 기여하는 잘못된 생각들을 찾아내어 이를 보다 객관적이고 합리적인 생각으로 바꾸는 작업을 시행하며, 이러한 인지치료는 불안장애를 치료하는 데 활발하게 적용되고 있다.

불안한 사람들은 일반적으로 위험을 실제보다 지나치게 과대평가해서 지각하는 경향이 있다. 다시 말해 불안한 사람들은 그렇지 않은 사람들에 비해 위험이 일어날 가능성(확률)을 과대평가하며, 그 위험이 가져올 결과에 대해서도 지나치게 파국적으로 생각한다. 또한 수행에 대한 기준이 매우 높은 편이라 평균보다 훨씬 더 완벽하게 잘하려고 한다거나, 자신이 상황을 반드시 통제해야 한다고 생각하는 경향이 있다. 따라서 이와 같은 불안과 관련된 잘못된 생각들을 찾아내어 이를 보다 적응적이고 합리적인 생각으로 교정하도록 하는 인지재구성 방법을 사용해서 다양한 불안장애를 치료하는 데 적용한다.

이와 같이 불안장애의 치료에는 약물치료와 행동치료 또는 인지치료가 널리 사용되고 있으며, 이러한 접근법은 모두 불안을 다스리는 데 효과가 있는 것으로 이미 입증되었다. 하지만 치료의 효과는 사람마다 다소간 차이를 보이기도 한다. 따라서 어떤 사람에게는 약물치료가 효과가 더 좋게 나타날 수 있고, 또 어떤 사람한테는 인지치료나 행동치료, 혹은 또 다른 접근법이 더 효과가 좋을 수 있다. 따라서 여러분이 만약 불안 문제로 인해 일상생활에 지장을 받고 있거나 고통을 겪고 있다면, 먼저 전문가를 찾아 정확한 진단을 받는 것이 가장 우선적으로 필요한 일이다. 그리고 전문가와 충분한 상의를 거쳐 자신에게 가장 적합한 치료방법을 찾아 이를 꾸준히 실천하도록 해야 한다.

2. 강박 및 관련장애

이 책을 읽는 독자들은 강박증 혹은 강박장애라는 진단명을 들어 본 적이 있을 것이다. 강박장애는 DSM-5가 출간되기 전까지 불안장애 범주에 속하였으나, 강박장애와 유사한 이상행동들이 점차 발견되면서 DSM-5에서는 이와 관련된 장애들을 한 데 묶어 강박 및 관련장애(Obsessive-Compulsive and Related Disorders)라는 이름의 독립적 범주로 등재하게 되었다. 따라서 이 절에서는 강박 증상에 대한 전반적인 이해부터 시작하여, 강박 및 관련장애 범주에 속하는 강박장애, 신체이형장애, 저장장애, 그리고 털 뽑기 장애와 피부 벗기기 장애에 대해 차례로 살펴보도록 하겠다.

┌─ 생각해 보기 ─────────────────────────────

- 항상 주변을 정리하고 깔끔하게 치우는 편이라면 강박증에 해당할까?
- 나름의 완고한 규칙이 있어서 늘 그대로 이행하려 한다면 강박증에 해당할까?
- 강박장애의 진단은 문제가 어느 정도 심각해야 가능할까?

1) 강박이란

　표준국어대사전(2022)에 의하면 강박에는 몇 가지 의미가 있는데, 그중에 '어떤 생각이나 감정에 사로잡혀 심리적으로 심하게 압박을 느낌'이라는 정의가 있다. 이처럼 강박은 특정한 생각이나 충동이 개인의 의지와 상관없이 자꾸 떠올라 이에 대해 지나치게 집착하고, 이로 인해 관련된 행동을 계속 반복하게 되는 것을 의미한다.

　보통 강박증이라고 하면 생각과 행동 두 가지 측면에서 모두 증상이 나타나는바, 먼저 생각에 지나치게 집착하게 되고 이로 인해 반복적인 행동을 계속하게 되는 것이 강박증의 주 특징이다.

　DSM-5에서는 강박 및 관련장애라는 독립된 범주가 새롭게 제시되었고, 이 안에 모두 다섯 가지 유형, 즉 강박장애, 신체이형장애, 저장장애, 털 뽑기 장애와 피부 벗기기 장애가 포함되어 있다. 그럼 먼저 강박장애에 대해서 살펴보자.

2) 강박 및 관련장애의 유형

(1) 강박장애

　강박장애는 불안을 일으키는 생각이 통제가 불가능할 정도로 지속적으로 떠올라 그 생각을 상쇄하기 위해 어떤 특정 행동을 반복적으로 하게 되는 장애이다. 강박장애는 영어로 obsessive-compulsive disorder라고 하는데, 이것은 강박관념, 즉 강박사고에 해당하는 용어인 obsession과 강박행동에 해당하는 용어인 compulsion을 병행해서 표기한 것이다. 다시 말해 강박장애는 강박사고와 강박행동을 주 특징으로 하는 정신과적 장애이다.

　강박사고의 가장 대표적인 것으로는 오염에 대한 생각이나 의심이 반복적으로 끊임없이 떠오르는 것 혹은 공격적이거나 폭력적인 생각이 계속 떠오르는 것이 있다. 이에 비해 강박행동은 씻기와 수를 세기, 확인하기와 같은 것들이 가장 대표적인 증상이다. 몇 가지 예를 들어 보자. 어떤 사람이 더러운 병균에 오염되어 병에 걸릴 것 같은 생각이 계속 떠올라 그 생각을 없애기 위해 하루에도 수십 번 이상 손이나 몸을 씻는다고 가정해 보자. 혹은 샤워하거나 청소할 때 자신만의 루틴이 있어서 반드시 그 규칙대로 해야 하고, 만약 여기서 조금이라도 어긋나면 시간이 몇 배 지연되는 한이 있더라도 처음부터 그 과정을 다시 시작해야 한다고 가정해 보자. 또한 운전 중에 '혹시 내가 사고를 낸 거 아닌가?'라는 불길한 생각이 계속해서 떠올라 지나왔던 길을 다시 되돌아가서 확인해 보기를 수차례 반복한다고 가정해 보자. 아마도 이러한 생각과 반복적인 행동으로 인해 일상생활을 정상적으로 하기 쉽지 않을 것이며, 사소하거나 간단한 일 하나를 마치는 데에도 심한 피로를 느낄 만큼 상당한 에너지와 시간이 소요될 것이다. 보통 강박증상을 지닌 사람들은 이렇게까지 행동할 필요가 없다는 인식이 어느 정도 있음에도 불구하고 스스로 이것을 멈추지 못한다. 따라서 강박증을 앓고 있는 사람들이 느끼는 고통과 주관적 불편감은 상당히 크고 괴롭다고 알려져 있다.

미국의 18세 이상 성인에게서 나타나는 강박장애의 평생 유병률은 2.3%이며, 강박장애를 지니고 있는 성인의 거의 절반에 해당하는 50.6%는 심각한 장애를 지니는 것으로 보고되고 있다(NCS, 2017). 강박증은 남성보다 여성에게서 조금 더 많이 발생하는 것으로 알려져 있으며, 주로 청소년기나 초기 성인기 무렵에 발병(대략 만 19세경)하여 증상이 서서히 진행되면서 만성적인 경과를 나타낸다(APA, 2013/2015). 한편, 2021년에 보건복지부에서 발표한 우리나라 사람들의 강박장애 평생 유병률은 0.2%이다.

그러면 이러한 강박장애는 왜 생기는 걸까? 강박증의 원인에 대해서 여러 연구가 있어 왔는데, 대부분의 정신과적 장애가 그러하듯이 아직까지 특정하고 뚜렷한 원인이 밝혀진 것은 별로 없다. 대신 몇 가지 가설이 제기되고 있는데 이러한 이유들도 개인마다 비중을 달리하면서 복합적으로 나타나고 있기 때문에 원인에 대해서는 여러 가지 가능성을 염두에 두고 살펴볼 필요가 있다.

먼저, 신체적으로는 전두엽 기능이 손상된 것으로 보는 입장과 기저핵 기능이 손상된 것으로 보는 입장이 있다. 또한 뇌 신경회로가 지나치게 활성화돼서 불안을 과도하게 느끼게 된다고 설명하기도 하고, 세로토닌 수준이 낮은 것도 강박증과 관련이 있는 것으로 보고되기도 하였다. 하지만 아직까지 강박증을 일으키는 뚜렷하고 일관성 있는 생물학적 원인이나 기제는 밝혀지지 않은 상태이다(Comer, 2014/2014).

이에 비해 인지적 입장에서는 강박장애를 달리 설명하고 있다. 사람들의 의식 속에 우연히 떠오르는 원치 않는 불쾌한 생각들이 있는데, 강박증을 지닌 사람들은 이것을 실제보다 훨씬 더 위협적인 것으로 인식하기 때문에 이를 없애기 위해 과도하게 노력한다. 그 결과 이러한 노력들이 오히려 생각을 더 많이 떠오르게 하는 것으로 보고 있다. 웨그너 등(Wegner, Schneider, Carter, & White, 1987)은 이러한 현상을 가리켜 '사고억제의 역설적 효과(ironic effect of thought suppression)'라고 하였는데, 이는 마치 '분홍코끼리를 생각하지 말라'고 하면 할수록 분홍코끼리가 우리 생각 속에 더 많이 떠오르게 되는 것과 같은 이치이다.

그러면 이러한 강박장애는 어떤 방법으로 치료가 가능할까? 먼저, 행동치료의 일종으로 노출 및 반응방지법(exposure and response prevention)은 두려워하는 생각이나 자극에 실제 혹은 상상으로 노출시키면서 그 상태에서 강박적인 행동을 하지 못하게 하는 치료법이다. 다시 말해 이제까지는 불안을 유발시키는 생각이 떠오르면 이를 없애기 위해 어떤 행동을 자동적으로 반복하곤 했었는데, 이제는 불안을 마주하더라도 더 이상 불필요한 행동을 하지 못하게 함으로써 그런 행동을 하지 않아도 큰 문제가 생기지 않는다는 것을 직접 깨닫게 하는 것이다. 이 방법은 시행 초기에는 무척 괴롭고 고통스러우나, 강박장애의 치료에 효과가 좋은 것으로 알려져 있다.

강박장애의 치료에 사용되는 또 다른 행동치료법으로 사고중지법(thoughts stopping)이 있는데, 이는 강박적인 생각이 떠오를 때마다 '그만!'이라고 소리 지름으로써 자신을 괴롭히는 생각에 집착하는 것을 스스로 차단하는 방법이다. 이 방법은 처음에는 소리를 크게 밖으로 내게 하는 게 효과적이지만, 점차 익숙해지면 굳이 밖으로 소리를 내지 않고 속으로 '그만!'이라고 이야기하는 것만으로도 효과를 볼 수 있다.

또한 강박장애를 겪고 있는 사람들은 우연하게 의식 속에 떠오르는 원치 않는 불쾌한 생각들을 다른 사람들에 비해 훨씬 더 민감하게 받아들이는 인지적 경향이 있다고 한다. 따라서 이러한 침투적 사고를 자연스럽고 정상적인 것으로 받아들이도록 인지재구성하는 인지치료 방법도 널리 사용되고 있다. 그리고 강박장애의 약물치료로는 세로토닌 재흡수 억제제를 사용할 때 효과가 있다고 알려져 있다(권석만, 2013).

(2) 신체이형장애

다음은 신체이형장애로서, 이 또한 강박 및 관련장애에 속하는 정신과적 진단이다. 신체이형장애(body dysmorphic disorder)는 자신의 얼굴이 기형적이라고 생각하거나 외모상 결함에 대한 생각이 지나쳐서 이로 인해 주관적 고통을 심하게 겪거나 일상생활을 하는 데 심각한 지장을 겪는 경우이다. 신체이형장애를 앓고 있는 사람들은 주로 얼굴의 특정 부분(주로, 피부나 모발, 코)이 매우 이상하게 기형적으로 생겼다고 스스로 믿고 있다. 예를 들어, 다른 사람이 보기에는 특별히 이상하거나 눈에 띄지 않는데도 스스로 얼굴의 어느 부분이 이상하게 생겼다거나 어딘가 비대칭적이라고 인식하여 계속해서 특정 부위에 집착하는 경향을 보인다. 이러한 집착은 하루 평균 3~8시간에 이를 정도로 많은 시간을 소요하며, 스스로 원치 않지만 이를 통제하기 어렵다(APA, 2013/2015).

이러한 생각으로 인해 이들은 거울을 보면서 자신의 얼굴을 계속해서 확인(mirror checking)하고 성형수술로 마음에 들지 않는 부분을 고치길 원하며, 실제로 여러 차례 성형수술을 받기도 한다. 하지만 수술 후에도 이러한 증상은 계속되어 대개는 수술 결과에 만족하지 못하고 계속해서 증상이 반복되는 현상을 나타낸다. 이에 신체이형장애를 지니고 있는 사람들은 사회적 · 직업적 기능을 수행하는 데 심각한 고통과 지장을 겪는다(Schieber, Kollei, de Zwaan, & Martin, 2015).

신체이형장애의 유병률에 대한 조사자료는 충분치 않으나, DSM-5 기준으로 독일인을 대상으로 한 역학조사에서 나타난 유병률은 2.9%였고, DSM-IV 기준으로는 독일 1.7%, 미국 2.4%로 조사된 바 있다(Schieber et al., 2015). 이러한 신체이형장애는 어느 연령대에서나 나타날 수 있지만 특히 사춘기나 초기 성인기에 주로 많이 발생하여 평균 발병 연령이 16~17세로 보고되고 있으며, 대개 만성적인 경과를 띠게 된다(APA, 2013/2015).

그러면 신체이형장애를 지닌 사람들은 어떠한 이유로 인해서 그렇게 되는 걸까? 인지적 입장에서는 신체이형장애를 가지고 있는 사람이 다른 사람에 비해 외모의 중요성을 과대평가하는 경향이 있다고 본다. 또한 이들이 자신의 신체상에 대해서 부정적으로 평가하는 경향이 일반인에 비해 높다고 한다. 이러한 이유로 인해 이들은 이상적 신체상과 자신의 신체상 간의 괴리가 점점 더 커지게 되고, 이상적 외모와 자신의 외모를 끊임없이 비교하여 자신의 외모를 더욱더 비하하게 된다.

신체이형장애의 치료에서는 이러한 과정에서 발생하는 잘못된 생각이나 비합리적 신념을 찾아 이를 교정해 주는 인지치료 방법을 사용하며, 강박장애의 경우와 비슷하게 세로토닌 재흡수 억제제를 사용해서 약물치료를 하기도 한다.

(3) 저장장애

이 책을 읽고 있는 독자들 중에서도 최근에 저장장애라는 용어를 들어 본 적이 있을 것이다. 저장장애(hoarding disorder)는 2013년에 출간된 DSM-5에 새롭게 등재된 장애로서, 정신과적 질환으로서의 역사는 오래되지 않았다. 하지만 저장장애에서 나타나는 모습은 사람들의 눈에 다소 신기해 보일 수 있는 행동을 보도하는 매스컴을 통해 일반 사람들에게도 비교적 많이 알려진 증상이다.

저장장애는 오래된 신문지나 잡지, 먹고 버린 우유곽이나 식용유 통, 오래돼서 더이상 입을 수 없게 된 옷가지들, 고장 나고 낡아 버린 기계 등과 같이 낡고 쓸모없는 물건들을 수집하고 계속해서 모아 두는 정신과적 장애이다. 저장장애 증상이 있는 사람들은 당장 쓸모가 있어서 물건을 모아 둔다기보다, 버리지 않고 가지고 있으면 언젠가 쓸 데가 있을 거라는 막연한 생각에 이런저런 물건들을 모아 두는 것이다. 그러다 보니 집 안에는 어느 순간 불필요하고 오래된 물건이 가득 쌓이게 되어 결국 사람이 짐을 피해 겨우 걸어 다녀야 할 지경까지 이른다.

경우에 따라서는 이들 역시 이러한 물건이 쓸모없다는 것을 알고 있지만, 물건을 버리려고 하면 심한 불안을 느끼게 되어 결국 버리지 못하고 계속 쌓아 둔다. 그러다 보니 오래된 물건에서 뿜어져 나오는 악취와 곰팡이로 인해 건강이 악화될 뿐 아니라 화재의 위험도 증가한다. 그래서 가족뿐 아니라 주위 이웃들과도 갈등을 겪게 되고, 사람들로부터 점점 고립된 채 홀로 지내게 된다.

저장장애의 유병률은 정확히 알려지지 않았지만, 노즈래튼 등(Nordsletten et al., 2013)이 1,698명의 성인을 대상으로 조사한 바에 의하면 이들 가운데 19명이 저장장애를 지닌 것으로 나타나 약 1.5%의 유병률을 보이며, 이들 중 67%는 나이가 많고 결혼을 하지 않았다고 보고하였다. 또한 저장장애는 초기 성인(34~44세)과 비교하여 장년층 이상(55~94세)에서 거의 3배 가까이 높은 유병률을 보이며(APA,

2013/2015), 남성보다 여성에게서 나타나는 비율이 3배가량 더 많은 것으로 보고되고 있다(Akinci et al., 2021). 저장장애는 발병 초기에는 증상이 약하게 나타나지만 나이가 들수록 점점 심각한 문제로 발전되며, 이들은 대개 자신의 행동에 대한 인식이 부족하여 치료에 자발적으로 임하지 않는다.

가끔 저장장애 증상은 사람들이 보기에 그저 '신기한' 행동으로 매스컴에 보도되는 경우가 있다. 그래서 이를 보고 물건을 잘 버리지 못하는 습관을 지닌 정상적인 일반인 중에서도 혹시 자신의 경우도 저장장애에 해당하는 것이 아닐까라는 생각을 하게 되기도 한다. 하지만 일부 유사한 모습이 있다고 해서 정신과적 장애인 저장장애에 해당되는 것은 결코 아니다. 정신과적 진단은 증상이 일정 기준을 충족할 만큼 심하고 일정 기간 지속적으로 나타나야 하며, 무엇보다 이러한 증상들로 인해 일상생활에서 개인적, 가정적, 사회적, 학업적 혹은 직업적 기능이 심각한 지장을 받아야 비로소 가능하다. 때로는 '아는 게 병'인 것처럼 일부 지식들을 가지고 섣불리 생각하고 판단하는 경우가 있을 수 있는데, 정신과적 진단은 항상 정신과 전문의를 통해 보수적이고 엄격한 기준에 의해 내려져야 한다는 사실을 기억할 필요가 있다.

그렇다면 저장장애는 어떠한 것이 영향을 주어서 생기는 걸까? 물론 이 진단도 특정한 한두 가지 원인만으로 설명할 수는 없다. 하지만 일단 성격적으로 매우 우유부단해서 물건을 버려야 할지 말아야 할지 의사결정을 내리는 것을 힘들어하기 때문에 물건을 어딘가에 놔두다 보니 이것이 습관이 되어 여기서부터 증상이 시작하는 것으로 보고 있다. 또한 성격적으로 완벽주의적 경향이 있어서 혹시나 물건을 필요로 할 때 더 이상 사용하지 못하게 될 것을 염려하거나, 혹은 잘못해서 버리는 실수를 하지 않으려다 보니 수집행동이 계속해서 발달되는 것으로 보고 있기도 하다. 그리고 자신이 저장하는 물건에 대한 중요성을 실제보다 과대평가하거나, 이것을 잃어버리게 될까 봐 과도하게 두려워하는 것도 저장장애를 유지시키는 데 기여하는 것으로 보고 있다(권석만, 2013).

이러한 저장장애는 앞서 살펴본 장애와 마찬가지로 약물치료를 적용하기도 하고, 이들에게 필요한 의사결정기술을 가르치거나 저장장애와 관련된 잘못된 생각들을 수정하는 인지치료를 실시하기도 한다.

(4) 털 뽑기 장애

이어서 소개할 진단명은 다소 생소하게 들릴 수 있는 털 뽑기 장애이다. 털 뽑기 장애(hair-pulling disorder)는 머리카락이나 눈썹, 속눈썹과 같은 신체의 털을 뽑으려는 충동이 계속해서 올라와 실제로 털을 뽑는 행동을 반복적으로 하는 증상을 말한다. 이 증상 역시 초기에는 우연히 시작되지만 스트레스를 많이 받거나 긴장할 때 이러한 행동을 반복하게 되고, 이런 행동을 하는 순간 긴장이 쫙 해소되는 느낌을 경험하면서 계속해서 털 뽑는 행동을 이어 나가는 것으로 알려져 있다.

털 뽑기 장애에 대해 설명하면 어떤 사람들은 자신도 간혹 머리카락 몇 가닥씩을 뽑을 때가 있는데 혹시 이 진단에 해당되는지 궁금해하기도 한다. 하지만 실제로 이 진단을 받는 사람들을 보면 발모 행위가 매우 심각하여 어떨 때는 몇 시간에 걸쳐 계속해서 머리카락을 뽑는 경우가 있다. 이 때문에 마치 탈모 증상이 생긴 것처럼 보이기도 하며, 이를 감추기 위해 가발이나 모자를 쓰고 다니기도 한다. 따라서 털 뽑기 장애를 지닌 사람들은 이 증상으로 인해 수치심을 느끼고 자존감이 낮아지는 것과 같은 매우 심각한 심리적 고통을 겪으며, 이로 인해 대인관계를 하거나 직장생활을 하는 데 큰 어려움을 겪는다.

털을 뽑는 증상은 대개 사춘기 무렵에 가장 흔하게 나타나기 시작하며, 미국 청소년과 성인의 약 1~2%가 이 증상을 지닌 것으로 추정된다. 털 뽑기 장애는 여성에게서 보다 많이 발생하며, 적절한 치료를 받지 못하면 평생에 걸쳐 증상이 나타났다 사라지는 만성적 경과를 보인다(APA, 2013/2015).

(5) 피부 벗기기 장애

피부 벗기기 장애(skin-picking disorder)는 자신의 피부를 반복적으로 벗기거나 뜯음으로써 피부를 손상시키는 행동을 지속적으로 하는 경우를 말한다. 이 진단은 피부에 올라온 각질을 어쩌다 벗긴다거나 여드름 자국을 조금 뜯는다고 해서 붙여지는 것은 아니다. 실제 이 진단에 해당하는 경우를 보면, 피부를 벗기거나 뜯는 행동을 하루에 짧게는 수십 차례 혹은 몇 시간씩 지속하기 때문에 증상을 지닌 당사자도 매우 고통스럽고 이로 인해 일상생활을 하는 데 심각한 지장을 초래한다.

피부를 벗기는 증상은 불안하거나 스트레스를 받을 때 더 증가하는 것으로 알려저 있고, 심한 스트레스를 받을 때 이러한 행동을 하고 나면 일시적으로 기분이 나아지는 것을 느끼는 것으로 보고되고 있다. 피부 벗기기 장애의 유병률은 대략 1.4~5.4%로 추정되고, 얼굴에 여드름이 나는 시기인 아동·청소년기에 보통 증상이 시작되며, 여성에게서 뚜렷하게 많이 나타나는 것으로 알려져 있다(Dell'Osso et al., 2006).

털 뽑기 장애나 피부 벗기기 장애 모두 정신역동적으로는 어린 시절의 정서적 결핍이나 권위주의적인 부모에 대한 억압된 분노와 관련된 것으로 보고 있다. 한편, 인지행동적 입장에서는 미세한 문제에 과도하게 집중하는 역기능적 완벽주의 또는 스트레스와 불안에 대한 잘못된 대처방식과 관련된 것으로 보고 있다(Lang et al., 2010). 따라서 원인에 대한 여러 입장에 따라 이에 맞는 상담이나 치료를 하게 되고, 경우에 따라 항우울제나 항불안제 같은 약물치료를 실시하기도 한다.

모든 질환은 그것이 신체적인 것이든 정신적인 것이든 증상이 나타나는 초기에 발견하여 정확한 진단을 받은 후 적절한 치료를 하는 것이 매우 중요하다. 이러한 점에서 강박 관련장애도 예외가 아니며, 증상이 나타나는 초기에 전문가를 찾아 적절한 치료를 받음으로써 문제가 더 악화되거나 만성화되는 것을 막는 것이 필요할 것이다.

3. 외상 및 스트레스 관련장애

외상 및 스트레스 관련장애(trauma and stress-related disorders)는 DSM-IV까지 불안장애 범주에 포함되어 있었으나, 2013년에 출간된 DSM-5에서는 불안장애와 독립된 별도의 진단범주로 제시되었다. 이는 과거에는 외상 및 스트레스와 관련된 장애를 단순히 불안과 관련된 문제로 보았으나, 이 장애가 단지 불안에 기반한 증상에 근거한 것이 아니라는 연구결과들이 밝혀지면서 더 이상 불안을 이 장애의 주요 문제로 간주하지 않게 되었기 때문이다.

이 절에서는 먼저 외상의 개념에 대해 알아보고, 외상 및 스트레스 관련장애의 증상과 유형, 그리고 치료에 대해 차례로 살펴보겠다.

- 고통스러운 사건을 겪은 후에 적응에 문제가 생기는 것이 이상일까?
- 외상후 스트레스 장애는 어떠한 기준으로 진단될까?

1) 외상의 개념

외상은 외부의 충격적 사건에 의해 입게 된 심리적 상처를 의미하는 것으로, 이때 발생하는 사건은 누구에게나 외상이 될 만한 끔찍하고 고통스러운 것을 말한다. 외상경험은 발생 빈도에 따라 구분되기도 하며, 원인에 따라 구분되기도 한다. 먼저, 발생 빈도에 따른 구분을 살펴보면, 전쟁이나 자연재해, 큰 사건 사고 등과 같이 일회적으로 발생하는 것도 있고, 학대나 성폭력과 같이 한 번에 그치지 않고 여러 차례에 걸쳐 지속적으로 발생하는 것도 있다. 또한 외상을 가져오게 한 원인에 따라 사람으로 인해 유발되는 대인관계 외상이 있는가 하면, 자연재해와 같은 대인외적 외상들도 있다. 허맨(Herman, 1992)은 외상경험을 일으키는 대상이 사람, 즉 대인관계 외상에 해당하는 경우 그렇지 않은 대인외적 외상보다 상처가 더 크고 복잡하며 영향이 장기적일 수 있다고 하였다.

따라서 외상이 일회적이든 반복적이든 혹은 사람으로 인해 발생한 것이든 그렇지 않든 간에 외부에서 주어진 큰 스트레스 사건으로 인해 심각하게 부적응을 겪는 경우라면 외상 및 스트레스 관련장애라는 진단범주를 고려할 필요가 있다.

2) 외상 및 스트레스 관련장애의 증상 및 유형과 치료

외상 및 스트레스 관련장애는 전쟁이나 화재, 지진, 홍수, 교통사고, 강간 등과 같이 고통스럽고 끔찍한 사건사고를 경험한 다음 그 후유증으로 심각한 부적응 증상을 나타내는 경우에 해당된다. 이때 외상이 되는 사건은 개인이 직접 경험할 수도 있고, 사건을 목격하거나 가까운 사람이 사건을 겪는 것을 곁에서 지켜본 것과 같이 간접적으로 경험할 수도 있다.

끔찍한 외상사건을 경험하면 누구든지 매우 고통스럽고 심각한 증상을 경험하게 된다. 이러한 반응은 지극히 당연한 것으로서, 외상사건 이후에 부적응 증상을 보인다고 해서 바로 정신과적 문제로 보는 것은 아니다. 외상후 스트레스 장애(PTSD)로 진단되려면 증상이 일정 기준을 충족하여 아주 심하게 지속적으로 나타나야 하고, 이러한 증상으로 인해 일상생활 기능에 심각한 지장과 고통을 초래해야 한다.

일반적으로 외상 및 스트레스 관련장애로 진단받기 위해서는 다음과 같은 증상들을 일정 기간에 걸쳐 나타내야 한다. 먼저, 외상사건과 관련된 생각이나 기억이 반복해서 떠오른다거나, 이와 관련한 악몽이나 꿈을 반복해서 꾸는 것과 같이 외상사건을 지속적으로 재경험하여야 한다. 그리고 고통스러웠던 외상사건과 관련된 자극을 무서워하게 되어 외상사건과 관련된 장소나 사람을 회피하는 모습을 보이게 된다. 또한 정신이 아득하고 멍해지거나 기억에 어려움을 겪기도 하고, 평소 좋아하던 활동에 관심이 줄어들며, 때로는 이질감을 느끼거나 비현실감을 경험하기도 한다. 그리고 각성의 증가로 인해 수면장애나 주의집중곤란을 겪기도 하고, 과도한 경계 상태를 보여 별것도 아닌 일에 크게 놀라는 반응을 보이기도 한다.

외상 및 스트레스 관련장애 범주에는 적응 장애, 반응성 애착장애를 포함하여 모두 다섯 가지 유형이 있지만, 여기서는 급성 스트레스 장애와 외상후 스트레스 장애에 대해 살펴보자. 급성 스트레스 장애(acute stress disorder)는 외상사건으로 인한 증상이 한 달 이내로 나타날 때 진단이 가능하고, 외상후 스트레스 장애(post traumatic stress disorder)는 외상사건으로 인한 증상이 한 달 이상 지속될 때 진단이 가능하다. 하지만 보통 외상을 경험한 후에 나타나는 증상은 몇 달 동안 지속되기도 하고, 심하면 몇 년에 걸쳐 지속되기도 한다. 따라서 일반적으로 급성 스트레스 장애는 외상후 스트레스 장애로 이어질 가능성이 높아서, 브라이언트 등(Bryant, Moulds, Guthrie, & Nixon, 2005)은 급성 스트레스 장애를 보이는 사람의 약 80%가 외상후 스트레스 장애로 발달하게 된다고 보고하였다.

외상후 스트레스 장애의 평생 유병률은 미국의 경우 8.7%로 보고된 바 있고, 남성에 비해 여성의 비율이 높다(APA, 2013/2015). 케슬러 등(Kessler et al., 2012)도 미국 성인의 외상후 스트레스 장애 평생 유병률이 8.0%라고 하였고, 남성 4.0%, 여성 11.7%로 여성의 비율이 높다고 하였다. 한편, 우리나라의 경우 외상후 스트레스 장애의 평생 유병률은 미국에 비해 훨씬 낮은 1.5%로 보고되었다(보건복지부, 2021).

일반적으로 사회적으로 큰 재난이나 사건이 발생한 다음에는 이 진단에 해당하는 사람의 비율이 급격히 증가한다. 미국의 경우 9·11테러 이후, 사고 주변에 거주하는 사람 5명 중 대략 1명 정도가 PTSD 진단에 해당되는 것으로 보고된 바 있다(Galea et al., 2002). 물론 우리나라의 경우에도 이와 비슷한 현상이 나타날 것으로 예상되지만, 아직까지 우리나라에는 사회적 재난을 겪은 후에 이 비율이 얼마나 증가하는지에 대한 구체적인 조사자료가 없다.

외상후 스트레스 장애의 치료에는 다음과 같은 방법이 적용되고 있다. 먼저, 항우울제나 항불안제와 같은 약물을 사용하는 방법이 있고, 낮은 수준부터 외상사건을 단계적으로 떠올리면서 이에 반복적으로 노출시킴으로써 점진적으로 외상사건과 관련된 부정적인 감정을 둔감화시키는 노출치료가 있다. 노출치료를 할 때에는 신체적으로 충분히 이완된 상태에서 외상사건에 대한 노출을 단계적으로 올려 가면서 실시하는 방법을 사용한다.

인지치료 또한 외상후 스트레스 장애에 적용된다. 예를 들어, 자신과 무관하게 발생한 일임에도 마치 그 일이 자신의 잘못으로 인해 발생한 것으로 생각하여 지나치게 죄책감과 수치심을 느끼는 경우라면, 외상사건의 발생 원인에 대해 잘못 가지고 있는 생각들을 찾아 이를 교정한다. 또한 외상사건에 대해 잘못된 신념을 지니고 있거나 의미를 잘못 부여하는 것을 찾아 이를 교정하기도 한다.

특히 외상사건을 다룰 때는 EMDR(eye movement desensitization and reprocessing)이라는 독특한 치료법을 적용하기도 한다. 이는 '안구운동 둔감화 및 재처리 치료'라는 것으로, 외상사건을 머릿속에 떠올린 상태에서 치료자가 손가락을 움직이는 대로 눈을 따라가면서 안구운동을 반복적으로 지속하는 것이다. EMDR 치료법은 외상후 스트레스 장애의 치료에 효과가 있는 것으로 알려져 있는데, 이러한 효과가 외상사건에 대한 노출로 인한 것인지 아니면 뇌의 작용에 의한 것인지는 아직까지 정확하게 밝혀지지 않았다(Rogers & Silver, 2002; Shapiro, 2014).

어떠한 치료방법이든 간에 치료의 효과는 사람마다 동일하게 나타나지 않으며, 어느 정도 개인차가 나타난다. 그러므로 반드시 전문가를 찾아 정확하게 진단받은 다음 자신에게 잘 맞는 치료법을 택해 꾸준히 치료받아야 한다. 전문가는 환자의 상태를 지속적으로 관찰하면서 치료의 방법에 변화를 주기도 하고, 약의 종류나 용량을 바꾸기도 한다. 따라서 마음이 많이 아프고 힘들 때에는 주저 말고 전문가를 찾아 치료받을 것을 권한다.

4. 신체증상 및 관련장애

앞에서 불안과 관련된 장애의 범주로서 불안장애, 강박 및 관련장애, 외상 및 스트레스 관련장애에 대해 다루었다. 이 절에서는 불안과 밀접한 관련이 있는 정신과적 문제로 신체증상 및 관련장애(somatic symptom and related disorders)를 추가로 살펴보고자 한다.

생각해 보기

– 신체적으로 나타나는 증상들도 정신과적 진단에 해당될까?

이 책을 읽는 독자들 중에서는 정신과적 문제를 다루다가 갑자기 신체증상과 관련된 문제를 언급하는 것이 언뜻 이해되지 않을 수도 있을 것이다. 하지만 우리의 신체는 마음과 밀접하게 연결되어 있어서, 몸이 아프면 마음이 아프기도 하고 반대로 마음이 아프면 그것이 몸으로 나타나기도 한다.

DSM-5에서는 신체증상에 과도하게 집중해서 이로 인해 유의한 심리적 고통을 겪고 일상생활에 지장을 가져오는 장애를 신체증상 및 관련장애로 분류하고 있다. 이는 DSM-5에 새롭게 등재된 진단범주로서, DSM-IV에서는 이와 유사한 문제들을 신체형 장애(somatoform disorders)로 분류하였으나 DSM-5에서 이를 다시 재개념화하여 새로운 진단범주로 제시한 것이다(APA, 2013). 마음의 문제는 일반적으로 생각이나 감정, 행동과 같은 정신적 증상으로 나타나지만, 일부 사람들한테는 이것이 신체적 증상으로 나타나기도 한다.

이에 신체증상 및 관련장애 범주에는 어떠한 유형들이 속하는지 살펴보고, 이러한 문제가 생기는 원인과 치료방법에 대해 알아보겠다.

1) 신체증상 및 관련장애의 유형

(1) 신체증상장애

신체증상장애(somatic symptom disorder)는 DSM-IV에 등재되었던 신체화 장애 (somatization disorder)를 대체하는 진단으로, DSM-5에 새롭게 등장한 정신과적 질환이다. 이는 자신의 신체증상에 대하여 지나치고 부적절한 생각과 감정, 행동을 보이며, 이로 인해 심한 고통을 겪고 일상생활에 지장을 받는 경우에 가능한 정신과적 진단이다.

신체증상장애를 지닌 사람은 자신이 경험하고 있는 통증이나 소화기 증상과 같은 다양한 신체증상에 대해 매우 고통스러워하거나 지나치게 걱정하며, 적어도 6개월 이상 이러한 신체증상을 반복적으로 호소한다. DSM-IV까지만 해도 신체화 장애의 진단은 의학적으로 설명할 수 없는 신체증상을 보일 때에만 가능했지만, DSM-5에서는 환자가 호소하는 신체증상이 의학적으로 관련될 수도 있고 그렇지 않을 수도 있다고 본다. 이는 정신과적 문제를 의학적 문제와 별개로 보지 않고, 의학적 문제를 지니고 있는 경우에도 정신과적 문제가 발생할 수 있다는 변화된 관점을 반영한 것이다(APA, 2013/2015).

실제로 신체증상장애를 지닌 사람들은 정신과를 제외한 여러 병원을 찾아다니면서 다양한 검사를 받곤 한다. 하지만 이들은 의학적 검사결과에 만족하지 못하고, 자신의 신체적 문제에 심리적 원인이 기저한다는 사실을 잘 받아들이려 하지 않는다(Davison & Simberlund, 2016).

신체증상장애의 유병률은 일반 성인 집단에서 대략 5~7%로 추정되고 있으며 (APA, 2013/2015), 여성과 남성의 비율이 10:1 정도로 여성에게서 많이 발생하는 것으로 보고되고 있다(Yates & Dunayevich, 2019). 신체증상장애는 신경증적 경향성과 같은 부정적 정서성의 성격특질을 지닌 사람들에게서 많이 발생하며, 교육기간이 짧거나 사회경제적 지위가 낮은 사람들에게서 보다 흔하게 나타난다(APA, 2013/2015).

신체증상장애의 유병률은 문화권에 따라 차이가 있는데, 일반적으로 서구 문화권보다 아시아 문화권에서 더 많이 발생한다(Ryder, Yang, & Heine, 2002). 이는 동양 문화권에 속한 사람들이 정서적인 증상을 표현하는 것에 익숙하지 않으며, 정서 증상 대신 신체증상을 더 많이 보고하기 때문이다(Ryder et al., 2008). 또한 정신과적 증상에 대한 낙인이 있는 문화권에서는 심리적 어려움을 신체적 증상으로 표현하기도 하는데(Parker, Gladstone, & Chee, 2001), 이러한 것이 동양 문화권에서 신체증상장애의 유병률이 높은 배경이 될 수 있을 것이다.

신체증상장애의 원인은 아직까지 불명확하나, 아동기 방임이나 성적 학대, 또는 알코올 및 약물 남용의 이력과 관련된다고 보기도 하고, 성격장애와 관련이 있는 것으로 보기도 한다(Croicu, Chwastiak, & Katon, 2014).

(2) 전환장애

전환장애는 영어로 conversion disorder라고 하는데, 이는 심리적 갈등이 신체적 문제로 '전환'되어 나타난다는 의미이다. 전환이라는 용어는 정신역동적 기원을 지니고 있는 용어로서, 프로이트에 의해 전환장애라는 용어가 처음 사용되었다. 정신역동적 입장에서는 신경학적 질환이나 의학적 문제로 설명되지 않는 신경학적 증상이 무의식적 갈등을 반영한다고 보고, 억압된 생각이 신체증상으로 치환되었다고 보므로 '전환'이라는 용어를 사용하였다(Blitzstein, 2008).

전환장애는 앞서 설명한 신체증상장애와 구별되는 진단으로, 신체증상장애는 주로 머리가 아프거나 소화가 잘 안 되는 것과 같이 다양한 신체증상을 반복적으로 호소하는 것이 특징인 데 비해, 전환장애는 훨씬 더 심각하고 극적인 신경학적 증상을 나타낸다. 그래서 전환장애에서는 운동이나 감각기능에 이상이 생겨 주로 걷거나 삼키거나 보거나 듣는 데 문제가 생긴다.

이와 같은 신경학적 증상은 스트레스를 많이 받을 때 특히 많이 나타나는 것으로 알려져 있다. 이러한 점에서 전환장애는 불안이나 심리적 갈등과 같은 정신적 문제가 결국 신체증상으로 '전환'되어 나타나는 것으로 보며, 대개 이러한 증상은 스트레스를 받을 때 갑자기 나타났다가 스트레스가 해소되면 증상이 회복되는 양상을 보인다. 하지만 정작 이 문제를 앓고 있는 사람들은 자신의 신체증상과 심리적인 원인과의 관련성을 잘 인지하지 못하는 경우가 많다.

일반 사람들에게서 전환장애가 어느 정도 발생하는지 정확한 유병률은 알려져 있지 않으나 앨리 등(Ali et al., 2015)은 평균 유병률이 인구 10만 명당 4~12명이라고 보고하였고, 스톤 등(Stone et al., 2009)은 일차의료기관에서 신경과로 의뢰된 3,781명의 스코틀랜드 환자 가운데 5.6%가 전환장애라고 보고하였다. 전환장애는 여성에게서 많이 나타나 여성 대 남성의 비율이 적게는 2:1에서 많게는 10:1까지 이르며, 사회경제적 지위나 교육수준이 낮을수록 더 많이 발생한다(Peeling & Muzio, 2021).

전환장애를 일으키는 원인에 대해 뚜렷이 밝혀진 바는 없지만, 대개 트라우마나 커다란 삶의 역경 또는 심각한 스트레스를 겪었던 사람들 중에 전환장애가 유발되는 경우가 많은 것으로 알려져 있다. 이들 중 많은 사람은 아동기 때 정서적 혹은 성적 학대를 겪었으며, 내면적인 갈등을 많이 겪고 있는 것으로 보고되었다. 또한 이들은 문제에 대처하는 능력이 부족하고, 알려져 있는 신경학적 문제를 가진 사람들에 비해 우울이나 불안 혹은 성격장애를 동반하고 있는 비율이 높다(Peeling & Muzio, 2021).

(3) 질병불안장애

다음은 질병불안장애(illness anxiety disorder)로, 이 진단은 DSM-IV에서 건강염려증(hypochondriasis)이라는 용어로 사용되던 것이다. 질병불안장애는 의학적 문제가 없음에도 불구하고 자신이 심각한 질병에 걸렸을지 모른다는 생각을 지나치게 많이 하는 정신과적 질환이다. DSM-IV에서 건강염려증으로 진단받았던 사람들은 DSM-5에서 대부분 신체증상장애나 질병불안장애로 진단받게 되는데, 신체적 불평이 두드러지게 나타나면 신체증상장애에 해당되고 신체적 불평이 미미하거나 존재하지 않는다면 질병불안장애에 해당된다(APA, 2013).

질병불안장애를 가지고 있는 사람들은 일상적인 신체감각의 변화나 사소한 증상에 매우 예민하다. 그래서 만약 소화가 며칠 잘 안 되면 '혹시 내가 암에 걸린 게 아닐까'라고 생각해서 불안에 떨기도 하고, 몸이 계속 으슬으슬하고 피곤하면 '혹시 내가 전염병이나 불치병에 걸린 게 아닐까'라고 지나치게 염려해서 이로 인해 정상적

인 일상생활이 방해를 받기도 한다. 질병불안장애를 가지고 있는 사람들 역시 건강
에 대한 지나친 걱정으로 인해 병원을 자주 방문하고 여러 병원을 옮겨 다니면서 계
속해서 의학적 검사를 받으며, 불안이나 우울증상이 같이 동반해서 나타나기도
한다.

　DSM-5에 등재된 질병불안장애의 유병률은 아직까지 정확하지 않다. 참고로, 건
강염려증의 시점 유병률(point prevalence)은 일반 인구집단에서 0.04%에서 4.5%이
며, 일반 병원을 찾은 환자 중에서는 0.3~8.5%, 전문클리닉을 방문한 환자 중에서
는 12~20%가 건강염려증 진단기준에 해당되는 것으로 보고되고 있다(Scarella,
Boland, & Barsky, 2019).

2) 신체증상 및 관련장애의 원인과 치료

　진단별로 약간의 차이는 있을 수 있겠지만, 신체증상 및 관련장애에 속하는 유형
들은 모두 심리적 갈등이 신체적으로 표출된다는 공통점이 있다. 그렇다면 사람들
은 왜 심리적 갈등을 신체적 통로를 통해 표출하는 걸까? 생각해 보면 심리적 갈등
을 겉으로 드러내어 표현한다는 것은 쉬운 일이 아니며, 심리적 갈등을 표현하면 주
변 사람들과의 관계가 불편해질 수도 있다. 게다가 사람들은 일반적으로 심리적 문
제보다 신체적 문제에 더 관대하고 허용적이다. 그래서 심리적 문제보다는 신체적
문제로 드러내는 것이 보다 안전하다고 여길 수도 있을 것이다. 물론 이것은 자신도
의식하지 못하는 경우가 많다.

　또한 신체적 문제를 호소할 때 얻게 되는 이차적 이득(secondary gain)도 있는데,
예를 들어 신체증상을 호소함으로써 주위 사람들로부터 관심이나 동정을 이끌어
낼 수 있고, 몸이 아프다는 이유로 여러 의무나 책임으로부터 일정 부분 벗어날 수
도 있다. 또 어떤 때는 자신이 받게 될 비난을 일부 면하게 될 가능성도 있고, 사람
들과의 관계를 자신이 원하는 대로 이끌 수도 있다. 하지만 이렇게 해서 얻는 이득
은 일시적이며, 갈등을 근원적으로 해결하지 못한다.

　그래서 만약 스트레스를 받거나 힘든 일이 있을 때 증상을 몸으로 많이 나타내는
편이라면, 몸이 아픈 것이 마음의 문제일 수도 있다는 점을 생각하면서 자신의 마음

을 살피는 계기로 삼을 필요가 있을 것이다. 따라서 이러한 경우에는 상담을 통해 안전한 분위기에서 자신에게 억압되어 있는 감정이나 심리적 갈등을 편안하게 이야기함으로써, 심리적 문제들을 직접적으로 다루는 것이 도움이 될 수 있다.

인지적 입장에서는 사소하거나 일상적일 수 있는 신체증상에 대해 과도하게 평가하거나 왜곡해서 받아들이고, 심각한 질병에 걸렸다고 잘못 해석하여 이에 맞는 정보들에 선택적으로 주의를 기울이기 때문에 이러한 증상이 생기는 것으로 보고 있다. 따라서 이러한 경우에는 사람들이 잘못 해석하는 부적응적 인지내용과 잘못된 정보에 선택적으로 주의를 기울이는 부적응적 인지과정을 찾아 이를 교정해 주는 인지치료를 적용하게 된다. 또한 필요한 경우에는 항불안제 등을 투여하는 약물치료를 같이 실시할 수도 있다.

이 장에서는 DSM-5에 기초하여 불안장애와 강박 및 관련장애, 외상 및 스트레스 관련장애, 그리고 신체증상 및 관련장애에 대해 살펴보았다. 이 장을 통해 불안에 대해 올바로 이해하고, 불안과 관련된 다양한 장애의 유형과 원인, 그리고 치료에 대한 이해가 증진되었기를 바란다.

불안은 누구나 경험하는 심리적 증상이고, 사람들이 살아가는 데 필요한 정상적인 감정이다. 따라서 어느 수준까지는 불안을 느낀다고 해서 특별히 문제되지 않는다. 하지만 자신의 불안 수준이 높은 편이고 이로 인해 일상생활에 지장을 겪고 있는 경우라면 정상적인 수준의 불안을 넘어서 지나치게 불안을 많이 느끼고 있는 상태일 가능성이 있으므로, 이 경우에는 전문가를 찾아 정확한 진단을 받고 적절한 치료를 하는 게 도움이 될 것이다.

CHAPTER

CHAPTER 09 우울장애와 자살

Mental Health

우울증은 정신과 영역에서 감기에 비유될 정도로 사람들이 많이 경험하는 정신과적 문제이다. 이처럼 우울증은 흔한 문제일뿐더러 어느 정도 시간이 지나면 저절로 낫기도 하기 때문에 우울증을 가볍게 여길 수도 있지만, 반대로 스스로 자신의 목숨을 끊게 할 정도로 매우 위험하고 심각한 정신과적 질환이기도 하다. 따라서 이 장에서는 이러한 양면성을 지닌 우울장애를 살펴보고, 우울과 더불어 정신건강을 논할 때 빼놓을 수 없는 주제인 자살에 대해 함께 알아보고자 한다.

1. 주요우울장애

이 절에서는 먼저 우울이 얼마나 흔한 문제인지 유병률과 관계된 통계자료와 우울의 증상에 대해 살펴보고, 우울장애의 원인에 대한 몇 가지 주요 이론적 입장과 우울장애의 유형에 대해 차례로 다루도록 하겠다. 그리고 우울장애를 치료하는 방법과 우울한 기분을 스스로 다스리는 방법에 대해 같이 생각해 보고자 한다.

생각해 보기

- 사람들은 왜 우울해지는 걸까?
- 우울증은 어떤 점에서 치명적일까?

---

1) 우울의 유병률

우울은 얼마나 흔한 문제일까? 미국 질병통제예방센터(CDC)의 자료에 의하면, 미국 성인 가운데 살면서 한 번 이상 우울증 진단을 받는 사람의 비율은 무려 16.1%로 나타났다. 우울증은 남성보다 여성에게서 많이 발생하여, 남성은 11.2%, 여성은 20.7%가 살면서 한 번 정도 우울증을 경험하는 것으로 보고되었다(CDC, 2011). 케슬러 등(Kessler et al., 1994, 2012)도 미국 성인의 우울증 평생 유병률이 남성은 14.4%, 여성은 22.1%로서, 남성은 대략 여섯 명 중에 한 명이, 여성은 대략 네 명 중에 한 명이 사는 동안 우울증의 영향을 받게 된다고 하였다. 또한 WHO에서 29개 국가를 대상으로 실시한 세계정신건강 역학조사에 의하면 우울증의 평생 유병률은 10.6%로, 조사된 정신질환 가운데 가장 높은 유병률을 나타냈다(Scott, de Jonge, Stein, & Kessler, 2018).

그렇다면 우리나라에서는 어떨까? 보건복지부에서 발표된 조사자료(2021)에 따르면, 우리나라 사람들의 우울증 평생 유병률은 7.7%였으며, 남성은 5.7%, 여성은 9.8%로 나타났다. 수치로만 보면 우리나라의 우울증 유병률은 다른 나라에 비해 낮은 편이다. 하지만 문화적 배경에 따라 정서적인 증상의 표현과 정신건강서비스 이용률에 차이를 보이는 것으로 미뤄 보아, 우리나라 사람 중에 우울증을 경험하고 있는 사람들의 실제 비율은 조사자료보다 높을 가능성이 있다.

우울증은 재발률이 높은 정신과적 장애로서, 우울증의 첫 삽화(episode)로부터 회복된 사람 가운데 약 50%는 살면서 한 번 이상 더 우울증 삽화를 경험하고, 두 번째 우울증 삽화를 경험한 사람 가운데 약 80%는 또 다른 재발을 경험하는 것으로 알려져 있다(APA, 2000). 그리고 우울증은 첫 번째 삽화가 발생한 후 대략 5년 이내에 다음 삽화가 나타나며(Lewinsohn, Clarke, Seeley, & Rohde, 1994), 우울증 병력이 있는 사람들은 평생 동안 약 다섯 번에서 아홉 번 정도의 우울증 삽화를 경험한다(Kessler & Walters, 1998).

2) 우울의 증상

그럼 우울할 때는 어떤 증상이 나타날까? 먼저, 정서적 증상부터 살펴보면 우울한 사람들은 무엇보다 매우 슬프고 불행하다고 느끼며, 절망감과 무가치함, 죄책감과 같은 감정을 많이 경험한다. 그래서 우울하게 되면 기분이 가라앉아 축 처진 모습을 보이며 눈물을 자주 흘리곤 한다. 또한 정서적으로 무감각해지거나 무표정한 모습을 보이는 감정의 둔마 현상을 보이기도 한다.

우울하게 되면 동기나 행동적 양상에도 변화가 와서, 어떠한 것에도 재미나 의미를 못 느끼고 의욕 수준도 떨어져서 아무것도 하고 싶지 않고 또 할 수도 없는 상태가 된다. 또한 활동수준도 많이 떨어져서 예전에 좋아하던 활동조차 더 이상 하지 않게 되고, 자발성이 현저히 저하되어 억지로 일하고 마지못해 살아간다. 따라서 생활에서 즐거움이라고는 찾기 어려우며, 매사가 온통 무의미하게 느껴지게 된다.

우울할 때 경험하는 신체적 증상으로는 피로감을 자주 경험하고, 수면에 문제를 가져오게 되어 잠을 잘 자지 못하거나 반대로 지나치게 잠을 많이 자기도 한다. 식욕에도 변화가 생겨 단기간에 체중이 많이 빠지기도 하지만, 반대로 체중이 증가하는 사람도 있다. 또한 우울감이 오래 지속되다 보면 신체의 면역계에도 이상을 가져온다.

우울할 때 나타나는 인지 증상을 살펴보면, 주의집중력이 감소하고 기억력이 저하되며 의사결정이 힘들어진다. 우울하게 되면 자기 자신(the self)과 세상(the world), 그리고 미래(the future)를 부정적으로 지각하게 되는데, 이를 가리켜 인지삼제(cognitive triad)라고 한다(Beck, 1976). 그래서 우울한 사람들은 자신을 비난하고 자신을 둘러싼 세상과 앞으로 일어날 일들에 대해 아무런 희망을 못 느끼며 이것들이 매우 가혹하다고 여긴다.

이러한 비관적이고 부정적인 생각과 무망감은 죽음에 대한 생각을 갖게 하므로, 우울증은 자살과 매우 밀접한 관련이 있다. 우울증은 감기처럼 사람들이 많이 겪을 뿐 아니라 시간이 지나면서 저절로 나아지기도 하는 마음의 문제이기도 하지만, 한편으로 우울증이 심해지면 죽음에 대한 생각이 많아지고 심해져서 실제로 자살을 시도하는 경우가 발생하기 때문에, 이런 점에서 볼 때 우울증은 결코 가볍게만 볼 수 없는 치명적인 문제라고 할 수 있다.

❖ 우울(CES-D) 척도 문항의 예

- 평소에는 아무렇지도 않던 일들이 귀찮게 느껴졌다.
- 가족이나 친구가 도와주더라도 울적한 기분을 떨쳐 버릴 수 없었다.
- 내 인생은 실패작이라는 생각이 들었다.
- 잠을 설쳤다(잠을 이루지 못했다).
- 평소보다 말을 적게 했다(말수가 줄었다).
- 세상에 홀로 있는 듯한 외로움을 느꼈다.
- 갑자기 울음이 나왔다.

출처: Radloff(1977)가 개발한 The Center for Epidemiologic Studies of Depression Scale
      (CES-D)을 전겸구, 최상진, 양병창(2001)이 번안하였음.

---

3) 우울장애의 원인

심리학의 주요 이론들은 사람들에게 심리적 문제가 발생하는 이유에 대해 서로 다른 설명을 제공하고 있다. 이에 우울장애의 원인에 대한 정신역동적, 행동주의적, 인지적, 그리고 생물학적 입장에 대해 차례로 살펴보자.

(1) 정신역동적 입장

정신역동 이론에서는 우울을 사랑하는 대상을 상실한 것에 대한 반응으로 본다 (Abraham, 1949). 이때 상실은 실제로 일어난 것일 수도 있고 마음속에서 일어나거나 상징적인 의미의 상실일 수도 있다. 정신역동적 입장에서는 이처럼 중요한 대상을 상실한 경험으로 인한 슬픔과 분노의 감정이 자기 자신을 향해 나타나는 것을 우울로 본다.

우울증에 대한 정신역동적 입장은 프로이트와 그의 제자이자 동료인 에이브라함에 의해 발전되면서, 어린 시절의 상실과 관련된 외상 경험이 우울증을 유발시킨다는 생각이 자리 잡게 되었다.

(2) 행동주의적 입장

행동주의 이론에서는 적절한 사회성 기술이 부족(Segrin, 2000)하거나 상황에 대한 대처능력이 미흡(Garnefski et al., 2002)한 사람이 우울증에 취약한 것으로 보고 있다. 이는 사회성 기술이나 대처능력이 부족하면 힘든 상황에 처하게 될 때 우울과 같은 부정적 감정을 경험하게 될 가능성이 높아질 수 있기 때문이다.

또한 행동주의에서는 우울증을 긍정적 강화가 줄어들기 때문에 생기는 것으로도 본다(Lewinsohn & Graf, 1973). 사람들이 열심히 일하면서 사회적 교류를 활발히 하는 것은 이로부터 얻게 되는 긍정적 강화가 있기 때문인데, 어떠한 이유에서든 점차 자신에게 오는 긍정적 강화가 줄어들면 사람들은 점점 더 즐거움을 잃게 되며 살아가는 의미 역시 못 느끼게 될 것이다. 이렇게 해서 기분이 우울해지면 평소에 즐기던 활동을 더 이상 하지 않게 되고 사람들과 어울리는 자리도 점점 더 피하게 된다.

결국 우울한 기간이 길어지면 길어질수록 사람들로부터 받던 관심이나 지지도 그만큼 더 줄어든다. 따라서 행동주의에서는 긍정적 강화를 받을 기회가 줄어드는 것이 결국 우울증을 가져오고, 시간이 가면 갈수록 이러한 기회들이 점점 더 줄어들면서 결과적으로 우울증이 악화되는 것으로 보고 있다.

(3) 인지적 입장

인지 이론에서는 자신이 경험하는 일을 부정적으로 지각하고 해석하는 경향으로 인해 우울증이 발생한다고 보고 있다. 우울증에 대한 인지 이론은 1960~70년대 학습된 무기력 이론으로부터 출발했다. 학습된 무기력이란 통제할 수 없는 상황에 지속적으로 노출될 때 무기력감을 경험하고 학습하게 된다는 것으로, 학습된 무기력 이론에서는 사람들이 자신이 통제하기 어려운 부정적 사건에 지속적으로 노출하게 될 때 우울을 경험한다고 설명한다.

이와 같은 학습된 무기력 이론은 사람들에게서 우울증이 어떻게 발생하는지에 대한 설명을 제공해 주고 있다. 하지만 이 이론은 우울증이 어떻게 해서 계속 유지되고 심화되는지에 대해서는 충분한 설명을 제공해 주지 않는다. 이에 이어서 등장한 에이브람슨 등(Abramson, Metalsky, & Alloy, 1989)의 우울증에 대한 무망감 이론은 우울한 사람들이 인지적 취약성을 지니고 있으며, 이로 인해 우울증이 유지되고 악화된다고 설명하고 있다.

사람들은 부정적인 일이 발생하면 그 일의 원인에 대해 생각하는 경향이 있는데, 이처럼 일의 결과에 대해 그 원인이 어디에 있다고 생각하는지 경향성을 파악하는 것을 가리켜 귀인(attribution)이라고 한다. 우울증에 대한 무망감 이론에서는 우울한 사람들이 자신에게 생긴 안 좋은 일에 대해 내부 귀인을 하여 마치 자기 자신 때문에 안 좋은 일이 생긴 것('나 때문이야')으로 보기 때문에 이로 인해 죄책감을 많이 경험하게 된다고 본다. 또한 우울한 사람들은 쉽게 변화될 수 없는 안정적 요인에 의해 부정적인 일들이 계속해서 발생('앞으로도 그럴 거야')하는 것으로 인식하는 경향이 있기 때문에 우울한 상태를 오래 지속시키게 된다고 본다. 그리고 안 좋은 일의 원인을 생각할 때 특정 경험에 국한시켜 받아들이지 않고 전반적으로 문제가 있어서 그런 일이 생기는 것('모든 일이 다 그래')으로 받아들인다. 이와 같이 부정적인 일에 대해 내부적(internal), 안정적(stable), 전반적(global)으로 귀인하는 성향을 가리켜 '우울유발적 귀인(depressogenic attributional style)'이라고 한다. 따라서 우울증에 대한 무망감 이론에서는 이러한 귀인 성향으로 인해 인지적 취약성을 지닌 개인이 우울증에 취약하게 되고, 결국 이로 인해 우울증이 유지·심화된다고 보고 있다 (Abramson et al., 1989).

인지치료를 창시한 벡(Beck)과 동료들(1976, 1979)은 우울한 사람들이 자신이 처한 상황이나 사건을 해석할 때 부정적으로 왜곡해서 해석하는 경향이 있고, 이러한 경향성으로 인해 자기 자신과 세상, 미래에 대한 부정적인 생각을 지속적으로 하게 된다고 보았다. 이렇게 사건의 의미를 해석하는 과정에서 생기는 오류를 가리켜 인지오류(cognitive errors) 또는 인지왜곡(cognitive distortions)이라고 하는데, 여기에는 흑백논리, 과잉일반화, 선택적 추상화, 쉽게 결론 내리는 경향 등이 포함된다.

인지오류의 예를 들어 보자. 이분법적 사고 혹은 전부 아니면 전무 식의 사고로도 불리는 흑백논리(all-or-nothing thinking)는 완벽하지 않으면 아예 실패한 것으로 생각하든가 좋은 것이 아니면 아예 나쁜 것으로 생각하여, 흑과 백만 존재하고 중간에 해당하는 것들은 아예 없는 것으로 간주하는 사고방식이다. 그렇기에 흑백논리의 인지오류를 지니는 경우 극단적이고 이분법적인 사고방식을 나타내며, 본인이 생각하는 기준과 다를 경우 그것을 아예 배척한다. 예를 들어, 완벽하지 않으면 실패한 거나 마찬가지라고 생각하거나 내 입장과 다르면 적이라고 생각한다면, 이는 흑백논리의 오류에 해당한다고 볼 수 있다.

과잉일반화(overgeneralization)는 단지 몇몇 일에서 나타난 결과를 가지고 다른 일에도 동일한 결과가 나타날 것으로 지나치게 확대해서 적용하기 때문에 발생하는 인지오류이다. 예를 들어, 어떤 일이 실패했을 때 앞으로 생기는 다른 일들도 모두 다 실패할 것으로 예상한다든지, 어떤 사람과 부정적인 경험을 한 적이 있다고 해서 그 사람이 속한 집단의 다른 사람들도 모두 다 똑같을 것이라고 생각한다면 이는 과잉일반화에 해당된다.

선택적 추상화(selective abstraction)는 정신적 여과(mental filtering)라고도 불리며, 어떤 일이나 경험의 전부를 골고루 보고 평가하지 않고 일부 단면에만 선택적으로 집중해서 그것이 마치 전부인 양 받아들이는 것을 의미한다. 가령, 우울한 사람들은 자신의 인생에서 긍정적인 경험들이 분명히 있었음에도 불구하고 부정적인 면에만 주의를 기울여, 마치 인생이 전체적으로 다 나빴던 것으로 받아들이는 경향이 있다.

쉽게 결론 내리는 경향(jumping to conclusions)에는 독심술적 오류와 예언자적 오류가 포함된다. 독심술적 오류(mind reading error)는 말 그대로 다른 사람의 마음을 자기 마음대로 읽는 데서 발생하는 오류인데, 일반적으로 사람들은 다른 사람의 마음을 임의로 추측하여 이러저러하다고 단정 짓는 경향이 있다. 그리고 이 과정에서 자신의 생각이 맞는지 틀리는지 실제로 확인하지 않은 채 그냥 사실로 믿어 버린다. 예를 들어, 아주 사소한 단서만 가지고 그것을 제대로 확인해 보지 않은 채 '저 사람은 나를 싫어하는 게 분명해'라고 스스로 단정 짓곤 한다. 이와 마찬가지로 충분한 근거 없이 앞으로의 일이 잘 안 될 것으로 생각하고 이를 사실로 믿어 버리기도 하는데, 이를 가리켜 예언자적 오류(fortune telling error)라고 한다. 예언자적 오류는 객관적 근거 없이 앞 일을 임의로 예측하는 데서 발생하는 오류를 말한다. 따라서 독심술적 오류와 예언자적 오류는 둘 다 자기 마음대로 쉽게 결론을 내려 버리는 데서 발생하는 오류이므로, 이 두 가지를 가리켜 쉽게 결론 내리는 경향이라고 한다.

이처럼 인지 이론에서는 우울한 사람들이 사건을 부정적으로 해석하는 인지과정상의 오류를 가지고 있어서, 이로 인해 어떤 상황에 처하게 될 때마다 자동적으로 부정적인 생각을 하게 된다고 보고 있다.

(4) 생물학적 입장

우울증에 대한 생물학적 입장에서는 유전이나 신경전달물질 혹은 호르몬의 영향에 주목한다. 실제로 우울증 환자가 있는 가계를 우울증 환자가 없는 가계와 비교한 결과, 직계가족 중에 우울증이 있는 경우 그렇지 않은 경우에 비해 우울증 발생 가능성이 2.8~10배 높아지는 것으로 보고되었다(Wallace, Schneider, & McGuffin, 2002). 또한 일란성 쌍생아와 이란성 쌍생아를 비교한 맥거핀 등(McGuffin et al., 1996)은 같은 유전자를 공유하는 일란성 쌍생아의 경우 한쪽이 우울증이 있을 때 다른 쪽도 우울증을 경험할 가능성이 46%인 데 비해, 이란성 쌍생아에서는 그 비율이 20% 이하로 낮아진다고 보고하였다. 따라서 이러한 결과는 우울증이 가계 내에서 어느 정도 유전될 가능성이 있다는 것을 시사해 준다.

우울증에 대한 생물학적 입장에서는 세로토닌(serotonin)이라는 신경전달물질에 주목하는데, 우울증은 바로 이 세로토닌의 낮은 활동으로 인해 발생하는 것으로 본다. 또한 사람들이 스트레스를 받을 때 부신에서 방출되는 코르티솔이라는 호르몬의 과잉 분비가 우울과 관련이 있다고 본다.

4) 우울장애의 유형

DSM-5에서는 우울장애 범주에 속하는 유형으로 주요우울장애, 지속성 우울장애, 월경전 불쾌장애, 파괴적 기분조절곤란장애를 제시하고 있다. 여기서는 주요우울장애, 지속성 우울장애, 월경전 불쾌장애를 살펴보고, DSM-5에 등재된 공식적인 진단은 아니지만 일반인들에게 널리 알려져 있는 산후 우울증, 계절성 우울증 그리고 가면성 우울증에 대해 추가로 다루고자 한다.

(1) 주요우울장애

주요우울장애(major depressive disorder)는 사람들이 일반적으로 말하는 우울증을 지칭하는 것으로서, 앞에서 언급한 우울증의 증상, 유병률 등은 대부분 주요우울장애의 경우에 해당된다. 주요우울장애로 진단되기 위해서는 DSM에서 제시한 진단기준을 모두 충족해야 하며, 주요우울장애는 일반적으로 사람들이 가장 많이 경험하는 중요한 정신과적 질환에 해당하므로 DSM-5에서 제시하고 있는 진단기준을 살펴보도록 하겠다.

주요우울장애는 〈표 9-1〉에서 보는 바와 같이 아홉 가지 진단기준(APA, 2013/ 2015)이 있는데, 이 가운데 5개 이상의 증상이 거의 매일 연속적으로 최소 2주 이상 나타날 때 진단이 가능하다. 아울러 다섯 가지 증상 가운데 적어도 한 가지는 1번 또는 2번 항목에 해당하여야 하므로, 주요우울장애로 진단되기 위해서는 우울한 기분이 반드시 지속적으로 나타나거나 또는 일상생활에 흥미나 즐거움이 뚜렷하게 감소되어 있어야 한다. 이처럼 우울한 기분이 지속적으로 나타나거나 혹은 흥미나 즐거움이 뚜렷하게 줄어드는 것은 주요우울장애를 진단하는 데 매우 중요한 기준이 되고, 이 외에도 식욕이나 체중, 수면에서 유의한 변화가 있거나, 정신운동성 초조나 지체가 거의 매일 나타나거나, 피로감이나 무가치감, 사고력이나 집중력의 감소와 같은 증상이 거의 매일 나타나야 한다. 또한 죽음에 대한 생각이 반복적으로 들어 자살을 생각하거나 계획하는 것도 주요우울장애를 진단하는 하나의 기준이 된다.

〈표 9-1〉 주요우울장애 진단기준

1. 하루 중 대부분 그리고 거의 매일 지속되는 우울 기분에 대해 주관적으로 보고(예: 슬픔, 공허감 또는 절망감)하거나 객관적으로 관찰됨(예: 눈물 흘림)

2. 거의 매일, 하루 중 대부분, 거의 또는 모든 일상 활동에 대해 흥미나 즐거움이 뚜렷하게 저하됨

3. 체중 조절을 하고 있지 않은 상태에서 의미 있는 체중의 감소(예: 1개월 동안 5% 이상의 체중 변화)나 체중의 증가, 거의 매일 나타나는 식욕의 감소나 증가가 있음

4. 거의 매일 나타나는 불면이나 과다수면

5. 거의 매일 나타나는 정신운동 초조나 지연

6. 거의 매일 나타나는 피로나 활력의 상실

7. 거의 매일 무가치감 또는 과도하거나 부적절한 죄책감을 느낌

8. 거의 매일 나타나는 사고력이나 집중력의 감소 또는 우유부단함

9. 반복적인 죽음에 대한 생각, 구체적인 계획 없이 반복되는 자살 사고, 또는 자살시도나 자살수행에 대한 구체적인 계획

출처: APA (2013/2015).

정리하면, 〈표 9-1〉에 제시된 아홉 가지 항목 가운데 다섯 개 이상의 증상이 최소 2주 동안 나타나야 하고, 이 다섯 가지 증상 가운데 1번 또는 2번 항목이 반드시 한 개 이상 포함되어야 주요우울장애 진단이 가능하다.

(2) 지속성 우울장애

지속성 우울장애(persistent depressive disorder)는 우울증상이 지속적으로 나타나 만성화되어 있을 때 붙일 수 있는 진단이다. 지속성 우울장애 진단은 우울증이 지속되는 기간이 최소 2년 이상이어야 하고, 우울한 기분 외에도 일반적으로 우울증에서 나타나는 증상인 에너지 수준의 저하, 무망감, 혹은 식욕 및 수면습관의 변화와 같은 증상을 함께 가지고 있어야 가능하다.

우울증은 우울한 증상이 심하게 나타나는 것도 문제지만, 우울한 상태가 오래 지속되는 것도 심각한 문제가 될 수 있다. 왜냐하면 우울한 상태가 지나치게 오래 지속되면 의욕이나 흥미, 활동 수준이 떨어진 채 침체된 생활을 한동안 오래 지속하게 되므로 결국 이로 인한 영향이 개인의 사회적, 학업적, 직업적 기능에 모두 심각한 피해를 가져오기 때문이다. 따라서 우울한 상태가 오래 지속되면 될수록 결과적으로 사람들을 만나 교류하는 모든 대인관계 활동이 위축되며 일의 성과도 현저히 떨어지고, 이는 다시 개인에게 우울감을 안겨다 주는 악순환으로 이어진다.

또한 우울증상이 오래 지속된다는 것은 앞으로도 그럴 가능성이 높다는 것을 예측하므로, 지속성 우울장애는 치료효과가 높지 않고 치료되더라도 재발할 가능성

이 높아서 결국 우울증상이 장기적, 만성적으로 나타날 수 있다. 모든 질병이 그렇듯이 우울증도 증상이 심하고 오래 지속되는 경우에는 '그냥 내버려 두면 낫겠지.'라는 생각으로 방치해서는 안 되며, 적절한 때에 적절한 치료를 받는 것이 매우 중요하다.

(3) 월경전 불쾌장애

월경전 불쾌장애(premenstrual dysphoric disorder)는 여성들이 월경을 하기 전에 기분이 동요되거나 우울이나 불안증상을 경험하고 예민해지는 것과 같이 정서적으로 불안정해지는 증상이 나타나, 이로 인해 일상적인 활동에 대한 흥미가 줄어들고 무력감이나 주의집중 곤란 등과 같은 증상이 주기적으로 나타날 때 가능한 진단이다.

월경전 불쾌장애를 DSM의 공식적인 진단으로 포함시키는 것에 대한 논의는 계속 이루어져 왔으나, DSM-5가 출간되면서 공식적인 진단으로 자리 잡게 되었다. 월경 전에 불편감을 느끼는 증상이 일시적이거나 혹은 치료가 필요할 정도로 심각하지 않은 경우가 대부분이긴 하지만, 일부 여성들은 이러한 상태가 계속 주기적으로 반복되어 일상생활에 큰 지장과 고통을 겪기 때문에 이럴 때는 적절한 치료가 필요하다고 볼 수 있다.

(4) 기타 우울 관련장애

여기서는 DSM-5에 공식적으로 포함된 진단은 아니지만, 역사적으로 우울증의 하위유형으로 분류되어 아직까지도 일반인 사이에서 널리 사용되고 있는 몇 가지 장애에 대해 살펴보겠다. 먼저, 산후 우울증(postpartum depression)은 대략 출산 후 4주 이내에 우울증상이 나타나는데, 이때 증상이 매우 심하게 혹은 몇 달에 걸쳐 오래 나타나는 경우를 말한다. 일반적으로 주요우울장애에서 보이는 증상을 나타내고, 또 일부는 불안이나 공황 증상을 보이기도 한다.

일반적으로 산후 우울증은 여성의 임신과 출산과정에서 나타나는 급격한 호르몬 변화와 관련되는 것으로 본다. 그렇다면 임신과 출산을 겪은 모든 여성한테 이러한 증상이 나타나야 하겠지만, 반드시 그런 것은 아니다. 그래서 임신과 출산이라는 변화로 인해 심리적 혹은 생물학적으로 더 크게 영향을 받는 일부 여성들에게 산후 우울증이 발생하는 것으로 보고 있다. 권정혜(1997)는 산후 우울증에 대한 연구를 통해, 임신부의 22.3%가 출산 후 심한 우울을 보였다고 하였으며, 과거 우울 병력을 지녔거나 임신기간 중에 우울했던 여성들의 경우 출산 후 산후 우울증을 더 많이 경험한다고 하였다. 또한 자존감이 낮거나 부부관계 만족도가 낮은 여성들이 출산 후에 양육 스트레스를 심하게 겪게 되면 산후 우울증을 겪을 가능성이 높아진다고 하였다.

박우영(2008)도 임신 33주 이상의 산모 100명을 대상으로 산후 우울증의 유병률과 예측인자를 조사하였는데, 그 결과 산후 우울증의 유병률은 9.9%로 조사되었고, 경도의 산후 우울증을 포함하면 37.0%의 유병률을 보인다고 하였다. 그리고 출산 전 산모의 사회적, 직업적 기능 수준과 출산 후 보조 양육자의 유무가 산후 우울증을 예측하는 것으로 나타났다.

산후 우울증은 일반적인 우울증과 마찬가지로 시간이 지남에 따라 자발적으로 나아지기도 하지만, 아기를 출산한 산모가 오랫동안 우울한 상태에 머무르면 산모의 신체건강과 정신건강에 좋지 않을뿐더러 아기와 다른 가족에게도 부정적인 영향을 미칠 수 있다. 따라서 출산 후 우울증상이 오랫동안 심하게 지속된다면 적절한 치료를 받는 것이 바람직하다.

다음은 계절성 우울증(seasonal affective disorder)으로, 특정 계절이 되면 기분이 우울해지는 사람들에게 가능한 진단이다. 이때 특정 계절이라 함은 보통 일조량이 부족해지는 겨울 시기를 말하는 것으로, 계절성 우울증이 있는 사람들은 이 무렵만 되면 상대적으로 기분이 가라앉고 우울해지는 것을 반복적으로 경험한다. 이처럼 특정 계절에 우울한 증상이 반복적으로 나타나는 경우를 가리켜 계절성 우울증이라고 부르고, 대개 해가 떠 있는 시간이 짧아지는 겨울에 이런 증상이 나타나기 때문에 이러한 경우는 부족한 일조량을 보충해 주는 일종의 광선치료를 적용해서 치료하기도 한다.

마지막으로 살펴볼 유형은 가면성 우울증 혹은 위장된 우울증으로 불리는 masked depression이다. 이는 분명히 내면에는 우울감이 가득 차 있는데, 겉으로는 마치 가면을 쓰고 있는 것처럼 전혀 우울하게 보이지 않는 경우를 가리키는 용어이다. 사실 우울증이 무서운 것은 이와 같이 속으로는 곪아 있어도 겉으로는 쉽게 알아차릴 수 없는 경우가 있기 때문이고, 그 결과 적절한 치료 시기를 놓치게 되는 경우가 빈번하기 때문이다. 이처럼 가면성 우울증의 경우 주변의 가까운 사람들조차 우울한 상태를 제대로 알아차리기 쉽지 않으므로 특히 유의할 필요가 있다.

5) 우울장애의 치료

앞서 살펴본 바와 같이, 우울증은 감기처럼 사람들이 많이 경험하고 특별한 치료를 받지 않아도 자연스럽게 나아질 수 있는 정신과적 질환이다. 하지만 우울증이 심해지면 죽음에 대한 생각이 강해져서 실제로 우울증에 걸린 사람 중 일부는 자살을 시도하며, 이들 가운데 일부는 목숨을 잃는다. 이처럼 우울증은 목숨까지도 잃을 수 있는 치명적인 정신과적 질환이므로, 우울증상이 심하거나 오래 지속될 경우에는 반드시 적절한 치료를 받아야 한다.

우울장애의 치료로는 인지치료와 약물치료가 가장 일반적이다. 먼저, 인지치료에서는 우울을 가져오는 부정적인 생각을 찾아내어 이를 보다 합리적이고 객관적이며 적응에 도움이 되는 생각으로 대체하도록 도와주는 인지재구성 훈련을 실시한다. 인지재구성(cognitive restructuring)은 우울을 유발하는 잘못된 생각(자동적 사고)을 찾아 이러한 생각의 타당성을 검증하는 질문을 던짐으로써, 보다 융통성 있고 현실적이며 합리적인 생각으로 대체하도록 돕는 치료방법이다(Dobson & Dobson, 2009).

인지치료는 보통 12~20회 정도의 단기로 시행되며, 우울증의 인지치료 효과는 이미 널리 입증되어 약물치료와 동등하거나 혹은 더 좋은 것으로 알려져 있다. 또한 치료효과의 지속성 면에서 인지치료는 약물치료보다 효과가 더 좋은 것으로 보고되고 있다. 이처럼 인지치료의 효과가 오래 지속될 수 있는 이유는 인지치료가 기본적으로 자가치료를 전제로 하는 치료방법이기 때문이다. 자가치료(self-therapy)라는 것은 내담자가 상담자로부터 치료의 원리와 방법을 배워서 이를 스스로에게 적용하여 자신의 문제에 대해 스스로 치료자의 역할을 하는 것을 의미한다. 다시 말해, 부정적인 생각을 찾아 이에 내재된 인지오류를 교정하는 방법을 치료자로부터 배워서 치료가 끝난 이후에도 계속해서 이를 스스로 적용할 수 있게 되므로, 인지치료는 우울증의 재발가능성을 낮추어 치료효과가 오래 지속되게 하는 데 기여한다.

이처럼 잘못된 생각을 찾아 직접 교정하는 인지치료방법 이외에, 보다 최근에는 마음챙김(mindfulness) 기법을 널리 활용하고 있다. 이는 부정적인 생각이 떠오르더 라도 이를 애써 찾아내어 교정하려 힘쓰기보다, 생각이 떠오르면 떠오르는 대로 수용하고 받아들이면서 현재를 보다 충분히 자각하게 하는 치료방법이다(Kabat-Zinn, 1994). 사람들은 일반적으로 우울할 때 주로 과거에 잘못됐던 일을 곱씹어 생각하는 경향이 있는데 이를 가리켜 반추(rumination)라고 하며, 이는 우울을 보다 심화시키는 역할을 한다. 그래서 반추를 하면서 부정적 생각에 계속 사로잡혀 있기보다, 자신을 괴롭히는 생각과 잠시 거리를 두고 지금 현재 느낄 수 있는 감각에 온전히 집중하는 것이 우리의 몸과 마음을 이완하는 데 도움이 될 수 있다.

물론 생각을 내려놓고 감각에 집중하면서 지금 이 순간을 자각한다고 해서 우리가 갖고 있는 문제 자체가 '해결'되는 것은 아니다. 하지만 그렇다고 해서 하루의 대부분을 힘들고 괴로운 생각 속에 머무르는 것도 문제를 해결하는 방법은 아니다. 생각을 하는 것이 도움이 될 때도 있지만 때로는 생각이 생각을 낳고 점점 더 부정적인 방향으로 꼬리를 물고 이어지면서 결국에는 마치 괴물과도 같은 모습으로 변질되어 우리를 괴롭히기도 한다.

그래서 하루에 단 몇 분이라도 자신을 괴롭히는 생각에서 벗어나 마음챙김하는 순간을 갖게 되면, 문제 자체를 직접 없애거나 해결하는 것은 아닐지라도 문제로부터 어느 정도 벗어나 거리를 두고 자신을 괴롭히던 것을 스스로 조절할 수 있는 방법을 배우게 된다. 그래서 보다 최근에는 마음챙김을 활용하여 스트레스 관리를 돕거나 우울증을 치료하는 데 많이 활용하고 있으며, 이를 가리켜 제3세대 인지치료라고 부른다.

또한 제3세대 인지치료에는 ACT(acceptance and commitment therapy)라고 부르는 수용전념치료가 있다(Hayes & Wilson, 1994). 이 역시 우리를 불편하게 하는 생각이나 기분이 떠오를 때 이를 직접적으로 변화시키려 하기보다, 이를 알아차리고 수용함으로써 문제와 거리를 두게 하는 방법이다. 나아가 ACT는 고통과 힘겹게 투쟁하기보다 고통을 수용하면서, 자신이 가치를 두고 있는 것을 찾아 그것에 전념하는 삶을 살 수 있도록 돕는다.

이처럼 ACT는 고통이 없는 삶을 추구하는 것이 아니라, 고통과 함께하면서도 이에 동일시하지 않으면서 자신이 추구하는 삶을 실현시키며 살아가는 것을 목표로 한다. 이러한 관점에서 ACT는 고통을 바라보는 새로운 관점을 제시하며, '마음에서 빠져나와 삶 속으로 들어가라'(Hayes, 2005/2010)는 메시지를 우리에게 전하고 있다.

일반적으로 인지치료는 행동적인 방법과도 함께 사용한다. 우울증의 원인에 대한 행동적 접근에서는 긍정적 강화가 줄어드는 것이 우울증과 관련 있다고 본다. 따라서 이러한 관점에서는 우울증 완화를 위해 긍정적인 활동의 기회를 늘리는 것을 강조한다. 이에 일상생활에서 좋아하는 활동이나 보상이 될 만한 활동을 하도록 계획을 세우고 이를 실천하도록 격려하며, 필요한 사회성 기술을 가르쳐서 긍정적인 강화가 될 만한 사회적 활동의 기회를 증가시킴으로써 긍정적 강화를 보다 많이 받을 수 있도록 도와준다.

일반적으로 우울이 아주 심할 때는 인지적인 방법보다 행동적인 방법을 먼저 적용하는 것이 효과적이다(권정혜, 2020; Beck, 1979/1996). 이는 우울이 극심한 경우에는 생각을 통해 치료하는 방법보다 행동을 통해 증상을 개선하는 방법이 우선적으로 필요할뿐더러 상대적으로 더 간단할 수도 있고 효과 또한 좋다는 의미이다. 우울이 아주 심한 경우에는 아침에 눈을 뜨거나 자리에서 일어나 몸을 움직이는 것조차 힘겹지만, 그럼에도 일어나서 씻고 옷을 갈아입고 몸을 움직이면서 일상을 지속하는 것이 바람직하며, 이는 우울한 상태로부터 벗어나게 하는 데 도움이 된다.

우울증은 약물로도 치료가 가능하다. 비교적 가벼운 우울증상이 있을 때는 굳이 약물을 복용하지 않아도 되겠지만, 증상이 심할 경우에는 약물의 도움을 받을 필요가 있다. 항우울제(antidepressant drugs)로는 일반인에게도 많이 알려진 세로토닌 활동을 증가시켜 주는 프로작(Prozac)과 같은 약물이 있고, 그 밖에도 여러 종류의 약물이 효과가 있는 것으로 알려져 있다.

우울증 치료약물은 일반적으로 복용하고 최소 2주 정도는 지나야 효과가 나타난다고 보기 때문에 약물을 꾸준히 복용하는 것이 중요하다. 약물에 대한 처방은 반드시 전문의에 의해 이뤄져야 하므로, 우울증 치료를 위한 약물 역시 정신과 의사에 의해서 면밀하게 처방되고 관리되어야 한다. 또한 일반적으로 약물은 나타난 증상을 치료(대증치료)하는 것이지 심리적인 원인을 다루는 것이 아니기 때문에, 약물치료를 하더라도 인지치료와 같은 심리적인 치료법과 함께 사용할 때 서로 상승작용을 일으켜 치료효과가 더 좋게 나타난다.

6) 우울한 기분을 다스리는 방법

앞서 우리는 우울증을 치료하는 전문적인 치료법에 대해 살펴보았다. 그렇다면 우울한 기분을 다스리기 위해 혼자서 할 수 있는 방법에는 어떤 것이 있을까? 혼자서 적용하는 방법의 경우에는 너무 힘들거나 복잡하면 시도할 엄두가 나지 않고 꾸준히 하기도 어렵다. 이에 비교적 쉽고 간단히 할 수 있는 방법 위주로 함께 생각해 보자.

우울한 기분을 스스로 완화할 수 있는 방법 가운데 무엇보다 먼저 강조하고 싶은 것은 몸을 움직이는 것이다. 아마도 심한 우울을 경험해 본 사람들은 우울할 때 몸을 움직이는 것이 왜 중요하고, 이것이 실제로 어떠한 효과가 있는지 와닿을 것이다. 우울이 심각한 수준에 이르면 손가락 하나 움직이는 것조차 쉽지 않고 어떠한 것에도 의미를 느끼지 못하게 된다. 아마도 아침에 잠에서 깨어 눈 뜨게 되는 순간이 가장 괴로울 것이고, 마치 물에 흠뻑 젖은 솜처럼 몸과 마음이 무겁기만 하고 모든 일상이 귀찮게 느껴질 것이다. 그런데 이럴 때 그 기분에 휩싸여 몸을 움직이지 않으면 정말로 하루 종일 그 자리에 머무르게 될 수도 있다. 이처럼 기분이 우울하면 사람들은 대부분 활동을 줄인다. 그리고 활동을 줄이면 줄일수록 기분도 같이 가라앉게 된다. 이렇게 우리의 기분과 활동은 서로 악순환을 일으킨다. 그래서 우울할 때 더 깊은 우울로 빠지지 않으려면 몸을 움직여서 활동수준을 증가시켜야 한다. 그런데 때로는 혼자서 몸을 움직이고 활동수준을 늘려 나가는 것이 힘들 때가 있다. 이럴 때는 가족이나 친구가 곁에서 도와줘야 한다.

또한 힘든 때일수록 규칙적으로 하던 일을 계속하도록 노력할 필요가 있다. 규칙적으로 일어나고 출근해서 일을 하고 제때 밥을 먹어야 하며, 해야 할 일을 미루지 말고 힘들더라도 하려고 노력하여야 한다. 이처럼 일상적으로 하던 일을 멈추지 않고 지속하는 것이 우리가 우울할 때 더 깊은 우울로 빠지지 않게 막아 주는 역할을 한다.

그리고 마음속에 고민이 있을 때 혼자서 끙끙거리면서 속으로 간직하면 문제가 사라지기는커녕 마음속 더 깊이 들어가 자리 잡게 된다. 뿐만 아니라 고민을 함께 나눌 사람이 없다고 여겨져 점점 더 외로워지고, 마치 혼자 외딴 섬에 갇힌 것처럼 심한 고립감을 느끼게 된다. 따라서 마음속의 고민을 가족이나 주변 사람들에게 털어놓고 이야기하는 것이 필요하다. 아무도 나를 도와줄 수 없다고 생각하거나 이야기를 들어 줄 사람이 아무도 없다고 생각하지 말고, 나를 도와줄 가족이나 친구에게 털어놓고 이야기해 보기 바란다. 가족이나 친구는 괴롭고 외로울 때 힘이 되라고 있는 존재이고, 기꺼이 우리 이야기에 귀 기울여 줄 것이다.

또한 고통과 괴로움은 다르다는 점도 기억할 필요가 있다. 살다 보면 고통은 어떤 형태로든 우리에게 찾아온다. 삶을 사는 동안 고통은 없애려고 해도 없앨 수 없으므로, 고통을 없애려 애쓰기보다 고통도 삶의 한 부분으로 받아들이는 지혜가 필요하다. 우리의 삶을 구성하고 있는 요소는 매우 다양하다. 그런데 고통에 휩싸이다 보면 그 일만 힘든 게 아니라 삶의 나머지 다른 부분까지 모두 괴롭고 힘들게 된다. 그래서 삶의 한 부분이 힘들 때는 다른 부분으로 버티면서, 고통이 내 삶의 전부로 번지지 않고 나를 괴롭히는 괴로움으로 이어지지 않게 그 범위와 영향을 스스로 줄여 나갈 필요가 있다.

불교에서는 이를 두 개의 화살로 비유한다. 건강을 잃거나 사업에 실패하거나 돈을 잃는 것 또는 사람에게 배신을 당하는 것과 같이 살다가 겪게 되는 안 좋은 일들은 고통(pain)을 일으키는 첫 번째 화살이 된다. 하지만 이는 이미 일어난 일이라 이를 피하거나 되돌릴 수 없다. 문제는 그다음인데, 대개 사람들은 자신에게 일어난 이러한 고통에 대해 저항하고 분개하며 이로부터 벗어나려고 애를 쓴다. 하지만 고통에 대한 이러한 반응은 고통을 줄이기는커녕 더 심화시키고 악화시킨다. 이때 사람들은 '왜 하필 나한테 이런 일이 생긴 걸까', '말도 안 돼', '이게 대체 언제 끝나지', '도저히 멈출 수가 없어'와 같은 생각을 하며, 자신에게 일어난 고통에 대해 저항하고 분노한다. 고통에 대한 이러한 반응은 괴로움(suffering)을 가져오고, 이것은 바로 우리가 우리 자신에게 쏘는 두 번째 화살이 되는 것이다(Burch, 2010).

첫 번째 화살에 해당하는 고통은 불가피한 것이지만, 두 번째 화살에 해당하는 괴로움은 선택이다. 그렇다면 두 번째 화살을 멈추려면 어떻게 해야 할까? 우리가 우리 자신한테 쏘는 두 번째 화살을 피하려면 무엇보다 우리 자신한테 연민과 자비로움, 그리고 친절한 마음을 베풀어야 한다(Neff, 2003). 스스로 자신을 보듬고, 고생했다고 위로해 주고, 여기까지 오느라 애썼다고 칭찬해 주면서 자신을 위로해야 하며, 열심히 살아온 자기 자신에게 감사의 마음을 전하는 소소한 활동을 일상생활에서 할 수 있어야 한다. 이렇게 자기 자신에게 연민과 자비의 마음을 가질 때 사람들은 보다 건강하고 보다 생산적이며 보다 행복할 수 있다(Zessin, Dickhauser, & Garbade, 2015).

　마음챙김을 하는 것은 고통과 더 이상 싸우지 않고 이를 받아들이는 하나의 방법이 된다. 아침에 일어나 하루를 시작하기 전에 차 한 잔을 천천히 음미하면서 마시는 것, 길을 걸을 때 발이 땅에 닿는 느낌을 느껴 가면서 천천히 걸어 보는 것, 식사할 때 우리 몸에 들어오는 음식을 천천히 음미하며 먹어 보는 것, 이러한 순간이 살면서 모두 마음챙김을 하는 순간이 될 것이다.

　마음챙김은 특별한 장소에서 특별한 방법으로 해야 하는 것이 아니라, 일상생활 속에서 얼마든지 가능하다. 마음챙김 먹기도 가능하고, 마음챙김 걷기도 가능하며, 마음챙김 듣기, 마음챙김 보기, 마음챙김 씻기 등 모든 것이 가능하다. 이처럼 일상생활을 하면서 하루에 단 몇 분이라도 자신의 마음을 챙기는 시간을 가지면 자신을 괴롭히는 생각으로부터 잠시라도 벗어날 수 있게 되고, 이렇게 우울한 기분을 스스로 조절하는 방법을 터득하게 됨으로써 서서히 우울의 영향에서 벗어날 수 있게 될 것이다.

　지금까지 언급한 방법 이외에도 사람들은 각자 자신의 우울한 기분을 조절하고 마음을 다스리기 위해 사용하는 방법이 있을 것이다. 따라서 자신에게 도움이 되는 방법을 잘 개발하여 스스로 적용하고 실천하면서 힘든 마음을 다스려 갈 수 있도록 노력해 보기 바란다. 많이 아는 것보다 작더라도 한 가지를 실천하는 게 정신건강을 유지하는 데 더 큰 도움이 된다는 사실을 잊지 말자. 결국은 실천해야 변할 수 있다.

[Self-checking]

• 우울한 기분에서 벗어나기 위해 내가 사용한 방법은 어떤 것인가? 이 방법의 효
  과는 어떠했나?

_____

_____

• 우울한 기분을 다스리기 위해 적용해 보고 싶은 방법이 있다면 무엇인가?

_____

_____

_____

2. 자살의 이해

이 절에서는 우울과 밀접한 관련이 있는 자살에 대해 함께 생각해 보고자 한다. 자살이라는 주제가 다소 무겁게 느껴질 수 있겠으나, 자살은 정신건강의 매우 중요한 이슈이고 개인적으로나 사회적으로 심각한 영향을 가져올 수 있는 문제이니만큼 죽음과 자살에 대해 함께 고민해 보고 생각해 볼 필요가 있을 것이다.

이에 이 절에서는 자살 관련 주요 통계와 자살을 일으키는 위험요인, 그리고 자살과 정신과적 장애는 어떤 관련이 있는지 살펴보도록 하겠다. 또한 자살로 인해 죽음에 이르는 단계를 살펴보고, 자살의 위험을 파악할 수 있는 단서를 알아보고자 한다. 아울러 자살하려는 사람들을 도울 수 있는 방법과 자살예방대책을 살펴보고, 마지막으로 죽고 싶은 마음을 다스리는 방법을 함께 생각해 보자.

┌─ **생각해 보기** ─────────────────────────────
│
│ – 자살의 위험성을 미리 알아차릴 수는 없을까?
│ – 죽고 싶어 하는 사람을 어떻게 도울 수 있을까?
│
└──

1) 자살 관련 주요 통계

인간은 삶을 끝내려는 목적을 가지고 스스로 죽음을 택하는 유일한 동물이다. 그렇다면 얼마나 많은 사람이 죽고 싶다는 생각과 행동을 하는 걸까? 익히 알려진 사실이지만, 우리나라는 OECD 회원국 중 2021년 기준으로 자살률 1위라는 불명예스러운 기록을 가지고 있다. 우리나라는 2016년까지 1위를 기록하다가 2017년에 리투아니아의 OECD 가입으로 2위로 잠시 내려왔다가, 2018년도부터는 다시 자살률 1위를 기록하고 있는 중이다. 우리나라의 인구 10만 명당 자살률은 24.6명으로, OECD 회원국 평균인 약 10.9명에 비해 2배 이상 높은 수치이다(보건복지부, 2021).

2021년도 우리나라 통계청 발표자료를 보면, 1년에 자살로 사망한 사람은 모두 13,195명으로 하루에 약 36명이 자살로 사망하는 것으로 나타났다(통계청, 2021). 한편, 자살을 시도하는 사람은 자살로 사망하는 사람에 비해 훨씬 더 많을 것으로 추정된다. 하지만 이들에 대한 정확한 통계를 산출하기는 쉽지 않다. WHO(2018)에서는 모든 자살사망에 대해 최대 25명의 자살시도가 있다고 보았고, 사키아포니 등(Sarchiapone, D'Aulerio, & Iosue, 2016)은 15~24세 미국 청소년에게서 모든 자살이 완료될 때마다 대략 100 내지 200건의 자살시도가 일어난다고 보고하였다. 이에 우리나라에서도 마찬가지로 자살을 시도하는 사람은 실제로 자살로 사망하는 사람에 비해 훨씬 더 많을 것으로 추정된다.

자살로 사망하는 사람의 성비를 살펴보면, 남성이 70.5%, 여성이 29.5%를 차지하여 남성이 여성보다 약 2.4배 정도 더 많이 자살로 사망하는 것으로 보고되었다(보건복지부, 2021). 참고로 미국자살예방협회에서 발표한 자료를 보면 미국에서도 남성 자살률은 여성 자살률의 약 3.6배에 이르는 것으로 보고된 바 있다(AFSP, 2019). 우리나라는 자살로 사망하는 사람들이 매우 많은 편에 속하는데, 2019년을 기점으로 볼 때 우리나라 10대, 20대, 30대의 사망원인 1위는 자살이며, 40~50대에서는 자살이 사망원인 2위를 기록하고 있다(보건복지부, 2021).

보건복지부 발표자료(2018)를 보면, 조사대상자 가운데 자살생각을 해 본 적이 있는 사람은 18.5%에 이르렀고, 가족이나 친구 등 가까운 주변 사람의 자살을 경험한 사람도 약 10%에 달하는 것으로 나타났다. 따라서 이러한 자료들로 미뤄 보아 자살은 더 이상 남의 이야기가 아니라 많은 사람이 생각하고 있거나 혹은 간접적으로 경험하고 있는 문제이다.

　자살로 인해 가족이나 친구와 같이 가까운 사람을 잃은 사람들을 가리켜 자살생존자(suicide survivor)라고 한다. WHO에서는 1989년 이래 자살생존자를 자살 고위험군으로 분류하고 있다(Diekstra, 1989). 가족과 친구처럼 가까운 사람을 자살로 떠나보낸 사람들은 자연사로 가까운 사람을 잃은 사람들보다 자살을 시도할 가능성이 더 높은 것으로 알려져 있다(Pitman, Osborn, Rantell, & King, 2016).

　자살은 모방 효과가 있어서 평소 좋아하던 사람이나 유명한 사람이 자살하면 이로 인해 큰 영향을 받게 된다. 그래서 이러한 사건이 있은 직후에는 평소보다 자살로 사망하는 사람의 수가 크게 증가한다. 자살예방협회 자료를 인용해서 보도한 동아일보 기사(2017)에 따르면 유명 연예인 A 씨가 숨진 다음 날 자살자 수는 78명에 달했고, 5일째 되는 날에는 90명 가까이 목숨을 끊은 적이 있다고 한다. 이러한 수치는 당시 하루 평균 자살자 수가 30명 안팎이었던 것에 비하면 엄청나게 많이 증가한 수치이다. 이처럼 사회적으로 유명한 사람이 자살로 사망하게 되면 보통 1개월 동안 하루 평균 사망자 수가 45명 정도로 늘어나며, 이는 보통 시기의 하루 평균 자살자 수 36명에 비해 무려 25% 정도 증가된 수치이다(최정아, 2017. 12. 19.).

2) 자살의 위험요인

　자살을 가져오는 위험요인에는 어떤 것들이 있을까? 자살에는 수많은 요인이 기여하며, 각각의 자살은 모두 유전적, 생물학적, 심리적, 사회적 요인의 독특하고 역동적이며 복합적인 상호작용에 의해 일어난다(Van Heeringen, 2001). 빌슨(Bilsen, 2018)은 청소년과 성인 초기 대상 자살 관련 연구들을 살펴본 결과, 정신과적 문제, 이전 자살시도 경험, 성격문제, 가족요인, 주요생활사건, 그리고 자살수단에의 접근 가능성이 이들로 하여금 자살하게 하는 위험요인이 된다고 하였다.

　자살을 시도하는 사람들의 90%는 최소 한 가지 이상의 정신과적 문제를 지니고 있고, 이와 같은 정신과적 문제는 자살위험의 47~74%가량을 설명한다(Gould, 2001). 자살을 가져오는 심리적 위험요인으로는 가장 먼저 우울증을 생각해 볼 수 있다. 우울은 자살을 가져오는 가장 강력한 정신과적 문제이며, 우울을 경험하게 하는 데에는 상실이나 실패와 같은 부정적 생활사건이 영향을 준다. 다시 말해 우울증을 가져오는 생활사건에는 상실 경험이 공통적으로 내재하고, 자살은 우울증과 밀접한 관계가 있으므로, 상실을 포함하는 부정적 생활사건은 자살의 원인이 되기도 한다. 상실을 포함하는 부정적 생활사건 가운데 특히 아동기 때 부모의 사망이나 이혼, 별거와 같은 외상경험이 있는 경우 자살에 보다 취약해지는 것으로 알려져 있다(Hammen, 1991; Briere, 2002). 또한 이전에 자살을 시도했던 경험이 있거나, 가족 중에 자살을 시도하거나 자살로 사망한 사람이 있는 경우에도 자살하게 될 가능성이 높아진다(Bridge, Goldstein, & Brent, 2006).

또한 높은 충동성과 공격성, 낮은 자존감과 자기효능감, 낮은 정서조절능력, 완벽주의적 성격특성을 지닌 경우 자살에 보다 취약하고(Gould, 2001), 가족 간 갈등이 있거나 의사소통에 어려움이 있는 경우, 그리고 사회적 지지가 빈약한 것과 같은 사회적 요인도 자살 위험을 증가시킨다(Portzky, Audenaert, & van Heeringen, 2005). 한편, 우울증에 기여하는 신경전달물질인 세로토닌의 활동수준이 낮을 경우 이것이 자살을 일으키는 생물학적 위험요인이 된다. 따라서 이러한 개인적, 사회적, 생물학적 요인들은 서로 복합적으로 작용하여 자살을 일으키는 원인으로 작용한다.

3) 자살과 정신과적 장애

자살과 관련 있는 정신과적 장애에는 어떠한 것이 있을까? 무엇보다 우울증이 자살과 깊은 관련이 있다는 것은 널리 알려진 사실이다. 자살로 희생된 사람들의 59~87%는 주요우울장애를 겪은 적이 있고, 심각한 우울증 환자의 15%가 결국 자살로 사망한다(Gonda et al., 2007). 또한 메타분석 결과 우울증으로 진단받은 사람 중에 31%가 자살을 시도하는 것으로 나타났다(Dong et al., 2018).

그런데 자살과 관련 있는 문제로 우울증에 비해 사람들에게 덜 알려져 있는 정신과적 장애도 있다. 우선, 조울증(양극성 장애)이 여기에 해당되는데, 통계에 의하면 조울증으로 진단받은 사람 중에 4~19%가 자살로 인해 생을 마감한다. 또한 조울증으로 진단받은 사람 중에 20에서 많게는 무려 60%까지 자살을 시도하며, 이 비율은 치료를 제대로 받지 않은 경우에 더 높아진다(Dome, Rihmer, & Gonda, 2019). 이렇게 보면 조울증을 앓고 있는 경우에 자살을 시도하는 비율이 상당히 높은 것을 알 수 있는데, 조울증의 경우에는 조증상태가 어느 정도 가라앉고 우울증을 경험하게 되는 시기에 자살을 많이 시도하는 것으로 알려져 있다.

한편, 조현병도 자살과 관련이 깊은 정신과적 장애이다. 조현병으로 진단받은 사람들의 약 10%가 자살로 사망하고, 이 비율의 2배 내지 많게는 5배에 이르는 20~50%가 자살을 시도한다(Siris, 2001). 제대로 치료받지 않은 양극성 장애의 경우에 자살시도율이 높이 올라가는 것과 마찬가지로, 조현병의 경우도 제대로 치료받지 않은 경우에 자살시도율이 높아진다. 이처럼 조현병에서 자살률이 높게 나타난다는 사실은 다소 의외일 수도 있을 것이다. 하지만 조현병 상태에서도 우울 증상을 경험할 때가 많이 있고 망상이나 환각 같은 정신증적 증상이 자살에 영향을 미칠 수 있으므로, 이러한 증상이 조현병의 자살률을 높이는 데 영향을 미치는 것으로 보인다.

이렇게 볼 때 정신과적 진단을 떠나 사실상 우울한 기분을 느끼는 것은 그 자체로 자살과 매우 밀접한 관계가 있고, 모든 자살시도의 거의 절반 이상에서 우울증은 중요한 역할을 한다(Gotlib & Hammen, 2002). 따라서 결국 우울증을 겪는 것이 자살의 주요한 예측요인이 된다고 볼 수 있다.

그렇다면 우울증의 진행과정 중 어느 시점에서 자살시도를 많이 할까? 일반적으로 할 수 있는 예상과 달리, 우울증을 아주 심하게 앓고 있는 상태에서 조금 벗어나기 시작하는 시점에 자살을 많이 시도한다고 알려져 있다. 이 시점은 슬픔과 절망감이 강력하여 자살을 여전히 유일한 해결방안으로 생각하는 한편, 자살을 실제 행동으로 옮길 만한 에너지를 갖게 되기 때문이다(Davison, Neale, & Kring, 2004/2005). 다시 말해, 우울증이 심각한 상태에서는 에너지 수준도 거의 바닥으로 떨어지므로 어떠한 것을 계획하고 이를 실행으로 옮기기가 쉽지 않지만, 이로부터 차츰 기분이 나아지려고 할 때 역설적으로 자살을 시도할 에너지 또한 증가하게 되어 결국 이 시점에 자살을 실행에 옮기는 것으로 보인다.

4) 자살의 단계

사람들이 자살로 인해 죽음에까지 이르는 데에는 일련의 단계를 거친다. 자살의 과정에서 일련의 단계를 거친다는 말은 충동적으로 자살을 시도하는 경우도 일부 있지만, 대부분의 경우 생각에 생각을 거듭하다가 결심에 이르게 되고 이를 끝내 행동으로 옮겨 사망에 이르는 일련의 과정을 거친다는 의미이다. 자살의 단계를 연구한 학자들은 자살행동에 자살생각, 자살시도, 자살완결과 같은 세 가지 범주가 있다고 하였고, 자살생각, 자살계획, 자살시도를 거쳐 자살완결에 이르게 된다고 보기도 하였다(Beck, Kovacs et al., 1979; Bertolote et al., 2005). 여기서는 자살의 단계를 모두 네 단계로 구분하여 살펴보고자 한다.

자살의 첫 단계는 자살생각(suicidal thoughts) 단계로, 사람들이 죽고 싶다는 생각을 하게 되는 단계이다. 보건복지부에서 실시한 자살실태조사에 따르면 조사 대상자 중 자살생각을 해 본 적이 있는 사람은 무려 18.5%에 이른다(보건복지부, 2018). 또 다른 조사자료(보건복지부, 2021)에서도 우리나라 성인의 10.7%가 평생 한 번 이상 심각하게 자살을 생각하는 것으로 보고된 바 있다. 이러한 수치는 결코 적지 않은 수치이며, 이는 그만큼 많은 사람이 죽음을 생각해 본 적이 있다는 사실을 말해 준다. 물론 자살을 생각한다고 해서 그것이 자살 행동으로까지 반드시 이어지지 않을 수도 있다. 하지만 자살을 생각한다는 것 자체만으로도 자살의 중요한 예측요인이 될 수 있으므로, 죽음에 대해 생각하는 것을 결코 가볍게 여겨서는 안 될 것이다.

두 번째 단계는 자살의도(suicidal intents) 또는 자살계획(suicidal plans) 단계이다. 이 단계는 단지 죽고 싶다는 생각을 넘어 자살을 언제, 어디서, 어떻게 할지 그 행동을 계획하고 구상하는 단계이다. 이 단계에서는 유서를 작성하거나 자신의 물건을 정리하고 자살과 관련된 정보를 수집하는 것과 같이 자살의도를 반영하는 행동을 하게 된다.

세 번째 단계는 자살시도(suicidal attempts) 단계로서, 이 단계에서는 실제로 죽으려는 의도가 있는 자해행동을 하는 것을 의미한다. 이러한 자살시도는 단순히 자살생각을 하는 것과 달리 유전적인 영향도 있어서, 자살을 시도하거나 실제 자살로 사망한 사람이 있는 가족력이 있는 경우 그렇지 않은 경우에 비해 자살률이 높아지는 것으로 보고되고 있다(Jeglic, Pepper, & Vanderhoff, 2007). 하지만 이러한 현상은 후천적으로 학습된 요인에 의해서도 설명이 가능하다. 즉, 자살을 시도하거나 자살로 사망한 사람이 가까운 주변에 있을 경우 자살을 하나의 문제해결수단으로 잘못 모방하게 될 수도 있기 때문이다.

자살의 마지막 단계는 자살완결(suicidal completion)이다. 이 단계는 자살에 대해 생각하면서 자살의도를 갖게 되고 결국 자살을 시도하여 이로 인해 사망에 이르는 단계를 말한다.

앞서 보건복지부(2018)에서 발표한 자살실태조사에 의하면 조사대상자 중에 자살생각을 해 본 적이 있는 사람이 18.5%라고 하였다. 이들을 대상으로 다시 자살을 계획한 적이 있는지 물어본 결과, 이들 중 23.2%가 실제로 자살을 계획했던 것으로 나타났다. 또 자살을 계획했던 사람들을 대상으로 자살을 시도한 적이 있었는지를 물은 결과, 이들 가운데 36.1%가 자살을 시도했던 것으로 나타났다. 따라서 이러한 점으로 미뤄 볼 때 자살생각을 하는 사람 모두가 자살을 시도하는 것은 아니지만, 자살생각을 한다는 것 자체가 자살로 인해 죽음에 이르는 첫 단계가 되는 것은 분명한 사실이다. 즉, 자살을 생각하는 사람 중에 약 1/4이 자살을 계획하는 자살의도 단계로 나아가고, 자살을 계획했던 사람 중에 약 1/3이 자살을 시도하게 되는 것으로 볼 수 있다. 수오카스 등(Suokas et al., 2001)은 자살시도 후에 다시 자살을 시도하게 될 위험을 증가시키는 요인으로 남성과 고령인 경우, 정신과적 질환이 있거나 정신과 치료경험이 있는 경우, 수면제를 장기 복용하거나 신체건강이 좋지 않은 경우 그리고 혼자 사는 경우 등을 들고 있다.

5) 자살의 단서

그러면 자살위험을 미리 파악할 수 있는 단서는 없는 걸까? 실제로 자살로 인해 사망한 사람들을 대상으로 심리부검을 실시한 결과, 자살사망자 136명 가운데 이전에 자살시도가 있었던 것으로 파악된 사람은 53명으로, 자살사망자의 약 39%는 이전에 자살을 시도했던 경험이 있었던 것으로 나타났다(한국생명존중희망재단, 2021). 자살로 사망하는 사람 중에는 과거에 자살을 시도했던 경험이 없는 경우도 있기 때문에 이전 자살시도 경험만 가지고 자살의 위험성을 예측할 수 있다고 단정 지을 수는 없지만, 심리부검을 통해 나타난 자료로 볼 때 이전에 자살을 시도한 경험은 그 자체로 자살을 예측하는 중요한 요인이 된다고 할 수 있다.

또한 자살을 시도한 경험 이외에도 주변에 자살을 시도할 수 있는 도구나 여건이 갖춰져 있는 경우 자살위험이 크게 증가하므로, 이를 하나의 자살위험 파악 단서로 볼 수 있다. 따라서 자살에 사용될 만한 물건이 주변에 있는 경우 보다 주의 깊게 살펴봐야 할 것이다.

삶에서 어려운 일을 경험한 것 또한 자살의 위험을 높이는 중요한 요인이 된다. 실제로 자살사망자를 대상으로 한 심리부검 결과에 의하면, 자살사망자 1인당 평균 3.3개의 스트레스 사건이 있었고, 이것들이 순차적 혹은 복합적으로 자살하는 데 영향을 미쳤던 것으로 밝혀졌다. 이들이 주로 겪었던 스트레스의 내용으로 자살사망자의 90.4%가 정신건강과 관련된 어려움, 66.2%는 직업 관련 스트레스, 61%는 경제적 문제, 그리고 55.1%는 가족 문제를 경험했던 것으로 나타났다(한국생명존중희망재단, 2021). 이처럼 힘들고 고통스러운 일을 경험하는 것이 자살의 위험을 증가시키므로, 최근에 이러한 스트레스를 겪고 있는 경우에는 보다 세심하게 살펴볼 필요가 있을 것이다.

자살을 생각하고 시도하는 사람들은 죽음에 대한 다양한 경고신호를 나타낸다. 심리부검 결과보고서에 의하면, 자살사망자의 94.3%가 사망 전에 경고신호를 보낸다고 한다. 따라서 사실상 거의 모든 자살사망자는 죽기 전에 주변에 경고신호를 보내는데, 이러한 경고신호에는 죽음에 대한 말을 자주 언급하는 것 또는 식사나 수면상태 혹은 감정상태의 변화가 포함된다. 특히 자신의 주변을 정리하는 것은 사망 직전 1주일 이내에 많이 나타나는 경고신호(한국생명존중희망재단, 2021)이므로, 이러한 경고신호가 나타날 때는 각별히 유의해서 살펴보아야 한다.

6) 자살하려는 사람을 도울 수 있는 방법

주변에 자살하려는 사람이 있을 때 이들을 도울 수 있는 방법은 무엇일까? 다행히 자살생각은 대부분 한시적이다. 이는 자살에 대한 생각이 항상 일정한 정도로 강하게 지속되지는 않는다는 의미이다. 살다 보면 죽고 싶다는 생각이 들 정도로 힘든 시기가 있을 수 있지만, 대개는 그런 고비가 지나면서 자살생각도 줄어들게 된다. 아무리 힘이 들어도 그 시기가 지나가면 어떻게든 살 수 있고, 또 다시 살아갈 힘을 얻게 되기도 한다. 따라서 주변에 자살하려는 사람이 있을 경우 일단 힘든 고비를 잘 넘기게 하는 것이 무엇보다 중요하다.

일반적으로 사람들은 죽음에 대해 이야기하는 것을 금기시하는 경향이 있다. 아마도 죽음이란 것이 누구에게나 두려운 것이기 때문에 무의식적으로 회피하고 싶은 마음이 들기 때문일 것이다. 하지만 자살하고자 하는 사람들과는 죽음에 대해 오히려 터놓고 이야기하는 게 필요하다. 만약 주변에 '사는 게 너무 힘들어', '내가 죽어야 일이 끝나', '절대로 상황이 나아지지 않을 거야'와 같은 이야기를 하는 사람이 있다면, 혹시 죽음에 대해 생각하고 있는지를 직접적으로 묻고 이에 대해 이야기 나누어야 한다. 사실 이야기를 나눈다고 해서 문제 자체가 해결되는 것은 아닐 수 있다. 하지만 문제의 해결과는 별개로, 힘든 마음을 말하는 것만으로도 큰 도움이 되기도 한다. 이는 마치 터지기 일보 직전인 풍선의 바람을 약간씩 빼 주는 것과 같이 정서적 환기 효과를 가져오기 때문이다.

자살하려는 사람은 자살만이 유일한 해결책이라고 생각하고, 이것 이외에 다른 해결방법을 잘 보지 못한다. 이러한 현상을 터널비전(tunnel vision)이라고 하는데, 이것은 마치 사람들이 터널 속에 있을 때 시야가 매우 좁아져 주변의 것을 충분히 보지 못하고, 오로지 멀리 보이는 출구만을 유일한 해결책으로 생각하는 현상을 일컫는다. 자살하려는 사람들은 터널 속 출구와 같은 유일한 해결책이 바로 자신이 죽는 것이라고 생각하며, 죽음 이외의 다른 문제해결 방법은 제대로 보지 못한다. 따라서 죽음을 생각하는 사람들로 하여금 자살 이외에 문제를 해결할 다른 방법을 살펴볼 수 있도록 도와주어야 한다. 이는 자살이 아닌 다른 방식으로 문제를 해결하도록 도울 수 있어야 한다는 의미이다. 자살하고자 하는 사람은 삶을 끝내고 싶은 게 아니라 고통을 끝내고 싶은 것이다. 따라서 삶을 끝내지 않고 고통을 줄여 나갈 수 있는 방법을 같이 생각해 보는 것이 필요하다.

자살하려는 사람을 돕고 싶다면 이들을 혼자 있게 두지 말고 상태가 좋아질 때까지 가급적 곁에 있어 주는 것이 좋다. 물론 가족이라도 자신의 생활이 있기 때문에

24시간 항상 곁에 있어 준다는 게 결코 쉽지 않을 것이다. 그래서 만약 상태가 많이 안 좋을 때는 병원에 입원하게 해서 의료진의 관리와 보호를 충분히 받도록 해야 한다.

우울증이 심하거나 자살생각이 있는 상태에서 술을 많이 마시는 것은 판단력을 떨어트리고 충동성을 증가시켜 매우 위험할 수 있다. 실제로 알코올은 자살생각, 자살의도, 나아가 실제 자살시도의 위험성을 증가시켰으며(Darvishi, Farhadi, Haghtalab, & Poorolajal, 2015), 보건복지부(2018) 자살실태조사 자료에 의하면 조사 대상 자살시도자 중 절반이 넘는 52.6%의 사람이 음주상태로 자살을 시도하였다. 따라서 자살할 가능성이 있을 만큼 많이 우울한 상태에서는 술을 마시지 않도록 주위에서 살피는 것도 이들을 지키는 방법이 될 것이다.

자살하려는 사람과 상담할 때 사용하는 또 하나의 방법으로, 자살을 하지 않겠다는 일종의 서약을 받아 두고 만약 자살하려 한다면 반드시 그 전에 연락을 취하도록 하는 방법이 있다. 자살하려는 사람에게는 죽고 싶은 생각이 들어 행동으로 옮기기 전에 반드시 연락하도록 약속하는 것이 실제로 도움을 줄 수 있다. 우리나라도 사람들이 자살을 많이 하는 곳에 긴급 전화기를 설치해 두고 이들이 언제든 상담자와 이야기를 나눌 수 있게 하고 있다. 어떤 사람에게는 죽기 전 전화 한 통이 죽으려는 마음을 돌리게 할 수도 있으므로, 작고 사소한 것이라도 약속을 하고 목소리를 들으면서 서로 마음을 나누는 것이 자살을 막는 데 도움이 될 수 있다.

마지막으로 주변에 만약 자살 위험성이 큰 사람이 있다면, 지체하지 말고 정신과 의사나 상담자와 전문적인 상담을 할 수 있게 도와주어야 한다. 우리가 살고 있는 지역사회에는 자살예방센터나 정신건강복지센터가 있어서 필요한 순간에 우리에게 중요한 도움을 주고 있다. 따라서 보다 전문적인 도움이나 개입이 필요할 때에는 주저하지 말고 전문가나 전문기관의 도움을 받는 게 좋다.

7) 자살예방대책

이번에는 자살예방대책에 대해 알아보자. 심리부검(psychological autopsy)이라는 용어를 들어 본 적이 있을 텐데, 이는 어떤 사람이 자살로 사망하게 되면 주변인과의 심층 면접을 통해 그 사람의 자살 원인을 추정하는 절차이다.

이 절차는 1987년에 핀란드에서 시행되었는데, 핀란드는 1,397건의 자살 사건에 대해 심리부검을 통해 자살의 원인과 특징 등을 규명하는 조사를 실시하여 1992년 세계 최초로 국가 주도의 '자살예방 프로젝트'를 구축하였다(Upanne, Hakanen, & Rautava, 1999). 이에 따라 자살 위험이 매우 높은 고위험군을 상대로 자살 가능성을 조기에 파악하여 예방적인 노력을 기울인 결과, 이 제도가 시행된 지 20년 후 핀란드의 자살 사망률은 무려 20%나 감소하는 성과를 나타냈다.

우리나라에서도 2009년에 심리부검 절차를 공식적으로 도입하여 자살하는 사람들의 원인을 다각도로 추정하고 있으며, 이렇게 함으로써 향후 일어날지도 모를 자살의 위험을 줄이려는 노력을 기울이고 있다. 하지만 이러한 제도가 효과적으로 정착하기 위해서는 자살과 자살자에 대한 사회적 인식도 함께 변화해야 한다.

자살을 비단 개인의 문제로 보기보다 우리 사회가 함께 고민하고 감당하고 치유해야 할 문제로 인식할 필요가 있으며, 보다 장기적 관점에서 자살예방에 대한 국가 차원의 정책이 필요하다. 일본의 경우 자살률이 매우 높은 나라였는데, 사람들 간의 연결을 중시하는 정책과 캠페인을 적극적으로 실시한 결과 2010년 이후부터 자살률이 감소하기 시작했다. 이처럼 사회적, 국가적 차원에서 생명을 존중하고 자살을 예방하기 위한 다양한 활동과 노력을 보다 적극적으로 실시한다면 자살률을 낮추는 데 기여할 수 있다.

학교는 모든 면에서 예방교육의 가장 훌륭한 장소가 된다. 따라서 학교에 다니는 동안 모든 학생이 생명존중과 자살예방을 위한 교육을 받을 수 있도록 예방 차원에서 교육을 실시할 필요가 있다. 또한 가족이나 가까운 지인 중에 자살한 사람이 있는 자살생존자들을 위해서는 보다 세심한 관심을 가지고 적극적으로 지원할 필요가 있다. 예를 들어, 현재 사회복지법인 한국 생명의 전화에서는 다양한 유가족 지원 프로그램을 운영하여, 이들이 겪고 있는 어려움과 부정적인 감정을 해소하고 적응상의 어려움을 함께 나누면서 심리적 고통에서 벗어나 자신의 삶을 찾아 살아갈 수 있도록 지원하고 있다.

또한 앞에서도 살펴보았듯이 유명인의 자살이 우리 사회에 미치는 파급력은 결코 적지 않다. 이에 따라 자살사건을 보도하는 미디어의 역할도 매우 중요한데, 한국기자협회, 보건복지부와 중앙자살예방센터(2018)는 '자살 보도 권고기준 3.0'을 발표한 바 있다. 이 기준에 따르면 기사 제목에 '자살'이라는 용어 대신 '사망'과 같은 중립적 표현을 사용하고, 구체적인 자살방법 등은 보도하지 않게 되어 있다. 또한 자살한 고인과 남겨진 유가족의 인격과 사생활을 존중하면서 보도해야 하고, 절대 자살을 미화하지 말고, 자살예방정보도 함께 제공하도록 하고 있다. 따라서 개인과 가족은 물론 우리 사회도 같이 고통을 겪을 수밖에 없는 자살을 줄이고 예방하기 위해서 보다 적극적인 사회적, 국가적 대책이 필요하다고 하겠다.

8) 죽고 싶은 마음을 다스리는 방법

마지막으로, 만약 여러분이 죽고 싶을 만큼 힘이 든다면 이때 어떻게 하면 좋을지 함께 생각해 보자. 먼저, 마음이 힘들 때 주변 사람에게 도움 청하기를 주저하지 않아야 한다. 고민을 혼자 마음속에 오래 지니면 지닐수록 상처는 더 깊어지고 생각의 폭은 점점 더 제한되며 기분은 점점 더 가라앉게 마련이다. 또한 이렇게 될수록 깊은 수렁에 빠져 도저히 헤어날 수 없을 것 같은 기분에 사로잡히게 될 것이다. 따라서 이럴 때 혼자라고 생각하지 말고 반드시 누군가에게 도움을 청해야 하며, 자신이 하고 싶은 이야기를 마음껏 할 수 있어야 한다. 이는 우리가 몸이 아플 때 주변 사람들의 도움을 받는 것과 하나도 다를 바가 없다. 따라서 죽고 싶을 정도로 마음이 아프다면 주저하지 말고 용기를 내어 가족이나 친구, 혹은 상담자에게 도움을 구해 보도록 하자.

우울할 때 일상생활을 규칙적으로 유지하는 게 필요하다고 언급한 바 있는데, 이 경우도 마찬가지이다. 따라서 많이 힘들어도 몸을 움직이면서 사소한 것일지라도 일상을 유지할 수 있도록 노력해야 한다. 고통은 피한다고 피해지는 게 아니며, 어차피 함께 살아가야 하는 부분이기도 하다. 따라서 일어난 고통은 그것대로 두되, 그것이 나의 전부가 되지 않게 조절하여야 한다. 이미 나에게 일어난 고통이 나의 전부가 되지 않게 하는 방법 중 하나가 바로 자신의 일상을 그대로 유지하는 것이다. 이미 일어난 고통은 되돌릴 수 없고, 원망한다고 사라지지도 않는다. 고통이 나의 부분임을 인정하고 받아들이며, 자신의 소중한 나머지 일상을 살아가도록 하자.

　자살하려는 마음을 가진 사람들은 스스로를 매우 불행하게 생각한다. 그런데 자신이 불행하게 된 이유를 찾으려고 계속 고민하며 빠져들다 보면 절망감이 더더욱 깊어지게 된다. 불행은 누구에게나 찾아올 수 있는 것이고, 특별한 이유 없이 생기기도 한다. 그렇기 때문에 불행의 이유를 찾으려고 몰입하는 대신, 자신이 할 수 있는 다른 일을 찾아 그것에 몰입하는 것이 자신의 정신건강을 지키는 방법이 된다는 사실도 기억하기 바란다.

　사람들이 힘들고 지칠 때마다 되뇌는 말이 있다. '이 또한 지나가리라.' 그 일이 어떠한 일이든, 모든 것은 시간과 함께 다 지나간다. 그렇기에 만약 지금 여러분이 죽고 싶을 만큼 힘들다면, 예전의 일들이 그래 왔듯이 이 또한 시간이 흘러가면서 고통과 상처가 옅어지고 세월과 함께 묻혀 지나갈 것이란 사실을 기억하자. 힘든 고비를 잘 넘기는 것은 무엇보다 중요하다. 힘든 일을 겪고 있는 중에는 그것이 마치 전부인 것처럼 보이고 영원할 것처럼 생각되지만, 조금만 멀리 떨어져서 바라보면 이 세상에 전부인 것도 없고 영원한 것도 없다. 따라서 때로 죽고 싶을 만큼 힘들다 하더라도 괴롭고 힘들었던 지난 일들이 어떻게 잊혔는지 떠올리면서, 지금 겪고 있는 고통도 언젠가는 '그때 그런 일이 있었지'라고 생각하게 될 날이 머지않아 오리라는 것을 다시 한번 믿어 보자.

이 장에서는 우울과 자살에 대해 다루었다. 우울은 많은 사람이 경험하는 정신과적 문제이고, 자살 또한 개인적으로나 사회적으로 매우 심각한 영향을 가져오는 정신건강의 주요 이슈이다. 이러한 우울과 자살이 우리 주변에 얼마나 많이 발생하는지 살펴봄으로써 이들 문제의 심각성에 대해 보다 많이 인지하게 되었길 바라고, 우울과 자살의 특성과 위험요인에 대해 다룸으로써 이에 관한 이해가 보다 증진되었기를 바란다. 아울러 이 장에서는 이러한 문제를 치료하는 전문적인 방법과 함께, 전문가의 도움 없이도 스스로 자신의 마음을 다스리는 데 도움이 되는 몇몇 방법을 살펴보았다.

우울증은 매우 양면적인 문제로서, 때로는 돌이킬 수 없을 만큼 치명적인 결과를 초래한다. 우울증이 시작되어 점점 심각해지는 과정은 가까운 주위 사람들조차 알아차리기 어렵고, 스스로도 빠져나오기 힘들다. 따라서 만약 여러분이나 주위 사람 가운데 우울증이 의심되는 경우가 있다면 지체하지 말고 전문가를 찾아 도움을 받길 권한다. 우울증은 치료해야 하고, 치료할 수 있는 정신과적 질환이다.

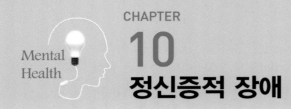

10
정신증적 장애

이 장에서는 주요 정신증적 장애에 대해 살펴보고자 한다. 정신증(psychosis)은 신경증(neurosis)에 비해 증상이 심각하여 집중적인 치료와 관리가 필수적으로 요구되는 정신과적 문제이다. 정신증에 속하는 대표적인 장애로는 조울증으로 많이 알려진 양극성 장애와 정신분열증으로 불리던 조현병이 있다. 이에 이 장에서는 양극성 장애와 조현 스펙트럼 장애에 대해 알아보도록 하겠다.

1. 양극성 장애

이 절에서는 양극성 장애의 증상과 유형에 대해 살펴보고, 양극성 장애가 어느 정도로 발생하는지 유병률과 관련된 자료를 다루고자 한다. 또한 양극성 장애의 원인에 대해 알아보고, 마지막으로 양극성 장애의 치료방법에 대해 살펴보자.

┌─ 생각해 보기 ─────────────────────────────

– 조울증은 우울증과 어떻게 다를까?

– 조울증은 우울증보다 상태가 심각한 것일까?

└──────────────────────────────────────

1) 양극성 장애의 증상

양극성 장애는 영어로 bipolar disorder로서, DSM-5에 등재된 공식 학술명칭이다. 양극성 장애는 조울증이라는 명칭으로도 익숙한데, 이는 크래플린(Kraepelin)이 20세기 초반 'manic depressive insanity'라고 칭하던 증상이 DSM-I(1952)에 'manic-depressive reactions'로 공식적으로 처음 소개되었고, DSM-II(1968)에서는 MDI(manic depressive illness)라는 진단명으로 사용하게 된 오랜 역사가 있기 때문이다(Mason, Brown, & Croarkin, 2016). 이에 현재 공식적인 진단명은 양극성 장애이나 아직도 조울증이라는 용어를 많이 사용하고 있으므로, 이 책에서도 양극성 장애와 조울증이라는 용어를 일부 혼용해서 사용할 것이다.

양극성 장애는 말 그대로 감정의 기복이 매우 심하여 기분이 지나치게 좋은 상태와 반대로 기분이 가라앉고 슬픈 상태가 교차되어 나타나는 것으로, 지나치게 좋거나 지나치게 가라앉은 양극단의 정서를 포함한다고 하여 붙여진 이름이다. 따라서 양극성 장애에서는 조증상태와 울증상태를 번갈아 나타낸다.

양극성 장애의 설명에 앞서 독자의 이해를 돕기 위해 양극성 장애에서 나타나는 조증 증상을 실감나게 표현한 영화가 있어서 간략히 소개하고자 한다. 이 영화는 1994년에 개봉한 〈미스터 존스〉라는 제목의 영화인데, 주인공이 조증상태에서 엄청난 액수의 돈을 한꺼번에 찾으면서 은행 창구에 있는 직원을 유혹하는 충동적인 모습이나, 격식을 갖춘 오케스트라 공연장에서 갑자기 고양된 기분을 주체하지 못하고 단상 위로 뛰어 올라가 직접 지휘를 하려는 모습, 또한 마치 하늘을 날 수 있을 것 같은 기분에 높은 빌딩 위에 올라가 도발적인 행동을 하는 위험한 모습 등이 영화에 잘 나타나 있다.

영화 속 주인공처럼 양극성 장애를 지닌 사람은 대개 조증상태에서 병원에 처음 입원하게 된다. 양극성 장애에서 특히 주목해야 하는 상태는 이와 같이 기분이 매우 고양된 조증상태인데, 이러한 상태에서는 지나칠 정도로 에너지가 넘쳐나서 평소에 안 하던 행동을 충동적으로 하기도 하고, 잠을 제대로 안 자면서도 피곤을 전혀 느끼지 못하는 상태에서 성급하게 여러 일을 벌이기도 한다. 그래서 양극성 장애로 진단되려면 영화 속 모습과 같은 조증상태가 나타나야 한다.

앞서 우울증의 증상을 정서, 행동, 신체, 인지적 측면으로 구분하여 살펴본 것과 같이, 조증상태에서 나타나는 증상들도 이러한 측면으로 나누어 각각 살펴보도록 하겠다. 먼저, 정서증상으로, 조증상태에서는 기분이 매우 고양되고 들뜨며 안절부절못하고 흥분하거나 혹은 아주 민감해진다. 이러한 기분상태는 사람들이 일반적으로 기분이 좋다고 느끼는 상태나 수준을 훨씬 넘어선 것으로, 지나치다 싶을 정도의 수준이 된다. 그래서 조증상태가 되면 자신의 의지와는 무관하게 기분이 들뜨게 되어 마치 하늘을 날 것 같은 황홀한 기분을 경험하게 된다.

이처럼 기분이 고양되다 보니 행동 측면에서도 과도한 모습을 나타낸다. 조증상태에서는 의욕 수준이 매우 높아져서 자신이 관심 갖거나 개입하지 않아도 될 일에 참견하고, 자극적이고 충동적인 행동을 거침없이 하게 되어 상황에 매우 부적절한 모습을 자주 나타낸다. 그래서 조증상태가 되면 평소에는 얌전하던 사람이 의아할 정도로 적극적인 모습을 보이기도 하고, 연락이 뜸했던 사람들을 갑자기 찾아가 의외의 활달한 모습을 보이기도 한다. 조증상태에서 보이는 이러한 행동들은 자신의 의지와 무관하게 나타나게 된다.

또한 조증상태가 되면 갑자기 말이 많아지고 빨라지게 되어 정상적으로 대화를 주고받기 어렵게 된다. 그리고 자신이 처한 현실을 고려하지 않은 채 무분별하게 돈을 쓴다든가, 안전을 고려하지 않은 채 위험한 행동을 추구하는 것과 같이 쾌락적인 활동에 과도하게 몰입하곤 한다. 한편, 신체적으로는 조증상태에서 자신의 신체 상태를 매우 활력적으로 지각하게 되어, 잠을 거의 자지 않아도 피곤함을 못 느낄 정도로 수면에 대한 욕구가 감소한다.

그럼 사고나 인지적 증상은 어떨까? 조증상태가 되면 인지적으로도 변화가 생기는데, 먼저 조증상태에서는 자기 자신에 대해 과장되고 팽창된 생각을 하게 된다. 그래서 실제의 자기보다 훨씬 더 능력 있게 지각하거나, 마치 자신이 못할 게 없을 것 같은 일종의 전지전능감을 경험한다. 그래서 자신을 매우 특별한 사람으로 생각하는 일종의 과대적 사고를 하게 되고, 이것이 지나치면 과대망상(grandiose delusions)으로 발전한다.

또한 에너지 수준의 증가에 따라 마치 말이 달리는 것처럼 생각이 빨라지거나(racing thoughts), 생각이 논리적으로 촘촘히 연결되지 않고 마치 하늘을 붕붕 날아

다니는 것과 같은 사고의 비약(flight of ideas) 현상을 보인다. 한편, 이러한 현상 이면에는 빈약한 판단력과 주의가 쉽게 흩어지는 주의산만한 모습을 나타내곤 한다.

독자들의 이해를 돕기 위해 실제 조울증을 앓았던 경험을 책으로 출판한『조울증은 회복될 수 있다』(정안식, 2012)의 일부 내용을 여기에 인용하고자 한다.

> (전략) 1992년 10월 말경, 나는 이 세상 사람이 아니었다. 내 몸은 지구에 있었지만 내 생각과 인지력은 천지가 개벽되고 내가 우주의 어느 혹성에 옮겨진 것 같은 정신착란을 일으켰다. (중략) 1992년 10월 말경, 내가 완전히 인사불성이 되기 전에 몇 개월 정도 전조 증상이 내게 일어나고 있었다. (중략) 나는 그 당시 경제적인 문제로 좀 고심하고 있었는데, 베스트셀러 작가가 되어 그 문제를 해결할 수 있다고 믿게 되었다. 지금 생각하면 실현 불가능할 뿐만 아니라 전혀 현실성이 없는 꿈이었다. 그러나 그때는 그러한 믿음으로 충만했다. (중략) 1992년 10월 28일을 정점으로 나는 완전히 다른 사람이 되어 있었다. 그때부터는 상태가 심각하여 무언가에 홀린 것 같이 여기저기를 배회하고 다녔다. 너무나 큰 슬픔과 기쁨이 번갈아 찾아왔다. 나는 예전과는 다르게 사물과 환경에 대해 반응하고 있었다. (중략) 지나가는 비둘기나 참새도 나에게 어떤 메시지를 전달하는 것 같았고, 표지판 등의 별것 아닌 모양이나 글도 큰 의미로 다가왔다. 사물을 그냥 있는 그대로 보지 않고, 내 의지와는 무관하게 어떤 의미를 부여하여 보게 되었다. (후략)

이 책의 저자는 자신이 앓았던 증상을 솔직하게 알리면서 조울증은 회복될 수 있다고 자신의 치료경험을 소개하고 있다. 이처럼 조울증을 비롯하여 정신과적 질환을 앓았던 경험을 책으로 출판한 사례들이 있으므로, 정신과적 문제의 증상과 예후를 이해하는 데 참고하면 도움이 될 것이다.

2) 양극성 장애의 유형

DSM-5의 양극성 및 관련장애 범주에는 세 가지 유형이 포함되어 있다. 먼저, 조증상태가 뚜렷하게 나타나는 제1형 양극성 장애와 비교적 가벼운 경조증이 나타나는 제2형 양극성 장애, 그리고 순환성 기분장애가 있다.

제1형 양극성 장애(bipolar I disorder)는 한 번 이상의 조증 삽화와 함께 우울 증상이 2주일 이상 지속되는 주요우울 삽화를 한 번 이상 경험해야 진단이 가능하다. 이에 비해 제2형 양극성 장애(bipolar II disorder)는 제1형과 유사하지만, 조증이 비교적 가벼운 상태(경조증)이면서 한 번 이상의 우울 삽화를 경험한 적이 있을 때 가능한 진단이다. 이처럼 제1형과 제2형 양극성 장애는 조증상태가 뚜렷하게 나타나는 조증 삽화가 있는지 아니면 증상이 비교적 가벼운 경조증 삽화가 있는지에 따라 구분된다.

일반적으로 조증 삽화에서는 증상으로 인해 일상생활을 정상적으로 지속하기 힘들 정도로 부적절하고 현저한 지장이 나타나지만, 경조증 삽화에서는 그 정도까지 이르지는 않는다. 따라서 조증 삽화를 보이면 입원과 약물치료가 반드시 필요하지만, 경조증 삽화에서는 반드시 입원치료가 필요하지 않을 수 있다. 또한 조증 삽화를 포함하는 제1형 양극성 장애에서는 과대망상과 같은 사고장애가 일반적으로 나타나지만, 경조증 삽화를 포함하는 제2형 양극성 장애에서는 뚜렷한 과대망상과 같은 정신증적 증상은 잘 나타나지 않는다.

이와 같이 조증 삽화를 포함하느냐 그렇지 않느냐로 구분되는 제1형 및 제2형 양극성 장애와 함께, 양극성 장애에는 또 한 가지 유형이 있는데 그것은 바로 순환성 기분장애(cyclothymic disorder)이다. 순환성 기분장애는 제1형 양극성 장애에서 보이는 조증 삽화나 주요우울장애에서 보이는 우울 삽화 정도에는 미치지 않는 비교적 가벼운 수준의 경조증과 경미한 우울증이 2년 이상 번갈아 가며 나타나는 경우에 해당된다. 즉, 순환성 기분장애 진단에 해당되려면 뚜렷한 조증 삽화나 주요우울 삽화를 나타낸 적이 없어야 한다. 대신 뚜렷하지는 않지만 가벼운 수준의 기분 고양 또는 저하가 2년 이상 오래 지속되어 정상적으로 일상생활을 해 나가는 데 지장과 고통을 받아야 가능하다.

3) 양극성 장애의 유병률과 특징

그러면 이러한 양극성 장애는 얼마나 발생하고 어떠한 특징을 보일까? 클레멘트 등(Clemente et al., 2015)의 메타분석 연구에 의하면 제1형 양극성 장애의 평생 유병률은 1.06%이고, 제2형 양극성 장애의 평생 유병률은 1.57%로 나타났다. 또한 블랑코 등(Blanco et al., 2017)은 제1형 양극성 장애의 12개월 유병률은 1.5%(남성 1.6%, 여성 1.5%), 평생 유병률은 2.1%(남성 2.2%, 여성 2.0%)라고 보고하였다. 한편, 우리나라에서는 양극성 장애 유병률이 0.1%로 보고된 바 있다(보건복지부, 2017). 주요 우울장애가 여성에게 많이 발생했던 것과 달리 양극성 장애는 남성과 여성에게서 비슷하게 발생하며, 평균 발병 시기는 대략 15~44세 사이로 알려져 있다(Weiner, Warren, & Fiedorowicz, 2011). 양극성 장애는 재발률이 매우 높은 정신과적 질환으로서, 양극성 장애 환자의 90%가 넘는 사람들이 재발을 경험(Solomon et al., 1995)하며, 대개 첫 발병 후 2년 이내에 재발한다(Tohen et al., 2003).

조울증은 자살과도 관련이 깊어서, 양극성 장애 환자의 약 20 내지 많게는 60%가 한 번 이상 자살을 시도한다는 보고가 있다(Dome et al., 2019). 양극성 장애 환자 중에 자살을 시도하는 비율은 적절히 치료받지 않은 경우에 더 높아지므로, 적절한 치료를 통해 지속적으로 증상을 관리하는 것이 무엇보다 중요하다.

4) 양극성 장애의 원인

양극성 장애의 발생 원인은 크게 두 가지 입장으로 나누어 볼 수 있는데, 하나는 생물학적 요인이고 다른 하나는 심리사회적 요인이다.

(1) 생물학적 요인

양극성 장애는 생물학적 요인이 비교적 크게 작용하는 정신과적 문제이다. 생물학적 요인에는 유전, 신경전달물질, 혹은 뇌의 구조적 · 기능적 이상 등이 해당되는데, 유전의 가능성부터 살펴보자.

양극성 장애는 유전적 영향을 비교적 많이 받는 장애로 알려져 있다. 같은 유전자를 공유하는 일란성 쌍생아의 경우 한쪽이 양극성 장애일 때 다른 한쪽도 양극성 장애일 확률이 대략 43~72%에 달하고, 이란성 쌍생아의 경우에는 그 일치율이 6~14% 정도로 낮아지는 것으로 보아, 양극성 장애에 미치는 유전적 영향을 확인할 수 있다(Kieseppä et al., 2004; Rehm, Wagner, & Ivens-Tyndal, 2001). 또한 부모 중 한 사람이 제1형 양극성 장애일 경우 이들의 자녀에게서 기분장애가 발생할 가능성은 약 15~30%이고, 부모 모두 제1형 양극성 장애일 경우에는 그 비율이 무려 50~75%에 이른다(Kerner, 2015).

양극성 장애는 단극성 장애라 할 수 있는 주요우울장애에 비해 유전 가능성이 높은 편이다. 양극성 장애가 있는 사람이 포함된 가족 중에 기분장애를 나타낼 비율이 대략 12~22%인 데 비해, 주요우울장애에서는 그 비율이 7% 정도로 보고되고 있다(권석만, 2013). 따라서 이러한 연구들로 미뤄 볼 때 양극성 장애는 유전에 의해 비교적 영향을 많이 받는 정신과적 문제로 볼 수 있다.

유전적 요인 이외에 신경전달물질도 양극성 장애를 유발하는 원인이 된다. 양극성 장애와 관련이 깊은 신경전달물질은 노르에피네프린(norepinephrine)으로 이것의 과잉활동이 조증과 관련되는 것으로 알려져 있다. 이러한 유전과 신경전달물질 이외에도, 뇌의 구조적 혹은 기능적 이상과 관련하여 많은 연구가 진행되고 있다. 이처럼 양극성 장애와 관련되는 다양한 생물학적 요인을 밝히기 위한 연구가 활발히 이뤄지고 있지만, 아직까지 이러한 요인들이 어떻게 양극성 장애를 유발하는지, 양극성 장애에서 이들이 어떤 역할을 하는지에 대해 뚜렷하고 일관된 입장이 제시되고 있지는 못한 상태이다. 또한 양극성 장애로 진단받은 사람들이 있을 때 이들이 모두 동일한 생물학적 이유를 지니고 있다고 보기도 어렵다. 따라서 앞으로 뇌에 대한 연구와 다양한 생물학적 요인에 대한 연구들을 통해 양극성 장애를 유발하는 보다 정확한 생물학적 원인과 기제가 밝혀질 것을 기대한다.

(2) 심리적 요인

양극성 장애와 관련된 심리적 요인에 대해서는 주로 정신역동적 입장과 인지적 입장에서 설명을 제시하고 있다. 먼저, 정신역동적 입장에서는 받아들이기 힘든 고통스러운 현실에 처하게 될 때 부정(denial)이라는 방어기제를 사용하고, 자신이 처한 상황을 보상하기 위해 현실과는 반대로 과대적 사고를 하게 되기 때문에 조증 증상이 나타난다고 설명한다. 이처럼 자신과 자신이 처한 상황에 대해서 현실을 부정하고 자신이 구축한 자기만의 과대적 세계 속에서 고통을 부정한 채 살아가게 되는 것이 조증상태이다.

소설가 이청준(1980)의 『조만득씨』라는 소설에 등장하는 주인공은 이러한 양극성 장애의 정신역동적 설명을 잘 묘사한 인물이다. 이 소설 속의 주인공은 가난하고 처절한 현실 속에서 고통받던 사람인데, 이러한 현실을 부정하고 오히려 이와 반대되는 자기만의 과대적인 망상의 세계를 구축한다. 그래서 이 사람은 자신만의 세계 속에서 무엇이든 마음먹은 대로 할 수 있는 백만장자처럼 행세하는데, 결국 정신과 의사의 노력으로 이러한 과대망상으로부터 벗어나 다시 고통스러운 현실로 돌아가게 되는 과정을 그린 이야기이다. 물론 이 이야기는 소설이므로 엄격한 학술적 기준에서 볼 때 내용이 극화되거나 다소 정확하지 않은 측면이 있을 수 있다. 하지만 받아들이기 힘든 현실을 부정하고 이를 보상하려는 노력의 일환으로 과대적인 사고를 하게 될 수 있다는 역동적 입장을 이해하는 데 도움이 될 것이다.

양극성 장애는 인지적인 입장으로도 설명이 가능하다. 앞서 우울증을 설명할 때 언급한 인지왜곡 혹은 인지오류는 양극성 장애의 설명에도 적용 가능하다. 우울한 사람들은 한두 번의 잘못된 혹은 실패한 경험으로 인해 다른 일들도 잘 안 될 것으로 생각하는 과잉일반화나, 어떤 일의 전부를 보지 않고 부정적인 일부 측면에만 초점을 두어 사건이나 상황을 안 좋게 보려는 선택적 추상화 경향이 있다고 하였다. 이러한 우울증의 경우와 반대로 조증에서는 한두 번의 성공적인 경험을 근거로 앞으로도 계속 일이 잘될 것으로 지나치게 낙관적으로 생각하는 과잉일반화 인지왜곡을 보이고, 일의 부정적인 면은 보지 않고 긍정적인 면에만 지나치게 초점을 기울이는 선택적 추상화 경향을 보인다(권석만, 2013). 즉, 우울증이 부정적인 면에 초점을 두는 것과 달리 조증에서는 긍정적인 면을 강조해서 지나치게 낙관적으로 보는 인지왜곡 경향성을 지니고 있는 것으로 본다.

이와 같이 양극성 장애는 생물학적 또는 심리적인 요인으로 설명이 가능한데, 심리적인 문제의 발생에는 어떤 단일한 요인이 기여한다기보다 여러 가지 요인이 상호작용하여 복합적으로 영향을 미친다. 또한 동일한 진단에 속하더라도 개인에 따라 서로 다른 요인이 문제의 발생에 영향을 미친다. 그러므로 정신과적 문제가 생기는 원인을 정확하게 안다는 것은 그리 쉽고 간단한 일은 아니다. 따라서 문제의 원인을 추정함에 있어 섣불리 단정하지 않도록 유의할 필요가 있다.

5) 양극성 장애의 치료

앞서 설명한 바와 같이, 양극성 장애는 생물학적 요인의 영향을 비교적 많이 받는 정신과적 질환이다. 따라서 양극성 장애는 약물치료가 우선적이고 또 필수적이다. 조증상태에서는 판단력이 부족해지는 한편, 자기 자신에 대해서 과대적으로 지각하게 되고, 지나칠 정도로 활동수준과 충동성이 높아져서 위험에 대한 판단력이 부족하게 될 소지가 크다. 또한 현실적인 것과 그렇지 않은 것에 대한 판단도 미흡하게 된다.

따라서 이러한 상태에서 자기 자신에게나 혹은 다른 사람한테 무리가 되거나 해를 입히는 행동을 하게 될 소지가 있으므로, 항조증 약물(antimanic drugs)을 사용하여 증상을 다스릴 필요가 있고 필요하면 반드시 입원하여 충분히 증상을 관찰해야 한다. 항조증 약물로 일반적으로 많이 알려진 것은 리튬(lithium)으로, 이는 일종의 안정제 역할을 하여 기분을 진정시키는 효과를 나타낸다. 약물치료는 단독으로 사용하기보다 심리치료와 병행해서 사용할 때 치료효과가 더 좋아지는 것으로 보고되고 있다.

일반적으로 양극성 장애는 재발률이 높고 만성적으로 진행되는 경우가 많으므로 심리치료를 할 때에는 환자에게 이러한 특성에 대해 정확히 알려 주고, 증상이 나타날 때 스스로 알아차려서 시기를 놓치지 않고 적절한 치료를 받을 수 있도록 교육해야 한다. 그리고 이러한 교육은 비단 양극성 장애를 지닌 환자 본인뿐 아니라, 이들과 같이 생활하는 가족도 함께 교육받는 것이 매우 중요하다. 양극성 장애의 증상이나 치료과정 그리고 예후에 대한 정보를 가족에게 정확하게 알림으로써 환자에 대한 이해를 도울 뿐 아니라, 증상이 재발할 때 가족들이 옆에서 잘 대처할 수 있게 하기 때문에 증상이 만성화되는 것을 막는 데 도움이 될 수 있다. 또한 가족들도 환자를 오래 돌보다 보면 지치거나 스트레스를 받을 수 있으므로 이러한 경우에는 가족 역시 상담을 받는 것이 도움이 된다.

정신과적 문제의 치료는 오랜 인내와 정확한 정보를 필요로 한다. 특히 양극성 장애와 같은 정신증적 문제의 경우는 약물이나 입원치료가 필수적이며, 이와 함께 심리치료 혹은 가족교육을 같이 병행할 때 치료효과를 더 높일 수 있다. 또한 신체적인 질환이든 정신적인 질환이든 문제를 조기에 발견하여 치료하는 것은 똑같이 중요하다. 당뇨나 고혈압과 같은 신체질환도 조기에 발견하여 꾸준히 관리하면 일상생활에 큰 지장이 없을 수 있듯이, 정신과적 문제들도 조기에 발견해서 치료하고 재발되지 않게 꾸준히 관리하는 것이 신체적인 문제와 마찬가지로 중요하다.

2. 조현 스펙트럼 장애

이 절에서는 정신증적 문제에 속하는 조현 스펙트럼 장애에 대해 살펴보겠다. 먼저, 조현병의 증상과 유병률을 비롯한 주요 특징을 알아보고, 조현 스펙트럼 장애에 속하는 단기 정신증적 장애와 망상장애에 대해 살펴보고자 한다. 다음으로 조현병의 발생 원인에 대한 여러 입장과 조현병의 치료에 대해 알아보자.

생각해 보기

– 조현 스펙트럼 장애에서 '스펙트럼'은 무슨 의미인가?
– 조현병은 얼마나 위험한 질환인가?

---

1) '스펙트럼'과 '조현'의 의미

조현병의 증상을 살펴보기 전에 조현 스펙트럼 장애라는 공식 명칭에 사용하고 있는 '스펙트럼'이라는 용어의 의미와, 정신분열이라는 용어 대신 '조현'이라는 용어를 사용하게 된 배경에 대해 먼저 다루고자 한다.

DSM-5가 출간되기 전까지는 영어로 schizophrenia라는 공식적인 명칭을 사용하였는데, DSM-5에서는 이 용어 뒤에 스펙트럼이라는 단어를 붙여 schizophrenia spectrum disorders라는 진단범주 명칭을 사용하고 있다. 스펙트럼은 빛을 파장에 따라 배열한 것으로, 햇빛을 프리즘에 통과시키면 무지개와 같이 빛이 중첩되어 연속적으로 나타나는 것을 볼 수 있다. 이처럼 빛이 다양한 색깔로 나뉘고 그 색깔들 사이에 분명한 경계가 없듯이, 정신과적 문제에도 일종의 정도 차이가 있음을 나타내는 의미로 스펙트럼이라는 용어를 사용한다.

이러한 의미에서 조현병과 원인을 공유하지만 정도에 따라 문제가 다양하게 나타날 수 있으므로, 조현병과 유사한 증상을 보이는 문제들을 한데 모아 조현 스펙트럼 장애(schizophrenia spectrum disorders)라고 부르게 된 것이다. 따라서 조현 스펙트럼 장애는 조현병과 유사한 장애들을 모아 놓은 범주이며, 이 범주 안에 조현병 (schizophrenia)이 포함된다. 따라서 조현병은 조현 스펙트럼 장애에 속하는 하위진단명이다. 하지만 조현병은 조현 스펙트럼 장애를 대표하는 질환이고, 조현 스펙트럼이라는 명칭보다 조현병이라는 용어를 통상적으로 더 많이 사용하므로, 이 책에서는 조현 스펙트럼 장애와 조현병을 일부 혼용해서 사용할 것이다.

그렇다면 정신분열이라는 용어 대신 '조현'이라는 용어를 사용하게 된 배경은 무엇일까? 조현병은 예전에 정신분열증으로 불렸다. 하지만 이 용어가 지니는 부정적인 인상과 편견을 고려하여 우리나라에서는 2011년부터 조현병이라는 용어로 대체하여 사용하고 있다.

조현(調絃)은 현악기의 음률을 고른다(표준국어대사전, 2022)는 뜻이다. 이는 현악기의 경우 줄이 제대로 조율되어 있을 때 조화로운 소리를 낼 수 있는데, 조현병의 경우는 마치 제대로 조율되지 않은 현악기와 유사하여 조화롭지 못한 상태에 있다는 의미이다. 이 말은 반대로 줄을 잘 조율하면 소리를 제대로 내는 데 문제가 없으므로, 조현병은 극복되고 치료될 수 있다는 긍정적 의미를 담고 있는 용어이기도 하다.

조현병과 관련된 사건 사고 소식을 접했던 경험으로 인해 일반 사람들이 조현병을 위험한 병으로 인식하고 이에 대한 우려를 갖고 있는 것도 사실이다. 하지만 조현병은 많은 전문가가 언급하듯이, 그 자체로서 위험한 병은 아니다. 이를 좀 더 정확하게 표현하면, 조현병이 위험한 게 아니라 적절하게 치료받지 않아 관리가 안 되는 상태의 조현병이 위험할 수 있다.

따라서 정신증에 속하는 조현병은 반드시 치료를 통해 적절하게 관리되어야 하는 정신과적 질환이고, 이렇게만 된다면 설사 조현병에 걸린 적이 있다 해도 정상적으로 생활하는 것이 가능하므로 조현병 환자라고 모두 다 위험하다는 편견을 가질 필요는 없을 것이다.

2) 조현병의 증상

조현병의 증상은 사고, 지각, 행동, 정서 및 사회적 측면에서 다양한 모습으로 나타난다. 이에 조현병의 증상을 차례대로 살펴보겠다.

(1) 사고 증상

조현병은 정신증에 속하는 가장 대표적인 질환이다. 앞서 제7장에서 설명한 바와 같이, 정신증은 신경증과 달리 현실검증이 제대로 이루어지지 못하는 상태에 있다는 것을 의미한다. 현실검증이 제대로 이루어지지 못한다는 것은 대부분 사고장애가 있기 때문이다. 따라서 정신증에 속하는 질환들은 대부분 사고장애를 지닌다.

사고장애의 가장 대표적인 증상은 망상이다. 망상은 영어로 delusion이라고 하며, 근거가 없는 주관적인 신념을 가리키는 말이다. 즉, 망상은 다른 사람들은 그렇게 생각하지 않거나 혹은 반대되는 증거가 있는데도 불구하고 본인만 굳건하게 믿고 있는 잘못된 생각을 뜻한다. 조현병에 걸리면 이러한 망상을 가지고 있는 경우가 대부분이며, 사고장애 여부는 조현병을 진단하는 데 있어서 매우 중요한 기준이 된다.

망상에는 다양한 종류가 있는데, 조현병에는 피해망상과 관계망상이 대표적이다. 피해망상(persecutory delusion)은 누군가 자신을 감시하거나 괴롭히거나 이용하고 있으며, 이로 인해 자신은 피해를 입거나 감시 당하고 있다고 생각하는 것이다. 이때 자신에게 피해를 입히는 사람은 특정인일 수도 있고 불특정한 다수일 수도 있으며 특정 단체나 조직으로부터 피해를 입고 있다고 믿기도 하는데, 이러한 피해망상은 조현병에서 가장 특징적으로 나타난다. 한편, 관계망상(delusion of reference)은 자신과 관계가 없는 것을 관계가 있다고 생각하여 이를 굳건히 믿는 것을 말한다. 예를 들어, 건널목에서 신호가 바뀌는 것은 일정 시간이 지나 자동적으로 교통 흐름을 안내하는 것일 뿐 어느 누구와도 관계없는 것이다. 그런데 만약 신호가 바뀌는 것을 두고 누군가 자신에게 특별한 암시나 사인을 보내는 것으로 인식한다면, 이는 관계가 없는 것을 관계가 있다고 믿는 관계망상에 해당한다. 또한 텔레비전에서 방송하고 있는 내용이 자신과 무관한 것임에도 불구하고 자신과 관련지어 이에 특별한 의미를 부여한다면 이것 역시 관계망상에 해당한다. 피해망상이나 관계망상 이외에도 조현병에서는 자신의 생각이 마치 방송을 타는 것(thought broadcasting)처럼 사람들에게 알려진다고 생각하기도 하고, 누군가 자신의 머릿속에 생각을 집어 넣거나(thought insertion), 반대로 빼 간다고 생각(thought withdrawal)하기도 한다.

한편, 조현병의 경우 사고의 형식에 문제가 발생하기도 하는데, 조현병에서 많이 나타나는 사고 형식의 문제는 연상이 이완(loosening of association)되는 것이다. 코머(Comer, 2014/2014)가 쓴 책에 조현병 환자의 이완된 연상을 잘 보여 주는 사례가 있어 이곳에 인용한다.

어떤 조현병 환자가 "팔이 가려운가?"라는 질문에 다음과 같이 대답하였다고 한다. "문제는 곤충이다. 남동생이 곤충채집을 하곤 했다. 그의 키는 177.4cm이다. 사실 7은 내가 좋아하는 숫자다. 나는 춤추고 그림을 그리고 텔레비전 보기를 좋아한다."

이 말에서 우리는 문장 간에 논리적 연결 없이 연상이 이완된 모습을 볼 수 있다. 이처럼 이완된 연상을 나타내는 경우에는 한 가지 주제를 가지고 계속 이야기를 이어 나가는 것이 어렵게 된다. 다시 말해 이완된 연상작용으로 인해 주제에 맞게 이야기를 이어 나가기 어렵기 때문에, 조현병을 앓고 있는 사람들이 하는 말을 들어 보면 마치 기차가 철로에서 이탈되듯이 이야기의 주제에서 벗어나거나(derailment) 혹은 무슨 말을 하려는 것인지 내용을 종잡을 수 없어서 지리멸렬하거나 횡설수설(incoherence)하는 것처럼 들리곤 한다.

(2) 지각 증상

앞서 제시한 사고 증상 이외에, 조현병에서는 지각적 측면의 이상도 보이곤 한다. 조현병에서 나타나는 지각 증상 가운데 대표적인 것은 환각(hallucination)이다. 이는 실재하지 않는 소리를 듣거나 혹은 실재하지 않는 사람을 보는 것과 같은 것으로, 대표적인 것이 환청과 환시이다. 조현병을 앓고 있는 경우 이처럼 남들은 듣지 못하는 소리를 혼자 듣거나(환청) 남들은 보지 못하는 사람을 혼자 보고 있다(환시)고 지각하기도 하는데, 이러한 환각 증상은 촉각이나 미각 또는 후각으로 나타날 수도 있다.

이해를 돕기 위해 조현병의 증상을 잘 묘사한 영화 〈뷰티풀 마인드〉를 소개하려 한다. 이 영화는 2001년도에 제작된 작품으로, 1994년에 노벨 경제학상을 수상한 유명한 수학자 존 내쉬(John Nash)의 일대기를 바탕으로 제작한 영화이다. 영화의 실제 인물인 존 내쉬는 20세 무렵 발표한 논문으로 수학적 천재성을 발휘하여 젊은 나이에 MIT 교수가 되었다가 조현병이 발병하면서 많은 어려움을 겪게 된다. 영화 속에는 앞서 설명한 조현병의 대표적 증상인 망상과 환각이 극적으로 잘 묘사되어 있으므로, 이 영화를 보면 조현병의 증상을 보다 잘 이해하는 데 도움이 될 것이다.

(3) 행동 증상

조현병의 증상에는 행동상 나타나는 모습도 있다. 조현병의 경우 대개 상황에 적절하지 않은 부적절하고 혼란스러운 모습을 드러낸다. 예를 들어, 한여름에 아주 두꺼운 겉옷을 껴입고 다니거나, 아무도 없는데 마치 누구와 다투거나 이야기하고 있는 것처럼 혼잣말을 하기도 하고, 웃어야 할 상황이 아닌데 부적절하게 웃는 것과 같이 상황에 부적절하고 혼란스러운 행동들을 나타낸다.

또한 조현병에서는 긴장증적 행동(catatonia)을 보이기도 한다. 이것은 마치 움직이지 않는 동상처럼 오랜 시간 동안 불편한 자세로 움직이지 않고 있는 것을 뜻한다.

(4) 정서 및 사회적 증상

조현병은 정서적인 측면에도 영향을 미쳐 관련된 증상을 보인다. 조현병이 있는 경우에 정서적으로 둔화(blunted affect)되어 어떠한 감정을 느끼지도 드러내지도 않는 무감동(apathy)하고 무미건조하며 매우 단조로운 모습을 나타낸다. 이 경우 보통 사람들이 감정을 표현하는 것보다 훨씬 더 밋밋하고 무표정하고 단조롭다. 또한 조현병에서는 아무런 의욕도 없는 무의욕증(avolition)을 나타내어 어떠한 것에 대해서든 관심이 없는 듯한 무표정한 모습을 보이기도 한다. 사회적 측면에서도 관련된 증상을 보이는데, 조현병이 있는 사람들은 사람들과 적절한 상호작용을 하지 못하고 많이 위축된 모습을 보이며, 사람들로부터 거의 고립되거나 철수된 양상을 보인다.

앞에서 언급한 조현병의 여러 증상은 크게 양성 증상(positive symptoms)과 음성 증상(negative symptoms)이라는 범주로 구분이 가능하다. 조현병에서 나타나는 증상을 양성 증상과 음성 증상으로 구분하는 것은 1931년 잭슨(Jackson)에 의해 처음 제안된 것으로 알려져 있는데(Andreasen, 1985), 양성 증상은 쉽게 말해서 없어야 정상인데 있어서 오히려 문제가 되는 것을 말한다. 예를 들어, 망상이나 환각 그리고 혼란스러운 언어와 같은 것이 양성 증상에 해당되는데, 조현병의 경우는 없어야 정상인 이러한 증상을 오히려 가지고 있어서 문제가 되는 것이다. 이에 비해 음성 증상은 있어야 정상인데 오히려 없어서 문제가 되는 것을 말하며, 여기에는 감정적으로 무미건조하거나 단조로운 것 혹은 의욕이 없는 것, 즐거움을 못 느끼는 것, 대인관계가 철수되는 것 등이 해당된다. 즉, 감정과 의욕은 있어야 정상이고 즐거움도 느끼고 대인관계도 할 수 있어야 정상인데, 이러한 것이 없어서 문제가 된다. 일반적으로 조현병이 만성화될수록 양성 증상보다 음성 증상을 더 많이 나타내는 것으로 알려져 있다(Mitra, Mahintamani, Kavoor, & Nizamie, 2016).

조현병의 진단은 망상이나 환각, 혼란스러운 언어, 혼란스럽거나 긴장증적인 행동과 같은 양성 증상, 그리고 감정을 잘 못 느끼고 의욕이 없는 것과 같은 음성 증상 가운데 적어도 2개 이상의 증상이 한 달 동안 일정 시간 이상 나타나야 하고, 또 이 두 가지 중에 반드시 망상이나 환각 또는 혼란스러운 언어에 해당되는 증상을 포함하고 있어야 가능하다. 그리고 이러한 증상이 나타나는 활성기 기간을 포함하여 6개월 이상 문제가 지속적으로 나타날 때 조현병의 진단이 가능해진다(APA, 2013/2015).

계속해서 강조하지만, 진단은 일반 사람들이 함부로 내릴 수 없고, 또 내려서도 안 된다. 이는 신체적 문제에도 적용되지만 정신적 문제에도 해당된다. 따라서 어떤 경우에는 혹시 자신이나 주변 사람이 이러한 진단에 해당하는 것이 아닐까 싶을 때도 있겠지만, 정신과적 문제가 심각해서 정확한 진단과 치료가 필요한 경우라면 반드시 정신과 전문의를 찾아가 직접 진찰을 받아 보아야 할 것이다. 만약 그렇지 않고 자신이나 혹은 다른 사람한테 섣불리 진단을 붙이거나 사용하게 되면, 큰 상처나 문제가 될 수 있으므로 각별히 유의할 필요가 있다.

또한 조현병은 증상이 매우 이질적이고 다양하게 나타나는 편이다. 따라서 조현병 진단을 동일하게 받더라도 사람들마다 증상이 서로 달리 나타날 가능성이 높다. 그렇기에 더더욱 진단은 전문가에 의해 매우 신중하고 엄격하게 내려져야 한다.

3) 조현병의 유병률과 특징

정신과적 질환 중에 가장 심각하다 할 수 있는 조현병은 얼마나 많이 발생하는 걸까? 조현병의 평생 유병률은 0.7~0.8%(Saha et al., 2005) 또는 1%(Lindenmayer & Khan, 2012)로서 연구마다 다소간의 차이가 있기는 하지만 대략 1%에 가까운 것으로 알려져 있다. 참고로 우리나라에서 발표된 자료를 보면, 조현병을 포함한 조현 스펙트럼 장애의 평생 유병률은 0.5%로 보고된 바 있다(보건복지부, 서울삼성병원, 2017).

조현병은 남성이 여성보다 다소 많이 발생하여 약 1.4:1의 성비를 나타낸다(Abel, Drake, & Goldstein, 2010). 조현병은 주로 10대 후반에서 30대 중반 사이에 처음으로 발병하며, 청소년기 이전이나 40대 이상에서의 첫 발병은 드문 것으로 알려져 있다. 평균 발병 연령은 성별로 다소 차이가 나서 남성은 대략 18~25세, 여성은 25~35세로, 남성이 여성에 비해 좀 더 일찍 발병하는 것으로 보인다(APA, 2000; APA, 2013/2015; Lindenmayer & Khan, 2012). 또한 조현병은 모든 사회경제적 계층에서 발생하지만, 상대적으로 하위계층에서 더 많이 발생한다(Sareen, Afifi, McMillan, & Asmundson, 2011).

조현병도 우울증이나 조울증과 같이 자살 위험성이 매우 높은 정신과적 질환에 해당된다. 조현병으로 진단받은 사람 가운데 10% 정도가 자살로 사망하고, 이보다 많은 20~50%에 해당하는 사람들이 자살을 시도하는 것으로 보고된 바 있다(Siris,

2001). 이처럼 조현병으로 진단받은 사람 가운데 자살을 시도하는 비율은 범위가 꽤 넓은 편인데, 앞서 양극성 장애에서 설명한 것과 마찬가지로 적절한 치료를 받지 않은 상태에서 자살시도율이 더 높아진다. 또한 상대적으로 조현병 발병 초기에 자살을 시도하는 경우가 많은 편이므로, 이에 대한 각별한 주의와 관리가 요구된다(Ventriglio et al., 2016).

4) 조현병의 경과 및 예후

조현병이 발병하고 난 후 경과와 예후는 어떠할까? 조현병은 증상이 나타나는 초기에 적절한 치료를 받지 않으면 증상이 더욱 심해지고 만성화되어 일상생활을 정상적으로 해 나가기 힘들 수 있는 심각한 정신과적 질환이다.

조현병의 예후와 관련된 대표적인 연구를 몇 가지 살펴보자. 우선, 하딩 등(Harding et al., 1987)의 버몬트 종단연구는 조현병의 예후와 관련된 대표적인 연구 중 하나로서, 이 연구는 버몬트 주립병원에 입원했던 118명의 환자를 대상으로 장기 추적하여 이 가운데 82명을 인터뷰한 것이다. 이들은 모두 프로젝트에 들어온 지 20년이 넘는 사람들이며, 연구결과 인터뷰에 응한 82명 가운데 68%가 20년이 지난 조사 시점에 양성이든 음성이든 조현병 증상을 나타내지 않았다고 보고하였다. 이는 당시 알려져 있던 조현병의 예후보다 좋게 나타난 결과로서, 조현병 환자 가운데 대략 1/2 내지 2/3는 증상이 상당히 개선되고 회복되었음을 시사한다.

하지만 이러한 낙관적인 예후에 비해 다소 다른 결과를 제시한 연구들도 있다. 안 데르 하이든 등(an der Heiden & Hafner, 2011)의 연구를 보면 조현병 환자의 1/4 혹은 그 이상은 증상으로부터 완전히 회복되지만, 나머지에 해당하는 3/4 정도는 어느 정도 잔류문제를 지니는 것으로 보고하였다.

토리(Torrey, 1988)는 조현병의 예후에 대한 연구결과를 정리하여 조현병으로 진단받은 지 10년 후와 30년 후에 각각 환자들이 어떠한 상태에 있는지를 발표하였다. 먼저, 10년 후의 경과를 보면, 25%는 완전한 회복을 보였고, 25%는 많이 향상되어 비교적 독립적으로 생활할 수 있었다. 또 다른 25%는 향상되었으나 광범위한 지지체계를 필요로 하는 상태로 나타났고, 나머지 25%는 예후가 썩 좋지 못하였는데 이들 중 15%는 향상되지 못하여 병원에 입원해 있는 상태였고 10%는 조사 시점에 사망한 상태였으며 이들은 대부분 자살로 인한 사망인 것으로 보고되었다.

한편, 30년 후의 경과를 보면, 10년이 지난 시점보다 향상된 비율이 살짝 증가하는 경향을 보였다. 앞서 10년 후 경과에서 25%에 해당하는 사람들이 좋지 못한 예후를 보였는데, 30년 경과시점에서도 마찬가지로 25%는 상태가 좋지 못하여 이 가운데 15%는 사망하였고, 10%는 향상되지 못한 채 병원에 입원한 상태인 것으로 나타났다. 하지만 10년 후 경과 시점과 마찬가지로 25%는 완전히 회복되었고, 35%는 많이 향상되어 비교적 독립적으로 생활이 가능했으며, 15%는 향상은 되었으나 여전히 광범위한 지지체계를 필요로 하는 것으로 나타났다.

〈표 10-1〉 조현병 환자의 예후

	완전한 회복	많이 향상되어 비교적 독립적으로 생활 가능	향상은 되었으나 아직 광범위한 지지체계가 필요한 상태	향상되지 못하여 병원에 입원한 상태	조사 시점에 사망 (대부분 자살)
10년 후	25%	25%	25%	15%	10%
30년 후	25%	35%	15%	10%	15%

이처럼 연구들마다 다소간의 차이가 있기는 하나 대체로 연구결과들을 종합해 보면, 조현병으로 진단받은 사람 4명 가운데 1명은 증상으로부터 완전히 회복되어 완치되고, 또 4명 중 1명은 완치까지는 아니더라도 큰 무리 없이 일상생활을 하는 것이 가능하다. 그리고 4명 중 1명은 향상되긴 하지만 좀 더 많은 도움을 필요로 하며, 나머지 25%에 해당하는 1명은 증상이 만성화되어 예후가 썩 좋지 못한 것으로 볼 수 있다.

이렇게 볼 때 조현병은 병의 경과나 예후에 있어서 개인별로 꽤 큰 편차를 나타내며, 조현병의 예후는 증상이 나타난 후 제대로 진단받지 않은 채 지내는 기간이 길면 길수록 나빠진다(Banerjee, 2012). 따라서 무엇보다 증상이 나타나는 초기에 병원을 찾아 진단을 받고 적절한 치료를 시행하는 것이 조현병의 예후를 좋게 하는 데 있어서 매우 중요하다.

5) 조현 스펙트럼 장애의 유형

조현 스펙트럼 및 기타 정신증적 장애 범주에는 조현병을 비롯하여 다양한 정신증적 질환이 포함되어 있다. 앞서 언급했듯이 조현병은 조현 스펙트럼 장애 가운데 가장 대표적인 것이고, 스펙트럼 중에서 가장 심한 것이기도 하다.

조현 스펙트럼 가운데는 조현병과 증상과 원인을 비슷하게 공유하지만, 증상의 경중에 따라 다양한 진단이 포함된다. 여기에는 가장 경미한 수준에 해당하는 조현형 성격장애부터 가장 심하게는 조현병과 조현정동장애가 있으며, 그 중간에 망상장애, 단기 정신증적 장애 그리고 조현형 장애(조현양상장애)가 포함된다([그림 10-1] 참조). 이 책에서는 조현 스펙트럼 및 기타 정신증적 장애에 속하는 하위진단 가운데 단기 정신증적 장애와 망상장애에 대해 살펴보겠다.

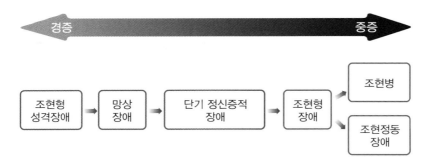

[그림 10-1] 조현 스펙트럼 장애에 속하는 정신증적 질환

(1) 단기 정신증적 장애

단기 정신증적 장애(brief psychotic disorder)는 조현병의 양성 증상에 해당하는 망상이나 환각, 혼란스러운 언어나 행동 가운데 한 개 이상의 증상이 한 달 이내로 짧게 나타나는 경우에 받을 수 있는 진단이다(APA, 2013/2015). 이러한 증상은 심한 스트레스를 받을 때 급격하게 나타났다가 스트레스가 해소됨에 따라 점차 사라지고, 증상이 나타날 때는 조현병에서 보이는 것처럼 많이 혼란스러운 모습을 나타낸다. 하지만 증상을 보이는 기간이 짧게 지나가고 다시 병전 상태로 회복하게 되며, 재발률도 비교적 낮은 것으로 알려져 있다.

일반 인구집단에서 단기 정신증적 장애의 유병률은 .05%로 낮은 편(Perälä et al., 2007)이지만, 이민자나 난민 혹은 자연재해 피해를 입은 사람들과 같이 스트레스를 많이 받는 사람들 가운데에는 발생률이 높아지는 것으로 보고되었다(Alexandre et al., 2010). WHO에서는 개발도상국에서의 단기 정신증적 장애 유병률이 선진국보다 10배 정도 높다고 하였고(Susser & Wanderling, 1994), 여성에게서 많이 발생하며 성격장애와도 관련된다(Castagnini et al., 2008).

(2) 망상장애

조현 스펙트럼 장애의 또 다른 유형인 망상장애(delusional disorder)는 DSM-IV까지는 조현병과 별도의 진단범주로 분류되었으나, DSM-5에서는 조현 스펙트럼 장애에 속하는 유형으로 포함되었다. 망상장애는 한 가지 이상의 망상을 한 달 이상 지속적으로 나타내지만, 망상과 관련된 것 이외의 별다른 기능적 손상은 거의 없는 경우를 말한다(APA, 2013/2015).

망상장애를 지닌 사람들이 갖고 있는 망상의 내용은 대부분 아주 기괴하거나 특이하기보다 현실에서 실제로 발생할 수도 있는 것들이다. 따라서 본인뿐 아니라 주위 사람들도 이것이 정신과적 문제에 해당하는지 알아차리기 어려운 경우가 많다. 또한 이들은 자신이 지니고 있는 망상과 관련된 것 이외에는 현실검증력이 유지될 뿐 아니라 조현병에서 나타나는 환각이나 혼란스러운 언어 및 행동과 같은 증상이 없기 때문에 대부분 정상적으로 일상생활을 해 나갈 수 있다. 따라서 망상장애는 이러한 점에서 조현병과 구분된다.

망상은 그 내용에 따라 몇 가지 종류로 구분되며, 여기에는 색정형, 질투형, 피해형, 과대형과 같은 유형이 있다. 먼저, 색정형(erotomanic type)은 어떤 사람이 자신과 사랑에 빠졌다고 믿는 망상이다. 색정형 망상의 경우 대개 사회적으로 유명한 사람이나 어떠한 면에서든 자신보다 우위에 있는 사람이 자신과 사랑에 빠졌다고 믿는 경우가 일반적이다. 질투형(jealous type)은 흔히 사람들이 의처증이나 의부증으로 부르는 것으로, 배우자나 연인이 자신 이외의 다른 사람과 부정을 저질렀다고 믿는 망상이다. 피해형(persecutory type)은 누군가 자신에게 악의적으로 행동하여 자신이 어떤 식으로든 피해를 입었다고 믿는 망상이다. 피해형 망상의 경우 사람을 믿지 못하고 지속적으로 경계하는 모습을 보이며, 때로 자기에게 피해를 입히고 있다고 생각하는 사람을 향해 보복하거나 공격적인 행동을 나타내기도 한다. 과대형(grandiose type)은 자신을 실제보다 더 유능하거나 뛰어나다고 믿는 망상이다. 그래서 어떤 경우에는 자신을 과장해서 드러내기도 하며, 유명한 사람과 자기가 마치 특별한 사이인 것처럼 과시하기도 한다.

망상장애의 경우 어떻게 보면 그 내용이 현실에서 실제로 일어날 수도 있는 일이며, 망상장애 환자들은 이들이 지니고 있는 망상과 관련된 부분 이외의 다른 생활에서는 특별히 이상을 보이지 않기 때문에, 이러한 증상을 지니고 있더라도 실제로 진단받기까지 상당히 오랜 시간이 걸린다. 또한 무엇보다 망상을 지니고 있는 당사자가 이것을 사실이라고 강하게 믿고 있기 때문에 자신의 문제에 대한 통찰이 부족하여 스스로 병원을 찾는 경우가 매우 드물다.

망상장애의 평생 유병률은 0.02%로, 조현병이나 양극성 장애와 같은 다른 정신증적 장애에 비해서는 낮은 편이다. 망상장애는 조현병에 비해 상대적으로 늦은 나이에 발병하며, 남성에게는 피해형과 질투형이 많이 나타나고, 여성에게는 색정형이 많이 나타난다(Joseph & Siddiqui, 2022)

6) 조현병의 원인

앞에서 우리는 조현병의 다양한 증상과 특징, 그리고 유형에 대해 살펴보았다. 그러면 조현병은 왜 생기는 걸까? 일반적으로 신경증보다 정신증의 경우 생물학적 영향을 보다 많이 받는 것으로 알려져 있는데, 조현병은 대표적인 정신증적 장애에 속하므로 생물학적 요인과 매우 밀접한 관련이 있다고 볼 수 있다.

생물학적 요인으로는 유전 혹은 뇌의 구조적, 기능적 이상과 같은 요인이 해당된다. 조현병과 관련되는 생물학적 요인으로 우선 유전적인 경향을 살펴보면, 아버지와 어머니 모두 조현병일 경우 자녀에게 조현병이 나타날 확률은 46%이고, 부모 중한 명이 조현병일 때 자녀에게 조현병이 나타날 확률은 17%인 것으로 나타났다(Gottesman, 1991). 또한 쌍생아를 대상으로 조사한 결과, 일란성 쌍생아 중 한 명이 조현병일 때 다른 한 명도 조현병에 걸릴 확률은 44~48%인 데 비해, 이란성 쌍생아 경우에는 그 확률이 12~17%로 줄어드는 것으로 나타났다(Kendler et al., 1991). 이러한 연구들로 미뤄 보아 조현병은 유전적으로 유사할수록 발병할 위험이 더 커지는 장애로서, 유전의 영향을 많이 받는다고 볼 수 있다.

하지만 이러한 결과를 다른 각도로 생각해 보면, 같은 유전자를 공유하는 일란성 쌍생아라 하더라도 한 명이 조현병이라고 해서 다른 한 명이 반드시 조현병에 걸리는 것은 아니다. 한 명이 조현병일 때 나머지 한 명도 조현병에 걸릴 확률은 약 50%로서, 나머지 50%인 절반가량은 조현병에 걸리지 않을 수 있다는 뜻이다. 따라서 이렇게 본다면 유전이 조현병 발생에 중요한 요인이기는 하지만, 그렇다고 해서 유전만으로 장애가 결정되는 것은 아니다. 이러한 결과는 조현병의 발병에 유전 이외의 다른 요인이 영향을 미친다는 것을 시사한다.

조현병 발병에 영향을 미치는 또 다른 생물학적 요인으로 신경전달물질인 도파민(dopamine)에 주목할 필요가 있다. 조현병은 도파민의 과다한 활동수준과 관련이 있다는 연구결과들이 1960년대부터 발표되기 시작했으며, 이를 가리켜 도파민 가설(dopamine hypothesis)이라고 한다(Meltzer & Stahl, 1976). 도파민 D2 수용체 밀도는 20대 초반 정점에 올랐다가 이후 나이가 들어 감에 따라 감소하는 것으로 알려져 있으며(Antonini et al., 1993), 조현병은 10대 후반부터 20대 때 가장 많이 발병하고 나이가 들어서는 거의 발병하지 않는 것으로 보아 조현병 발생 시기가 도파민 활동수준과 관련이 있는 것으로 볼 수 있다.

하지만 이처럼 도파민 활동수준과 연령이 관련 있다고 하여 이 연령대의 모든 사람에게 조현병 증상이 나타나는 것은 아니다. 이러한 점으로 볼 때 생물학적 요인이 조현병의 발생에 중요한 영향을 미치기는 하지만, 이것 이외의 다른 요인들도 조현병의 발생에 영향을 미친다는 것을 알 수 있다. 조현병과 관련되는 생물학적 요인에는 뇌의 구조적 이상도 제기되고 있으며, 출생 전후에 문제가 되는 생물학적 환경이 영향을 미친다는 점도 제기된 바 있다.

그렇다면 조현병의 발생에 기여하는 환경적 요인에는 어떠한 설명이 가능할까? 환경적 요인으로는 먼저 부모를 포함한 가족 요인이 오래전부터 제기되어 왔다. 여기에는 부모의 잘못된 양육방식 또는 가족 간 잘못된 의사소통 방식과 같은 요인이 포함된다.

　　조현병과 관련되는 부모요인으로, 정서적으로 불안정하고 차갑고 거부적이며 지배적인 부모가 자녀의 조현병 발병과 관련 있다는 주장이 있어 왔다. 이러한 부모들을 가리켜 1948년에 정신과 의사인 프롬 라이크만(Fromm-Reichmann)은 'schizophrenogenic mother'라고 칭하였는데, 이들은 차갑고 지배적인 동시에 자녀를 과잉보호하며 의존성을 부추기고 유혹적이거나 도덕적으로 경직되어 있다고 보고된 바 있다. 이러한 인식은 1940년대부터 1970년대까지 이어져 오다가 1982년에 고든 파커(Gorden Parker)라는 호주의 정신과 의사가 조현병 자녀를 둔 부모 가운데 차갑고 지배적인 부모가 있을 수 있으나 이것이 조현병 발생의 원인이 되지 않는다고 발표한 이후 현재 이 가설은 더 이상 받아들여지지 않고 있다(Johnston, 2013). 한편, 부모가 양가적이고 이중적인 메시지(double-bind message)를 보내어 자녀를 갈등에 빠트리고 혼란스럽게 하는 것도 자녀의 조현병 발병과 관련된다는 주장이 있어 왔다(Bateson et al., 1956). 또한 조현병 발병에 영향을 미치는 환경요인으로 가족의 의사소통 방식의 문제점도 지적되었는데, 조현병 환자가 있는 가족은 그렇지 않은 가족에 비해 의사소통이 모호하고 비판적이며 부정적 정서를 보다 많이 표출(expressed emotion)하는 것으로 알려져 있다(Vaughn et al., 1984).

　　조현병은 주로 사회경제적으로 낮은 계층에서 더 많이 발생한다. 즉, 낮은 사회경제적 계층에 속하는 사람들이 직업이나 교육기회, 경제적 측면에서 스트레스를 경험할 가능성이 높기 때문에 이로 인해 결과적으로 조현병에 걸릴 가능성이 높아지는 것으로 본다. 하지만 이와 달리, 조현병에 걸린 후에 갖게 되는 여러 문제로 인해 직업적, 사회적 기능을 포함하여 일상생활을 제대로 영위하기 힘들어지므로 결과적으로 보다 낮은 사회계층으로 이동하게 되는 것으로 보는 입장도 있다. 이와 같이 낮은 사회계층이 원인이 되어 조현병이 발생하게 된다는 전자의 입장을 가리켜 사회원인가설(social causation hypothesis)이라고 하고, 조현병이 원인이 되어 결과적으로 낮은 사회계층으로 이동하게 된다는 후자의 입장을 가리켜 사회표류가설(social drift hypothesis)이라고 한다. 이 두 가지 가설은 모두 부분적으로 일리가 있으나 명확하게 검증되지는 못하였다(Melissa, 1996).

　　정리하면 생물학적 요인과 환경적 요인은 모두 조현병의 발생에 영향을 미치는데, 생물학적 요인이 중요하지만 그렇다고 해서 생물학적 요인만으로 조현병의 발생을 모두 설명할 수 없고, 생물학적 요인 이외의 환경적 요인들도 조현병의 발생에 마찬가지로 중요한 영향을 미친다고 볼 수 있다. 이에 주빈과 스프링(Zubin & Spring, 1977)은 유전적 소인이나 내재적인 취약성을 지닌 사람이 심리사회적 스트레스를 겪을 때 조현병이 발병한다는 조현병의 스트레스-취약성 모델을 제안하였다.

[그림 10-2]와 같이 이 모델은 취약성이 낮은 사람은 높은 스트레스를 경험할 때 정신건강의 역치를 넘어 비로소 정신질환이 발생하지만, 취약성이 높은 사람은 낮은 스트레스만으로도 역치를 넘어 정신질환으로 발전할 수 있음을 시사한다. 이는 결국 조현병의 발병은 취약성 자체만으로 충분하지 않으며, 심리사회적 스트레스와의 상호작용을 필요로 함을 의미한다. 다시 말해, 설사 조현병의 높은 취약성을 지니고 있더라도 살면서 감당하기 힘든 스트레스를 경험하지 않는다면 조현병이 발생하지 않을 수 있고, 조현병에 대한 취약성이 낮은 경우에는 높은 스트레스를 경험하더라도 조현병이 발생하지 않을 수 있다.

이처럼 조현병의 스트레스-취약성 모델은 개인이 지닌 취약성과 환경적 스트레스가 상호작용하여 조현병이 발생한다고 보는 입장으로, 이는 스트레스에 잘 대처하는 능력이 중요함을 시사한다. 개인이 타고난 유전적 속성이나 내재적 취약성을

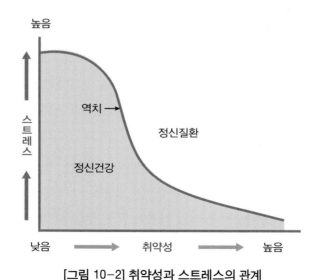

[그림 10-2] 취약성과 스트레스의 관계

출처: Zubin & Spring (1977).

바꾸기는 어렵지만, 보다 건강한 사고방식과 스트레스 대처방식을 지닌다면 살면서 경험하게 되는 스트레스의 수준을 어느 정도 조절할 수 있기 때문이다.

7) 조현병의 치료

앞서 조현병의 증상을 사고, 지각, 행동, 정서 및 사회적 측면에서 살펴보았다. 조현병은 대표적인 정신증적 장애로서, 현실검증력이 손상되어 자신이 처한 상황이나 현실을 실재하는 그대로 인식하지 못하게 된다. 또한 자신의 상태에 대한 객관적 인식능력에 문제가 생겨 자신에게 문제가 있음을 인지하지 못한다. 그래서 조현병에 걸리면 스스로 병에 대한 인식을 갖기 어렵기 때문에, 가족이나 주변 사람들이 보다 많은 관심을 기울여 이들로 하여금 적절한 치료를 받게 할 필요가 있다.

조현병은 도파민과 같은 신경전달물질의 과다한 활동수준과 관련 있다(Meltzer & Stahl, 1976). 따라서 도파민의 활동수준을 조절하는 작용을 하는 항정신병 약물(antipsychotic drugs)을 사용한다. 그런데 이러한 약물은 보통 망상이나 환각과 같은 양성 증상에는 잘 반응하지만, 무감동, 무의욕과 같은 음성 증상에는 효과가 덜 한 것으로 알려져 있다. 그래서 일단 조현병 증상의 활성기에는 반드시 약물을 사용하여 양성 증상을 완화시키도록 해야 한다. 또한 증상의 활성기 동안에는 증상이 매우 심하게 나타날 가능성이 있으므로 24시간 보호가 가능한 병원에 입원하여 치료받는 것이 필요하다.

일반적으로 항정신병 약물을 사용하면 몸을 떨거나 걸음을 느리게 걷는 것과 같은 운동기능 이상의 부작용 현상을 경험하기도 한다. 하지만 보다 최근에 개발된 약물들은 부작용을 최소화하면서 기존에 약물에 잘 반응하지 않던 음성 증상에도 효과를 보인다(Davis, Chen, & Glick, 2003). 약물은 경우에 따라 장기간 복용해야 하는 경우가 있으므로 꾸준한 인내심과 주의를 필요로 한다. 따라서 생물학적 요인의 영향을 많이 받는 조현병의 경우에는 반드시 전문가의 처방에 따라 필요한 기간 동안 약물을 정확히 복용해야 효과를 볼 수 있다.

또한 이와 같은 약물이나 입원치료와 함께, 심리치료를 실시하여 환자에게 충분한 지지를 제공하고 자존감도 회복시켜 줄 필요가 있다. 아울러 행동치료를 통해 상황에 맞게 적절하게 행동하는 방법과 이들에게 부족한 사회성 기술 및 의사소통 기술을 가르쳐 줄 필요가 있다.

이와 같이 환자 본인에게 필요한 치료를 제공하는 것과 함께 조현병 치료에서 빼놓을 수 없이 중요한 부분은 바로 조현병을 앓고 있는 환자의 가족을 상대로 한 치료와 교육이다. 일반적으로 조현병은 매우 위험하다는 사회적 인식과 편견으로 인해 조현병을 앓고 있는 환자 본인도 힘들지만 가족들도 못지않은 어려움을 겪게 된다. 그래서 이들을 대상으로 조현병에 대해 올바로 인식시킬 필요가 있고, 가족으로서 조현병 환자를 올바로 도울 수 있는 방법에 대해서도 교육할 필요가 있다. 또한 조현병 발병에 가족 간의 갈등이나 문제가 기여할 소지도 있으므로, 가족 간의 불필요한 정서적 갈등을 줄이고 의사소통을 보다 원활하게 할 수 있도록 도와주는 개입도 조현병의 치료와 재발률을 줄이는 데 도움이 된다.

제대로 관리되지 않은 조현병의 경우에는 환자가 일상생활에 정상적으로 복귀하는 데 어려움을 겪게 될 가능성이 매우 높아지므로, 병을 지니고 있는 당사자뿐 아니라 주변 사람들의 도움과 관리가 매우 중요하다. 따라서 가족들이 적극적으로 치료에 참여하면서 환자에게 적절한 보살핌을 제공하는 것은 환자의 예후를 좋게 하는 데 있어서 반드시 필요하다(Swartz, Frohberg, Drake, & Lauriello, 2012).

조현병은 치료가 불가능한 병이 아니다. 중요한 점은 증상을 조기에 발견하여 적절한 치료를 받는 것, 그리고 지속적으로 잘 관리해 나가는 것이다. 신체적 질병에도 다소 경한 게 있고 중한 게 있듯이, 정신과적 질환에도 경한 게 있고 중한 게 있을 수 있다. 그래서 설사 다소 중하고 심각한 질병에 걸린다 하더라도 세심한 주의와 꾸준한 관리를 지속한다면 병을 어느 정도 다스릴 수 있다는 점을 기억하자.

이 장에서는 심각한 증상으로 인해 집중적인 치료와 관리가 필수적으로 요구되는 정신과적 질환인 양극성 장애와 조현병에 대해 알아보았다. 정신증은 신경증에 속하는 장애에 비해 재발률이 높고 증상이 만성화되는 경우가 많으므로, 증상이 나타나는 초기에 발견하여 적절한 치료를 꾸준히 받는 것이 무엇보다 중요하다. 그리고 이처럼 조기발견과 지속적 치료가 이뤄진다면 큰 무리 없이 일상생활을 영위하는 것이 가능해질 것이다.

이 장을 통해 양극성 장애나 조현병과 같은 정신과적 질환에 대해 올바른 정보와 지식을 가지는 기회가 되었기를 바라고, 이러한 이해를 바탕으로 정신증에 대한 불필요한 오해나 편견을 줄일 수 있기 바란다.

CHAPTER
11
성격장애

Mental
Health

성격장애는 자신과 환경에 대해 지각하고 사고하고 관계하는 양상의 바탕을 이루는 성격특질이 융통성 없이 경직되거나 매우 부적응적이어서 중요한 기능적 손상과 주관적 고통을 야기하는 정신과적 질환이다. 이 장에서는 성격장애란 무엇인지 살펴보고 성격장애의 주요 특징과 함께 성격장애의 세 가지 범주인 A군 성격장애, B군 성격장애, C군 성격장애에 대해 차례로 알아보고자 한다.

1. 성격장애의 이해

이 절에서는 성격장애의 개념과 유병률 및 특징을 살펴보고, 성격장애에 포함되는 세 가지 범주에 대해 개관할 것이다.

생각해 보기

- 독특한 성격을 '성격장애'와 어떻게 구분할 수 있을까?
- 어떤 성격적 문제가 공식적인 성격장애 범주에 속할까?

성격장애라는 용어를 처음 접해 본 사람들 중에서는 성격에도 정신과적 장애가 있을 수 있다는 이야기를 듣고 놀라기도 한다. 사람들 중에도 성격이 조금 특이한

경우가 있는데, 그렇다면 이처럼 성격이 독특한 것과 소위 '성격장애'를 어떻게 구분할 수 있을까? 또한 독특하거나 이상한 성격도 종류가 매우 다양할 텐데, 이 가운데 과연 어떠한 성격적 문제가 공식적인 성격장애 범주에 속하는 걸까?

사실 정신과적 장애를 정확하게 진단하는 것은 쉬운 일이 아니다. 특히 성격의 문제에 대해서는 어떤 성격이 이상에 속하는 성격이며, 어디까지가 정상이고 어디서부터가 이상에 속하는 것인지 판별하기 쉽지 않다. 성격장애 진단기준과 범위에 대한 논란은 오래전부터 있어 왔으며, 전문가들은 성격장애 진단기준을 만들기 위해 그동안 많은 노력을 기울여 왔다.

DSM-5가 출간되어 사용 중인 현재까지도 성격장애 진단체계에 대한 논란과 연구는 지속되고 있지만, 일반적으로 성격이 매우 극단적이고 역기능적이어서 자신 또는 타인에게 심각한 어려움과 고통을 유발할 때 성격장애 진단이 가능하다는 점에 있어서는 대부분의 전문가가 인정하고 있다. 따라서 단순히 성격이 독특하거나 특이한 것과 성격장애는 구분이 가능하고 또 구분되어야 한다.

사람들은 모두 특정 성격 성향을 지니고 있다. 이렇게 볼 때 어떤 면에 있어서 우리 모두는 부분적으로 성격이 독특하다고도 할 수 있을 것이다. 하지만 그렇다고 해서 모두 문제가 되는 것은 아니다. 성격장애라는 진단은 이러한 성격적 특징들이 매우 부적응적이어서 사회적, 직업적 기능에 손상을 가져오거나 대인관계에 있어서 지속적으로 문제를 발생시킬 때 비로소 가능해진다. 따라서 일반적으로 성격이 독특한 수준과 소위 성격장애는 구분이 가능하다.

다른 정신과적 장애에 비해 성격장애에 대한 연구는 상대적으로 많이 이뤄지지 못한 편이다. 따라서 아직까지 성격장애의 유병률에 대한 보고도 비교적 적은 편이고, 성격장애의 원인이나 치료에 대한 연구도 상대적으로 많지 않은 편이다. 이처럼 성격장애 연구가 적게 이뤄진 데에는 본인뿐 아니라 주변 사람들조차 성격장애를 알아차리기 쉽지 않고, 성격장애 특성상 정신과적 치료를 받는 비율이 저조한 것이 원인이 되었을 수 있다.

1) 성격장애의 개념

성격장애란 무엇일까? 앞서 우리는 다양한 정신과적 장애가 있다는 것을 살펴보았고, 정신과적 질환으로 진단하기 위해서는 진단기준을 충족하는 증상들이 나타나야 한다는 점을 살펴보았다. 여기서 증상이란 '병을 앓을 때 나타나는 여러 가지 상태나 모양'(표준국어대사전, 2022)을 의미하는 용어로, 대부분의 정신과적 장애는 비교적 무난하게 지내던 사람이 특정 시점에 특정 증상을 나타내면서 시작된다. 예를 들어, 주요우울장애의 경우 살다가 어느 시점부터 우울한 증상이 나타나기 시작하고 이때 나타나는 증상이 주요우울장애 진단기준을 충족할 경우 진단이 가능하다.

하지만 성격장애의 경우는 이와 다소 구별된다. 즉, 대부분의 임상 장애가 증상이 나타나지 않다가 생애 어떤 특정 시기에 정신과적 증상이 발현되는 것과 달리, 성격장애는 아주 어린 생애 초기부터 서서히 형성되고 발전되어 온 성격 자체에 문제가 생기는 것으로 그 진행에 있어서 만성적 경과를 보이는 점에서 다른 임상 장애들과 구별된다. 이에 DSM-5가 출판되기 전까지는 성격장애를 축 I에 있는 다른 임상 장애들과 구분하여 축 II에 별도로 분류하였었다.

오랜 시간을 두고 서서히 형성되고 발전되는 이러한 성격장애의 특성으로 인해, 대부분의 성격장애 환자는 자신의 성격에 문제가 있다는 점을 인지하기 쉽지 않다. 따라서 이와 같은 성격에 대한 자아동조적(ego-syntonic) 특징으로 인해 성격장애 환자들은 치료의 필요성을 느끼기 어렵기 때문에 전문가를 잘 찾지 않고, 치료 역시 쉽지 않다(APA, 2013/2015).

DSM-5에 제시되어 있는 성격장애의 진단적 특징을 살펴보면, 성격장애는 개인이 속한 문화에서 기대되는 바로부터 현저하게 편향된 내적 경험과 행동이 지속적으로 나타나는 것으로서, 일반적으로 사람들이 지니는 '성격특질'이 매우 경직되거나 부적응적인 모습으로 나타나는 것을 의미한다. 이러한 모습은 개인의 생활 전반에 걸쳐 나타나는데, 대개 성격장애는 청소년기나 성인기 초기에 발병하여 비교적 오랜 기간 동안 안정적으로 지속된다.

성격특질(personality traits)은 일반적으로 사람들이 자신과 환경에 대해 지각하고 관계하고 사고하는 양상을 의미한다. 이러한 성격특질도 부분적으로 역기능적이고 부적응적일 수 있겠으나, 그렇다고 해서 그 자체로 성격장애가 되는 것은 아니다. 성격장애는 성격특질이 지나치게 역기능적으로 나타나는 것이며, 따라서 성격장애의 진단은 사람들이 지니는 성격특질이 지나치게 경직되거나 부적응적이어서, 이와 같은 성격의 역기능성이 개인의 사회적·직업적 기능 등에 걸쳐 현저한 고통과 손상을 초래할 때 가능하다(APA, 2013/2015).

2) 성격장애의 유병률 및 특징

유병률은 전체 인구 중에서 특정한 정신과적 장애를 지니고 있는 사람들의 비율을 의미한다. 하지만 성격장애의 경우 본인이나 주변에서 문제를 인지하기 쉽지 않아 유병률에 대한 정확한 조사가 이뤄지기 어려운 측면이 있다. 또한 유병률 조사는 어떤 나라에서 어떤 사람을 대상으로 어떠한 방법으로 이뤄지느냐에 따라 결과에 차이를 보이므로, 이러한 점을 감안하여 유병률을 살펴볼 필요가 있다.

성격장애의 유병률에 대한 몇몇 연구결과를 중심으로 살펴보면, 서구권 국가에 거주하는 지역사회 일반 성인의 4.4~21.5%가 성격장애에 해당된다는 연구(Quirk et al., 2016)가 있고, 2001~2002년에 미국에서 시행된 역학조사에 따르면 미국 성인의 15%가 적어도 하나의 성격장애를 지니고 있다고 한다(APA, 2013/2015). 또한 지역사회에 거주하는 60세 이상 노인의 10.6~14.5%가 성격장애에 해당된다는 연구결과도 있다(Penders, Peeters, Metsemakers, & van Alphen, 2020). 이렇게 볼 때 성격장애의 유병률은 결코 적은 비율이 아닌 것으로 추정된다. 최근에 윈스퍼 등(Winsper et al., 2020)이 실시한 메타분석 결과에 의하면, 성격장애 가운데 가장 많은 발병률을 보이는 것은 강박성(3.2%), 회피성(2.7%), 편집성(2.5%) 성격장애이고, 가장 적게 발생하는 성격장애는 조현형(0.8%), 연극성(0.6%), 의존성(0.8%) 성격장애로 나타났다. 또한 성격장애는 서로 중복 진단을 받는 경우들이 있어서, 특정 성격장애 진단을 받은 사람이 다른 성격장애를 동반하는 경우가 9.1%이다(APA, 2013/2015). 이는 적지 않은 비율로, 성격장애 진단을 받은 사람 열 명 가운데 한 명 가까이는 두 개 이상의 성격장애를 지니고 있다는 뜻이다.

연령과 성에 따라 성격장애별로 어떠한 차이와 특징이 있는지 살펴보자. 우선, 연령별로 볼 때 나이가 들면서 점차 완화되는 성격장애가 있는가 하면, 반대로 나이가 들면서 나아지기보다 그대로 유지되거나 혹은 더 심화되어 나타나는 성격장애도 있다(APA, 2013/2015). 나이가 들면서 완화되는 성격장애에는 경계성 성격장애나 반사회성 성격장애가 있으며(Paris, 2003), 나이가 들면서 점점 더 악화되는 성격장애에는 편집성, 조현성, 조현형, 강박성, 연극성, 자기애성, 회피성, 의존성 성격장애가 있다(Rosowsky, Abrams, & Zweig, 1999).

성격장애 유병률은 성에 따라서도 일부 차이를 보이는데, 코빗과 위디거(Corbitt & Widiger, 1995)는 반사회성과 조현성 성격장애는 남성에게서 더 많이 발생하고, 경계성, 의존성, 연극성 성격장애는 여성에게서 더 많이 발생한다고 하였다. 골럼 등(Golomb, Fava, Abraham, & Rosenbaum, 1995)은 임상 장애(축 I)가 성격장애(축 II)에 미치는 가변성을 통제하기 위해 주요우울증 환자를 대상으로 성격장애의 성차를 조사한 결과, 자기애성, 반사회성, 강박성 성격장애가 남성에게서 더 많이 발생한다고 하였다. 또한 이 연구를 확장하여 우울증 외래환자를 대상으로 성격장애의 성차를 살펴본 카터 등(Carter et al., 1996)은 조현성, 조현형, 자기애성, 반사회성, 강박성 성격장애가 남성에게서 더 많이 발생한다고 하였다.

또한 성격장애의 경우 다른 정신질환과 연속성을 지니는 경우가 있는데, 예를 들어 조현형 성격장애는 조현병과 연속성을 보이며, 회피성 성격장애는 사회공포증과 연속성을 보인다(APA, 2013/2015).

3) 성격장애의 범주

DSM에서는 성격장애를 모두 세 개의 범주로 구분한다. 세 개의 범주를 가리켜 각각 cluster A personality disorder, cluster B personality disorder, cluster C personality disorder라고 하며, 우리말로는 A군 성격장애, B군 성격장애, C군 성격장애라고 지칭한다.

A군 성격장애는 기괴하고 괴상한 것을 특징으로 하는 성격장애를 모아 놓은 범주이다. 여기에는 편집성, 조현성, 조현형 성격장애가 포함된다. B군 성격장애는 극적이고 정서적이며 변덕스러운 것을 특징으로 하는 성격장애를 모아 놓은 범주이

고, 반사회성, 경계성, 연극성, 자기애성 성격장애가 포함된다. 마지막으로, C군 성격장애는 불안하고 겁이 많은 특징을 지닌 성격장애를 모아 놓은 범주로, 회피성, 의존성, 강박성 성격장애가 해당된다. 따라서 A군에 3개, B군에 4개, C군에 3개의 성격장애가 각각 포함되어, 성격장애에는 모두 10가지 하위유형이 있다.

2. A군 성격장애

이 절에서는 기괴하고 괴상한 성격장애를 모아 놓은 A군 성격장애를 살펴보겠다. A군 성격장애에는 편집성, 조현성, 조현형 성격장애가 포함되며, 이들의 특징과 치료에 대해 차례로 알아보자.

┌─ 생각해 보기 ───┐

– 성격장애 명칭에 '조현'이라는 용어가 들어간 것은 조현병과 어떤 관련이 있을까?

└───┘

A, B, C 세 가지 성격장애 범주 가운데 A군 성격장애는 정신증적 장애와 관련이 있으며, 조현병과도 어느 정도 관련 있는 것으로 보고되고 있다. 실제로 A군 성격장애는 조현병 환자가 있는 가족에게서 더 많이 발생하며, A군 성격장애를 지닌 사람의 경우 심한 스트레스를 받을 때 일시적으로 단기 정신증적 삽화를 보이기도 한다(APA, 2013/2015; Chemerinski & Siever, 2011).

하지만 이와 같이 A군 성격장애에 속하는 진단이 다소 기이하고 괴상하다고 해서 조현병에서 보이는 것만큼 증상이 심각하게 나타나는 것은 아니다. 그럼 A군 성격장애에 속하는 진단의 특징과 치료에 대해 차례로 살펴보자.

1) 편집성 성격장애

편집성 성격장애(paranoid personality disorder)의 주요 특징은 지나치게 의심이 많은 것이다. 이들은 사람의 행동을 악의적으로 해석하여 실제로는 사실이 아님에도 다른 사람이 자신에게 고의로 해를 입히거나 자신을 모욕한 것으로 생각한다.

편집성 성격장애를 지닌 사람들은 늘 가상의 위협을 예상하며 지내기 때문에 주변 사람을 항상 경계하고 의심하며, 사람들에게 적대적이고 호전적인 행동을 나타내기도 한다. 이들은 자신이 받았다고 생각하는 모욕이나 상처에 대해 분개하며 상대를 향해 오랫동안 원한을 품는다. 이러한 이유로 인해 지속적으로 주위 사람들과 크고 작은 갈등이나 다툼을 겪는데, 막상 이것이 자신의 성격 특징으로 인해 비롯된 문제라는 인식은 별로 없는 편이다.

편집성 성격장애의 경우 강한 스트레스를 겪는 동안 단기 정신증적 장애를 나타내기도 하고, 혹은 망상장애나 조현병의 병전 과거력이 되기도 한다. 이러한 점으로 보아 편집성 성격장애는 조현 스펙트럼 장애와 관련 있어 보이며, 실제로 조현병 환자의 가족에게서 편집성 성격장애의 발병률이 높은 것으로 보고되고 있다(APA, 2013/2015).

편집성 성격장애의 유병률은 DSM-5에서 2.3%로 보고되고 있고, 여성보다 남성에게서 더 많이 나타난다. 편집성 성격장애는 아동기와 청소년기에 원만하지 못한 또래관계, 과민성, 독특한 사고나 언어 등의 모습으로 드러난다(APA, 2013/2015).

그럼 편집성 성격장애는 어떻게 치료할까? 편집성 성격장애의 경우 사람을 경계하고 믿지 못하는 것이 주 특징이고, 주변 사람들과 지속적으로 갈등과 다툼을 일으키는 것이 자신의 성격으로 인해 비롯된 것이라는 인식이 별로 없다. 또한 자신의 성격문제로 자발적으로 상담이나 치료를 받지 않을뿐더러(Millon, 2011), 상담자와의 관계 형성도 어려운 편이다.

하지만 치료를 위해서는 상담자와 관계를 잘 형성하는 것이 매우 중요하므로, 상담자는 상담 초반에 이들이 지니고 있는 잘못된 생각을 성급하게 직면시키기보다 이들이 느끼고 있는 감정에 공감하면서 치료적 관계 형성에 주력할 필요가 있다. 또한 이들이 우울이나 불안과 같은 증상을 경험하고 있다면 성격 문제를 다루기 전에 이러한 증상들을 먼저 완화시키도록 돕는 것이 필요하다. 이렇게 상담 초반에 상담자와 신뢰로운 관계가 형성되고 정서적 증상이 완화되는 것을 경험하면 상담을 지속적으로 하게 될 가능성이 높아지므로, 이를 바탕으로 차후에 문제의 근본 원인이 자신에게 있음을 자각하게 함으로써 자신을 변화시키기 위한 실제적 노력을 기울이도록 도와야 할 것이다.

2) 조현성 성격장애

조현성 성격장애(schizoid personality disorder)는 사회적 관계에 무관심하고 정서경험과 표현의 폭이 매우 협소한 것을 주요 특징으로 하는 성격장애이다. 이들은 사람들에게서 보이는 일반적인 모습과 달리, 친밀한 관계를 형성하고자 하는 욕구가 매우 부족하여 사람들과 교류하지 않고 혼자 지내는 경우가 많다. 이들은 다른 사람의 관심을 받거나 사람들에게 수용되는 것에 대한 관심이 적어 칭찬을 받아도 무덤덤하고 비판을 받아도 별로 개의치 않는 등 사람들의 반응이나 평가에 모두 무관심한 모습을 나타낸다. 또한 사회적으로 서투르고 피상적이며, 자기에게 몰두된 모습을 보인다. 이들은 사람들과 어울려 함께하는 일은 잘 못하지만, 혼자서 하는 일은 비교적 무리 없이 잘 수행하는 편이다. 조현성 성격장애의 이와 같은 특성들은 조현병에서 나타나는 음성 증상과 유사하다. 따라서 조현성 성격장애는 조현병의 음성증상이 성격적 양상으로 나타나는 것으로도 볼 수 있다.

조현성 성격장애의 경우 자신의 성격문제로 상담이나 치료를 받는 경우가 드물다. 따라서 정확한 유병률을 조사하는 것이 쉽지 않지만, 이 장애의 유병률이 1% 미만이라고 보고한 연구(Esterberg, Goulding, & Walker, 2010)가 있는가 하면, 4.9%로 보고되기도 하였다(APA, 2013/2015). 성별로는 여성보다는 남성에게서 조현성 성격장애가 좀 더 많이 발생한다(Corbitt & Widiger, 1995; Carter et al., 1996).

조현성 성격장애의 치료는 어떨까? 이들은 자발적으로 치료받는 비율이 매우 낮으며(Millon, 2011), 치료를 받더라도 소극적이거나 타인에 대한 관심의 결여로 인해 상담자와 관계 형성이 쉽지 않기 때문에 일반적으로 치료가 어렵다고 알려져 있다. 하지만 일단 상담 장면에 찾아와 상담자와 관계 형성이 잘 이루어지기만 한다면 소기의 치료적 성과를 볼 수 있다.

조성호(2003)는 사회적 고립에서 벗어나 사회적 상황에 효과적으로 적응하도록 돕는 것을 조현성 성격장애의 치료목표로 설정하였다. 이를 위해 적절한 사회성 기술을 습득하게 함으로써 점진적으로 사회적 관계에 노출시키고, 이로부터 긍정적 경험의 빈도를 늘려 가면서 점차 사회적 관계를 넓혀 가도록 도와야 할 것이다.

3) 조현형 성격장애

조현형 성격장애(schizotypal personality disorder)는 특이하고 기이한 사고나 행동 양상을 보이고, 대인관계를 불편하게 여기거나 대인관계에서 어려움을 경험하는 것과 같은 사회적 고립을 나타내는 것이 주요 특징이다. 이들은 일반인에게서 보기 어려운 이상하고 독특한 신념을 지니거나 미신이나 천리안, 육감 등을 믿고, 텔레파시가 있다고 믿는 것과 같은 마술적 사고를 지닌다. 또한 실재하지 않는 힘이나 사람이 존재하는 것을 경험하는 기이하고 이상한 지각 경험을 동반하기도 하고, 혼잣말을 하거나 특이한 매너리즘을 보이는 것과 같은 독특한 행동을 보이며, 외모나 옷차림 등이 특이하고 범상치 않은 경우가 있다.

조현형 성격장애에서 나타나는 이와 같은 특성은 조현병에서 나타나는 양성 증상들과 유사하다. 따라서 조현형 성격장애는 조현병의 양성 증상이 성격적 양상으로 나타나는 것으로 볼 수 있다. 실제로 조현형 성격장애는 조현병의 발병과도 관련되어, 조현형 성격장애 진단을 받은 사람 가운데 30% 정도가 조현병과 같은 정신증적 장애 진단을 받는 것으로 알려져 있다(Yung, Phillips, Yuen, & McGorry, 2004).

또한 조현형 성격장애를 가진 사람들은 대인관계에서 불편감과 고립감을 경험하는 경우가 많은데, 이는 이들이 친밀한 관계에 대한 욕구가 별로 없어서 다른 사람들과 교류하는 것을 그다지 원치 않기 때문이다. 그래서 조현형 성격장애인 경우도 조현성 성격장애와 마찬가지로 사람들과 함께 일하기보다 혼자서 하는 일을 선택하는 경우가 많은 편이다.

조현형 성격장애의 유병률은 임상장면에서 0~1.9%로서 드문 것으로 보고되지만(APA, 2013/2015), 일반 사람들 사이에서는 대략 2~4%에 이르는 것으로 보고되고 있다. 그리고 조현형 성격장애 역시 여성보다는 남성에게서 조금 더 많이 나타난다(Pulay et al., 2009).

조현형 성격장애는 유전적 요인과의 관련이 높은 것으로 알려져 있다(Millon &

Davis, 1996). 이에 조현병 환자의 직계가족에서 조현형 성격장애의 유병률이 높게 나타나는 것을 확인할 수 있다(Kendler & Walsh, 1995). 따라서 앞서 살펴본 조현성 성격장애와 조현형 성격장애는 모두 어느 정도 조현 성향과 관련되는데, 이 가운데 조현 성향이 가장 경미하게 나타나는 경우를 조현성 성격장애로 볼 수 있고, 그다음 이 조현형 성격장애, 그리고 가장 증상이 심하게 나타나는 것을 조현병으로 볼 수 있다.

그럼 조현형 성격장애의 경우 치료는 어떠할까? 안타깝지만 이들 역시 자신의 성격문제로 치료자를 찾는 경우는 매우 드물고, 대신 우울이나 불안과 같은 다른 문제로 전문가를 찾는 경우가 있다. 상담이나 심리치료가 효과를 보기 위해서는 상담자와 내담자 간 신뢰로운 관계 형성이 필수적이므로, 조현형 성격장애를 지닌 사람들이 치료 장면으로 오는 경우 상담자와 관계를 잘 형성하도록 하는 것이 우선적으로 중요하다. 그리고 이와 더불어 자신의 관점에만 몰입하기보다 조망을 넓혀서 다른 사람의 관점에서 생각과 경험을 검토하게 함으로써 보다 객관적으로 사고하고 인식하도록 도울 필요가 있다. 또한 이와 함께 적절한 사회성 기술을 지니게 도움으로써 긍정적인 사회적 접촉의 빈도를 점차 증가시켜 나가도록 하고, 필요한 경우에는 항정신병 약물을 사용한 약물치료도 부분적으로 가능할 것이다.

3. B군 성격장애

이 절에서는 극적이고 정서적이며 변덕스러운 성격장애를 모아 놓은 B군 성격장애에 대해 살펴보도록 하겠다. B군 성격장애에 속하는 반사회성, 경계성, 연극성, 자기애성 성격장애의 특징과 치료에 대해 차례로 알아보자.

┌─ 생각해 보기 ─────────────────────────────────
│
│ – 소위 '관심병'이나 '왕자병'도 지나치면 성격장애에 해당될까?
│
└──

여러분은 아마 관심병이나 왕자병과 같은 말을 사용하거나 들어 본 적이 있을 것이다. 관심병 또는 왕자병은 학술적인 용어는 아니지만, 일상에서 사람들이 간혹 사용하는 용어들이다. 사전적 정의에 의하면, 관심병은 '사람들의 관심을 받고 싶어 하는 욕구가 지나치게 높은 병적인 상태'(네이버 시사상식사전, 2020)이며, 왕자병은 '스스로를 멋지고 잘생겼다고 생각하며, 잘난 체하고 다른 사람을 얕잡아 보는 일을 속되게 이르는 말'(네이버 국어사전, 2020)이다.

이 절에서는 극적이고 정서적이며 변덕스러운 B군 성격장애에 대해 살펴볼 텐데, B군에는 관심병이나 왕자병과 흡사한 문제가 포함되어 있다. 하지만 그렇다고 해서 관심병이나 왕자병으로 불리는 사람들이 모두 성격장애 진단에 해당된다는 의미는 아니다. 사람들의 모습에서 일부 그러한 현상이나 특징이 나타난다고 해서 정신과적 진단에 바로 해당하는 것은 아니며, 특히 성격장애는 특정 성격특질이 매우 역기능적이어서 대인관계의 갈등과 사회적 부적응을 지속적으로 초래해야 비로소 진단이 가능하다. 따라서 성격장애 진단을 함부로 붙이거나 섣불리 사용해서는 안 될 것이다.

B군 성격장애에는 반사회성, 경계성, 연극성 그리고 자기애성 성격장애가 포함되는데, 이들은 어떤 특성을 공유하길래 동일한 성격장애 범주로 묶이게 되었을까? 앞서 A군은 다소 특이하고 기이한 것을 특징으로 하는 성격장애를 모아 놓은 범주라면, B군은 드라마틱하고 감정적이며, 기분이 왔다 갔다 정서가 불안정하고 변덕스러운 것을 특징으로 하는 성격장애를 모아 놓은 범주이다. A군은 A군 나름의 고유한 독특함으로 인해 역기능적인 면이 지속적으로 발생했다면, B군 역시 B군 고유의 잘 조절되지 않는 정서성으로 인해 부적응적이고 역기능적인 모습이 지속적으로 드러난다.

1) 반사회성 성격장애

반사회성 성격장애는 사람들에게 사이코패스(psychopath)라는 용어로 잘 알려져 있지만, 정확한 학술적 명칭은 반사회성 성격장애(antisocial personality disorder)이다. 이 장애의 주요 특징은 다른 사람의 권리를 지속적으로 침해하고 무시하는 것으로, 절도를 하거나 다른 사람의 재산을 파괴하는 것과 같이 법을 어기는 행동을 반복하며, 자신의 이익을 위해 남을 속이거나 거짓말을 반복적으로 한다. 또한 이들은 공격적이고 충동적인 성향이 있어서 실제로 신체적인 싸움을 벌이거나 폭력을 행사하기도 하며, 무책임하고 무모한 성격으로 인해 자신과 타인의 안전을 고려하지 않는 위험한 행동을 벌이기도 한다.

이들은 가정적으로나 직업적으로도 무책임해서 가족을 제대로 부양하거나 책임지지 못하고, 한 가지 일을 오래 하거나 직장을 계속해서 다니지 못한다. 또한 양심과 도덕성의 결여로 다른 사람의 고통이나 감정에 냉담하고 무관심하며, 공감이 결여된 모습을 드러내기도 한다. 이들은 자기 자신을 실제보다 부풀려 인식하며, 독선적이고 오만한 모습을 보인다. 이들의 이러한 즉흥적이고 일탈된 모습은 일견 매력적으로 보일 수 있겠으나, 이는 절대로 호감을 가질 만하거나 좋은 모습이 아니다. 오히려 진정성이 결여되고 신뢰할 수 없으며 지나치게 자기중심적이고 피상적인 특성이 이들의 진정한 모습에 가깝다.

반사회적 성격장애로 진단되기 위해서는 사람이나 동물을 공격하거나 다른 사람의 재산을 파괴하는 행동 또는 남의 물건을 훔치거나 사기를 치는 행동이나 중요한 규칙을 위반하는 행동 등을 15세 이전부터 보이기 시작해서, 적어도 이때부터 품행장애가 시작된 증거가 있어야 한다(APA, 2013/2015).

반사회성 성격장애 진단은 18세 이후 성인이 된 다음에 가능한데, 이는 똑같이 사회적 규칙이나 규범을 어기는 모습을 보이더라도 18세 이전에는 이를 '행동'상의 문제로 보는 것에 비해, 18세가 지나 성격이 공고히 형성된 시점 이후부터는 '성격'의 문제로 본다는 의미이다. 아동기와 초기 청소년기부터 나타나기 시작하는 이러한 반사회적인 행동은 초기 성인기에 이르러 유병률이 정점을 이루다가 나이가 들면서 점차 감소하여 40대부터는 증상이 완화되거나 관해되기도 하며(APA, 2013/2015), 65세 이상에서는 0.78%의 유병률을 보이는 것으로 보고되었다(Holzer et al., 2022).

반사회성 성격장애의 평생 유병률은 일반 인구집단에서 1~4%(남성 6%, 여성 2%)로 보고된다. 반사회성 성격장애는 여성보다 남성에게서 더 많이 발생하여, 대략 남성이 여성에 비해 3~5배 더 많은 것으로 알려져 있다(Trull et al., 2010). 특히 교도소에 수감된 사람 중에 반사회성 성격장애의 유병률은 대폭 증가하여, 남성 수감자의

60% 정도가 반사회성 성격장애에 해당된다고 한다(Moran, 1999). 이는 반사회성 성격장애를 지닌 사람들이 법을 어겨서 교도소에 수감될 수 있는 행위를 실제로 많이 한다는 사실을 말해 준다. 또한 반사회성 성격장애의 경우 같은 B군에 속하는 경계성이나 연극성 혹은 자기애성 성격장애의 진단기준을 충족하기도 하며, 아동기(10세 이전)에 품행장애를 겪었거나 주의력 결핍 과잉행동장애를 겪은 경우 성인기에 반사회성 성격장애가 발병할 가능성이 증가한다(APA, 2013/2015).

그렇다면 반사회성 성격은 어떤 영향을 받아 형성되는 걸까? 1881년부터 1910년 사이에 덴마크에서 태어난 3,586쌍의 쌍생아를 대상으로 이들에게서 범죄행위가 어느 정도 일치하는지 살펴본 결과, 일란성 쌍생아에게서 범죄행위의 일치율이 50%인 데 비해 이란성 쌍생아의 경우에는 20%로 그 비율이 낮아지는 것으로 나타났다(Christiansen, 1997). 하지만 환경이 반사회성 성격에 미치는 영향도 무시할 수 없어서 낮은 사회경제적 지위의 가정에서 성장하거나(Cloninger, Sigvardsson, Bohman, & Von Knorring, 1982), 부모가 알코올 문제나 반사회적 성향을 지녔거나 혹은 별거나 이혼을 한 경우(Cadoret, Cain, & Crowe, 1983)에 그들의 자녀에게서 반사회성 성격장애를 지닐 확률이 커지는 것으로 나타났다. 이처럼 반사회성 성격장애에 미치는 유전과 환경의 영향에 대한 개별 연구를 모아 메타분석을 실시한 연구들(Mason & Frick, 1994; Tuvblad & Beaver, 2013)을 살펴보면, 유전이 반사회성 성격에 미치는 영향이 대략 50% 정도이고 나머지 50%는 환경이 영향을 미치는 것으로 보고 있다.

반사회성 성격장애의 치료는 예상할 수 있는 대로 쉽지 않다. 이들은 자발적으로 치료받으러 오지 않을 뿐더러 치료효과도 낮다(Millon, 2011). 권석만(2013)은 반사회성 성격장애를 지닌 사람들에게는 심리치료보다 구체적인 부적응적 행동을 변화시키는 행동치료가 보다 효과적일 수 있다고 하였다. 이는 심리치료나 상담과 같이 관계를 기반으로 하는 대화치료(talk therapy)로는 이들을 변화시키는 것이 결코 쉽지 않다는 것을 의미한다.

하지만 그럼에도 이들이 심리치료를 하게 된다면, 통찰과 행동의 변화를 위해 상담을 오랜 기간 동안 꾸준히 지속할 필요가 있으며, 사회적으로 바람직하고 적절한 수단을 통해 자신이 원하는 바를 이루는 방법을 꾸준히 교육할 필요가 있다. 아울러 자신의 행동이 미치는 영향을 인식하게 하고, 다른 사람의 입장에서 생각하는 능력을 키우며, 타인에 대한 공감능력을 향상시키도록 돕는 것이 필요하다.

2) 경계성 성격장애

경계선(borderline)이라는 표현은 1938년 미국의 정신분석가 아돌프 스턴(Adolph Stern)에 의해 처음 소개되어 신경증과 정신증 어디에도 속하지 않는 사람들을 지칭하는 의미로 사용되었다. 이후 1970년대 들어 오토 컨버그(Otto Kernberg)가 이 용어를 성격조직을 묘사할 때 사용하기 시작하였고(Gunderson, 2009), 1980년 DSM-III에 경계성 성격장애가 공식적으로 등재하게 되었다(APA, 1980)

경계성 성격장애(borderline personality disorder)는 감정과 자기상 또는 대인관계가 극도로 불안정하여 양극단을 오가는 모습을 보이는 것이 특징인 성격장애이다. 또한 매우 충동적인 특징이 있어서 분노를 참지 못하고 공격적이거나 폭력적인 행동을 드러내곤 한다. 이들이 가장 두려워하는 것은 버림받는 것으로, 상상 속에서나 혹은 실제로 어떤 식으로든 자신이 버림받는다고 여겨지면 매우 극단적인 감정변화를 보이고 자해 행동을 하거나 심하면 자살시도를 하기도 한다.

이들은 주위 사람을 쉽게 이상화시켜 지나치게 칭송하고 급격하게 친해졌다가, 상대가 자신의 기대와 요구에 조금이라도 어긋나는 모습을 보이면 다시 급격하게 태도를 바꾸어 상대를 비난하고 폄훼한다. 이처럼 지나친 과잉이상화와 지나친 평가절하의 양극단을 오가는 매우 불안정하고 강렬한 대인관계 양상을 드러내는 것이 이 장애의 특징이다.

또한 이들은 자신을 해치는 행동을 충동적으로 행하기도 하는데, 예를 들어 무모하게 약물을 사용하거나 폭식하기도 하고, 돈을 무절제하게 낭비하기도 하며, 자신과 타인의 안전을 해치는 무모하고 위험한 행동을 하며, 반복적으로 자해행동이나 자살시도를 하기도 한다. 건더슨(Gunderson, 2011)은 경계성 성격장애를 지닌 사람의 75%가 최소 한 번 이상 자살을 시도한다고 보고한 바 있다.

경계성 성격장애인 사람들은 심한 스트레스를 겪게 되면 일시적으로 정서가 매우 불안정해져서 기분이 양극을 오가게 되고, 우울이나 만성적 공허감을 느끼며, 분노를 폭발하기도 한다. 그리고 이렇게 스트레스가 심할 때 일시적으로 편집성 사고나 해리 증상을 보이기도 하는데, 이러한 증상은 몇 분이나 몇 시간 정도 지속되다가 가라앉는다.

경계성 성격장애의 유병률은 1 내지 2.5% 정도(Arntz, Klokman, & Sieswerda, 2005)이고, 경계성 성격장애로 진단받은 환자의 3/4이 여성일 정도로 여성의 유병률이 높은 편이다. 경계성 성격장애는 상대적으로 젊을 때 불안정하고 격렬한 모습이나 자해/자살위험을 보다 많이 드러내며, 나이가 들면서 점차 나아지는 경향을 보인다.

역동적 입장에서 볼 때 경계성 성격장애는 어린 시절에 부모와 점차 분리되는 과정에서 안정적인 대상관계를 형성하지 못해 문제가 발생하는 것으로 본다. 그래서 이들은 성인이 된 이후에도 버려지는 것(유기)에 대해 극도의 과민반응을 보이고 격렬한 불안을 나타낸다. 실제로 경계성 성격장애를 앓고 있는 사람들의 부모를 조사한 결과, 부모가 아이를 거부하고 제대로 돌보지 않았거나 심지어 학대를 하기도 했던 것으로 보고된 바 있다(Bradley et al., 2005). 또한 경계성 성격장애가 있는 사람의 부모는 공감을 잘하지 못하고 비판적이며 감정을 억제하고 덜 다정한 것으로 보고되기도 하였다(Sansone & Sansone, 2009). 따라서 이와 같은 가족환경에서 비롯된 여러 외상경험이 경계성 성격장애의 한 원인으로 지목되고 있다.

경계성 성격장애를 지닌 사람들은 치료에 어느 정도 효과를 보이는 것으로 보고되고 있다. 이들은 버림받는 것에 대한 강한 두려움으로 인해 대인관계가 불안정하고 이것이 치료자와의 관계에 영향을 미쳐 상담자와의 관계 형성을 어렵게 한다. 하지만 상담자가 적절한 경계를 분명히 설정하여 일관성 있고 안정감 있게 내담자와 관계를 형성한다면, 비교적 빠른 시간 안에 치료적 성과를 나타내는 것으로 알려져 있다.

경계성 성격장애를 지닌 사람들에게는 변증법적 행동치료와 도식치료가 효과적이다. 변증법적 행동치료(dialectical behavior therapy)는 인지행동치료의 한 형태로서, 이 치료에서는 정서적 괴로움이나 고통을 다루는 법과 강렬한 정서를 다루는 법, 그리고 마음챙김을 가르친다. 심리도식치료(schema-focused therapy)는 정신역동과 인지치료를 결합한 형태의 치료로서, 아동기 때 충족되지 못한 욕구가 건강하지 못한 사고방식을 유발한다고 보고 이러한 부적응적 신념에 도전하여 보다 건강한 방식으로 사고하고 대처하도록 하는 데 초점을 둔다(Stoffers et al., 2012).

3) 연극성 성격장애

일반적으로 '관심병'이라고 부르기도 하는 연극성 성격장애(histrionic personality disorder)는 과도한 정서성과 지나치게 관심을 추구하는 것이 주 특징이다. 이들은 늘 관심받고 싶어 하고 주목받기 원하며, 다른 사람과 비교하여 질투하기도 한다. 그리고 이러한 욕구가 충족되지 않으면 예측하기 어려운 기분 변화와 함께 다소 극적인 행동을 보인다.

이들은 겉으로 드러나는 외모나 신체적 매력에 지나친 관심을 보이고, 화려한 옷차림과 자극적인 몸짓을 보이는 등 일반적으로 외모나 행동에서 매우 유혹적이고 선정적인 모습을 드러낸다. 이들의 언어표현은 매우 인상주의적이어서 감정적이고 극적인 표현을 자주 사용하는데, 이에 비해 내용의 구체성이나 논리성은 상대적으로 부족한 편이다. 그래서 이들을 보면 마치 무대 위에 올라가 연기하는 주인공처럼 다소 연극적이고 과장되며, 어떤 면에서는 매우 감정적으로 보인다.

역동적 입장에서 볼 때 연극성 성격장애는 프로이트의 발달단계 중 주로 남근기에 심리성적 욕구가 충분히 해소되지 못하여 이 시기에 고착되어 나타나는 성격으로 본다(Fariba, Gupta, & Kass, 2022). 그래서 이들은 성인이 되어서도 특히 이성의 관심을 지나치게 끌려 하고, 남들에게 인정이나 칭찬을 받는 것에 지나치게 연연하는 모습을 보인다.

연극성 성격장애의 유병률 역시 연구에 따라 다소간의 차이를 보여, 윈스퍼 등(Winsper et al., 2020)이 실시한 메타분석에서는 0.6%로 보고되었고, 네스타트 등(Nestadt et al., 1990)은 일반 인구집단에서 2~3%의 유병률을 보인다고 하였다. 연극성 성격장애는 남성보다 여성에게서 4배가량 더 많이 진단되는데, 이는 여성에게서 지나치게 많이 진단되는 경향이 있는 데 비해 남성에게서는 상대적으로 덜 진단되기 때문이다(Nestadt et al., 1990).

그럼 연극성 성격장애의 치료는 어떨까? 연극성 성격장애는 다른 성격장애들과 달리 스스로 치료받으러 오는 비율이 상대적으로 높은 편이다. 하지만 이들은 피상적이고 자기중심적인 특성으로 인해 변화가 쉽지 않고, 상담자로부터 관심을 끌려는 태도로 인해 상담자에게 지나치게 의존하거나 혹은 상담자를 조종하는 모습을 드러내기도 한다. 따라서 치료자는 적절한 경계를 잘 유지하면서 이들이 보다 독립적인 존재가 되도록 강화시켜 줄 필요가 있다.

또한 연극성 성격장애를 지닌 사람들은 감정적인 성향이 매우 강하므로, 이들의 감정을 강화해 주는 대신 인지적인 부분을 강화해 줌으로써 이들이 보다 구체적이고 내용에 근거한 사고를 할 수 있도록 도울 필요가 있다. 그리고 외모나 신체적 매력 이외에 사람들의 애정과 관심을 얻을 수 있는 적절한 다른 방법을 습득하도록 도와야 한다. 궁극적으로 연극성 성격장애의 치료는 다른 사람의 관심과 돌봄을 얻기 위해 사람들을 조종하려는 자신의 모습에 대한 통찰을 갖게 함으로써, 보다 깊이 있고 내면적인 관계를 맺을 수 있도록 돕는 것이다.

4) 자기애성 성격장애

자기애성 성격장애(narcissistic personality disorder)는 자기중심적이고 과대한 자기지각이 주요 특징인 성격장애이다. 이들은 일반적인 사람들과 달리 자신을 매우 특별한 존재로 지각하여 남들로부터 특별하게 인정받고 칭송받길 원한다.

자기애성 성격장애를 지닌 사람들은 과도한 자기사랑과 자기도취된 모습을 보이며, 거만하고 오만한 모습으로 사람들에게 비춰지곤 한다. 이들은 자신의 목적을 위해 다른 사람을 이용하거나 착취하며, 필요할 때만 다른 사람과 관계를 맺는다. 이들의 이러한 자기중심적 성향으로 인해 사람에 대한 진정한 관심을 찾아보기 어렵고, 다른 사람에 대한 공감능력도 매우 결여되어 있다. 이는 사람들이 흔히 '왕자병'이라고 부르는 이유이기도 하다.

하지만 겉으로 드러나는 이러한 과대적 모습과 달리, 실제로 이들의 자존감은 매우 낮다. 그렇기에 이들은 비판에 취약하고 이로 인해 상처를 받아 우울해지기도 한다. 하지만 반대로 이들이 과대성을 나타낼 때에는 경조증과 비슷한 양상을 드러낸다.

자기애라는 용어는 그리스 신화에 나오는 미소년 나르키소스(Narcissus)의 이름에서 유래된 것이다. 이 소년은 연못 속에 비친 자신의 모습을 보고 스스로 반해 연못에 몸을 던져 죽는다. 프로이트는 이 신화 속 나르키소스처럼 심리적 에너지가 자기 자신에게로 향하여 자신을 마치 성적 대상으로 인식하는 것을 '자기애'라고 하였다.

코헛(Kohut)에 따르면 사람들은 신생아 때 일차적 자기애라고 불리는 웅대한 자기상을 갖게 되지만, 성장하면서 적절한 좌절경험을 통해 보다 현실적인 자기상으로 발전하게 된다. 그러나 이 과정에서 부모가 지나치게 과잉보호를 함으로써 적절한 좌절을 경험하지 못하거나 혹은 반대로 지나치게 많은 좌절을 경험하게 되면 아이는 웅대한 자기상에 집착하게 되어, 이것이 결국 자기애성 성격장애로 발전하는 것으로 본다(권석만, 2013 재인용).

자기애성 성격장애는 진단기준의 명확성에 비해 유병률은 아직까지 제대로 밝혀지지 않았으나, 일반 인구집단에서 대략 0~5.8%, 임상군에서는 1~17%로 보고되고 있다(Ronningstam, 2009). 자기애성 성격장애는 반사회성, 연극성, 경계성, 조현형 성격장애와 가장 흔히 동반되어 나타난다(Levy et al., 2009).

자기애성 성격장애를 가진 사람들은 행동변화가 더디고 중도에 치료를 그만두는 비율이 높으며 치료자와 관계 맺기도 어려워 전반적으로 치료의 예후가 좋지 않다(Kacel, Ennis, & Pereira, 2017). 이는 아마도 자기 자신을 과대평가하고 스스로를 특별하게 생각하기 때문에 치료의 필요성을 인정하는 것 자체를 매우 힘들어할 뿐더러, 지나친 자기중심성과 자기도취로 인해 다른 사람과 관계를 맺는 것이 어렵기 때문이다. 하지만 이들을 치료하는 경우에는 이들이 지니고 있는 웅대한 자기상과 관련된 비현실적인 생각들을 좀 더 융통성 있고 현실적인 생각으로 대체하면서 보다 건강한 자존감을 가질 수 있도록 차근차근 도와주어야 할 것이다.

또한 이들은 낮은 자존감에 대한 보상으로 우월성을 지나치게 과시하게 된 것이므로, 이들로 하여금 자기 안의 부정적이고 열등한 점을 수용하고 인정하게 함으로써 부족한 것과 잘하는 것 이 두 가지를 통합해 나갈 수 있도록 도울 필요가 있다. 그리고 이와 함께 다른 사람의 입장에서 생각하는 능력을 기르고 다른 사람에 대한 공감능력을 향상시킴으로써 사람들과 긍정적으로 관계 맺는 방식을 습득하도록 도와야 한다.

4. C군 성격장애

이 절에서는 성격장애의 마지막 부분으로 C군 성격장애에 대해 다루고자 한다. C군에는 모두 세 가지 성격장애, 즉 회피성, 의존성, 강박성 성격장애가 있다.

> **생각해 보기**
>
> – 사람들과 잘 어울리지 못하거나, 의존적이거나, 혹은 완벽주의적 성격도 지나치면 문제가 될까?

C군 성격장애에는 회피성, 의존성, 강박성 성격장애가 포함되는데, 이들은 모두 불안하고 겁이 많은 특성을 공통적으로 가지고 있다. C군 성격장애 역시 A군이나 B군 성격장애와 마찬가지로 치료를 위해서는 상담을 받는 것이 가장 효과적인데, 다행히 C군 성격장애에 해당하는 진단은 심리치료를 통해 어느 정도 효과를 보이는 것으로 알려져 있다(Perry, 2014).

1) 회피성 성격장애

회피성 성격장애(avoidant personality disorder)는 낮은 자존감과 사회적 부적절감, 그리고 비판에 대한 지나친 민감성으로 인해 사회적 관계를 주저하는 것이 특징인 성격장애이다. 이로 인해 회피성 성격장애를 가진 사람들은 사회적 상황에서 과도한 불편감을 느끼게 되어 일상생활에서 다른 사람들과 상호작용하고 관계를 유지하는 데 어려움을 보인다.

회피성 성격장애를 지닌 사람들은 수치심을 많이 느낄 뿐 아니라, 수치심을 특별히 견디기 어려운 감정으로 느끼는 경향이 있다(Schoenleber & Berenbaum, 2010). 이처럼 회피성 성격장애를 가지고 있는 사람들이 지니고 있는 주된 감정은 수치심으로, 이들은 평가에 매우 취약하기 때문에 비판을 받으면 창피당했다는 굴욕감을 느껴 수치심을 경험하게 된다.

이들은 자기 자신을 다른 사람에 비해 열등하다고 여기고, 자존감이 낮으며, 스스로 매력이 없다고 생각한다. 또한 성격적으로도 조용하고 수줍은 편이어서 사람들의 눈에 잘 띄지 않고 스스로를 고립시킨다. 뿐만 아니라 이들은 자신의 결함이나 실패에 몰두하는 경향이 있고, 사회적 상황에서 발생할 수 있는 어려움이나 위험을 실제보다 과도하게 지각함으로써 익숙하지 않은 일에 적극적으로 나서지 않고 소극적이거나 수동적으로 행동한다.

사람들을 회피하거나 사회적 상황에서 소극적으로 행동하는 회피성 성격장애의 이러한 양상은 A군에 속하는 조현성 성격장애의 모습과 다소 유사해 보일 수 있다. 하지만 이 두 성격장애에서 겉으로 드러나는 모습이 비슷하다 하여 이 두 장애가 구별되지 않는 것은 아니다. 조현성 성격장애는 친밀한 관계를 맺는 것에 대한 욕구 자체가 매우 부족하거나 아예 결여되어 있기 때문에 사회적으로 고립된 것을 오히려 만족하고 선호(APA, 2013/2015)하는 데 비해, 회피성 성격장애는 친밀한 관계를 맺고 싶어 하는 욕구 자체는 있지만 자신이 받게 될 부정적 평가나 사람들로부터 거절당할 것을 원치 않기 때문에 사회적 관계에서 소극적인 모습을 드러낸다. 따라서 겉으로 드러나는 모습 이면에 내재된 친밀한 관계 형성 욕구의 여부에 따라 회피성 성격장애와 조현성 성격장애가 구분된다.

또한 회피성 성격장애는 불안장애에 속하는 사회공포증과 증상이 유사하여, 두 장애 모두 사회적 상황에서 불편이 유발되고 주목받는 상황을 좋아하지 않는다는 점이 공통적이다. 따라서 실제로 이 두 장애는 같이 진단받는 경우가 많이 있다. 하지만 사회공포증은 일종의 수행 장애(performance anxiety)로서 평가가 예상되는 특정 상황에서 불안이 유발되는 한편, 회피성 성격장애는 근본적으로 자신을 열등하다고 여겨 부정적인 자아상을 지니고 있는 경우가 많으며 이로 인해 회피적인 태도가 일상의 거의 전반에 걸쳐 나타난다(Lampe & Malhi, 2018).

회피성 성격장애의 유병률은 대략 1.5~2.5% 정도(Grant et al., 2004)이며, 일부 연구에서는 여성에게서 좀 더 많이 발생하는 것으로 보고하고 있지만 그렇지 않은 연구결과들도 있어서, 성에 따른 차이 없이 남녀에게서 비슷하게 발생한다고 보고 있다(APA, 2013/2015).

밀런과 에블리(Millon & Everly, 1985)는 회피성 성격장애를 생물학적·환경적 요인의 상호작용에 의해 발달하는 것으로 보았다. 이들에 의하면 회피성 성격장애를 지닌 사람들은 생물학적으로 낮은 자율 각성 역치를 지닌 교감신경계가 기능적으로 우세하기 때문에, 이것이 논리적으로 사고하는 경향을 방해하여 정상적인 인지 처리과정을 어렵게 하는 원인이 된다고 보았다. 또한 환경적으로는 부모와 또래에 의한 거부 경험이 원인이 되어 자기가치감과 유능감을 낮추고, 이것이 결국 이들로 하여금 자기비판적 태도를 갖게 하는 데 영향을 주는 것으로 보았다. 따라서 이들을 치료할 때에는 특히 수용적이고 지지적인 상담자의 자세가 중요하며, 이러한 관계를 바탕으로 보다 긍정적인 자기상을 갖도록 도울 필요가 있다.

인지적 관점에서는 회피성 성격장애를 지닌 사람들이 자신에 대한 부정적인 생각과 열등감을 지니고 있는 것에 주목한다. 이에 부정적인 생각에 선택적으로 주의를 기울이는 것에서 벗어나 보다 균형 있게 지각하도록 돕고, 자신에 대한 부정적이고 잘못된 생각을 찾아 이를 교정함으로써 자기존중감을 높이고 보다 긍정적인 자아상을 지니도록 돕는다. 그리고 행동적 관점에서는 사회적 관계에서 보이는 불필요한 긴장감을 줄이기 위해 긴장이완훈련을 실시하거나 사회적 상황에 점진적으로 노출시키고, 이들에게 필요한 사회성 기술을 제공함으로써 대인관계에서 성공경험을 늘려 나가도록 도와야 한다.

2) 의존성 성격장애

의존성 성격장애는 혼자 있는 것을 두려워하고 돌봄을 받고자 하는 욕구가 지나치게 강하여 타인에게 의존적이고 복종적인 행동을 나타내는 것을 주요 특징으로 하는 성격장애이다. 이들은 다른 사람들한테 자신을 보살펴 줄 것을 지속적으로 요구하고 매달리는데, 주로 배우자나 부모 혹은 가까운 사람한테 의존하며, 이들과 분리되는 것을 매우 두려워한다.

얼핏 생각하면 의존하는 것도 정신과적 문제가 될 수 있을까 싶기도 한데, 이들이 보이는 의존성은 일반적으로 정도가 지나쳐서 무슨 옷을 입을지, 무엇을 먹을지, 어디를 갈지와 같은 사소한 일상생활에 대해 자신이 의존하는 주변 사람에게 끊임없이 묻고 그들의 결정에 의존한다. 이처럼 다른 사람으로부터의 충분한 충고와 확신이 없으면 사소한 일상적 결정조차 내리지 못하고 힘들어하며, 때로는 이러한 성향이 지나쳐서 잘못됐다고 생각하는 의견에 동의하기도 하고, 다른 사람의 지지와 칭찬을 잃을 것을 염려하여 반대되는 의견을 잘 표현하지 못하곤 한다.

이와 같이 이들은 자신이 의존하는 대상과 멀어질 것을 두려워하기 때문에 사람들에게 지나치게 헌신적이고 순종적인 태도를 보이며, 자신을 실제보다 더 무능력하고 나약하게 평가하므로 스스로 계획을 주도하거나 독자적으로 일하는 것을 두려워한다. 한편, 이들은 다른 사람에 대해서는 강하고 유능한 존재로 인식하는 경향이 있다(Bornstein, 1997).

의존성 성격장애의 유병률은 0.49~0.6% 정도로 보고되며, 임상적 상황에서 여성에게 더 흔하게 진단되지만, 몇몇 연구에서는 여성과 남성 간 유병률의 차이가 없다고 보고된다(APA, 2013/2015).

의존성 성격장애의 원인에 대해서는 명확하게 밝혀진 바 없지만, 생물학적·기질적·발달적·심리적 요인이 모두 원인이 되어 의존성 성격장애를 일으키는 것으로 보고 있다(Bornstein, 2011). 아동기 때 분리불안장애를 경험했거나 만성적인 신체질환을 지녔던 것이 의존성 성격장애의 발병을 예측하며(APA, 2013/2015), 역동적으로 볼 때 부모의 과잉보호(Sperry, 2003; Bibi, Rohail, & Akhtarc, 2021) 또는 부모가 자녀를 제대로 돌보지 않고 방치하거나 가족 응집성이 결여(Head, Baker, & Williamson, 1991)된 것이 의존성 성격장애의 원인이 되는 것으로 본다. 또한 의존성 성격장애는 구강기의 고착(Bornstein, 1998)과 관련된 것으로 본다.

참고로, 의존성 성격장애의 특징을 잘 묘사한 사례(Dobbert, 2007/2011에서 발췌)가 있어 그 내용을 여기에 일부 소개한다.

(전략) 집을 떠나 대학에 가는 일은 에이미에게 최악의 악몽이었다. 고등학교 마지막 학년을 보내며 친구들은 모두 부모님을 떠나 독립할 것이라는 생각에 매우 즐거워했다. (중략) 에이미도 친구들과 다르게 보이기를 원하지 않았기에, 집을 떠나 고등학교 친구들 없이 지내는 것에 대한 두려움을 밝히지 않았다. 에이미는 부모님에게서 떠나는 일을 겁냈다. 에이미는 가족과 친구들의 도움 없이 홀로 먼 대학교에서 지내는 것을 생각할 수도 없었다. 에이미는 가족과 친구들에게 의존해 모든

결정을 내렸다. 중요한 사항뿐만 아니라 옷 입는 스타일, 데이트할 상대, 여가에 할 활동처럼 사소한 일에서도 마찬가지이다. 에이미는 결코 독립적이거나 주체적이지 않았다. 에이미는 자기 대신 다른 사람이 결정해 주면 매우 만족했고, 누군가 에이미의 의견을 물으면 다른 사람이 답하도록 넘겼다. 스스로 결정해야 하는 것은 에이미에게 근심스러운 일이었다. 에이미는 친구들에게 그 지역의 대학에 진학해서 가족과 함께 머물며 학교에 다니겠다는 말을 할 수 없었다. 친구들이 비웃으리란 사실을 알았기 때문이다. (중략) 대학에 진학해 집을 떠나는 것은 생각만으로도 기가 꺾였다. 에이미는 마침내 탈출구를 찾았다. 가까운 친구 한 명이 30분 떨어진 곳에 있는 대학에서 간호학을 공부하기로 결정했다. 에이미는 재빨리 관심 직업을 간호사로 바꿨고, 친구와 같은 대학교에 지원했다. 입학이 허가되자 에이미는 친구에게 기숙사 룸메이트가 되면 어떻겠느냐고 물었다. 친구도 바로 수락했다. (중략) 에이미와 친구는 같은 수업에 등록했다. 에이미의 공포는 사라졌다. 주말이면 집에 갈 수 있었다. 게다가 엄마는 매주 학교에 와서 빨랫감을 집으로 가져가겠다고 약속했다. 대학에 가도 그다지 나쁠 것 같지 않았다. (중략) 에이미와 친구는 방을 어떻게 꾸밀지 계획했다. 둘은 상점에 들러 침대보와 베갯잇, 커튼을 샀다. 에이미는 아무런 의견이 없이 친구의 선택에 만족하며 친구를 따라 물건을 샀다. 친구가 선택한 것이 마음에 들지 않아도 기꺼이 따랐다. 둘은 옷도 함께 샀는데, 친구는 에이미가 똑같은 옷을 산다는 사실을 인식조차 못했다. 기숙사로 이사하는 날이 다가오자 에이미의 불안은 커졌다. 에이미는 엄마에게 집착하며 엄마 곁에만 머물려고 했다. 평소에 하지 않던 집안일을 돕기도 했다. 에이미에게는 엄마의 보살핌이 간절히 필요했다. 에이미는 엄마가 한 주에 한 번 빨랫감을 가지러 올 것이며 주말이면 집에서 지내도 좋다는 말을 반복하도록 만들었다. 결혼 생활이 행복하지 않은 엄마는 에이미를 돌보는 일을 삶의 보람으로 삼았다. (중략) 에이미와 엄마는 서로 의존적이고, 아버지와 어머니는 서로 무관심했다. 에이미가 엄마를 떠나는 것에 대해 염려하는 만큼, 엄마 역시 에이미의 부재를 염려했다. (후략)

그러면 의존성 성격장애의 치료는 어떨까? 이들은 자신을 매우 무능력하고 나약하게 평가하여 끊임없이 다른 사람들의 돌봄을 요구하고 이를 필요로 하기 때문에,

상담자는 이들의 독립에 대한 불안을 다뤄 주고 스스로 자신의 행동과 결정에 책임지도록 도움으로써 이들이 점차 독립적이고 자율적인 사람이 되도록 도울 필요가 있다.

이를 위해 보다 효과적으로 문제를 해결하도록 가르치는 문제해결기술훈련과 보다 합리적이고 자율적으로 의사결정하도록 돕는 의사결정연습, 그리고 자신의 의견을 보다 적극적으로 표현하고 드러내는 것을 가르치는 자기주장훈련 등을 실시함으로써 이들의 자아개념과 자기효능감을 증진시켜 보다 독립적이고 자율적이 되도록 도와야 한다.

3) 강박성 성격장애

강박성 성격장애(obsessive–compulsive personality disorder)의 주요 특징은 정돈과 완벽, 통제에 지나치게 몰입하여 오히려 융통성과 효율성을 결여하게 되는 것이다. 강박성 성격장애는 완벽주의적 성격과 관련이 있으며, 이로 인해 모든 것을 정확하게 해야 하고 꼼꼼하게 처리해야 하므로 일의 세부사항이나 규칙, 순서 등에 지나치게 집착하게 되어 오히려 활동의 본질과 핵심을 잃어버리거나 일의 마감 시간을 제대로 맞추지 못하는 역기능적 모습을 보인다.

강박성 성격장애를 지닌 사람들은 기준을 너무 높게 설정할 뿐 아니라 통제를 잃어버리는 것에 대한 두려움이 크기 때문에, 자기 자신에게 철두철미한 것을 넘어 다른 사람에게도 엄격한 기준을 강요한다. 이로 인해 해야 할 일이 많은 경우에도 주변 사람들한테 일을 나누어 주거나 쉽게 일을 맡기지 못하고 혼자 일을 도맡아 하는 경향이 있다.

또한 이들은 일이나 성과에 지나치게 몰입하는 한편, 여가나 사교적 활동은 상대적으로 등한시하기 때문에, 일하지 않고 놀거나 휴식을 취하는 것을 잘 견디지 못한다. 이들은 감정을 잘 표현하지 못하며, 오히려 감정을 자유롭게 드러내는 사람들을 불편하게 여기기도 한다. 그리고 자신의 시간이나 돈과 같은 것을 다른 사람들에게 베풀거나 나누는 데 인색한 편이다.

강박성 성격장애는 '강박'이라는 명칭 때문에 강박장애와 혼동하기도 한다. 제8장에서 살펴보았듯이 강박장애(obsessive-compulsive disorder)는 강박사고와 강박행동을 나타내는 장애로서, 예를 들어 더러운 세균 때문에 병에 걸릴 것 같은 생각이 계속해서 떠올라 이를 상쇄하기 위해 지나치게 많이 씻는 행동 등을 보일 때 가능한 진단이다. 만약 강박성 성격장애를 지닌 사람이 이러한 강박사고와 강박행동을 같이 나타낸다면 이 경우에는 강박성 성격장애 진단과 강박장애 진단을 함께 받는 것이 가능할 것이다. 하지만 일반적으로 강박성 성격장애는 지나치게 역기능적이고 부적응적인 완벽주의적 성격으로 인해 사회적, 직업적 측면에서 문제를 겪을 때 가능한 진단이므로, 강박사고와 강박행동을 주로 나타내는 강박장애와는 독립적인 정신과적 질환이다.

역동적 관점에서 강박성 성격장애는 항문기에 고착된 성격으로 본다(Fariba et al., 2022). 정신분석의 창시자인 프로이트는 이미 1900년대 초기에 강박성 성격장애를 질서정연함과 청결, 검소한 특징을 보이는 항문보유적(anal retentive) 성향으로 보았다. 즉, 항문기에 실시하는 배변훈련 과정에서 부모가 지나치게 엄격하게 통제할 때 이에 대한 반발과 저항을 느끼게 되고, 이러한 고집스러움과 분노감정이 성격적 특성으로 남게 된 것을 강박성 성격장애로 보고 있다.

강박성 성격장애는 가장 흔하게 나타나는 성격장애 중 하나로서, 유병률은 2.1%에서 많게는 7.9%까지 보고되고 있으며, 남성에게서 약 2배 더 많이 발생한다. 강박성 성격장애의 특징은 대부분 A형 성격에서 보이는 모습들과 유사하며, 이러한 특징은 심근경색의 위험이 있는 사람들에게서 많이 나타난다(APA, 2013/2015).

강박성 성격장애를 지닌 사람을 치료할 때는 이들로 하여금 지나치게 엄격하게 통제하지 않아도 됨을 자각하도록 돕고, 자신의 불완전함을 받아들이고 감정을 인식하고 수용하고 표현하는 방법 또한 교육함으로써, 완벽과 통제에 대한 기준을 낮추고 불안을 수용할 수 있도록 도울 필요가 있다. 또한 완벽한 게 아니면 실패한 것과 다름없다는 이분법적 사고 경향을 줄이고, 부정적인 결과가 초래할 위험이나 위협에 대한 파국화 경향성을 줄임으로써, 완벽하지 않거나 조금 잘못되더라도 그렇게 큰일이 일어나지 않음을 깨닫도록 도와야 한다.

[Self-checking]

• 나의 '성격특질'은 A, B, C군 성격장애의 특징 가운데 어느 것에 가장 가까울까?

_____

_____

 이 장에서는 성격장애의 열 가지 하위유형에 대해 살펴보았다. 성격장애는 성격특질과 구별되는 것으로, 사람들이 지니고 있는 일반적인 성격특질이 지나치게 역기능적으로 나타나는 것을 성격장애로 볼 수 있다. 다시 말해, 성격장애는 사람들이 지니는 성격특질이 지나치게 경직되거나 부적응적이어서 개인에게 현저한 손상과 고통을 야기할 때 비로소 가능한 진단이다.

 이렇게 볼 때 A, B, C군에 속하는 성격장애의 특징들은 사실상 정상적인 일반 사람들도 부분적으로 가지고 있는 성격특성에 해당된다. 이 장을 읽으면서 어떤 사람들은 혹시 자신도 성격장애에 해당되는 것이 아닐지 궁금해할 가능성도 있을 것이다. 하지만 계속해서 강조하듯이 성격장애를 포함한 모든 정신과적 진단은 엄격하고 보수적인 기준에 의해 진단되므로 지나친 걱정은 불필요하다. 따라서 이 장을 통해 성격장애에 대한 이해를 올바로 증진시키고, 사람들에게서 나타나는 다양한 성격양상을 심리학적 관점에서 바라볼 수 있는 기회가 되었기를 바란다.

제4부

상담과 심리치료

CHAPTER

12
상담

앞서 우리는 정신건강의 개념과 조건부터 시작하여 성격, 부모자녀관계, 의사소통, 스트레스와 다양한 이상심리에 대해 살펴보았다. 이러한 주제는 모두 자기 자신과 주변 사람을 이해하는 데 기초가 되는 것들로서, 직간접적으로 우리의 정신건강에 영향을 미친다. 사람들은 스스로 자신의 문제를 해결하거나 극복하기도 하지만, 때로는 다른 사람의 도움이 필요할 때도 있다. 이에 이 책에서는 상담과 심리치료를 마지막 주제로 설정하였다.

이 장에서는 상담이란 무엇인지 정의와 개념을 살펴보고, 상담의 여러 형태와 유형을 구분해 보고자 한다. 또한 상담자가 지녀야 할 자질을 알아보며, 상담의 기능에 따른 상담의 대상과 내담자 문제영역 및 유형에 따른 개입방법을 살펴보고, 마지막으로 상담의 효과와 함께 상담성과를 가져오는 요인에 대해 살펴볼 것이다.

1. 상담의 개념과 유형

이 절에서는 상담의 정의와 핵심개념을 알아보고, 전문가에 의해 이뤄지는 '전문상담'과 일반인들 사이에서 이뤄지는 '인생상담'의 차이를 살펴보고자 한다. 아울러 상담의 다양한 유형에 대해서도 다루어 본다.

상담은 대화치료(talk therapy)이다. 이 말은 약물이나 혹은 다른 수단을 통해서가 아니라, 누군가와 주고받는 대화를 통해 치료한다는 뜻이다. 다시 말해 상담은 상호 간에 이루어지는 대화를 통해 자신에 대한 이해를 넓히고 문제를 해결해 나가는 과정이다. 상담의 주제가 심리적인 문제이고, 심리적인 문제는 다른 어떤 방법을 통해서도 확인하거나 해결하기 쉽지 않으므로, 어쩌면 대화만이 심리적인 문제를 찾고 해결해 나가는 유일한 방법일 수 있다.

그런데 이렇게 대화를 통한 상담을 받아 보기로 결심하기까지는 적지 않은 시간과 고민을 필요로 한다. 왜냐하면 마음이 힘들고 복잡한 상태에서 어떤 식으로든 자신의 이야기를 풀어 나간다는 것은 많은 용기와 인내 그리고 노력을 필요로 하기 때문이다.

상담을 받기로 마음먹었을 때 처음 부딪치는 문제는 아마도 어디에서 누구한테 상담받는 게 좋을지를 결정하는 일일 것이다. 사람들은 몸이 아프면 특별한 고민 없이 동네에 있는 가까운 병의원을 찾아 의사에게 진료받곤 하는데, 마음이 아플 때는 어디를 찾아가 누구를 만나야 할지에 대한 정보가 충분하지 않기 때문이다.

요즘은 인터넷에 거의 모든 정보가 올라와 있으므로, 아마도 대부분의 사람이 상담소나 상담자에 대한 정보를 인터넷 검색을 통해 알아보려 시도할 것이다. 하지만 일반적으로 국가나 공공기관에서 운영하는 상담소의 경우는 비교적 홈페이지가 잘 구축되어 있는 데 비해, 개인이 운영하는 사설 상담소의 경우는 자체적으로 홈페이지를 운영하고 있지 않거나 온라인을 통한 홍보가 덜 활성화되어 있는 편이다. 그래서 우리가 살고 있는 지역사회에 있는 많은 사설 상담소의 경우 사실상 인터넷 검색으로 제대로 된 정보를 얻기가 쉽지 않다.

그렇다면 믿고 찾을 만한 상담소는 어디일까? 일반적으로 학교에 재학 중인 학생은 소속된 학교 안에 전문상담교사가 배치된 상담소가 설치되어 있으므로 일차적으로 학교 안 상담소를 이용하는 게 가장 좋다. 대부분의 중고등학교에는 전문상담 교사가 배치되어 있는 위클래스(wee class)가 설치되어 있고, 일부 초등학교에도 상담실이 설치되어 있다. 대학교의 경우는 사실상 모든 학교에 학생을 위한 상담소가 설치되어 있으므로, 학생들은 학교 안에 있는 상담소를 일차적으로 이용하면 된다. 또한 우리가 살고 있는 지역사회에는 청소년상담복지지원센터가 전국적으로 잘 설치되어 있고 이곳에는 청소년상담사 자격증을 갖춘 상담자들이 있기 때문에 9세에서 24세에 해당하는 청소년은 이러한 센터를 이용할 수 있다.

성인의 경우 공공기관이나 일정 규모 이상으로 규모가 큰 회사에 재직한다면, 자신이 소속한 회사나 기관 안에 설치된 상담실에서 공인된 자격을 갖춘 상담자로부터 상담받을 수 있다. 일례로, 정부종합청사에는 '마음건강센터', 서울시청에는 '힐링센터 쉼표'가 설치되어 있어서 공무원과 그 가족을 위해 상담서비스를 제공하고 있다.

또한 우리가 사는 지역사회에는 개인이 운영하는 사설 상담소가 꽤 많이 설치되어 있다. 상담소의 종류도 매우 다양하여 일반 성인을 위주로 하는 상담소도 있지만, 아동상담소나 가족상담소, 놀이치료센터, 또는 각종 예술치료센터 등을 어렵지 않게 찾아볼 수 있다. 이처럼 우리가 사는 동네나 직장 가까운 곳에 상담소가 많이 있다는 것은 예전에 비해 상담이 많이 대중화되었다는 것을 의미한다. 그리고 이는 일반인이 상담서비스를 어렵지 않게 받을 수 있게 되었다는 의미에서 매우 반가운 일이다. 하지만 아직까지 상담소를 설치·운영할 수 있는 자격에 대한 법제화가 이루어지지 않아, 충분한 자격을 갖춘 상담자가 상담하는 곳인지, 이들이 하는 상담의 효과는 검증된 것인지에 대한 정보가 제한적이다. 따라서 어떠한 자격을 갖춘 상담자가 운영하는 상담소인지, 그리고 그곳에서는 어떠한 유형의 상담을 진행하는지 잘 살펴보고, 충분히 신뢰할 만하고 자신에게 적합하다고 판단되는 곳에서 상담을 받는 것이 좋다.

1) 상담의 정의 및 핵심개념

상담(counseling)이 무엇인지에 대해서는 수많은 학자가 나름대로 정의하였는데,

여기서는 몇몇 학자의 상담에 대한 정의를 토대로 상담에 포함되는 공통 특성에 대해 살펴보도록 하겠다.

먼저, 천성문 등(2006)은 '상담이란 전문적 훈련을 받은 상담자와 심리적 어려움으로 타고난 잠재력을 마음껏 발휘하지 못하는 내담자 간의 상호작용을 통해서 내담자의 문제를 해결할 뿐만 아니라 내담자가 행복한 삶을 살아가도록 돕는 과정'이라고 정의한다. 또한 노안영(2005)은 '상담은 전문적 훈련을 받은 상담자와 조력을 필요로 하는 내담자가 상담활동의 공동주체로서 내담자의 자각 확장을 통해 문제예방, 발달과 성장, 문제해결을 달성함으로써 내담자의 삶의 질을 향상하기 위해 함께 노력하는 조력과정'이라고 정의한다. 이러한 정의에는 상담자와 내담자가 상담의 공동주체로 포함되어 있고, 내담자가 지닌 문제를 해결하는 것과 함께 문제를 예방하는 것, 내담자의 발달과 성장을 돕는 것과 같은 상담의 주요 목적이 포함되어 있다.

이러한 정의를 통해 이 책에서는 상담을 정의하는 핵심개념으로 다음 여섯 가지 키워드를 꼽고자 한다. 첫 번째 키워드는 '상담자'로, 상담자는 인간의 행동과 정신과정에 대한 지식을 바탕으로 인간을 변화시키는 과정과 방법에 대한 전문적 훈련을 받은 사람으로서, 상담의 두 주체 중 한 축을 이루는 사람이다. 이에 상담자는 상담을 통해 내담자의 목표 달성을 추구하고 이를 위해 내담자를 도와 함께 작업한다.

이러한 역할을 하는 상담자와 함께, 상담이 이뤄지려면 심리적인 목적을 지닌 내담자를 필요로 한다. 여기서 심리적 목적이란, 자신의 내면을 이해하고 이를 변화시킴으로써 자신이 지닌 어려움을 극복하려는 마음 혹은 자신을 보다 발전시키고 성장하려는 의지를 의미한다. 따라서 상담의 두 번째 키워드는 이와 같은 마음을 갖고 상담에 임하는 '내담자'이다.

이렇게 상담자와 내담자는 모두 상담의 공동주체가 되며, 이들은 상담에서 서로 의미 있고 진정성 있는 신뢰 관계를 형성한다. 상담 작업은 기술만으로 성과를 보기 어려운 활동으로, 기술이 효과를 나타내기 위해서는 반드시 상담자와 내담자 사이에 신뢰로운 관계(라포)를 필요로 한다. 상담은 말로 주고받는 대화를 통해 내담자에게 변화를 가져오게 하는 대화치료로서, 대화를 바탕으로 치료한다는 것은 상담이 기술만으로 이뤄질 수 없는 이유가 되기도 한다. 따라서 상담자와 내담자 사이에 관계 형성이 잘 이뤄질 때 비로소 내담자의 깊이 있는 자기노출이나 내면탐색이 가능해진다. 이에 상담의 세 번째 키워드는 '관계'로 볼 수 있다. 이처럼 상담자, 내담자, 관계라는 세 가지 키워드는 상담이 이뤄지기 위해 반드시 필요한 조건에 해당한다.

이러한 세 가지 키워드와 함께 상담의 정의에는 세 가지 키워드가 더 포함되는데, 그것은 바로 '예방, 발달과 성장, 문제해결 및 대처'이다. 이 세 가지는 상담의 목적이라고도 볼 수 있고, 상담의 기능이라고도 할 수 있다. 내담자는 상담을 통해 문제의 발생을 예방할 수 있고, 상담을 통해 인간적으로 발달하고 보다 성장할 수도 있으며, 역시 상담을 통해 이미 발생한 문제나 어려움에 대처하거나 해결할 수도 있다. 즉, 이 세 가지는 상담을 통해 내담자가 달성할 수 있는 것들로서, 상담이 지향하는 목적이자 기능이다.

결국 상담은 상담자와 내담자 간의 서로 신뢰하는 관계를 바탕으로 대화를 통해 내담자가 가진 어려움과 문제를 해결하거나 이에 대처하도록 도울 뿐 아니라, 문제를 예방하고 나아가 인간적인 발달과 성장을 돕는 전문적인 조력활동이다.

2) 전문상담 및 인생상담

앞서 살펴본 상담의 정의에서 상담자는 전문적 훈련을 받은 사람이라 하였다. 하지만 일반적으로 사람들이 상담할 때 반드시 전문가를 만나 상담하는 것은 아니다. 사람들은 살면서 만나게 되는 주변 지인들과도 상담하며, 혹은 준전문가에 해당하는 사람들과도 상담한다. 이에 자격을 갖춘 전문가와 상담하는 것을 '전문상담'이라 하고, 주변의 지인들과 하는 상담을 '인생상담'이라고 이름 붙여 보자.

그렇다면 전문가에 의해 행해지는 전문상담과 일반인 사이에서 이루어지는 인생상담은 어떤 차이가 있을까? 전문상담은 전문적인 훈련을 받은 상담자와 함께 상담의 목표를 세우고 이에 도달하기 위해 일정 기간 동안 규칙적으로 만나면서 내담자의 변화를 위해 체계적으로 돕는 조력과정이다. 이에 비해 인생상담은 주변의 지인과 서로 이야기를 나누면서 개인의 직간접적인 경험을 토대로 조언을 제공하거나 지지해 주는 일시적이고 비체계적인 과정이다. 다시 말해 인생상담을 할 때 상담자

역할을 하는 사람은 자신이 직접 경험하거나 혹은 간접적으로 경험한 바에 근거하여 조언해 주거나, 내 편이 되어 나를 지지해 주는 이야기를 주로 들려준다. 이러한 인생상담은 필요에 따라 불규칙적으로 이뤄지는 것이지 일정 기간 동안 규칙적으로 하는 것이 아니며, 변화의 과정에 대해 체계적으로 공부한 전문가에 의해 이뤄지는 것도 아니다.

하지만 이처럼 인생상담이 공식적이거나 체계적으로 이뤄지는 과정이 아니라고 해서 효과가 전혀 없는 것은 아니다. 인생상담도 나름의 효과가 있어서, 우리의 기분을 진정시키거나 호전시켜 주기도 하고, 때로는 문제해결에 좋은 정보를 얻게 되기도 한다. 또한 무엇보다 주변 사람들과 나누는 인생상담은 언제 어디서든 하고 싶은 이야기를 쉽게 나눌 수 있으므로 이것은 인생상담의 큰 장점이 된다. 따라서 인생상담이 전문가가 하는 상담이 아니라고 해서 가치가 없다거나 전혀 쓸모없는 것이 아니며, 인생상담은 그 나름대로 충분한 가치가 있다. 이러한 역할을 하는 사람들은 우리에게 일종의 사회적 지지원이 되어 주기 때문에, 주변에 인생상담을 함께 나눌 사람이 있다는 것은 우리의 정신건강에 큰 도움이 될 것이다.

아마도 문제나 고통이 그리 심각한 수준이 아니라면 사람들은 대부분 이와 같은 인생상담을 통해 위로받고 대처하며 살아갈 것이다. 하지만 살다 보면 어떤 경우든 힘에 부쳐서 크게 좌절하거나 마음의 고통을 심각하게 겪을 때가 있고, 때로 이러한 순간이 계속 반복되거나 오래 지속되어 도무지 헤어날 기미가 보이지 않는 순간이 오기도 한다. 문제는 이런 상황이 되면 주변 사람들과 나누는 인생상담만으로는 더 이상 견뎌 낼 힘을 얻기 힘들다는 것이다. 따라서 이러한 순간이 오면 전문가를 찾아 상담받는 것이 필요하다.

마음이 힘들 때 전문상담자를 찾아 상담받는 비율은 불과 수년 전에 비해 많이 나아진 것은 사실이나, 여전히 간단하거나 쉬운 일은 아니다. 전문상담자를 찾게 되기까지 힘이 들더라도 상당 기간 속으로 참고 견뎌 왔을 것이고, 혼자 그 상황을 벗어나려 무던히 애를 써 봤을 것이다. 그러다 막상 상담을 받기로 결심하게 되더라도 적절한 상담기관이나 상담자를 찾는 노력을 기울여야 하고, 상담에 드는 기간과 비용도 고려하게 될 것이다. 그럼에도 상담을 받기로 결심하고 이를 이행하는 사람들은 본인이 경험하는 고통의 크기가 본인이 감내할 수 있는 고통의 수준보다 훨씬 더 크고 심각하기 때문에 전문상담자를 찾게 되는 것이다. 이처럼 살다 보면 누구나 단순히 인생상담에 그치지 않고 전문상담이 필요한 순간을 맞이하게 될 수 있다.

그렇다면 전문상담자를 찾아 상담받는 것이 필요한 경우는 어떨 때인지 살펴보자. 먼저, 개인이 겪는 문제와 갈등의 뿌리가 심각하여 심리적 고통과 부적응을 오랜 기간 경험하거나 문제가 해결되지 않고 계속 반복되어 나타난다면, 이 경우에는 전문가를 찾아 상담받는 것이 필요하다. 뿌리가 깊은 문제는 단순히 표면적인 부분만 해결한다고 해서 쉽게 사라지지 않으며, 결국 뿌리에 남아 있는 상처들이 계속 올라와 문제를 지속시키거나 반복시키기 때문이다.

또한 정확한 진단과 평가를 기초로 체계적인 문제해결을 원한다면 이 경우에도 인생상담보다는 전문가를 찾아 상담받는 것이 필요하다. 인생상담은 많은 경우 개인의 경험에 근거한 인생 조언을 서로 나누는 것이지, 결코 전문적 과정은 아니기 때문이다. 전문상담에서는 제대로 훈련받고 경험을 쌓은 전문가에 의해 체계적인 평가과정을 거치며, 이에 따라 과학적으로 검증(evidence-based)된 치료법을 적용한다.

살면서 주변의 지인으로부터 지지와 위로를 받는 것도 필요하지만, 때로는 객관적인 시각으로 자신과 자신이 처한 상황에 대해 바라보고 이해하는 것이 필요하다. 대부분의 인생상담에서는 자신이 처한 상황이나 어려움에 대해 비교적 가볍게 조언을 듣고자 하는 경향이 있다. 그래서 어떠한 상황에서 자신이 어떻게 하는 게 좋을지 상대의 의견을 묻곤 한다. 하지만 전문상담에서는 단순히 어떤 상황만을 놓고 이에 대한 조언이나 해결책을 성급히 제공하지 않는다. 왜냐하면 개인이 처한 상황과 맥락에 대한 깊이 있는 이해 없이 제공되는 단편적인 조언이나 해결책은 내담자에게 크게 도움이 되지 않기 때문이다. 이에 전문상담에서는 성급하게 해결책을 제시하는 것보다 한 개인을 풍부하고 정확하게 이해하는 것을 우선시하고 중요시한다. 따라서 단편적인 조언이나 일시적 위로보다 객관적인 시각으로 자신을 이해하는 것이 필요하다고 여겨질 때는 전문상담을 받는 것이 도움이 될 것이다.

마지막으로, 사람들은 누구나 다른 사람에게 쉽게 털어놓기 어려운 상처나 비밀이 있게 마련이다. 만약 이처럼 주변 사람에게 꺼내 놓기 쉽지 않은 주제를 다룰 필요가 있을 때에는 전문상담가를 찾아 상담받는 것이 도움이 될 것이다. 문제는 감춘다고 해서 없어지지 않으며, 오히려 억압하면 할수록 더 심각해질 가능성이 있다. 그러므로 가까운 사람에게조차 쉽게 이야기하기 어려운 다소 민감한 내용에 대해서는 주저 말고 전문가를 찾아 상담하는 것이 좋다. 전문가들은 내담자와 나눈 이야기에 대해 비밀을 지키며, 내담자가 처한 상황에 대한 객관적이고 전문적인 시각을 바탕으로 내담자의 변화와 성장을 위해 돕는 사람들이다.

정리하면 인생상담과 전문상담은 둘 다 필요하고, 둘 다 도움이 된다. 인생의 대부분의 시간은 주변의 지인들과 더불어 살면서 인생상담을 서로 나누게 될 것이다. 하지만 인생의 어느 시점에 앞서 언급한 것과 같이 전문상담이 필요한 순간이 온다면, 그때는 주저 없이 전문가를 찾아 상담받아 볼 것을 권한다.

3) 상담의 유형

상담에는 다양한 유형이 존재한다. 이러한 유형은 몇몇 기준에 따라 구분이 가능한데, 이러한 상담유형들을 알고 있으면 상담을 필요로 할 때 자신에게 가장 적합한 상담유형을 선택하는 데 도움이 될 수 있다. 이에 이 책에서는 형태에 따른 유형과 방법에 따른 유형, 그리고 장면에 따른 유형으로 상담의 유형을 구분해 보고자 한다.

(1) 형태에 따른 상담유형

상담은 형태에 따라 크게 상담자와 내담자가 일대일로 만나 상담하는 개인상담과, 한두 명의 상담자와 여러 명의 내담자가 함께 모여 상담하는 집단상담으로 구분된다.

개인상담은 성인을 기준으로 할 때 일반적으로 일주일에 1회 상담하고, 한 번 상담할 때 보통 50분간 상담한다. 상담의 기간은 딱히 정해져 있지 않으며, 내담자가 가져오는 문제의 종류나 심각도에 따라 달라진다. 참고로, 어세이와 램버트(Assay & Lambert, 1999)에 의하면 보통 내담자 4명 가운데 1명 정도는 25회 이상의 비교적 장기간 상담을 필요로 하지만 내담자의 절반가량은 5~10회 정도의 비교적 짧은 기간으로도 소정의 상담효과를 얻을 수 있다고 하였다(제석봉 외, 2016 재인용). 상담소에서는 대개 10~15회를 상담에 필요한 최소 기간으로 설정하고, 필요에 따라 횟수를 가감하면서 상담을 진행하고 있다.

개인상담이 이처럼 한 명의 상담자와 한 명의 내담자가 만나 일정 기간 지속적으로 이루어지는 데 비해, 집단상담은 한 명 혹은 그 이상의 상담자와 여러 명의 집단원으로 이루어지는 형태의 상담이다. 집단상담은 성인을 기준으로 할 때 일반적으로 일주일에 한 번 상담하고, 시간은 한 회당 대략 100~120분 정도이며, 상담 횟수는 보통 8~12회로 진행한다.

집단상담에 참여하는 집단원은 집단상담의 성격에 따라 다소 차이가 있지만 일반적으로 대략 8명 내외로 구성되며, 집단상담의 주제와 성격에 따라 이와 유사한 관심이 있거나 비슷한 어려움을 공유하고 있는 사람들이 한데 모여 같이 상담하게 된다.

개인상담과 집단상담은 각각 장점과 단점을 지니고 있다. 개인상담은 내담자가 혼자 참여하는 상담이라 상담자가 내담자에게 온전히 초점을 맞추게 되므로 개인의 심층적인 문제를 보다 심도 있게 다룰 수 있다. 또한 전문가와 일대일로 만나므로 비밀보장이 확실하다는 장점도 있다. 하지만 시간과 비용이 집단상담을 할 때보다 좀 더 많이 든다는 점이 단점으로 작용할 수 있다. 또한 상담 장면에서 내담자는 상담자하고만 접촉하게 되므로, 상담자 이외의 다양한 사람으로부터 보다 폭넓은 피드백이나 지지를 받을 수 없다는 단점이 있다.

개인상담의 장점은 집단상담의 한계점이 되고, 반대로 개인상담의 단점은 집단상담의 장점이 된다. 따라서 집단상담은 개인상담에 비해 시간과 비용이 상대적으로 덜 들고, 보다 많은 사람으로부터 다양한 피드백을 받을 수 있다는 장점이 있다. 하지만 상담에 함께 참여하는 사람이 여러 명이다 보니 주어진 상담시간에 개인의 심층적인 문제를 충분히 다루기에는 한계가 있고, 상담자 이외에 여러 사람이 함께 참여하므로 비밀보장이 확실치 않다는 한계점이 있다.

(2) 방법에 따른 상담유형

방법에 따른 상담은 크게 상담자와 직접 얼굴을 보면서 진행하는 대면상담과 인터넷이나 전화 등의 매체를 이용하여 상담하는 비대면상담으로 구분이 가능하다.

대면상담은 일반적으로 상담자가 있는 상담소로 내담자가 찾아가 일정한 장소에서 규칙적으로 상담을 진행하는 것이 가장 보편적이다. 하지만 특수한 경우에는 예외가 있어서 내담자가 있는 곳으로 상담자가 찾아가 상담하기도 하는데, 보통 이 경우는 청소년을 상담할 때 예외적으로 적용된다. 이처럼 청소년 상담에서 예외적으로 상담자가 내담자를 찾아가는 형태를 취하는 이유는, 일반 성인은 자발적인 의사와 동기를 가지고 상담소를 찾는 데 비해 청소년은 많은 경우 상담을 필요로 하는 상태임에도 불구하고 상담에 대한 자발적인 동기가 부족하여 스스로 상담소를 찾아오는 경우가 드물기 때문이다. 반면, 비대면상담은 말 그대로 얼굴을 맞대고 하는 것이 아니라 온라인으로 진행하는 경우로서, 전화로 상담하는 경우도 있고 인터넷을 이용해서 상담하기도 한다.

그렇다면 얼굴을 보면서 하는 대면상담과 그렇지 않은 비대면상담에는 각각 어떤 장점과 단점이 있을까? 먼저, 대면상담의 장점은 무엇보다 상담자와 내담자가 서로의 얼굴을 직접 보면서 상호작용하므로 상담에 보다 깊이 개입하게 될 가능성이 커지고, 이는 내담자가 상담을 보다 오랜 기간 지속적으로 하게 하는 데 일정 부분 영향을 미친다. 또한 얼굴을 맞대고 상담하게 되면 내담자의 언어적 표현뿐 아니라, 표정과 몸짓, 옷차림이나 태도 등과 같은 여러 비언어적 메시지를 상담자가 보다 자세히 볼 수 있고, 이러한 비언어적 메시지를 통해 내담자의 세세하고 미묘한 감정과 상태를 보다 잘 알아차릴 수 있게 된다. 하지만 대면상담의 경우는 아무래도 내담자가 따로 시간을 내어 상담소로 찾아가 상담해야 하므로 시간이 보다 많이 소요되는 단점이 있다.

대면상담의 장점과 단점 역시 비대면상담의 단점과 장점이 될 수 있다. 비대면상담의 장점은 무엇보다 시간과 공간의 제약 없이 편리하게 이용 가능하다는 점이다. 또한 사안에 따라 비대면일 경우에 오히려 더 솔직하게 이야기할 수 있는 내용도 있으므로, 이러한 경우에 대면상담보다 비대면상담이 유용할 수 있다. 하지만 비대면상담의 경우 내담자가 상담에 개입하는 정도가 약해질 수 있고, 온라인의 특성상 내담자의 동기가 강하지 않으면 상담의 지속성이 현저히 떨어질 수 있다. 또한 제한된 접촉으로 인해 상담자가 내담자로부터 보다 다양하고 풍부한 자료를 얻는 데 한계가 있을 수 있으므로 이러한 점은 비대면상담의 한계점으로 작용한다.

(3) 장면에 따른 상담유형

상담의 유형은 장면에 따라서도 구분 가능하다. 여기서는 학교, 청소년기관, 기업, 그리고 지역사회에서 개인이 운영하는 사설 상담소로 나누어 살펴보겠다.

현재 대부분의 중·고등학교에는 위클래스(wee class) 상담실이 설치되어 전문상담교사가 상주하면서 상담이 필요한 학생들에게 도움을 주고 있다. 중·고등학교에 비해 아직까지 초등학교에 상담실이 설치된 경우는 상대적으로 적은 편인데, 심리적인 문제나 어려움을 겪는 시기가 점차 저연령화되는 추세로 보아 앞으로는 초등학교에 상담실을 집중적으로 설치하여 전문적인 상담활동이 이뤄질 수 있도록 해야 할 것이다.

일반적으로 학교에서 이뤄지는 상담은 치료적 목적의 상담보다 예방이나 발달과 성장을 목적으로 하는 상담에 보다 중점을 두어 실시할 필요가 있다. 학교는 예방을 위한 최적의 장소이므로, 학교에서는 모든 학생을 대상으로 하는 예방 위주의 심리교육 및 상담을 보다 활발하게 실시해야 한다. 제1장에서 예방적 개입의 세 차원에 대해 살펴보았는데, 학교에서는 모든 학생을 대상으로 하는 보편적 개입과 문제의 발생이 예상되는 위험군에 속하는 학생을 대상으로 하는 선별적 개입을 보다 적극적으로 실시해야 하며, 문제가 심각하여 심층적인 상담을 보다 장기간 필요로 하는 학생의 경우에는 학교 밖에 위치한 위센터(wee center)나 청소년상담복지지원센터, 혹은 전문가가 운영하는 사설 상담소에서 상담받도록 하는 체계를 만들 필요가 있다.

장면에 따른 두 번째 상담유형으로, 일반 지역사회에 설치되어 있는 청소년기관 상담을 들 수 있다. 우리나라에서는 「청소년 기본법」에 의해 1993년에 청소년 전문 상담기관인 '청소년 대화의광장'이 설립되었고, 이는 '한국청소년상담복지개발원'의 전신이다. 현재 우리나라에는 한국청소년상담복지개발원을 중심으로 전국적으로 230여 개에 이르는 청소년상담복지지원센터를 운영 중에 있다.

이 기관은 청소년을 대상으로 하는 전문상담기관으로 앞서 언급한 학교상담과 일부 대상이 겹칠 수 있겠으나, 청소년상담복지지원센터는 지역사회에 위치하고 있어서 학교에 다니고 있는 학생뿐 아니라 여러 이유로 학교에 다니고 있지 않은 청소년도 이용이 가능하며, 뿐만 아니라 부모도 이용할 수 있다. 청소년상담복지지원센터에는 대부분 청소년상담사 국가자격증을 소지한 상담사들이 근무하고 있으며, 이곳에서 자격을 갖춘 전문가에게 무료 혹은 저렴한 비용으로 상담받을 수 있다.

장면에 따른 상담의 세 번째 유형으로 기업상담이 있다. 우리나라에서 기업상담은 2003년 「산업안전보건법」의 개정으로 직무스트레스로 인한 직장인의 건강예방 및 관리를 위해 사업주가 나서도록 규정하였고, 2010년 「근로자복지기본법」의 시행으로 근로자에게 심리상담을 지원하는 EAP(employee assistance program), 즉 근로자 심리상담지원 프로그램의 법적 근거를 마련하였다. 이에 따라 현재 대부분의 대기업은 기업 내에 자체적으로 상담실을 설치하여 운영 중이고, 중소기업은 노동부의 지원으로 근로자에게 EAP를 시행해 주고 있다.

마지막으로, 지역사회에 위치한 사설 상담소에 대해 살펴보자. 사설 상담소는 일정한 자격을 보유한 개인이 지역사회에 상담소를 설립하고 운영하는 경우를 말한다. 우리나라에서는 2000년을 전후하여 사설 상담소가 서서히 생겨나기 시작하여, 2010년 이후로 양적으로 상당한 증가가 있었다.

이 기관들은 개인이 운영하는 유료상담기관이고, 상담료는 기관에 따라 다소간 차이가 있지만 보통 한 회당 약 십만 원 내외의 상담료를 받는다. 이러한 사설 상담소는 말 그대로 개인이 설치하고 운영하는 곳이므로 무엇보다 신뢰할 만한 공인 자격을 갖춘 상담자가 운영하는 곳인지 알아볼 필요가 있고, 자신에게 적합하고 필요한 상담을 제공하는 곳인지 살펴보고 상담을 결정해야 할 것이다.

[Self-checking]

• 내가 만약 상담을 받는다면, 나에게 가장 적합한 상담유형은 어떤 것일까?

_____

_____

2. 상담자와 내담자

이 절에서는 상담자와 내담자에 대해 좀 더 알아보자. 먼저, 상담자는 어떤 사람이어야 하는가에 대해 전문적 자질과 인간적 자질을 구분하여 살펴볼 것이다. 그리고 상담의 세 가지 기능에 따라 이에 해당하는 내담자가 누구인지 살펴보고, 이들이 호소하는 문제의 유형에 따라 어떤 개입이 필요한지 알아보도록 하겠다.

생각해 보기

- 상담자가 되려면 어떤 자격을 갖추어야 할까?
- 상담은 문제를 겪고 있는 소수의 사람들에게만 필요한 걸까?

---

1) 상담자

사람들의 고민을 해결해 주는 상담자도 알고 보면 우리와 똑같은 사람이다. 다시 말해 상담자도 우리와 똑같이 고민에 빠지거나 힘들 때도 있고, 성격적인 단점과 인간적 한계를 지니고 있는 사람일 뿐이다. 하지만 그럼에도 상담자는 다른 사람의 인생에 들어가 함께 고민하면서 이를 헤쳐 나가는 일을 해야 하므로, 인간에 대한 공부를 통해 일정한 자격을 갖춰야 하며 전문가가 되기 위해 수련과정을 거쳐야 한다.

상담을 뜻하는 counseling은 라틴어로 '고려하다, 반성하다, 숙고하다'의 의미가 있는 conselere의 어원을 가지고 있다. 이러한 어원으로 볼 때 상담자는 깊이 생각하게 하고 자신의 내면을 들여다보게 하는 데 도움을 주는 사람이라는 의미를 지닌다.

그렇다면 상담자가 되기 위해서 어떠한 자질을 갖춰야 할까? 상담자는 한 인간 대 인간으로 내담자를 만나 대화를 통해 내담자를 이해하고 변화시키는 특수한 일을 하는 사람이다. 따라서 상담자가 되려면 이에 합당한 전문적 자질과 인간적 자질을 갖출 필요가 있다.

(1) 상담자의 전문적 자질

① 상담이론에 대한 지식

상담자가 되기 위해 필요한 전문적인 자질로서 상담자는 상담이론에 대한 충분한 지식을 갖추어야 한다. 상담이론은 인간행동에 대해 설명하는 가설적 입장으로, 여기에는 대표적으로 정신역동 이론, 행동주의 이론, 인본주의 이론, 인지 이론이 있다.

정신역동 이론은 심리학의 제1세력으로서, 무의식에 관심을 가지고 아동기 경험을 분석함으로써 성격을 재구성하는 것을 강조하는 이론이다. 행동주의 이론은 심리학의 제2세력으로서, 환경과의 상호작용을 통해 학습된 행동에 관심을 가지고 부적응적인 행동을 없애고 긍정적인 행동을 늘리는 것을 강조하는 이론이다. 심리학의 제3세력은 인본주의 이론으로서, 이 이론은 인간의 자아실현에 관심을 가지고 경험에 개방적이며 현재를 충실하게 살아가는 '충분히 기능하는 사람(fully functioning person)'이 되는 것에 목표를 둔다. 인지 이론은 심리학의 제4세력으로도 불리는데, 인지 이론에서는 사람들이 지니고 있는 잘못된 생각을 찾아 이를 보다 합리적이고 적응적인 생각으로 바꿔 줌으로써 부적응 문제를 줄이려는 노력을 한다.

이러한 이론은 서로 각기 다른 인간관에서 출발하고 있다. 우선, 정신분석 이론은 인간을 비합리적이고 결정론적인 존재로 본다. 행동주의 이론은 초기에는 인간을 환경에 반응하는 수동적 존재로 보았으나, 이후 인간의 능동적인 측면을 인정하는 입장으로 바뀌었다. 인본주의에서는 인간을 능동적이고 합리적이며 자율적인 존재로 가정하며, 성장을 촉진해 주는 조건만 제대로 형성되면 누구든지 스스로의 잠재력을 실현시킬 수 있다고 본다. 인지주의에서는 인간을 합리적이기도 하고 비합리적이기도 한 존재로 인식하며, 과거로부터 영향을 받는다는 면에서 결정론적인 면도 있지만 스스로의 노력으로 변화할 수 있는 가변성도 동시에 지니고 있는 존재로 지각한다.

이처럼 서로 다른 인간관에서 출발한 이론들은 인간의 부적응과 문제가 어떻게 발생하고 유지되는지에 대해서도 각기 다른 관점을 지니고 있다. 정신역동적 입장에서는 어린 시절의 경험에서 비롯된 무의식적 갈등이나 성격을 구성하는 원초아, 자아, 초자아 간의 불균형으로 인해 이상행동과 문제가 발생한다고 보며, 행동주의에서는 잘못된 학습과 부적절한 강화로 인해 문제행동이 형성되고 유지된다고 본다. 인본주의에서는 모든 인간은 자신의 경험을 있는 그대로 지각하는 능력을 가지고 태어났지만 성장하면서 부과된 여러 가치의 조건(conditions of worth)으로 인해 자신의 경험을 있는 그대로 지각하지 못하게 되어 결국 심리적 문제가 발생하는 것으로 본다. 그리고 인지주의에서는 어린 시절 경험으로부터 형성된 역기능적 도식에서 비롯된 잘못된 생각과 정보처리과정이 문제를 계속해서 유지·심화시킨다고 설명한다.

따라서 이 이론들은 각기 지닌 강조점에 따라 서로 다른 상담기법을 제시한다. 먼저, 정신역동에서는 자유연상을 통해 무의식을 드러내게 하여 이를 해석하거나, 꿈 분석을 통해 내담자가 지니고 있는 무의식적인 갈등을 해소하려고 한다. 또한 내담자가 어린 시절 주요 인물에게 가졌던 감정을 상담자에게 드러내는 전이(transference) 현상을 해석하는 것을 주요한 치료 기법으로 삼고 있다. 행동주의에서는 모델링이나 체계적 둔감화, 역조건형성, 노출(직면)치료, 토큰 이코노미 등과 같은 상담기법을 주로 사용한다. 인본주의에서는 별도의 상담기법 대신 상담자가 보이는 태도를 내담자가 변화하는 데 필요하고도 충분한 조건으로 인식하여, 상담자의 일치성, 무조건적 긍정적 존중, 정확한 공감적 이해와 같은 자세를 강조한다. 마지막으로, 인지주의에서는 부정적인 자동적 사고를 찾아 이것을 보다 타당한 생각으로 바꾸는 인지재구성훈련, 자신의 생각이 실제로 맞는지를 직접 체험해 보게 하는 행동실험과 같은 방법을 사용하며, 보다 최근에는 명상을 활용한 마음챙김이나, 자신을 조건 없이 수용하고 스스로에게 친절과 연민을 베푸는 자기자비훈련과 같은 기법을 활발히 사용하고 있다.

이처럼 상담이론은 각기 다른 인간관을 바탕으로 인간의 문제와 부적응을 이해하는 관점을 달리하며, 이에 따라 사용하는 상담기법에도 차이가 있다. 따라서 이와 같은 상담이론에 대하여 상담자는 정확하고 깊이 있는 이해를 함으로써 전문가로서의 자질을 갖춰야 할 것이다.

② 상담 실제에 대한 지식

상담자는 상담이론에 대한 지식뿐 아니라, 상담을 통해 내담자에게 필요한 변화를 가져오게끔 상담을 실제로 진행하는 능력을 갖춰야 한다. 이를 위해 상담자는 내담자를 처음 만나는 순간부터 상담을 종결하는 마지막 순간까지 상담의 모든 과정과 단계에 대해 충분히 이해해야 한다. 그리고 이러한 단계들에서 사용하는 면접 기법과 내담자를 변화하도록 돕는 데 사용하는 변화 기법에 대해 충분히 숙지하고 이를 적절하게 활용할 수 있어야 한다. 상담의 과정과 기법에 대해서는 제13장에서 보다 자세히 다룰 것이다.

③ 상담 수련 경험

앞서 언급한 상담이론과 실제에 대한 지식을 쌓는 것 이외에도, 상담자는 전문가가 되기 위해 필요한 상담 경험을 쌓아야 한다. 자격을 갖춘 상담자가 되려면 학위 과정과 전문가 과정에서 각각 필요한 기준을 충족해야 한다.

상담자로서 활동하는 데 필요한 최소한의 학위는 일반적으로 석사학위이다. 이에 대학원 과정에서 석사학위를 취득하여야 상담자로 활동할 수 있게 된다. 상담은 사람의 마음과 행동을 이해하고 변화시키는 체계적이고 전문적인 활동이기 때문에 상당한 수준의 지식과 경험과 윤리를 필요로 한다. 따라서 상담자로 활동하려면 학부 수준만으로는 부족하고, 최소한 석사 이상의 학위를 취득하여야 한다.

학위 과정에서 석사학위를 받은 다음에는 전문가 과정을 밟으면서 본격적으로 상담자가 되기 위한 수련과정을 거쳐야 한다. 통상 자격을 갖춘 상담자가 되기 위한 수련과정은 최소 3년 이상의 수련기간을 필요로 한다. 일반적으로 의대생이 학교를 졸업하고 전문의가 되기 위해 인턴과 레지던트 과정을 거치면서 수련을 받는 것과 같이, 상담자도 전문가가 되기 위해서는 일정 기간 수퍼비전을 받으면서 필요한 임상 경험을 쌓아야 한다. 이러한 수련과정을 모두 마치고 소정의 자격시험과 면접을 통과하면 비로소 전문가 자격증을 취득할 수 있게 된다.

상담자가 되기 위해서는 이처럼 반드시 거쳐야 하는 과정이 있고, 그런 만큼 오랜 시간을 필요로 한다. 이는 상담자가 하는 일이 한 인간을 온전히 공감하고 이해하면서 힘들고 어려운 변화의 과정을 함께해 나가는 작업이기 때문에, 이는 결코 단순하거나 기계적으로 할 수 있는 일이 아니다. 따라서 상담자가 되려면 상당 기간 수련을 거쳐 인간에 대한 이해와 경험을 쌓아야 한다.

(2) 상담자의 인간적 자질

그렇다면 상담자가 지녀야 할 인간적인 자질에는 어떤 것이 있을까? 일반적으로 상담 교재들을 살펴보면, 상담자가 되려면 인간에 대한 깊은 관심을 가지고 경험에 대해 개방적인 자세를 취하며 감정을 잘 인식하고 표현할 뿐 아니라, 인간관계를 진정성 있게 형성하고 유지하는 능력을 갖추어야 한다고 언급하고 있다. 이러한 인간적 자질들은 상담자가 되는 데 매우 중요한 것들로서, 어느 하나 소홀히 할 수 없는 것들이다.

여기서는 이에 덧붙여 추가로 두 가지를 더 언급하고자 한다. 하나는, 상담자는 문제가 없는 사람이어야 하는가라는 질문에 대한 것이다. 간혹 학생들 중에 앞으로 상담자가 되기를 희망하지만 과연 자신이 상담자가 되기에 적합한 사람인지 궁금해하는 경우가 있다. 이러한 질문을 하는 학생들 중에는 아마도 상담자를 실제보다 이상화시켜 생각하면서 이에 비해 자신은 어떠한 면에서든 자질이 부족하다고 생각하는 것 같다.

하지만 상담자라고 해서 문제가 없는 사람일 수는 없다. 사람은 누구나 성격적으로 모나거나 독특한 부분이 있게 마련이고, 스스로 해결하지 못한 채 지니고 살아가는 나름의 고통과 한계도 있다. 이것은 상담자에게도 예외가 아니다.

그렇다면 상담자는 내담자와 과연 무엇이 다른 것일까? 상담자도 내담자와 마찬가지로 여러 문제와 단점, 한계를 지니고 있는 것은 공통적이지만, 상담자는 자신의 문제나 한계에 대해 스스로 자각할 수 있어야 하고 이를 알아차리기 위해 부단히 노력해야 한다는 점에서 내담자와 구별된다. 만약 상담자가 그렇지 않고 자신의 문제나 한계를 제대로 인지하지 못한다면, 이는 상담자로서 내담자를 만나 상담하는 데 걸림돌이 될 수 있다. 상담자가 자신의 한계나 문제를 제대로 인지하지 못한다면 상담자의 문제와 내담자의 문제를 혼동할 가능성이 있기 때문이다. 그리고 만약 그렇게 된다면 상담자는 내담자를 있는 그대로 온전히 이해하기 힘들 것이다. 이런 점에서 상담자는 문제가 없는 사람이 되어야 하는 게 아니라, 자신의 문제와 한계를 잘 인식할 수 있는 사람이어야 한다는 말이다. 그래서 상담자들은 상담자가 되기 위한 수련 과정에서 자신이 직접 내담자가 되어 상담을 받아 보는 경험을 하기도 한다.

상담자의 인간적 자질에 추가할 또 다른 한 가지는, 상담자는 가급적 내담자의 모델이 되어 줄 수 있는 사람이어야 한다는 점이다. 내담자는 상담을 하면서 상담자가 보이는 말 한마디나 미세한 표정 또는 사소한 행동 하나에도 의미를 부여하고, 그 과정에서 상담자를 본받게 된다. 상담자의 따듯한 미소나 진심 가득한 얼굴표정은 오래도록 내담자의 마음에 남아 내담자가 지칠 때 힘이 되어 주고, 상담자의 말 한마디는 평생 잊히지 않고 내담자가 살아가는 동안 마음속에 맴돌기도 한다.

이와 같이 상담자가 내담자에게 보여 준 것들은 내담자의 마음속에 내면화되어, 내담자가 스스로에게 하는 행동의 본보기가 되기도 하고, 나아가 내담자가 자신의 주변 사람들에게 보여 주는 행동으로 나타나기도 한다. 결국 상담자로부터 내담자에게 좋은 모방이 일어나는 셈이다. 이런 점에서 상담자는 어떤 면에서든 내담자의 모델이 되어 줄 수 있는 자질을 갖춘 사람이면 좋을 것이다.

2) 내담자

앞에서 상담자에 대해 살펴보았듯이 내담자에 대해서도 좀 더 생각해 볼 필요가 있다. 이에 여기서는 내담자를 상담의 기능에 따라 구분해 보고, 나아가 내담자가 지닌 문제영역 및 유형에 따라 어떠한 개입이 필요한지 살펴보자.

(1) 상담의 기능에 따른 대상

내담자는 영어로 client라고 하며, 상담을 받는 사람을 칭한다. 앞서 상담에는 크게 세 가지 기능이 있다고 하였는데, 상담의 기능이 무엇인가에 따라 상담의 대상이 달라진다.

상담의 기능은 크게 예방, 발달과 성장, 문제해결 및 대처로 구분 가능하다. 먼저, 예방의 기능부터 살펴보자. 예방은 사전적 의미로 '질병이나 재해 따위가 일어나기 전에 미리 대처하여 막는 일'(표준국어대사전, 2022)이며, 상담학 사전(김춘경, 2016)에는 '잠재적인 문제나 질환, 그로 인한 후유증 등을 피하거나 최소화하도록 하는 일련의 노력'이라고 정의되어 있다. 이처럼 예방은 문제가 발생하기 전에 미리 대처하는 것이므로, 사실상 모든 사람이 그 대상이 될 것이다. 따라서 예방을 목적으로 하는(혹은 예방적 기능의) 상담은 모든 사람을 대상으로 한다고 볼 수 있다.

다음으로 상담에는 사람들의 발달과 성장을 촉진시키는 기능이 있다. 따라서 이와 같은 목적을 지니는 상담 역시 일부 사람에게 국한시키기보다 모든 사람을 대상으로 해야 한다. 일반적으로 사람은 발달단계에 따라 특정 시기에 습득하면 좋을 덕목이 있다. 이러한 덕목이 성공적으로 발달할 수 있도록 도움으로써 사람들로 하여금 심리적·사회적으로 보다 많은 성장을 이룰 수 있게 하여야 할 것이다. 이런 의미에서 발달과 성장을 목적으로 하는(발달 및 성장촉진 기능의) 상담은 모든 연령대의 사람을 대상으로 하는 것이 가능하다. 참고로 발달 및 성장을 목적으로 하는 상담의 예를 들어 보자. 진로발달이 중요한 시기인 중학생에게는 자신에 대한 올바른 이해를 바탕으로 진로정체감을 잘 발달시킬 수 있도록 하는 내용으로 프로그램을 구성하고, 은퇴를 앞둔 50~60대를 위해서는 제2의 인생을 보다 만족스럽게 살아가는 데 도움이 되는 내용으로 프로그램을 구성하면 좋을 것이다.

이렇게 볼 때 상담은 어느 특정 연령대의 사람들에게만 적용되는 것이 아니고, 모든 연령대에 속하는 사람들의 발달과 성장을 촉진하는 데 두루 적용할 수 있다. 따라서 상담의 예방적 기능과 발달 및 성장촉진 기능은 문제가 발생하기 전에 미리 개입하여 문제의 발생과 위험을 최소화하거나 혹은 사람들의 성장을 도모하는 것으로서, 두 가지 기능은 모두 선제적 접근에 해당된다.

다음으로 세 번째 상담의 기능은 문제를 해결하고 대처하는 것이다. 이러한 기능은 문제가 있을 때 가능한 것으로, 문제가 발생한 이후에 개입하는 반응적 접근에 해당한다. 이에 이러한 목적으로 상담하는 경우는 심리적 문제를 이미 겪고 있는 사람을 대상으로 한다.

따라서 이와 같은 상담의 세 가지 기능에 따라 어떤 경우에는 일부 사람들이 상담의 대상이 되기도 하고, 어떤 경우에는 모든 사람이 다 상담의 대상이 되기도 한다.

[Self-checking]

• 내가 만약 상담을 받는다면, 예방, 발달과 성장, 문제해결 및 대처기능 가운데 어떤 목적의 상담을 받는 것이 도움이 될까?

_____

_____

(2) 문제 영역 및 유형에 따른 개입

앞서 상담의 세 가지 기능에 따라 그 대상이 되는 사람들이 달라질 수 있다는 점을 살펴보았다. 이제는 내담자가 호소하는 문제의 영역 혹은 유형에 따라 상담개입이 어떻게 달라지는지 살펴보자.

내담자가 호소하는 문제가 어떤 영역에 해당하고 어떠한 유형인지에 따라 이에 필요한 개입이 달라지는데, 사람들이 주로 많이 호소하는 문제의 영역/유형별(학업, 진로, 성격 및 대인관계, 신경증/정신증/성격장애)로 몇 가지 예를 들어 보겠다.

먼저, 학생의 경우 일반적으로 가장 큰 고민은 학업이나 진로영역에 해당하는 문제인 경우가 많다. 학업이나 진로문제 같은 경우는 얼핏 생각하면 적절한 공부 방법을 알려 주거나 진로 결정에 도움이 되는 정보를 제공해 주면 그것으로 충분할 것 같지만, 사실 겉으로 드러나는 학업이나 진로문제의 이면에는 심리적인 어려움이 내재되어 있는 경우가 많다. 이는 다시 말해 어떤 학생이 성적이 떨어져 고민할 때 이것이 단순한 공부 방법의 문제가 아니라, 심리적인 고민이나 어려움으로 인해 성적이 저하된 것일 수 있다는 뜻이다. 또한 진로를 결정하지 못하는 것이 단순한 정보 부족의 문제가 아니라, 부모님과의 갈등이나 성격적인 문제가 원인이 될 수도 있다는 이야기이다. 따라서 학업이나 진로문제를 호소하는 학생의 경우에는 단순히 방법이나 정보를 제공해 주는 것 이상의 탐색과 개입이 필요하며, 이러한 개입은 대화를 통한 상담으로 가장 잘 실현될 수 있을 것이다.

또한 적응이나 성격상의 어려움 혹은 대인관계나 가족 문제는 사실상 가장 많은 내담자가 상담에서 호소하는 문제로, 이러한 문제의 경우에도 대화를 통한 심리상담을 통해 접근하고 해결해 나가는 것이 가장 좋은 개입방법이 된다. 자격을 갖춘 대부분의 상담자는 이러한 영역의 이슈를 다룰 준비가 잘 되어 있으므로, 만약 이와 같은 영역의 고민이 있는 경우에는 주저하지 말고 상담받아 보길 권한다.

다음으로, 내담자의 문제가 신경증과 정신증, 혹은 성격장애 중 어디에 해당하는 지에 따라 필요한 개입이 어떻게 달라지는지 살펴보겠다. 불안이나 우울로 대표되는 신경증의 경우에는 일차적으로 대화를 통한 상담이 가장 좋은 접근법이고, 실제로도 상담을 통해 가장 긍정적인 효과를 볼 수 있다. 일반적으로 우울이나 불안과 같은 문제는 증상이 아주 심하지 않다면 약물을 복용하지 않아도 호전되거나 회복될 수 있다. 하지만 증상이 심각하고 오래 지속되는 경우에는 일시적으로라도 약물의 도움을 받는 것에 대해 정신과 전문의와 상의할 필요가 있다.

이에 비해 정신증에 해당하는 문제를 겪고 있는 경우라면 신경증일 때와는 다른 개입방법을 적용해야 한다. 이 경우에는 대화를 통한 상담이 일차적인 개입방법이 될 수 없고, 반드시 약물치료가 필요하다. 따라서 정신증에 해당하는 증상이 나타날 때에는 병원에 입원하여 약을 통해 일차적으로 증상을 완화시킨 다음 이차적으로 상담받는 것이 좋다.

마지막으로, 단순한 성격적인 어려움을 넘어 성격장애에 해당하는 경우라면 이때 가장 효과적으로 도움받을 수 있는 방법은 대화를 통한 심리상담일 것이다. 하지만 성격장애가 지니는 특성상 당사자가 상담의 필요성을 느끼기 쉽지 않고, 상담자와의 관계 형성도 쉽지 않다. 그러나 이들에게도 상담의 기회가 주어지고 상담자와의 관계 형성이 잘 이루어지기만 한다면 상담적 개입은 효과를 볼 수 있을 것이다. 또한 필요한 경우 전문가의 처방에 따라 일시적으로 약물을 복용할 수도 있다.

이처럼 내담자가 어떠한 영역과 유형의 어려움을 지니고 있는가에 따라 가장 효과적인 개입방법이 달라질 수 있으므로, 이를 참고하여 자신에게 가장 적합한 전문가를 찾는 것이 바람직하다.

3. 상담의 효과

이 절에서는 상담은 과연 효과가 있는지 알아보고, 상담의 효과가 상담 접근법에 따라 차이가 있는지 살펴보고자 한다. 또한 상담의 성과를 가져오는 데 기여하는 요인에는 어떤 것이 있는지 살펴보고, 마지막으로 우리나라의 원로 상담가가 제안하는 상담의 치료기제에 대해 알아보도록 하겠다.

> ── 생각해 보기 ──────────────
>
> ─ 상담은 과연 효과가 있을까?
> ─ 상담의 효과를 가져오는 치료기제는 무엇일까?

1) 상담의 효과

상담이 과연 효과가 있을지에 대한 궁금증은 매우 오래전에 제기되었다. 1952년 아이젱크(Eysenk)는 신경증을 지닌 사람들의 67%가 치료 여부와 관계없이 2년 후에 증상이 호전된다는 내용의 논문을 발표하였다. 이는 신경증의 경우 별다른 개입이나 치료 없이도 상태가 호전되는 소위 자발적 회복(spontaneous recovery)을 의미하는 것으로, 상담의 효과를 주장하려면 적어도 이러한 자발적 회복률보다 상담했을 때 회복되는 효과가 더 높게 나타나야 한다. 따라서 아이젱크의 주장은 사실상 상담의 유용성에 의문을 제기한 것으로, 당시 상담과 심리치료 분야는 적잖은 충격을 받았다.

이를 계기로 이후 상담의 효과에 대해 수많은 연구가 이뤄졌다. 이 가운데 스미스 등(Smith, Glass, & Miller, 1980)은 상담의 성과를 경험적으로 연구한 논문 475편을 모아 메타분석을 실시한 결과, 상담이나 심리치료를 받지 않은 사람의 80%가 상담이나 심리치료를 받은 사람의 평균점수보다 낮다는 사실을 발견했다. 웜폴드(Wampold, 2001)도 상담이나 심리치료를 받은 내담자가 받지 않은 내담자에 비해 79% 더 심리적으로 건강하다고 밝힌 바 있다. 따라서 이러한 연구결과들은 상담이 효과가 있다는 사실을 입증해 주고 있다.

그렇다면 상담을 직접 받은 경험이 있는 사람들은 상담에 대해 어떤 인식을 가지고 있을까? 미국 소비자동맹단체에서 발행하는 소비자를 위한 상품정보 보고서인 Consumer report(1994, 1995; Egan, 2010/2016 재인용)에 실린 내용에 의하면, 상담을 받아 본 경험이 있는 사람들은 상담이나 심리치료를 통해 자신의 삶이 상당히 변화되었다고 보고하였으며, 심리치료만 했을 때와 심리치료와 약물치료를 병행했을 때 효과에 별 차이가 없었다고 보고하였다. 또한 보이스버트와 파우스트(Boisvert & Faust, 2003)는 심리치료에 대한 연구자들의 의견을 종합한 결과, 상담은 내담자에게 도움이 되며 내담자는 대부분 빠른 시간 안에 상담을 통한 변화가 가능하다고 하였다.

하지만 안타깝게도 상담을 받은 사람들의 100%가 모두 만족할 만한 성과를 보이는 것은 아니어서 경우에 따라 긍정적 성과를 경험하지 못한 경우도 있을 수 있다. 그럼에도 이와 같은 연구결과를 종합해 볼 때, 상담이나 심리치료가 상당한 효과가 있다는 데에는 의견이 일치되고 있다. 따라서 아이젱크가 1952년에 발표한 논문으로 인해 촉발된 상담 효과에 대한 논란은 더 이상 이어지지 않게 되었다.

2) 상담 접근법에 따른 상담효과

앞서 살펴보았듯이 절대적인 관점에서 상담의 효과가 존재한다는 데에는 더 이상 이견을 보이지 않게 되었지만, 한 가지 궁금증은 남을 수 있다. 그것은 상담의 접근법에 따라 상담의 효과가 상대적으로 달리 나타나는지에 대한 것이다. 과연 상담의 접근법에 따라 별 차이 없이 서로 유사한 효과를 보일까, 아니면 좀 더 우세한 효과를 보이는 상담 접근법이 따로 있을까?

이를 확인하기 위해 연구자들은 유사한 어려움을 지닌 사람들을 모아 몇 개의 집단에 무작위로 배정한 다음, 서로 다른 상담기법을 적용하여 이들에게 나타나는 상담성과를 측정하였다. 예를 들어, 우울증상을 보이는 사람들을 한데 모아 이들을 세 개의 집단에 무선 배정하고 일정 기간 동안 서로 다른 상담을 실시하였다. 가령, A 집단에게는 정신역동치료, B 집단에게는 인지치료, C 집단에게는 인간중심상담을 동일한 기간 동안 실시한 다음, 이들 집단 간에 상담성과에서 차이가 있는지 없는지를 살펴본 것이다.

이처럼 다양한 상담 접근법 간의 상대적인 효과를 밝히기 위해 그동안 수많은 연구가 이뤄졌다. 그 결과 연구 중에는 특정 상담접근이 다른 접근에 비해 효과가 더 우세하게 나온 것들도 있었지만, 결과적으로 종합해 보면 특정 문제에 특정 상담이나 심리치료가 보다 효과적이라는 증거는 없었다.

앞서 Consumer report(1994, 1995)에 실린 상담 경험에 대한 소비자들의 보고를 살펴본 바, 실제로 상담을 직접 받은 사람들도 특정 문제에 있어서 특정 치료방법이 다른 치료방법보다 더 낫다는 증거는 없었다고 보고하였다(Egan, 2010/2016 재인용). 또한 보이스버트와 파우스트(Boisvert & Faust, 2003)는 상담유형 간에 특별한 차이 없이 일반적으로 비슷한 상담성과를 가져온다는 것에 연구자들의 의견이 일치한다고 보고한 바 있고, 웜폴드와 이멜(Wampold & Imel, 2015)도 상담성과의 상대적 효과를 비교한 메타분석 연구결과 상담기법 간에 효과가 유사한 것으로 나타나 상담 접근법은 모두 비슷한 성과를 나타낸다고 보고하였다. 이에 러보스키 등(Luborsky, Singer, & Luborsky, 1975)은 이러한 현상을 가리켜 〈이상한 나라의 앨리스〉에 나오는 '모든 사람이 이겼고, 모두가 상을 받아야 한다'는 도도새의 말을 인용하여 '도도새 판결(dodo bird verdict)'이라고 재치 있게 칭한 바 있다.

정리하면 상담이나 심리치료는 절대적인 관점에서 상당한 효과가 있다. 나아가 상담 접근법 간의 효과에서 상대적 차이가 발견되지 않음으로써 이들은 서로 유사한 효과를 나타내는 것으로 보인다.

3) 상담성과를 가져오는 공통요인

그렇다면 상담의 효과는 있되 상담 접근법 간의 차이가 없다는 것을 어떻게 받아들여야 할까? 이러한 결과가 시사하는 것은, 상담성과가 상담 접근법 간의 특수성에 기인하는 것보다 이들 간에 공통된 요인으로 인해 발생한다는 것을 뜻하는 것은 아닐까? 이에 연구자들은 상담 접근법에 상관없이 성공적인 상담에 공통적으로 내재된 요인이 있을 것이라는 가설을 세우고 이에 대한 연구를 수행하였다.

그 결과 몇몇 학자에 의해 상담성과를 가져오는 공통요인들이 제시되었다. 먼저, 프랭크와 프랭크(Frank & Frank, 1991)는 상담자와 내담자의 관계, 내담자에게 희망을 고취하는 것, 새로운 학습경험을 하게 하는 것, 정서적으로 자각하는 것, 내담자의 자기효능감이나 통제감을 향상시키는 것, 변화된 행동을 실천하고 실행하는 기회를 갖도록 하는 것과 같은 여섯 가지 요인이 상담자가 어떤 상담 접근법을 사용하든 상관없이 상담성과를 가져오는 데 기여하는 공통요인이 된다고 하였다. 또한 그렌카비지와 노크로스(Grencavage & Norcross, 1990)는 문헌고찰을 통해 연구자가 중요하게 생각하는 공통요인으로, 치료적 동맹, 카타르시스, 새로운 행동 습득, 내담자의 상담에 대한 기대, 상담자의 좋은 자질 등을 제시하였다. 칼라트(Kalat, 2014/2017)도 그의 저서 『Introdution to Psychology』에서 상담자와 내담자의 치료적 동맹, 내담자의 솔직한 자기개방, 내담자의 상담에 대한 기대, 그리고 변화에 대한 내담자의 약속과 실천이 결국 상담성과를 가져오게 하는 공통요인이 된다고 하였다.

따라서 이러한 연구들로 미뤄 볼 때, 상담자가 좋은 인간적 자질을 지니는 것과 상담자와 내담자 간에 서로 신뢰 관계를 형성하는 것, 아울러 내담자도 상담에 기대와 희망을 가지고 적극적으로 참여하는 것이 상담에서 내담자가 원하는 성과를 이루게 하는 데 중요하다. 그리고 상담을 통해 내담자가 정서적 갈등을 해소하고, 새로운 행동 경험을 통해 효능감을 획득하는 것 또한 상담성과를 가져오게 하는 데 중요한 요인이 된다. 결국 이러한 요인들은 상담자와 내담자가 상담의 공동주체라는 인식을 가지고 서로 협력할 때 비로소 달성할 수 있으므로, 내담자의 상담성과를 위해 상담자와 내담자가 모두 함께 노력을 기울일 필요가 있다.

이렇게 본다면 사실 상담자가 내담자의 변화를 위해 어떤 기법을 사용하는가는 그 자체로 상담의 성과에 영향을 미치는 결정적인 문제라기보다 이차적인 문제가 된다고 볼 수 있을 것이다. 이는 결국 상담자가 특정 기법을 사용하는가의 여부보다 더 중요한 것이 내담자로 하여금 상담에서 무엇을 경험하게 하는가라는 점이다.

사실 여러 상담 접근법에서 제시하고 있는 방법은 관점에 따라 사람의 인지를 강조하느냐 정서를 강조하느냐 행동을 강조하느냐의 차이인데, 이들은 사실상 서로 밀접하게 연결되어 있어서 하나가 변하면 다른 것들도 영향을 받아 변화하게 된다.

다시 말해, 사람의 생각이 달라지면 이에 따라 기분이나 행동도 달라지는 것이고, 또 억눌렀던 감정을 자각하고 충분히 해소할 수 있게 되면 이에 따라 생각이나 행동도 변화할 수 있는 것이다. 마찬가지로 행동을 바꾸면 생각과 기분도 이에 영향을 받아 변하기도 한다.

따라서 현존하는 상담 접근법은 각기 무엇을 강조하느냐에 따라 어떤 것에 먼저 개입하느냐의 차이일 뿐, 인지와 정서, 행동은 서로 연결되어 있어서 어떤 것을 다루든 결국 인간의 모든 면에 같이 연동되어 작용한다. 결국 인간의 행동을 설명하는 모든 상담 접근법은 결과적으로 다 도움이 되며, 어떤 길로 올라가든 산의 정상에 다다를 수 있듯이 다양한 상담 접근법은 단지 서로 다른 길을 통해 산에 오르려는 것일 뿐임을 인식할 필요가 있다.

4) 상담의 치료기제

앞에서 우리는 상담성과를 가져오는 공통요인에 대해 외국 연구자들의 연구결과를 중심으로 살펴보았다. 이제는 이 장의 마지막 부분으로 우리나라의 원로 상담가들이 오랜 임상 경험을 토대로 제시하고 있는 상담의 치료기제에 대해 살펴보도록 하겠다.

먼저, 우리나라의 대표적 상담심리학자 중 한 분인 윤호균(2005)은 오랜 시간에 걸쳐 동양사상과 심리상담을 통합하려 애썼고, 이러한 과정을 통해 심리상담의 세 가지 치료적 기제에 대해 제안한 바 있다. 이 세 가지 요인은, 첫째, 상담을 통해 내담자가 자신의 경험과 존재 자체를 충분히 이해받고 수용되는 경험을 하는 것, 둘째, 자신의 문제가 실은 자신이 만든 세계 속의 공상일 수 있음을 자각하는 것, 셋째, 자신의 경험으로부터 탈동일시하여 자신의 참 존재로서 살아가는 것이다.

이해를 돕기 위해 조금 설명을 덧붙여 보겠다. 사람들은 살면서 자신의 경험의 일부만 수용하고 어떤 것은 억압하며, 우리 자신의 존재에 대해서도 어떤 부분은 수용하고 어떤 부분은 무시한다. 하지만 상담이라는 특별한 작업을 통해 내담자가 상담자로부터 자신의 경험과 존재의 전부가 수용되고 이해받는 경험을 하게 되면, 내담자도 이제껏 부정하거나 회피해 왔던 자신의 경험과 존재를 모두 받아들일 수 있게 된다. 이처럼 어떠한 조건이나 판단 없이 내담자가 상담자에 의해 있는 그대로 수용되는 경험을 하는 것은 매우 중요하다. 결국 이를 통해 내담자는 어떤 것을 억압하거나 부인하거나 혹은 힘겹게 싸울 필요 없이, 긍정적이든 부정적이든 그 자체로 자기 자신을 모두 받아들이는 경험을 할 수 있게 된다.

두 번째 치료기제는, 내담자가 경험하는 생각이나 감정은 그저 한때 떠오르는 어떤 순간의 경험일 뿐이지 그것이 항상 변하지 않는 영구적이거나 객관적인 현실이나 실체가 아니라는 점을 깨닫는 것이다. 이는 생각과 감정은 그것이 무엇이든 떠오르면 떠오르는 대로 '그렇구나' 하고 알아차려 이를 바라보면 되는 것이지, 여기에 휩싸여 마치 이것이 자신의 전부인 양 고통받고 괴로워할 필요가 없다는 의미이다. 그래서 어떤 경험이 떠오르면 잠시 멈추어 그것을 알아차리면서 '내가 이런 생각을 하고 있구나', '내가 이런 기분을 느끼는구나'라고 마치 관찰하는 자아가 되어 자기 자신을 바라보듯이 그것들을 바라보면 된다.

마지막으로 세 번째 치료기제는, 어느 한때의 모습을 자신의 존재 자체로 동일시하지 말고, 이러한 집착으로부터 자유로워질 것을 강조한다. 이는 자신의 경험 자체가 자신의 존재와 동일한 것은 아니라는 의미이다. 따라서 나의 경험에 집착하기보다 자신의 존재의 참 뜻과 의미를 찾아 그것에 전념하는 삶의 태도를 지니는 것이 결국 상담의 중요한 치료적 기제가 된다고 말하고 있다.

한편, 우리나라의 원로 상담심리학자인 장성숙도 한국인의 문화와 정서를 고려한 한국적 상담의 필요성에 대해 역설한 바 있다. 장성숙(2000)은 우리나라의 문화는 개인의 자유와 자율을 강조하는 서구의 개인주의 문화와 달리 관계에서의 조화와 균형을 강조하는 집단주의 문화이고, 서구적 가치가 도입되었다고는 하나 여전히 수직적인 문화가 잠재되어 있음을 고려할 필요가 있다고 하였다. 이에 상담자가 치료자로서의 역할뿐 아니라, 때로는 일종의 '어른'으로서 교육적·양육적 역할을 함께 담당할 필요가 있다고 강조하였다. 다시 말해 개인의 자율성과 독립성을 추구하는 개인주의 문화의 상담자들처럼 내담자가 스스로 알아서 선택하게 하고 스스로 변화하도록 상담자가 중립적·수동적 자세를 취하는 대신, 상담자가 보다 적극적으로 내담자에게 개입할 필요가 있다는 것이다.

또한 실제로 우리나라 내담자의 경우 자신이 처한 문제가 상담에서 보다 구체적이고 직접적으로 다뤄지기를 원하는 경향이 있으므로, 이런 경우에 상담자는 내담자가 당면하고 있는 여러 구체적인 문제에 개입하여 내담자가 자신의 내면세계뿐 아니라 외부 현실세계에도 보다 잘 적응할 수 있도록 도와줄 필요가 있다고 이야기한다.

사람들이 겪는 문제나 생각하는 방식, 느끼는 정서는 모두 우리가 살고 있는 문화와 분리된 채 생각할 수 없다. 결국 사람들은 모두 특정 문화 속에서 태어나 성장하며 살아가고 있기 때문에 문화가 사람들에게 미치는 영향을 고려하여 내담자를 한 인간으로서 온전히 이해해야 하고, 상담자로서도 문화적 맥락 안에서 통찰력 있게 역할을 수행해야 할 것이다.

이 장에서는 상담의 정의와 개념을 살펴보고, 상담의 여러 형태와 유형을 구분해 보았다. 그리고 상담자에 대해서는 전문적 자질과 인간적 자질로 나누어 각각 어떠한 점을 갖추어야 하는지 살펴보고, 내담자에 대해서는 상담의 기능에 따라 대상을 구분하고 아울러 내담자 문제영역 및 유형에 따라 어떠한 개입방법이 효과적인지 함께 생각해 보았다. 마지막으로 상담 효과를 절대적 관점과 상대적 관점에서 각기 살펴보고, 상담성과를 가져오는 요인에 대해 고찰해 보았다.

이 장을 통해 상담이나 심리치료에 대한 신뢰를 바탕으로 상담이 어떠한 기제를 통해 효과를 발휘하는지 올바로 이해함으로써 상담에 대한 보다 객관적 인식을 할 수 있게 되었기를 바란다. 또한 인생을 살다가 상담이 필요해지는 경우에 자신에게 적합한 상담을 찾아 선택하고 결정하는 데 도움이 될 수 있기를 바란다.

CHAPTER

13
상담의 과정과 기법

Mental
Health

이 장에서는 이 책의 마지막 주제로서 상담의 과정과 기법을 다룰 것이다. 먼저, 상담이 이루어지는 과정을 단계별로 살펴보고, 상담기법 가운데 일부를 소개하고자 한다. 여기서 소개하는 상담기법은 상담자의 도움 없이도 스스로 할 수 있는 것들로서, 비용—이득 분석, 의사결정연습, 이완훈련, 마음챙김을 중심으로 설명할 것이다.

1. 상담의 과정

이 절에서는 상담이 이뤄지는 과정에 대해 다룬다. 상담은 일반적으로 한두 차례만으로는 충분한 성과를 보기 어렵고, 일정 기간 꾸준히 상담할 때 원하는 성과를 얻을 수 있다. 이에 이 절에서는 상담을 일정 기간 해야 하는 이유와 상담이 어떠한 단계들을 거치는지 살펴보고, 각 단계에서 상담자가 어떤 역할과 작업을 수행해야 하는지 알아보고자 한다.

┌─ 생각해 보기 ─────────────────────────────┐

– 상담은 몇 회 정도 하는 게 적절할까?

– 상담은 어떻게 시작되어 어떻게 마무리되는 것일까?

└──┘

1) 지속적 · 규칙적 상담의 필요성

상담은 경우에 따라 단 몇 회만 실시되고 그치기도 한다. 하지만 보통 사람의 심리나 성격, 관계나 적응에 관련된 내용을 다루는 상담의 경우에는 단 몇 차례의 상담으로 원하는 성과를 얻기에는 부족하며, 이보다 훨씬 더 많이 꾸준히 상담할 때 효과가 좋아진다.

일반적으로 상담을 하게 되면 일주일에 한 번씩 최소 10~15회 정도 실시한다. 이처럼 상담은 규칙적으로 일정 기간 시행해야 내담자가 원하는 효과를 볼 수 있는데, 그 이유는 다음과 같다. 먼저, 상담을 최소 10회 이상 일정 기간 지속적으로 해야 하는 이유는, 상담이란 작업이 대화를 통해 이뤄지는 변화과정인 만큼 상담자와 내담자가 만나 서로에 대한 믿음을 형성해 가면서 내담자가 자신의 이야기를 풀어놓게 되는 데 어느 정도 시간을 필요로 하기 때문이다. 그리고 이러한 기초단계를 거쳐 내담자가 상담에서 원하는 목표를 설정하고 그 목표에 도달하기 위해 내담자와 상담자가 함께 노력하는 과정에도 일정 기간 시간을 필요로 하기 때문에, 상담은 지속적으로 꾸준히 할 때 비로소 성과를 볼 수 있다.

그렇다면 상담은 왜 일주일에 한 번씩 규칙적으로 시행해야 효과를 볼 수 있다고 하는 것일까? 앞서 제12장에서 인생상담과 전문상담을 비교하여 설명하였는데, 주변의 지인과 함께하는 인생상담의 경우에는 시간 간격을 엄격히 정해 놓지 않고 불규칙적으로 만나 이야기를 나누게 되지만, 전문상담은 일주일에 한 번이라는 상담 횟수를 정해 놓고 그 간격대로 규칙적으로 상담을 실시한다. 이처럼 전문상담에서 시간 간격을 엄격히 준수하는 이유는 내담자가 상담자에게 지나치게 의존하게 되는 것을 지양하고, 상담 회기와 회기 사이의 시간 동안 상담에서 다뤄졌던 내용을 스스로 생각해 보고 적용하는 기회를 갖는 것이 필요하기 때문이다. 내담자는 상담자와 평생 동안 계속해서 상담하는 것이 아니며, 일정 기간이 지나면 상담을 종결하고 스스로 독립적으로 생각하고 판단하고 행동할 수 있어야 한다. 이에 주어진 상담기간 동안 내담자가 스스로 생각하고 적용하는 기회를 꾸준히 갖도록 함으로써 이러한 태도가 내담자에게 자연스럽게 길러질 수 있도록 하고, 이렇게 할 때 상담의 성과가 보다 좋게 나타날 수 있기 때문에 전문적인 상담에서는 규칙적으로 상담을 실시하는 것을 중요시한다.

2) 상담의 단계

일반적으로 상담의 단계는 초기, 중기, 종결과 같은 세 단계로 구분한다. 하지만 이 책에서는 실제 상담에서 주로 이뤄지는 작업을 토대로 상담이 진행되는 단계를 보다 세분화하여 총 다섯 단계로 제시하고자 한다.

이에 상담의 첫 단계는 상담자와 내담자가 관계 형성을 하는 단계, 두 번째는 내담자가 자신의 이야기를 하는 단계, 세 번째는 상담에서 다룰 목표를 설정하는 단계, 네 번째는 목표를 추구함으로써 얻게 되는 통찰과 변화의 단계, 그리고 마지막은 상담을 마무리하는 단계로 구분하였다.

(1) 관계 형성 단계

상담은 대화를 통해 이루어지는 작업이다. 이처럼 대화를 통해 솔직하고 깊이 있는 자기노출이 이뤄지려면 상담자와 내담자 간의 신뢰로운 관계, 즉 라포(rapport)를 형성하는 것이 무엇보다 중요하다. 내담자 입장에서 보면 상담자는 낯선 사람이지만 그럼에도 불구하고 내담자가 상담자에게 자신의 마음속 이야기를 꺼내놓을 수 있는 것은 무엇보다 상담자가 주는 안정감과 신뢰감 때문일 것이다. 따라서 상담자는 내담자를 인간적으로 존중하고 배려하여야 하며, 전문가로서 신뢰감 있는 언행을 보임으로써 내담자로 하여금 상담자를 믿고 의지할 수 있게 하여야 한다. 상담은 대화를 통해 내담자와 상담자 두 사람이 함께 노력하여 변화를 이뤄 나가는 과정이므로, 이러한 신뢰 관계가 제대로 형성되지 않고는 다음 단계로 한 발짝도 더 나아가기 어렵다.

상담자와 내담자가 처음 만나 상담을 시작하는 단계에서 상담자가 해야 할 또 다른 중요한 일은 내담자에게 상담에 대한 구조화(structualization)를 해 주는 것이다. 구조화는 쉽게 말해 상담에 대한 오리엔테이션을 해 주는 것으로서, 상담을 처음 접하는 사람들은 상담이 무엇이고 어떻게 진행되는지 잘 모를 수 있으므로 내담자에게 상담이 무엇인지 또 어떻게 진행되는지에 대해 친절하게 알려 줄 필요가 있다.

일반적으로 상담의 구조화에는 상담 시간, 장소, 비용 그리고 기간에 대한 것이 포함된다. 그리고 내담자가 원하는 상담의 효과를 얻기 위해 어떤 자세로 상담에 참여해야 하는지, 상담자는 상담에서 어떤 역할을 하는지 등에 대해서도 구조화를 통해 내담자에게 알려 줄 필요가 있다.

또한 구조화를 할 때 잊지 않고 반드시 해야 하는 것이 있는데, 그것은 바로 상담에서 내담자가 말하는 내용은 비밀이 보장된다는 사실이다. 내담자는 비밀이 지켜진다는 전제하에 자신의 이야기를 털어놓는 것이므로, 비밀보장에 대한 안내는 반드시 첫 회기에 해야 하고, 비밀은 철저하게 지켜져야 한다. 하지만 비밀보장에서 예외가 되는 경우가 있다. 이는 자신이나 타인의 안전을 해칠 가능성이 높은 상황(예를 들어, 자살이나 타살 가능성, 혹은 심각한 자해나 타인에게 상해를 입힐 가능성 등)이라고 판단될 때이며, 이 경우에는 상담자가 비밀을 지키는 것이 오히려 문제가 될 수 있다. 따라서 이러한 경우는 예외가 되어 비밀을 보장할 수 없다는 점을 내담자에게 분명히 알려 주어야 한다.

이렇게 상담자와 내담자가 만나서 상담을 시작하는 첫 단계를 통해 내담자가 상담자에 대한 믿음을 형성하고 또 상담이 무엇이고 어떻게 진행되는지에 대해 분명히 알게 되면서, 비로소 내담자는 상담하러 오기 전에 가졌던 상담자와 상담에 대한 막연한 우려를 걷어 내고 상담자에 대한 신뢰와 더불어 상담과정에 대해 보다 명료하게 인식할 수 있게 된다.

상담은 상담자가 일방적으로 끌고 나가는 과정이 아니며, 상담의 전 과정은 상담자와 내담자가 서로 상의하고 협력하여 함께 만들어 가는 과정이다. 따라서 상담과정에 대해 내담자가 정확하게 인식하면 할수록 상담의 성과는 높아진다. 이런 의미에서 구조화는 매우 중요하고, 이 과정을 통해 내담자는 안전감을 느끼면서 상담에 보다 적극적으로 참여할 수 있게 된다.

아울러 관계 형성 단계에서 상담자는 내담자로 하여금 상담에 대한 동기를 갖게 하고, 상담을 통해 좋아질 수 있다는 믿음과 희망을 갖도록 도와줘야 한다. 제12장에서 살펴본 바와 같이, 내담자가 희망을 가지고 상담에 적극적으로 참여하는 것은 상담성과를 가져오게 하는 공통요인으로 여러 연구자에 의해 제시된 바 있다. 상담은 내담자의 꾸준한 노력과 적극적 참여가 중요하게 요구되는 작업으로서, 상담자만 열심히 한다고 해서 좋은 성과를 낼 수 있는 것이 결코 아니다. 따라서 상담자는 내담자로 하여금 변화에 대한 희망을 가지고 상담에 보다 열심히 적극적으로 참여할 수 있게끔 안내하고 도와줄 필요가 있다.

(2) 이야기 단계

관계 형성 단계에 이은 상담의 두 번째 단계는 내담자가 자신의 이야기를 하는 단계이다. 앞서 내담자가 상담자와 라포를 형성하고 상담에 어떻게 임해야 하는지 알게 됨에 따라, 내담자는 믿음을 가지고 보다 편안하게 자신의 이야기를 할 수 있게 된다.

상담의 초기 단계에서는 상담자가 이야기를 많이 하는 것보다, 내담자로 하여금 자신의 이야기를 충분히 할 수 있게 해 주는 것이 중요하다. 내담자는 모두 마음속에 하고 싶은 이야기를 가지고 있다. 그런데 어떠한 이유에서든 내담자는 그러한 이야기들을 살아오면서 충분히 꺼내 놓지 못했고, 이러한 것들이 결국 마음에 쌓이고 쌓여 자신을 지치고 힘들게 할 뿐 아니라 나아가 주변 사람과의 관계마저 불편하게 만들었던 것이다.

따라서 두 번째 단계인 이야기 단계에서는 내담자가 충분히 그리고 보다 깊이 있게 자신에 대해 이야기할 수 있도록 상담자는 내담자에게 관심을 기울여 경청하고 공감하는 자세를 취해야 한다. 이렇게 될 때 내담자는 섣불리 판단되거나 평가받는다는 느낌 없이 자신의 이야기를 편안하게 꺼내 놓을 수 있으며, 이러한 과정을 통해 상담자로부터 온전히 수용되고 이해받는 경험을 할 수 있게 된다.

이와 같이 자신이 다른 사람에 의해 쉽게 판단되지 않고 온전히 수용되는 경험을 한다는 것은 그 자체로 매우 소중하다. 사람들은 모두 스스로도 이해하지 못하고 용납하기 어려운 부분을 지니고 있는데, 이러한 것을 상담자로부터 수용받는 경험을 하게 되면 스스로 자신을 판단하거나 평가하지 않고 있는 그대로의 자신과 접촉하면서 보다 깊이 있게 자신을 드러낼 수 있게 된다. 결국 상담을 통해 이러한 과정을 거치게 되면 내담자는 이제까지 못 다한 자신의 이야기를 마음껏 풀어 놓을 수 있게 되어, 그동안 지녀 왔던 제한되고 편협한 시각에서 벗어나 보다 전체적이고 통합적으로 자기 자신을 볼 수 있게 된다.

이야기 단계에서 상담자는 내담자가 자신의 이야기를 보다 충분히 할 수 있도록 도와주면서 들어야 한다. 앞서 제4장에서 우리는 관심 기울이기와 경청하기에 대해 살펴보았다. 내담자가 자신의 이야기를 보다 잘할 수 있게끔 내담자에게 적절한 관심을 기울이는 것과 내담자가 하는 이야기에 소극적인 경청을 넘어서 적극적으로 경청하는 자세는 상담자에게 있어서 매우 중요하다. 특히 상담자의 적극적 경청은 상담에서 매우 중요한 역할을 한다. 간혹 사람들은 상담하러 갔더니 상담자가 주로 듣기만 하더라고 말하곤 한다. 이 말이 틀린 말은 아니지만, 그렇다고 해서 상담자가 단순히 내담자가 하는 이야기를 소극적으로 듣기만 하는 것은 아니다. 상담 초기에는 특히 내담자가 자신의 이야기를 보다 더 잘할 수 있도록 안전하고 편안한 장을 마련해 주는 것이 중요하며, 이때 상담자는 내담자가 하는 말에 공감해 주고 내담자로 하여금 자신을 보다 정확하고 깊이 있게 바라볼 수 있도록 안내하는 역할을 해 주어야 한다. 그리고 이렇게 하는 데 도움이 되는 반응이 바로 상담자의 적극적 경청이다. 즉, 상담자는 단순히 내담자의 이야기를 수동적으로 듣는 데 그치지 않고, 여기서 한걸음 더 들어가 내담자로 하여금 자신의 인생을 더 깊이 있게, 더 폭넓게, 그리고 더 멀리 볼 수 있게 도와준다. 결국 이야기 단계에서 재진술, 명료화, 반영, 요약과 같은 적극적 경청에 해당하는 면접기법을 상담자가 시의적절하게 사용함으로써, 내담자는 이야기를 하는 과정을 통해 보다 더 명료하고 보다 더 깊이 있게 자신에 대한 이해를 할 수 있게 되는 것이다. 그리고 이렇게 내담자가 상담자와의 신뢰감 있는 관계를 바탕으로 자신의 이야기를 충분히 꺼내 놓는 과정을 거치게 되면, 내담자의 마음속에는 자연스럽게 이제까지와는 다르게 변화하고 싶다는 마음이 올라오게 될 것이다.

(3) 목표 설정 단계

상담의 세 번째 단계는 목표 설정 단계로, 내담자가 이야기 단계를 거치면서 인식하게 된 변화에 대한 욕구와 의지를 잘 모아서 적절한 목표를 설정하도록 도와야 한다. 이에 내담자가 달라지길 원하는 것이 어떤 것인지를 구체적으로 표현하게 함으로써 상담자는 내담자와 함께 상담의 목표를 설정하여야 한다.

목표 설정은 상담의 과정에서 매우 중요하다. 하지만 이러한 중요도에 비해 상담의 실제 과정에서는 그만큼 주목받지 못하고 있는 것도 사실이다. 상담 과정에서 목표 설정의 중요성과 의미에 대해 설파하고 있는 이건(Egan, 2010/2016)에 따르면, 많은 경우에 상담에서 이러한 목표 설정의 단계를 생략하고 있으며, 무엇이 문제인가에서 어떻게 해야 하는가로 바로 건너뛴다고 하였다. 이건(Egan)은 문제를 파악해서 해결하는 단계 사이에 내담자가 진짜로 원하는 자신의 모습을 그려 보게 하는 과정을 거치는 것이 실제로 내담자가 변화하게 하는 데 있어서 매우 중요한 동기로 작용한다는 점을 강조한다. 이에 이 책에서도 이러한 관점에 동의하여, 상담의 세 번째 단계로 상담자와 내담자가 서로 합의하여 내담자가 원하는 바를 목표로 설정하는 과정을 독립된 상담 단계로 설정하였다.

　이처럼 변화의 과정에서 목표를 세우는 것은 매우 중요하지만, 목표를 세우고 이를 지속적으로 실천하면서 목표에 도달하는 과정은 말처럼 쉽지 않다. 그러므로 목표의 도달 가능성을 염두에 두고 목표를 설정할 때 유의해야 할 사항을 살펴보면 다음과 같다. 첫째, 목표는 반드시 다른 사람이 아닌 내담자가 바라는 바로 세워야 한다. 진짜로 내담자가 원하는 것이 무엇인지, 변화하길 바라는 부분이 어떤 것인지 잘 생각해 보고, 자신이 원하는 것을 목표로 설정하는 것이 중요하다. 둘째, 비현실적이거나 달성하기 힘든 것을 목표로 설정하는 것은 별로 도움이 되지 않는다. 이에 현실 속에서 조금만 더 노력하면 이룰 수 있는 수준으로 목표를 설정하도록 한다. 셋째, 목표는 추상적인 것보다 구체적으로 잡는 게 좋다. 따라서 모호하고 막연한 것을 목표로 잡기보다 가시화될 수 있고 손에 잡힐 수 있게 구체적으로 목표를 설정할 필요가 있다. 마지막으로, 한꺼번에 이룰 수 있는 거창한 수준으로 목표를 크게 잡기보다 단계별로 목표를 이뤄 나갈 수 있도록 작게 나누어 설정하는 것이 좋다. 그래야 한 단계 한 단계 작은 목표들에 도달해 가면서 자신감과 성취감을 경험하게 되고, 이것이 동기가 되어 다음 단계의 보다 큰 목표에 도전할 수 있게 된다. 이렇게 내담자가 원하는 바를 바탕으로 상담자와 협의를 거쳐 상담에서 이루고 싶은 목표를 설정하면, 다음 단계인 통찰 및 변화 단계로 넘어가게 된다.

(4) 통찰 및 변화 단계
상담의 네 번째 단계인 통찰 및 변화 단계는 앞의 세 단계를 충실히 거쳤을 때 비로소 다다를 수 있는 단계이다. 다시 말해 내담자가 상담자를 믿고 자신의 이야기를 충분히 하는 과정을 통해 자신이 변화하고 싶은 목표를 설정하게 되었다면, 이제는 그 목표들을 위해 노력하는 단계에 이르게 된다.

이 단계에서 내담자는 자신에 대한 통찰을 갖게 되어 이제까지와는 다른 관점과 시각으로 자신과 상황을 바라볼 수 있게 된다. 그리고 이러한 변화는 비단 생각으로만 그치는 게 아니라 행동으로도 이어져, 머리와 마음으로 깨닫게 된 것을 행동으로 실천하면서 변화된 자신의 모습을 발견할 수 있다. 이렇게 새로운 시각을 갖게 되는 것과 행동을 직접 시도해 봄으로써 변화된 모습을 체험하는 것이 결국 상담의 성과가 되며, 내담자는 이러한 과정을 거치면서 이제까지 느껴 왔던 의기소침함과 불편함에서 벗어나 보다 편안하고 자신감 있게 행동할 수 있게 되는 것이다.

따라서 이 단계에서 상담자는 내담자가 목표에 잘 도달할 수 있도록 지속적으로 격려하면서 내담자가 변화하는 데 도움이 될 수 있는 여러 상담기법(변화기법)을 적용하여 내담자로 하여금 상담의 성과를 경험할 수 있게 도와주어야 한다.

(5) 마무리 단계

내담자가 상담을 통해 자신을 온전히 수용하면서 새로운 관점을 갖게 되고 변화된 행동을 직접 체험하면서 자신감을 경험하면, 상담은 마무리 단계에 접어든다. 이 단계가 되면 내담자는 처음 상담에 올 때 가져왔던 어려움이나 문제가 많이 해소되면서 마음이 많이 편안해지고, 상담자의 도움 없이도 혼자서 잘 지탱하고 살아갈 수 있을 것이라는 마음이 들게 된다.

상담도 인간관계를 바탕으로 이어져 온 작업이므로, 막상 상담을 마치려고 하면 여러 가지 감정이 복합적으로 든다. 이에 상담자는 내담자로 하여금 상담을 종결하는 심정을 충분히 표현할 수 있게 해 줘야 하며, 상담자의 도움 없이 스스로 서게 될 내담자를 아낌없이 격려하고 지지해 주어야 한다. 또한 이제까지 거쳐 온 상담과정을 정리하면서 내담자가 상담에서 얻게 된 변화와 성과들을 잘 다지고, 이를 바탕으로 앞으로 어떻게 노력하고 실천할 것인지 이야기할 필요가 있다. 아울러 상담에서 미처 다루지 못했던 점이나 아쉬웠던 부분이 있다면 이에 대해서도 나누면서 관계를 잘 마무리하여야 한다.

앞서 이 절을 시작하면서 상담이 일정 기간 지속적으로 할 때 효과를 볼 수 있는 이유를 언급한 바 있다. 상담은 처음에 관계 형성 단계를 시작으로 이야기 단계를 거쳐 목표 설정 단계로 이어지고, 목표에 도달하기 위해 노력하는 과정을 통해 내담자가 통찰과 변화를 맞이하는 단계를 지나 마침내 상담을 마무리하는 단계에 이른다.

이처럼 상담은 내담자가 일련의 단계를 거치면서 성장하고 변화해 가는 과정이므로 일정 기간 지속적으로 시행해야 효과를 볼 수 있다. 하지만 상담하는 동안 원하는 바가 쉽게 나타나지 않는다고 느끼는 순간들이 있을 수 있고, 때론 지칠 때도 있을 것이다. 하지만 상담의 각 단계는 시간과 노력을 필요로 하므로 성급하게 생각하여 중도에 포기하기보다 인내심을 가지고 상담을 지속할 것을 권한다. 상담자는 내담자가 그 과정을 잘 견뎌 내어 바라는 성과를 얻을 수 있도록 든든한 힘이 되어 줄 것이다.

2. 상담기법

이 절에서는 내담자의 변화를 위한 상담기법 몇 가지를 살펴보고자 한다. 상담기법에는 다양한 방법이 있고, 이 방법은 각기 다른 상담의 이론적 배경으로부터 비롯된다. 크게 보면 정신역동 이론, 인지행동 이론, 게슈탈트 이론, 현실치료 이론, 실존주의 이론 등에서 각기 개발해서 사용하고 있는 상담의 방법이 있으며, 이러한 상담기법은 모두 나름의 효과가 있다. 따라서 내담자가 어떤 성향의 사람인지 혹은 내담자가 지닌 어려움이 어떤 종류에 해당하는지를 잘 살펴 기법을 적절히 적용한다면 이들은 모두 내담자로 하여금 변화와 성과를 체험하게 하는 데 도움이 될 수 있다.

그런데 대부분의 상담기법은 전문적인 자격을 갖춘 상담자가 상담 장면에서 내담자에게 적용하는 것이기 때문에, 일반 사람들이 혼자서 스스로에게 적용하기는 쉽지 않다. 이 책은 일반인이 스스로를 돌아보면서 자신의 정신건강을 이해하고 증진시키는 데 도움이 되고자 하므로, 상담자가 사용하는 상담기법을 소개하기보다 일반인이 스스로에게 적용할 수 있는 상담기법을 다루고자 한다.

이 책에서 소개하는 몇몇 기법은 그다지 어렵지 않게 생활 속에서 실천하고 적용할 수 있는 것들이며, 과학적으로도 효과가 검증된 방법이다. 이에 이 절에서는 비용-이득 분석, 의사결정연습, 이완훈련, 그리고 마음챙김 먹기 명상에 대해 소개한다.

1) 비용-이득 분석

비용-이득 분석(cost-benefit analysis)은 자신이 지니고 있는 생각이나 태도가 자신에게 도움(이익)이 되는지, 아니면 손해(피해)가 되는지를 객관적으로 분석하고 평가하는 방법이다. 예를 들어 보자. 만약 어떤 사람이 완벽해야 한다는 생각을 강하게 지니고 있다면 이러한 생각을 하는 것이 갖는 장점이나 이익은 무엇이고, 또 반대로 이러한 생각이 지니는 단점이나 손해는 무엇인지를 따져 보는 것이다. 또 어떤 사람이 평소에 감정을 지나치게 억압하는 편이라면 이 경우에 있을 수 있는 장점이나 이익은 무엇이고, 반대로 단점이나 이로 인해 치러야 할 대가가 무엇인지 생각해 볼 수 있을 것이다. 참고로 다음은 완벽해야 한다는 생각을 지니고 있을 때(예시 1)와 감정을 억압하는 태도를 지니고 있을 때(예시 2) 가능한 비용과 이득의 예를 든 것이다.

〈예시 1〉

비용-이득 분석의 주제: 완벽해야 한다는 생각	
비용	이득
- 자신을 너무 몰아세운다. - 결과에 너무 집착한다. - 가끔 일을 그만두고 싶을 때가 있을 정도로 피곤하고 지친다. - 다른 사람과 자꾸 비교하게 된다. - 여가시간이 부족하다.	- 다른 사람보다 더 열심히 준비한다. - 또래에 비해 성취나 성공경험이 많은 편이다. - 일의 결과가 좋으면 기분이 좋고 자신감도 생긴다.

〈예시 2〉

비용－이득 분석의 주제: 감정을 억압하는 태도	
비용	**이득**
- 속으로 많이 쌓인다. - 때로 화가 나서 감정을 폭발시킨다. - 소화가 잘 안 된다.	- 부정적 감정을 겉으로 쉽게 드러내지 않는다. - 사람들한테 온순하거나 착한 인상을 준다. - 성급하지 않고 신중한 편이란 소릴 듣는다.

이처럼 비용－이득 분석을 하게 되면 어떠한 생각이나 태도를 지니는 것의 장단점에 대한 막연한 생각을 보다 구체화시킴으로써 자신에 대한 이해가 깊어지게 되고, 이에 따라 자신의 생각과 행동 등을 다듬거나 보완해야 할 필요성에 대해 보다 분명히 인식할 수 있게 된다.

그런데 이 방법은 전혀 새로운 것이 아니며, 때때로 사람들이 머릿속으로 생각해 보는 방법이기도 하다. 그래서 이 방법이 막연하거나 추상적인 데 그치지 않고 실제로 도움이 되게 하려면 다음과 같은 점을 유의하여야 한다. 첫째, 비용과 이득, 쉽게 말해 단점과 장점, 혹은 치러야 할 대가나 이익을 검토할 필요가 있는 대상(주제)을 명확하게 선정해야 한다. 대상(주제)이 명확할수록 이에 대한 비용과 이득도 보다 구체적으로 도출할 수 있다. 둘째, 비용－이득 분석을 할 때에는 머릿속으로만 생각하는 데 그치지 말고 반드시 종이에 적어 가며 해야 한다. 머릿속으로만 생각하다 보면 끝까지 마무리하지 못하고 도중에 흐지부지되어 버리는 경우가 많기 때문이다. 셋째, 어떤 대상에 대해 각각 비용과 이득을 떠올릴 때 매번 생각하는 한두 가지 내용에만 그치지 말고 가급적 많은 것을 확산적으로 생각해서 적도록 한다. 많은 경우 사람들은 수렴적 사고에 익숙해져 있기 때문에 늘 하던 생각이나 다소 뻔한 생각에 매몰되기 쉬운데, 가급적 창의적·확산적으로 생각하여 비용과 이득의 내용을 다양하게 생각해 볼 필요가 있다.

앞에 제시한 예를 참고하여, 다음 양식에 여러분이 비용－이득 분석을 하고 싶은 주제를 적고, 각각의 비용과 이득에 대해 가급적 확산적으로 생각하여 적어 보기 바란다. 비용과 이득에 대해 각각 나열하였다면 이 작업을 통해 깨닫게 된 점을 생각해 보면 좋을 것이다.

비용-이득 분석의 주제:	
비용	이득
-	-
-	-
-	-
-	-
-	-

2) 의사결정연습

의사결정연습은 어떤 결정을 해야 할 때 한쪽으로 치우쳐 결정하거나 감정적 혹은 충동적으로 결정하는 것을 방지하면서 최대한 고려해야 할 것들을 다각도로 검토하게 하여 객관적, 합리적으로 결정하도록 돕는 방법이다. 이 방법은 이건(Egan, 2010/2016)의 저서 『유능한 상담사』에 소개된 것으로서, 이 책에서는 독자의 이해를 돕기 위해 각 단계와 예시를 좀 더 상세히 설명하고자 한다.

의사결정연습은 몇 단계를 거치는데, 첫째, 자신이 의사결정해야 할 문제(주제)가 무엇인지 명확히 하고, 이에 대한 대안을 충분히 만들도록 한다. 다음으로 두 번째 단계는 삶에서 자신이 중요시 여기는 가치에는 어떤 것들이 있는지 가치의 목록을 만든다. 세 번째는 그 가치들에 1에서 10까지 가중치를 매기도록 한다. 네 번째 단계는 각 대안을 통해 자신이 생각하는 가치가 실현되는 정도를 −3에서 +3까지의 점수로 매겨 본다. 만약 어떤 대안을 선택할 때 자신이 생각하는 특정 가치가 많이 실현될 수 있다고 생각할수록 +3에 가까운 점수를 주면 되고, 반대로 그 대안을 통해 자신이 생각하는 가치가 실현될 가능성이 적다고 생각할수록 −3에 가까운 점수를 주면 된다. 다섯 번째 단계는 앞서 −3부터 +3까지 점수를 다 매겼다면, 세 번째 단계에서 주었던 가중치 점수(1~10점)를 이 점수(−3~+3)에 곱한 값을 옆 칸에 각각 적도록 한다. 여섯 번째 단계는 다섯 번째 단계에서 나온 점수를 모두 더해 각 대안별로 합산점수를 기입한다. 마지막 단계는 최종적으로 도출된 대안별 점수를 살

퍼보면서 앞선 단계들에서 다시 수정하거나 첨삭할 부분이 있는지 생각해 본 후, 최종적으로 대안을 선택하여 의사결정한다.

예를 살펴보자. 은퇴를 앞둔 중년 부부가 은퇴 이후에 어떤 삶을 사는 게 좋을지 고민이 되어 이에 대해 의사결정하길 원한다. 이 부부는 은퇴 후 삶에 대해 두 가지 대안을 가지고 있다. 첫째는 정년보다 5년 정도 앞당겨 일찍 은퇴하여 귀농한 후 제2의 삶을 살아 보기(대안 1)이고, 두 번째는 정년에 맞춰 은퇴한 후 손주들을 돌보며 남은 삶을 살기(대안 2)이다. 이렇게 은퇴 이후의 삶에 대해 두 가지 대안을 구체적으로 마련한 후, 부부가 중요시하며 살아온 삶의 가치목록을 작성한다. 이들 부부는 가치목록으로 건강하게 오래 살기, 자연과 더불어 살기, 자녀와 가까이 살며 자주 접촉하기, 친구들과 좋은 시간 갖기, 여행하기, 경제적으로 여유 있게 살기를 기입하였다. 그리고 나서 이러한 가치들에 대한 가중치를 건강하게 오래 살기에 10, 자연과 더불어 살기에 8, 자녀와 가까이 살며 자주 접촉하기에 4, 친구들과 좋은 시간 갖기에 6, 여행하기에 7, 경제적으로 여유 있게 살기에 9로 각각 점수를 매겼다. 다음으로는 대안 1과 2를 통해 각각의 가치가 실현되는 정도를 −3, −2, −1, +1, +2, +3으로 점수 매긴 후, 이 점수에 가치의 가중치 값을 곱해서 괄호 안에 기입한다. 마지막에는 대안별로 이 점수의 합을 내어 표의 맨 아래 칸에 적는다. 이를 표로 나타내면 다음과 같다.

의사결정의 주제: 은퇴 계획		
가치(가중치)	대안 1 일찍 은퇴하고 귀농하기	대안 2 정년에 은퇴하고 손주 돌보기
건강하게 오래 살기 (10)	+3 (+30)	+1 (+10)
자연과 더불어 살기 (8)	+3 (+24)	−3 (−24)
자녀와 가까이 살며 자주 접촉하기 (4)	−3 (−12)	+3 (+12)
친구들과 좋은 시간 갖기 (6)	−1 (−6)	+2 (+12)
여행하기 (7)	+2 (+14)	−1 (−7)
경제적으로 여유 있게 살기 (9)	−1 (−9)	+3 (+27)
합계	41	30

　이처럼 은퇴를 앞둔 중년 부부가 두 가지 대안을 가지고 의사결정연습을 해 본 결과, 첫 번째 대안인 정년보다 5년 일찍 은퇴하여 귀농한 후 제2의 삶을 살아 보기 (41점)가 두 번째 대안이었던 정년에 맞춰 은퇴한 후 손주들을 돌보며 남은 삶을 살기(30점)보다 높은 점수를 받는 것으로 나타났다.

　의사결정연습은 고민하는 문제의 여러 대안에 대해 자신이 중요시하는 가치들을 나열하고 이에 점수를 부여하여 계산하는 일련의 단계를 거쳐 이뤄지는 것으로, 의사결정연습의 단계를 끝까지 직접 해 보기 전에는 최종 결과를 예측하는 것이 쉽지 않다. 따라서 자신이 의사결정해야 할 이슈에 대해 이와 같은 절차를 거쳐 직접 시도해 본다면 자신의 가치를 점검하는 기회가 될 뿐 아니라, 대안들을 통해 자신이 중요시하는 삶의 가치가 실현되는 정도를 객관화시킬 수 있으므로 의사결정을 하는 데 유용한 참고자료가 될 수 있을 것이다.

　앞에 제시한 예를 참고하여 다음 양식에 여러분이 의사결정하고 싶은 주제를 설정하여 각자 의사결정연습을 해 보기 바란다.

의사결정의 주제:			
가치(가중치)	대안 1:	대안 2:	대안 3:
합계			

3) 이완훈련

이완은 말 그대로 우리의 몸이 어떠한 긴장도 없이 편안하게 되는 것을 말한다. 사람들은 불안을 느끼거나 스트레스를 받으면 교감신경계가 활성화되면서 근육이 긴장되고 몸에 여러 가지 불편을 느낀다. 그래서 이와 같이 긴장과 불안을 느끼거나 스트레스를 받을 때 우리의 몸을 이완시키는 방법을 알고 있으면 혼자서도 얼마든지 불필요한 긴장을 늦추고 신체를 편안하게 이완시킬 수 있을 것이다.

이 책에서 소개할 이완훈련은 미국 정신과 의사인 제이콥슨(Jacobson)이 1929년에 『Progressive Relaxation』이라는 책에 소개한 것이며, 김미리혜(1996)가 번안한 것을 참고하였다. 이는 우리의 신체를 몇 개의 주요 근육군으로 나누어 각기 근육을 긴장시켰다가 이완시키는 것을 반복하면서 짧은 시간 안에 깊게 이완된 상태에 이르게 하는 절차이다. 이러한 절차에 따라 실시하면 스트레스 상황에서 우리의 긴장된 신체를 빠른 시간 안에 이완시키는 것이 가능해진다.

이완훈련을 할 때는 몸을 조이는 허리띠나 시계, 액세서리 같은 것을 모두 풀고 편안한 복장으로 실시하며, 눈에 렌즈를 끼고 있다면 빼도록 한다. 머리를 뒤로 기댈 수 있는 편안한 의자가 있다면 그곳에서 하는 게 좋고, 침대에 누워서 이완훈련을 해도 괜찮다. 의자에 앉은 경우는 발 아래에 푹신한 방석이나 쿠션을 두어 발을 바닥에 떨어트릴 때 몸에 충격이 가지 않도록 유의해야 한다. 또한 누구에게도 방해받지 않는 조용한 장소에서 하도록 하며, 휴대전화는 잠시 소리를 꺼 놓도록 한다.

그럼 주요 근육별로 근육을 긴장시켰다가 이완시키는 연습을 해 보자. 먼저, 오른손을 들어 주먹을 꽉 쥐고 근육을 긴장시킨다. 그 상태에서 7초가량 머물다가 주먹 쥔 오른손을 확 펴면서 손을 허벅지나 의자의 팔걸이에 툭 내려놓는다. 긴장되었다가 이완된 오른손에 집중하면서 오른손이 이완된 느낌을 10초가량 충분히 느껴 보도록 한다(이를 서너 차례 반복한다). 다음은 왼손 주먹을 꽉 쥐어 근육을 긴장시킨다. 그 상태에서 7초가량 머물다가 주먹 쥔 왼손을 확 펴면서 손을 허벅지나 의자의 팔걸이에 툭 내려놓는다. 긴장되었다가 이완된 왼손에 집중하면서 왼손이 이완된 느낌을 10초가량 충분히 느껴 보도록 한다(이를 서너 차례 반복한다).

다음은 오른쪽 팔을 이완할 차례인데, 오른팔을 들어서 마치 뽀빠이처럼 이두박

근에 힘을 주어 근육을 7초가량 긴장시켰다가 오른팔을 아래로 툭 내려놓고 10초가량 근육이 이완된 상태를 느껴 보도록 한다(이를 서너 차례 반복한다). 마찬가지 방법으로 왼쪽 팔을 긴장시켰다가 이완시켜 팔 근육이 이완된 느낌을 찬찬히 느껴 본다.

다음은 앉은 자세에서 오른쪽 다리를 쭉 뻗고 발목과 종아리 근육에 힘을 주어 근육을 긴장시킨다. 긴장시킨 상태로 7초가량 머물다가 오른쪽 종아리에 힘을 확 빼면서 다리를 바닥으로 툭 내려놓는다. 오른쪽 종아리 근육이 이완된 상태를 10초가량 유지하면서 그 느낌을 느껴 보도록 한다(이를 서너 차례 반복한다). 마찬가지 방법으로 왼쪽 발목과 종아리를 긴장시켰다가 이완시키고, 다리 근육이 이완된 느낌을 느껴 본다.

다음은 오른쪽 허벅지를 긴장시킬 차례인데, 허벅지의 경우는 오른쪽과 왼쪽을 동시에 실시한다. 따라서 오른쪽과 왼쪽 두 다리를 모두 곧게 앞으로 뻗은 다음 양 허벅지를 붙이고 허벅지근육에 힘을 주어 7초가량 긴장 상태를 유지한다. 그런 후 양 허벅지에 힘을 풀면서 두 다리를 바닥에 털썩 내려놓고 10초가량 허벅지근육이 이완된 느낌을 느껴 본다(이를 서너 차례 반복한다).

이제는 몸통을 이완시킬 차례로, 먼저 아랫배를 안으로 쑥 들이밀면서 잠시 숨을 멈추고 아랫배에 힘을 준다. 이 상태에서 약 7초가량 머물면서 아랫배 근육이 긴장된 것을 느끼다가, 참았던 숨을 내쉬면서 아랫배도 함께 힘을 빼도록 한다. 편안해진 아랫배 근육을 10초가량 느낀다(이를 서너 차례 반복한다).

다음은 가슴근육 차례인데, 마치 가슴으로 숨을 쉬는 것처럼 코로 숨을 깊이 들이쉬면서 윗가슴이 앞을 향해 벌어지는 느낌이 되도록 한다. 그 상태에서 7초가량 가슴근육에 힘을 줬다가 참았던 숨을 내쉬면서 가슴근육을 편안하게 이완시키고 10초가량 가슴근육이 이완된 느낌에 집중한다(이를 서너 차례 반복한다).

다음은 어깨 차례로, 양 어깨를 귀 밑까지 끌어올린다는 느낌으로 들어 올리고 솟은 어깨근육에 힘을 주어 근육을 긴장시킨다. 이 상태에서 7초가량 머문 후 어깨를 툭 아래로 떨구면서 어깨근육을 편안히 이완시키고 10초가량 머무른다(이를 서너 차례 반복한다).

다음은 목근육을 이완시킬 차례인데, 목이 받쳐지는 의자에 등을 기대어 목을 뒤로 지그시 누르면서 목근육을 긴장시켜 본다. 이렇게 7초가량 뒷목에 힘을 주다가 이내 힘을 빼고 목이 편안해진 상태에서 약 10초가량 머문다(이를 서너 차례 반복한다).

이제는 얼굴로 올라가, 먼저 위아래 입술을 꽉 다물어 입술근육을 긴장시킨다. 그 상태에서 7초가량 머문 후 힘주었던 위아래 입술을 편안하게 풀어 주며 10초가량 이완된 입술의 느낌을 느껴보도록 한다(이를 서너 차례 반복한다).

다음은 눈근육을 이완시킬 차례인데, 먼저 두 눈을 꼭 감고 눈동자에 힘을 준다는 느낌으로 눈근육을 긴장시킨다(이때 렌즈를 끼고 있다면 눈을 너무 세게 감지 않도록 유의한다). 약 7초가량 눈근육을 긴장시킨 후 다시 눈근육을 편안하게 풀어 주면서 10초간 눈이 이완된 상태에 머물도록 한다(이를 서너 차례 반복한다).

다음은 이마근육 차례로, 미간에 힘을 주면서 이마에 신경을 집중한다는 기분으로 이마근육을 긴장시킨다. 마찬가지로 7초간 긴장상태에 있다가 편안히 근육을 이완시키고, 그 상태에서 10초간 머물도록 한다(이를 서너 차례 반복한다).

여기까지가 각 근육을 주요 부위별로 나누어 긴장시켰다가 이완시키는 절차이다. 이완훈련을 하게 되면 처음부터 바로 신체의 이완으로 돌입하는 게 아니라 먼저 근육을 긴장시켰다가 이완시키는 단계를 거치므로, 이완훈련을 시작하기 전에 이상과 같이 먼저 근육을 긴장시켰다가 이완시키는 연습을 각 근육별로 몇 차례씩 해 볼 것을 권한다.

이완훈련을 할 때 근육을 먼저 긴장시켰다가 이완시키는 이유는 다음과 같다. 먼저, 근육이 이완된 상태를 보다 명확하게 느끼기 위해서는 근육이 긴장된 상태와 이완된 상태를 비교해서 느낄 수 있어야 한다. 따라서 근육을 바로 이완시키는 것보다는 먼저 근육을 긴장시킨 다음에 이완하면, 이완된 상태를 보다 분명히 느끼는 데 도움이 된다. 둘째, 우리가 원하는 방향으로 추를 보내려 할 때 처음부터 그 방향으로 추를 밀기보다 반대 방향으로 잠시 끌어당겼다가 놓는 게 더 효과적이다. 근육의 이완도 이와 유사하여, 먼저 근육을 긴장시킨 후에 이완할 때가 처음부터 바로 이완시키는 것보다 효과적이다. 따라서 이와 같은 이치로 이완훈련을 할 때 이완이 더 잘되게 하려면 먼저 근육을 잠시 긴장시켰다가 이완시키는 절차가 필요하다.

이처럼 주요 근육별로 근육을 긴장시켰다가 이완하는 방법을 알게 되었다면, 이제는 다음과 같은 지시문에 따라 이완훈련을 쭉 이어서 실시하면 된다. 팔다리를 거처 몸 그리고 얼굴 근육을 모두 긴장시켰다가 이완하는 데 소요되는 시간은 약 15~20분이다. 다음에 제시하는 이완훈련 지시문은 김미리혜(1996)의 지시문을 바탕으로 일부 수정한 것이다. 이를 자신의 목소리로 녹음해 놓고 이완이 필요할 때 녹음을 들으면서 따라 하면 되고, 나중에 이완훈련 절차가 익숙해지면 별도로 녹음을 듣지 않고도 마음속으로 절차를 떠올리면서 필요할 때 근육을 이완시켜 나가면 된다.

지금부터 이완 연습을 시작하겠습니다.

먼저, 오른손을 들어 주먹을 꼭 쥐어 근육을 긴장시켜 보십시오. 그 상태로 오른손의 근육이 긴장된 상태를 느껴 보세요(약 7초). 이제 오른손 주먹을 풀어 손 근육을 이완해 보시기 바랍니다. 그 상태에서 오른손 근육이 충분히 이완된 상태를 느껴 보십시오(약 10초).

이번에는 왼손을 들어 주먹을 꼭 쥐어 근육을 긴장시켜 보십시오. 그 상태로 왼손의 근육이 긴장된 상태를 잠시 느껴 보세요(약 7초). 이제 왼손 주먹을 풀어 근육을 이완시키고, 왼손 근육이 충분히 이완된 상태를 느껴 보십시오(약 10초).

이번에는 오른팔을 위로 들어 굽히고, 팔 근육에 힘을 주어 근육을 긴장시켜 보십시오(약 7초). 이제 오른팔을 내려놓으면서 팔의 근육을 이완시켜 보시기 바랍니다. 이완된 오른팔의 감각에 주의를 기울이면서, 팔 근육이 충분히 이완된 상태를 느껴 보십시오(약 10초).

이번에는 왼팔을 들어서 굽히고, 팔 근육에 힘을 주어 근육을 긴장시켜 보십시오(약 7초). 이제 왼팔을 내려놓으면서 팔의 근육을 이완시키고, 왼팔의 근육이 충분히 이완된 상태를 느껴 보십시오(약 10초).

이제는 오른쪽 발과 종아리의 근육을 긴장시킬 차례입니다. 오른쪽 발을 들어서 다리를 앞으로 뻗고, 오른쪽 발과 종아리에 힘을 주어 근육을 긴장시켜 보시기 바랍니다(약 7초). 오른쪽 다리를 편안하게 내려놓으시고, 다리가 긴장되었을 때와 이완되었을 때 차이를 느껴 보시기 바랍니다(약 10초).

이번에는 왼쪽 발과 다리입니다. 왼쪽 발을 들어서 다리를 앞으로 뻗고, 왼쪽 발과 종아리에 힘을 주어 근육을 긴장시켜 보시기 바랍니다(약 7초). 이제는 왼쪽 다리를 편안하게 내려놓으시고, 다리가 긴장되었을 때와 이완되었을 때 차이를 느껴 보시기 바랍니다(약 10초).

이제는 허벅지 차례입니다. 두 다리를 모아서 앞을 향해 뻗고, 양쪽 허벅지를 붙여서 허벅지근육에 힘을 줘 보시기 바랍니다. 잠시 그 상태에 머무르다가(약 7초), 허벅지근육의 긴장을 풀면서 다리를 편안하게 내려놓으시기 바랍니다. 그리고 그 상태에서 허벅지근육이 충분히 이완된 상태를 느껴 보십시오(약 10초).

이제는 배근육을 긴장시킬 차례입니다. 한 손을 가볍게 배 위에 올려놓고 그 상태에서 배를 쑥 들여보내고 잠시 숨을 멈추면서 배에 힘을 주시기 바랍니다(약 7초). 편안하게 숨을 내쉬면서 배근육을 이완시키고 배근육이 충분히 이완된 상태를 천천히 느껴 보십시오(약 10초).

이번에는 가슴근육을 긴장시켜 봅시다. 코로 깊이 숨을 들이쉬면서 가슴을 내민 다음 잠시 그 상태에서 멈추시고요(약 7초). 숨을 다시 편안하게 내쉬면서 가슴근육을 이완시키고 가슴근육이 충분히 이완된 상태를 천천히 느껴 보시기 바랍니다(약 10초).

이제는 어깨 차례입니다. 양 어깨를 귀 밑까지 끌어올리면서 어깨근육을 긴장시켜 봅니다. 그 상태에 잠시 머무르셨다가(약 7초), 어깨를 푹 내려놓으면서 어깨근육이 충분히 이완된 상태를 느껴 보십시오(약 10초).

목으로 올라가 보겠습니다. 목을 의자에 기대고 뒤로 누르듯이 하면서 목 뒤편 근육을 긴장시켜 보십시오(약 7초). 목에 힘을 빼면서 목근육을 이완시키시고, 이완된 상태를 느끼면서 잠시 머물러 보십시오(약 10초).

이번에는 얼굴입니다. 먼저, 입술을 꼭 다물어서 근육을 긴장시키고(약 7초), 다시 입술근육을 풀어 편안하게 이완시켜 보십시오. 입술이 이완된 상태를 느껴 보시기 바랍니다(약 10초).

다음은 눈입니다. 두 눈을 지긋이 눌러 감은 채 두 눈의 근육을 긴장시켜 보십시오(약 7초). 이제 두 눈의 긴장을 풀고 편안하게 이완된 상태의 눈을 느껴 보시기 바랍니다(약 10초).

마지막으로, 이마를 포함해서 얼굴 전체의 근육을 긴장시켜 보겠습니다. 미간에 신경을 모은다고 생각하면서 얼굴 전체에 힘을 줘 보시기 바랍니다. 잠시 그 상태에 머무르다가(약 7초), 얼굴 전체의 근육을 이완시켜서 편안하게 긴장을 풀어 보시기 바랍니다(약 10초).

이제 여러분의 몸은 편안하게 이완되었는데요. 마치 여러분이 헝겊인형이 된 것처럼 팔, 다리와 몸이 모두 편안하고 느슨하게 이완된 상태입니다. 점점 더 깊게, 더 충분히 모든 근육을 편안하게 이완시켜 보세요(약 1분).

이제 숫자를 다섯부터 거꾸로 셀 텐데요. 숫자를 다 세면 천천히 눈을 뜨시면 됩니다. 다섯……, 넷……, 셋……, 둘……, 하나……, 천천히 눈을 떠 보세요. 다시 근육이 곧바로 긴장되지 않게 이완된 상태를 잠시 그대로 유지해 보세요.

이완훈련을 하면 수 분 내로 깊은 이완 상태에 다다르기 때문에 생활 중에 긴장되거나 스트레스를 받는 순간이 오면 잠시 멈추고 우리 몸을 이완시켜 볼 수 있고, 밤에 잠이 잘 안 올 때도 이완훈련을 적용하면 도움이 된다. 그리고 앞서 제시한 지시문에서는 주요 근육별로 나누어 차례대로 이완하는 연습을 하였지만, 익숙해지면 반드시 이 절차대로 해야 하는 것은 아니다. 필요하면 양쪽 팔과 다리를 한꺼번에 긴장시켰다가 이완할 수도 있고, 온몸의 근육을 한꺼번에 긴장시켰다가 이완할 수도 있을 것이다.

4) 마음챙김

마음챙김은 의도적으로 현재의 순간에 비판단적 주의를 기울이는 것(Kabat-Zinn, 1994)이며, 이렇게 함으로써 매 순간 현재의 순간을 생생하게 알아차리게 되어 삶이 완전히 깨어 있는 상태가 되는 것을 의미한다.

이 책에서는 마음챙김을 연습하기 위해 '마음챙김 먹기 명상(mindful eating meditation)'을 소개하고자 한다. 마음챙김 먹기 명상에서는 전통적으로 건포도를 사용하기 때문에, 이를 가리켜 '건포도 명상(raisin meditation)'이라고도 부른다. 건포도 명상은 카밧 진(Kabat-Zinn, 1990, 2013)이 개발한 MBSR(mindfulness-based stress reduction) 마음챙김 스트레스 감소 프로그램에 소개되었다. 먹기 명상에 건포도를 사용하는 이유는 누구든지 쉽고 간편하게 이용할 수 있을 뿐 아니라, 건포도를 통해 오감을 충분히 경험하면서 마음챙김을 체험할 수 있기 때문이다.

　하지만 그렇다고 먹기 명상을 할 때 반드시 건포도를 가지고 해야 하는 것은 아니다. 건포도를 가지고 마음챙김 연습을 하는 것은 단지 마음챙김을 어떻게 하는 것인지 체험해 보기 위한 하나의 예에 불과하다. 그러므로 몇 차례 건포도를 가지고 먹기 명상을 연습해 본 다음부터는 어떤 음식이든 상관없으니 하루에 한 번씩이라도 음식을 먹을 때 마음챙김 먹기 명상을 실천해 보기 바란다.

　그럼 건포도를 가지고 하는 마음챙김 먹기 명상에 대해 소개하겠다. 준비물은 건포도 두 알 정도만 있으면 충분하고, 편안한 복장으로 방석이나 매트 위에 책상다리를 하고 앉으면 된다. 만약 의자에 앉아 하는 경우는 등을 살짝 의자에서 떼어 허리를 반듯하게 편다. 어깨는 힘을 빼고 팔은 편안하게 무릎 위나 팔걸이에 올려놓고, 얼굴은 정면을 바라보되 턱을 살짝 아래로 당긴다. 주변의 방해를 받지 않는 조용한 장소에서 하고, 마음은 편안하게 갖도록 한다.

　먼저, 복식 호흡을 천천히 해 봅시다. 입을 다문 채 코로 숨을 깊이 들이마시고, 다시 코로 천천히 숨을 내쉽니다. 다시 숨을 깊이 들이마시고, 다시 숨을 내쉽니다. 각자 속도에 맞춰서 다섯 차례씩 연습해 보시기 바랍니다.

　다음은 건포도 한 알을 쥐어 손바닥 위에 올려놓고, 건포도를 바라봅니다. 마치 건포도를 처음 보는 것처럼 주의 깊게 천천히 건포도를 바라봅니다. 작은 건포도 한 알에는 많은 햇볕과 바람과 비와 그리고 오랜 시간이 담겨 있습니다.

　빛이 들어오는 쪽으로 손바닥을 조금씩 움직여 가며 건포도를 이리저리 살펴봅니다. 건포도가 빛을 받는 부분과 그렇지 않은 부분이 어떻게 다른지 알아차려 봅니다. 건포도에 주름진 부분이 어떻게 보이는지 찬찬히 들여다보도록 합니다.

　이제 한 손으로 건포도를 만져 보세요. 엄지와 검지 두 손가락으로 건포도를 살짝 잡고 천천히 가볍게 만지면서 손에서 느껴지는 건포도의 촉감에 주의를 기울여 봅니다. 느낌이 무엇이든 상관없으니 의도적으로, 천천히, 현재 경험하는 모든 것을 알아차려 봅니다.

이번에는 건포도를 코 가까이 가져와 보세요. 그리고 숨을 충분히 들이쉬면서 건포도에서 나는 냄새를 맡아 봅니다. 숨을 들이쉬면서 또 내쉬면서 앞에 있는 작은 건포도 한 알에서 어떤 향이 느껴지는지 천천히 그리고 충분히 음미해 보도록 합니다.

이제는 건포도를 귓가로 가져가 보세요. 건포도를 쥔 손을 귓가에 대고 천천히 건포도를 만지면서 건포도에서 나는 작은 소리에 귀 기울여 봅니다. 어떠한 소리가 들리는지 그 소리에 마음을 온전히 가져다 보기 바랍니다.

이제 건포도를 입 가까이에 천천히 가져가 보세요. 그리고 부드럽고 편안하게 건포도를 입안에 넣어 보세요. 이때 건포도를 바로 먹지 않고, 입안에 들어온 건포도를 혀로 이리저리 천천히 굴리면서 혀와 입안에서 느껴지는 건포도의 느낌을 느껴 보도록 합니다. 입안에 침이 고이는 것을 알아차려 보고, 혀끝으로 건포도를 이리저리 굴릴 때 느껴지는 느낌에 주의를 기울여 봅니다.

이제는 건포도를 천천히 씹어 볼 차례입니다. 천천히 부드럽게 씹을 때 건포도가 이에 닿는 느낌에 주의를 기울여 보고, 한 번 씹을 때마다 풍기는 건포도의 향긋한 풍미도 느껴 보세요. 입안에 더 많은 침이 고이는 것을 알아차리고, 건포도 한 알에서 나오는 달콤한 과즙을 느껴 봅니다.

건포도를 충분히 씹었다면 이제 건포도를 삼킬 차례입니다. 건포도를 목으로 넘길 준비를 하고 천천히 삼켜 보세요. 건포도를 삼키면서 건포도가 목으로 넘어가는 느낌을 알아차려 보고, 건포도가 식도를 따라 위까지 도달하는 것을 의식적으로 알아차려 봅니다.

이처럼 건포도 명상을 통한 마음챙김을 하는 동안 우리가 먹고 있는 음식에 온전히 주의를 기울이게 됨으로써, 마음을 어지럽히던 생각을 잠시 내려놓고 현재에 머무르면서 마음이 차분해지고 편안해지는 것을 경험할 수 있다. 생각을 멈추는 것은 매우 어려운 일인데, 이처럼 감각에 집중하는 동안에는 잠시라도 생각을 내려놓을 수 있게 된다. 따라서 하루에 단 몇 분이라도 생각을 비우고 현재 느껴지는 감각에 온전히 주의를 기울여 봄으로써 마음을 평안히 갖는 연습을 해 보기를 권한다.

마음챙김 먹기는 차를 끓여 마실 때 해도 좋다. 손가락으로 찻잎을 살포시 잡아 거름망에 가져다 넣고 끓인 물을 천천히 찻주전자에 부은 다음에 차가 말갛게 우러나오기를 기다리면서 물의 색깔이 점점 진하게 변해 가는 것을 지켜보는 것은 아주 훌륭한 마음챙김의 순간이 될 수 있다. 또한 정갈한 잔에 차를 조심스럽게 옮겨 담고, 차의 온화한 향기와 찻잔에서 전해오는 따듯함을 느끼면서 한 모금씩 차를 입에 머금다가 천천히 목으로 넘기는 과정은 마음을 온전히 현재에 머물게 하면서 그 순간 느낄 수 있는 모든 감각을 알아차리는 소중한 마음챙김의 순간이 될 것이다.

이렇게 마음챙김 먹기를 하다 보면 생활 속의 다른 부분에도 마음챙김을 적용해 보고 싶은 마음이 들게 될 것이다. 마음챙김은 길을 걸을 때 해도 좋고, 음악을 듣거나 아름다운 것을 바라볼 때, 혹은 좋은 향기를 맡을 때 언제든지 가능하다. 이처럼 마음챙김 걷기, 마음챙김 듣기, 마음챙김 바라보기, 마음챙김 향기 맡기와 같이 마음챙김은 얼마든지 응용 가능하므로, 일상생활 중에 잠깐씩이라도 현재의 순간에 머무르면서 의도적으로 주의를 기울여 보기 바란다.

처음 마음챙김 명상을 시도할 때에는 생각보다 마음이 잘 안 챙겨지고 여러 가지 생각이 떠오르며 대상에 충분히 집중하기 힘들 수도 있다. 하지만 이는 너무나 정상적이고 누구에게나 있을 수 있는 자연스러운 현상이다. 따라서 그렇다고 해서 자신을 탓하거나 쉽게 포기하지 말고, 집중이 잘 안 되면 안 되는 대로 그저 '집중이 잘 안 되는구나'를 알아차리고 다시 마음을 모으면 된다. 마음챙김을 할 때는 이처럼 자신한테 너그럽고 친절한 자기자비의 마음을 지니는 것이 필요하고 중요하다.

혹자는 마음챙김을 한다고 해서 어려움이나 문제가 해결되는 것도 아닌데, 이게 과연 무슨 도움이 될지 궁금해할 수 있을 것이다. 물론 마음챙김을 하는 것이 그 자체로 삶에서 마주하는 고통을 줄여 주거나 문제를 직접적으로 해결해 주는 것은 아니다. 만약 우리가 겪고 있는 어려움이 해결할 수 있는 영역의 문제라면 기꺼이 그 문제에 부딪혀 해결하려 노력할 필요가 있겠지만, 때로는 고통이나 문제와 함께 더불어 살아가는 지혜도 필요하다.

앞서 제9장에서 다룬 바와 같이, 첫 번째 화살은 우리에게 이미 일어난 문제로서 이는 피해 갈 수 없는 것이지만, 고통을 괴로움으로 끌고 가 스스로 자신을 향해 쏘는 두 번째 화살은 우리가 마음먹기에 따라 피할 수 있는 것이다. 따라서 문제와 고통이 마음 한 켠에 있더라도 이에 함몰되지 않고 마음챙김을 하면서 마음의 평화와 안정을 느낄 수 있고, 이처럼 힘든 가운데에서도 마음의 평화를 순간순간 체험하다 보면 이러한 순간들을 조금씩 늘려 가고 싶은 마음이 일어나게 될 것이다. 이렇게 하여 일상 속에서 마음챙김을 하면서 지내는 평온한 순간을 점차 늘려 가다 보면, 설령 삶에서 힘든 문제가 있더라도 그것과 함께 더불어 살 수 있다는 것을 체험할 수 있다.

고통과 더불어 산다는 것은 고통이 있을 때 이에 짓눌려 사는 게 아니라, 문제나 고통이 있더라도 이와 별개로 마음의 평화와 안정을 누리면서 살아간다는 의미이다. 어느 누구의 삶이든 문제나 고통이 없는 삶은 없다. 사람들은 고통이 찾아올 때 그것이 자신의 삶에서 어서 사라지고 깨끗하게 없어지길 바라지만, 그것이 마음처럼 쉽게 되지 않는다는 사실도 잘 알고 있을 것이다. 그렇기에 그저 자신에게 다가온 고통을 인정하고 받아들이되, 그것이 나의 전부가 되어 자신을 괴롭히지 않도록 지혜롭게 대처할 필요가 있다. 이러한 점에서 마음챙김은 단순한 이완을 넘어 삶의 방식과 고통을 대하는 관점을 변화시키는 것이며, 이는 우리로 하여금 문제가 주는 영향에서 벗어나 마음의 평안을 느끼게 하는 데 큰 도움이 된다.

이 책을 시작하면서 제1장에서 소극적 의미의 정신건강과 적극적 의미의 정신건강에 대해 언급한 바 있다. 소극적 의미의 정신건강은 소위 문제만 없으면 정상이고 아픈 데만 없으면 건강한 것으로 보지만, 이것이 적극적 의미의 정신건강에까지 도달하는 것은 아니었다. 보다 적극적 의미에서 정신적으로 건강할 수 있으려면 단지 문제가 없거나 아프지 않거나 불행하지만 않으면 되는 게 아니라, 여기서 한걸음 더 나아가 건강하고 행복한 심리적 안녕의 상태를 이루어야 했다. 이처럼 우리는 보다 더 성장하고 건강하고 행복해질 필요가 있는데, 이러한 상태는 거저 얻어지는 게 아니라 자신을 위해 스스로 무언가를 하는 우리의 노력을 필요로 한다.

따라서 보다 적극적인 의미의 정신건강을 위해 우리는 무언가를 해야 하며, 그 하나의 방법으로 이 책에서는 혼자서도 할 수 있는 몇 가지 상담기법을 소개하였다. 물론 이 방법 말고도 할 수 있는 일은 수없이 많고, 사람마다 유용한 방법이 서로 다를 수도 있다. 어떠한 것이든 좋으니, 무엇이든 하는 것이 아무것도 안 하는 것보다 낮다. 우리의 정신건강을 위해 각자 자신에게 도움이 되는 방법을 찾아 생활 속에서 꾸준히 실천하는 노력이 필요한 시점이다.

이 장에서는 상담이 어떠한 과정을 거쳐 이루어지는지 그 단계에 대해 살펴보았다. 상담은 내담자가 이러한 단계를 거쳐 변화를 이루고 조금씩 성장해 가는 과정이므로, 일정 기간 꾸준히 상담할 때 효과가 좋아진다.

아울러 이 장에서는 이 책을 읽는 독자가 스스로 적용할 수 있는 몇 가지 상담기법에 대해 다루었다. 여기서 소개한 방법은 그다지 어렵지 않게 생활 속에서 적용하고 실천할 수 있는 것들이므로, 시간을 내어 직접 시도해 볼 것을 권한다.

■ 에필로그

　이 책의 주제는 정신건강이었다. 그래서 사람들이 정신적으로 건강하게 지내는 데 실질적으로 도움이 되는 주제를 다뤄 보고자 하였다.

　제일 먼저 제1장에서는 정신건강에 대한 이해를 올바로 갖기 위해 정신건강의 개념과 조건을 살펴보았다. 제2장에서는 정신적으로 건강하기 위해서는 자신에 대한 이해와 긍정적인 수용이 필요하므로 이를 돕기 위해 사람들의 성격발달에 대해 살펴보았다. 그리고 인간관계는 정신건강에 매우 중요한 영향을 미치므로, 모든 인간관계의 시작이자 기초를 이루는 부모자녀관계에 대해 제3장에서 함께 생각해 보았다.

　이처럼 제2장과 제3장이 개인의 수직적 형성에 대한 것이었다면, 제4장과 제5장에서는 개인과 수평을 이루는 인간관계를 다루고자 했다. 이에 인간관계의 특징과 유형을 이해하고, 나아가 인간관계를 보다 원만히 잘할 수 있게 하기 위해 대화와 의사소통에 필요한 자세와 방법에 대해 살펴보았다.

　제6장부터 제11장까지는 좀 더 본격적으로 정신건강에 관련된 주제를 다루고자 하였다. 이에 제6장에서는 정신건강과 밀접한 스트레스를 이해하고, 스트레스에 효과적으로 대처할 수 있는 방법을 중심으로 알아보았다. 제7장에서는 구체적인 정신과적 문제를 다루기에 앞서 이상심리의 전반을 이해하기 위해 이상의 개념과 이상심리의 이론적 입장들을 살펴보고 다양한 이상심리를 개관하였다. 이후 제8장부터 제11장까지 모두 네 장에 걸쳐 사람들이 많이 겪고 있는 정신과적 질환인 불안, 우울, 정신증 그리고 성격장애에 대해 다루었고, 이러한 문제에 대한 지식과 이해를 증진시킴으로써 정신과적 문제를 예방하거나 적절히 관리 또는 치료할 수 있도록 도움을 주고자 하였다.

　마지막으로, 제12장과 제13장은 상담과 심리치료에 대한 내용으로서, 사람들이 전문적인 상담을 이해하게 할 뿐 아니라, 혼자서도 적용 가능한 몇몇 상담기법을 소개함으로써 마음 관리에 실질적으로 도움이 되고자 하였다.

　이렇게 하여 모두 열세 장에 걸쳐 정신건강에 대한 다양한 주제를 함께 살펴보았다. 정신건강은 신체건강과 마찬가지로, 지식을 아는 데 그치지 않고 작은 것이라도 실천하는 것이 중요하다. 하지만 실천은 누구에게나 어렵고 힘이 드는 과정이라, 하다가 그만두기를 수도 없이 반복한다. 이는 누구에게나 일어날 수 있는 현상이므로, 설령 그렇다고 하여 자신의 의지 부족을 탓하거나 체념하기보다 그런 생각이 들 때 그저 다시 시작하면 된다.

　이 책을 통해 자신을 좀 더 이해하고 사랑하는 기회가 되었기를 바란다. 자신을 아낀다는 것은 어려운 게 아니라, 그저 내가 나를 따뜻하게 대해 주는 것이고 내가 좋아하는 것을 나에게 해 주는 것이다. 정신적으로 보다 건강해지기 위해서는 하루 중 짧은 시간이라도 시간을 내어 자신의 안녕을 위해 무언가를 해야 한다. 자신을 보다 따뜻하게 격려하면서 삶을 수용하고, 현재에 보다 충실할 수 있게 노력해 보자. 이러한 작은 노력이 우리의 마음을 보다 건강하고 평안하게 이끌 것이다.

　아울러, 우리의 삶은 관계의 삶이다. 사람들과 건강하게 상호작용하면서 서로 나누는 삶을 사는 것이 우리의 정신건강에 매우 중요하다는 점을 깨닫고, 주위 사람들과 서로의 마음을 나누는 따뜻한 시간들을 때때로 갖기 바란다. 살다 보면 우리 모두는 어느 때인가 다른 사람의 도움을 필요로 할 때가 있다. 그런 순간이 오면 우리가 누군가의 도움을 받을 수도 있고, 또 우리가 주위 사람들에게 도움을 건넬 수도 있다. 서로 도움을 주고받을 수 있다는 것은 서로가 서로에게 건강한 존재이기 때문에 가능하다. 이처럼 살아가는 데 힘이 되어 주는 소중한 주위 사람들에게 기회가 있을 때마다 감사한 마음을 전하면서, 서로의 삶을 나누며 살아가면 좋겠다. 이것으로 이 책을 마무리한다.

■ 참고문헌

국립국어원 표준국어대사전(n.d.). 강박. 2022년 6월 2일 검색, https://stdict.korean.go.kr/search/searchView.do?word_no=9136&searchKeywordTo=3

국립국어원 표준국어대사전(n.d.). 불안. 2022년 6월 2일 검색, https://stdict.korean.go.kr/search/searchView.do?word_no=436072&searchKeywordTo=3

국립국어원 표준국어대사전(n.d.). 스트레스. 2022년 6월 2일 검색, https://stdict.korean.go.kr/search/searchView.do?word_no=451927&searchKeywordTo=3

국립국어원 표준국어대사전(n.d.). 예방. 2022년 6월 2일 검색, https://stdict.korean.go.kr/search/searchView.do?word_no=463931&searchKeywordTo=3

국립국어원 표준국어대사전(n.d.). 증상. 2022년 6월 2일 검색, https://stdict.korean.go.kr/search/searchView.do?word_no=306388&searchKeywordTo=3

국립정신건강센터(2019a). 2019년 국민정신건강지식 및 태도조사. 서울: 국립정신건강센터.

국립정신건강센터(2019b). 정신증 미치료기간 단축전략 수립 및 정신건강문제 조기발견 자료개발. 서울: 국립정신건강센터.

국립정신건강센터(2021). 2021년 국민정신건강지식 및 태도조사. 서울: 국립정신건강센터.

권석만(2004). 젊은이를 위한 인간관계 심리학. 서울: 학지사.

권석만(2013). 현대 이상심리학. 서울: 학지사.

권정혜(1997). 심리사회적 요인이 산후 우울에 미치는 영향. 한국심리학회지: 임상, 16(2), 55-66.

권정혜(2020). 인지행동치료 원리와 기법. 서울: 학지사.

권정혜, 이정윤, 조선미(1998). 수줍음도 지나치면 병. 서울: 학지사.

김교헌, 김경의, 김금미, 김세진, 원두리, 윤미라, 이경순, 장은영(2010). 젊은이를 위한 정신건강. 서울: 학지사.

김미리혜(1996). 두통을 알면 상쾌한 하루가 보인다. 서울: 퇴설당.

김미하, 손정락(1996). 쇼크 위협에 대한 A유형 피험자들과 B유형 피험자들의 심장박동율 및 대처전략의 차이. 스트레스연구, 4(2), 68-78.

김민정, 이희경(2006). 낙관성이 심리적 안녕감에 미치는 영향: 인지적 정서조절전략과 사회적 지지를 매개 변인으로. 한국심리학회 학술대회 자료집, 2006(1), 498-499.

김보라, 신희천(2010). 자아탄력성과 삶의 의미가 외상 후 성장에 미치는 영향: 의미추구와 의미발견의 매개효과. 한국심리학회지: 상담 및 심리치료, 22(1), 117-136.

김성회(2007). 주장훈련의 이론과 실제. 서울: 학지사.

김시아, 박지혜, 한다영, 정익중(2020). 미세먼지와 아동의 신체 및 정신건강 관계: 빈곤과 녹지지역비율 조절효과. *J. Korean Soc. Hazard Mitig, 20*(1), 163-171.

김요셉, 김성천, 유서구(2011). 청소년기 스트레스의 영향요인: 긍정적 자아개념과 자기신뢰감의 영향을 중심으로. 청소년학연구, 18(3), 103-126.

김유숙, 박승호, 김충희, 김혜련(2007). 자기실현과 정신건강. 서울: 학지사.

김은희(2021). 행복코칭을 위한 회복탄력성 프로그램 개발 및 효과검증. 대전대학교 대학원 박사학위논문.

김종운, 박성실(2011). 만남 그리고 성장을 위한 인간관계 심리학. 서울: 학지사.

김주환(2011). 회복탄력성: 시련을 행운으로 바꾸는 유쾌한 비밀. 서울: 위즈덤하우스.

김창대, 김진숙, 이지연, 유성경(2008). 대상관계이론 입문. 서울: 학지사.

김춘경(2016). 상담학 사전. 서울: 학지사.

네이버 국어사전(n.d.). 왕자병. 2022년 6월 2일 검색, https://ko.dict.naver.com/#/entry/koko/59731eb30d664ca6854a01fbbddfabf8

네이버 시사상식사전(n.d.). 관심병. 2022년 6월 2일 검색, https://terms.naver.com/entry.nhn?docId=4369761&cid=43667&categoryId=43667

네이버 지식백과 특수교육학 용어사전(n.d.). 보상. 2022년 6월 2일 검색, https://terms.naver.com/entry.naver?docId=383653&cid=42128&categoryId=42128

노안영(2005). 상담심리학의 이론과 실제. 서울: 학지사.

노안영, 강영신(2002). 성격심리학. 서울: 학지사.

노영천(2011). 한국인용 낙관성 척도의 개발 및 타당화. 부산대학교 대학원 박사학위논문.

문은식(2005). 중·고등학생이 지각한 사회적 지지와 심리적 안녕 및 학교생활 적응의 관계. 교육심리연구, 19(4), 1087-1108.

박우영(2008). 산후우울장애의 유병률 및 예측인자. 전남대학교 대학원 석사학위논문.

박은경(1993). 애착유형이 자존감 및 대인관계에 미치는 영향: 대학생 집단을 중심으로. 이화여자대학교 대학원 석사학위논문.

박지원(1985). 사회적 지지 척도 개발을 위한 일 연구. 연세대학교 대학원 박사학위논문

보건복지부 국립정신건강센터(2021). 2021년 정신건강실태조사 보고서. 서울: 보건복지부 국립정신건강센터.

보건복지부(2018). 자살실태조사. 서울: 보건복지부.

보건복지부(2021). 자살예방백서. 서울: 한국생명존중희망재단.

보건복지부, 삼성서울병원(2017). 2016년도 정신질환실태조사. 서울: 보건복지부, 삼성서울 병원.

서은국(2014). 행복의 기원: 인간의 행복은 어디서 오는가. 경기: 21세기북스.

서진원(2021). 슬기로운 수면생활. 서울: 북산.

송명자(1995). 발달심리학. 서울: 학지사.

송승훈, 이홍석, 박준호, 김교헌(2009). 한국판 외상후 성장 척도의 타당도 및 신뢰도 연구. 한국심리학회지: 건강, 14(1), 193-214.

송윤아(2010). 일반적 자기효능감 척도 개발 및 타당화. 이화여자대학교 대학원 석사학위 논문.

신선영, 정남운(2012). 삶의 의미와 사회적 지지가 외상 후 성장에 미치는 영향: 성장적 반추를 매개 변인으로. 인간이해, 33(2), 217-235.

양종철, 오영근(2012). 공황장애 인지행동치료의 이론과 실제. 서울: 신아출판사.

오성심, 이종승(1982). 부모의 양육방식에 대한 아동의 지각과 정의적 특성의 관계. 한국행동과학연구소 연구노트, 11(1), 1-15.

원두리(2011). 사회적지지, 희망 및 문제해결 대처가 청소년의 심리적 안녕감에 미치는 영향: 희망과 문제해결 대처의 매개역할. 한국심리학회지: 건강, 16(2), 297-311.

원호택, 박현순(1999). 인간관계와 적응. 서울: 서울대학교 출판부.

유희정(2014). 탄력성과 고통지각이 외상 후 성장에 미치는 영향에서 사회적 지지와 의도적 반추의 매개효과. 상담학연구, 15(1), 59-85.

육성필, 김중술(1997). 한국판 Beck Anxiety Inventory의 임상적 연구: 환자군과 비환자군의 비교. 한국심리학회지: 임상, 16(1), 185-197.

윤호균(2005). 심리 상담의 치료적 기제. 한국심리학회지: 상담 및 심리치료, 17(1), 1-13.

이민정, 최진아(2013). 낙관성이 심리적 안녕감에 미치는 영향에서 스트레스 대처방식의 매개효과. 상담학연구, 14(6), 3739-3751.

이장호, 금명자(2006). 상담연습교본. 서울: 법문사.

이재연, 김경희(2000). 부모교육. 서울: 양서원.

이정윤(2021). 학급차원의 학교폭력 예방. 이규미, 지승희, 오인수, 송미경, 장재홍, 정제영, 조용선, 이정윤, 이은경, 고경희, 오혜영, 이유미, 김승혜, 최희영 공저. 학교폭력 예방의 이론과 실제(pp. 227-256). 서울: 학지사.

이정윤, 안희정, 최수미(2005). 유아동기 자녀의 부모를 위한 부모교육프로그램 지침서: 굿 페어런팅. 서울: 성신여대 가족건강복지센터.

이청준(1980). 조만득씨. 서울: 홍성사.

장성숙(2000). 현실역동 상담-한국인의 특성에 적합한 상담 접근. 한국심리학회지: 상담 및 심리치료, 12(2), 17-32.

장연집, 박경, 최순영(1999). 현대인의 정신건강. 서울: 학지사.

정안식(2012). 조울증은 회복될 수 있다. 서울: 다문.

정영숙, 김영희, 박범혁(2001). 아동발달과 부모교육. 서울: 시그마프레스.

전겸구, 최상진, 양병창(2001). 통합적 한국판 CES-D 개발. 한국심리학회지: 건강, 6(1), 59-76.

조성호(2003). 분열성 성격장애와 분열형 성격장애: 사회 속의 외딴 섬. 서울: 학지사.

질병관리청(2022). 2020 국민건강통계. 청주: 보건복지부 질병관리청.

천성문, 박순득, 배정우, 박원모, 김정남(2006). 상담심리학의 이론과 실제. 서울: 학지사.

최정아(2017. 12. 19.). '우울증' 종현 사망 후 '베르테르 효과' 우려 ↑…실제 모방자살 급증. 동아일보. https://www.donga.com/news/article/all/20171219/87812561/2

통계청(2021). 2020 사망원인통계 결과. 대전: 통계청.

한국기자협회, 보건복지부, 중앙자살예방센터(2018). 자살보도 권고기준3.0. 한국기자협회. http://www.journalist.or.kr/news/section4.html?p_num=12에서 인출.

한국생명존중희망재단(2021). 2020 심리부검 면담 결과 보고서. 서울: 한국생명존중희망재단.

한기연(1993). 다차원적 완벽성: 개념, 측정 및 부적응과의 관련성. 고려대학교 대학원 박사학위논문.

홍경자(2016). 넉넉한 부모, 잘되는 아이. 서울: 학지사.

홍숙기(2016). 성격. 서울: 박영스토리.

Abel, K. M., Drake, R., & Goldstein, J. M. (2010). Sex differences in schizophrenia. *International Review of Psychiatry, 22*(5), 417-428.

Abraham, K. (1949). Notes on the psycho-analytical investigation and treatment of manic depressive insanity and allied conditions. In *Selected papers on psycho-analysis* (pp. 137-156). London: Hogarth.

Abramson, L. Y., Metalsky, G. I., & Alloy, L. B. (1989). Hopelessness depression: A theory-based subtype of depression. *Psychological Review, 96*(2), 358-372.

Adler, R. B., & Proctor II, R. F. (2015). 인간관계와 의사소통의 심리학 (정태연 역). 서울: 교육과학사. (원저 출판 2014년)

Ainsworth, M. D., Blehar, M. C., Waters, E., & Wall, S. (1978). *Patterns of attachment: Assessed in the strange situations*. Hillsdale, NJ: Erlbaum.

Akıncı, M. A., Turan, B., Esin, İ. S., & Dursun, O. B. (2021). Prevalence and correlates of hoarding behavior and hoarding disorder in children and adolescents. *European Child & Adolescent Psychiatry*, 1−12. https://doi.org/10.1007/s00787−021−01847−x

Albada, K. F. (2010). Interaction appearance theory: Changing perceptions of physical attractiveness through social interaction. In M. L. Knapp & J. A. Daly (Eds.), *Interpersonal communication* (pp. 99−130). Thousand Oaks, CA: Sage.

Alexandre, J., Ribeiro, R., & Cardoso, G. (2010). Ethnic and clinical characteristics of a portuguese psychiatric inpatient population. *Transcultural Psychiatry, 47*(2), 314−321.

Ali, S., Jabeen, S., Pate, R. J., Shahid, M., Chinala, S., Nathani, M., & Shah, R. (2015). Conversion disorder−mind versus body: A review. *Innovations in Clinical Neuroscience, 12*(5−6), 27−33.

American Foundation for Suicide Prevention (n.d.). *Additional facts about suicide in the US*. Retrieved January 23, 2022, from https://afsp.org/suicide−statistics/

American Psychiatric Association (1952). *Diagnostic and statistical manual of mental disorders* (1st ed.). Washington, DC: American Psychiatric Association.

American Psychiatric Association (1968). *Diagnostic and statistical manual of mental disorders* (2nd ed.). Washington, DC: American Psychiatric Association.

American Psychiatric Association (1980). *Diagnostic and statistical manual of Mental Disorders* (3rd ed.). Washington, DC: American Psychiatric Association.

American Psychiatric Association (1987). *Diagnostic and statistical manual of mental disorders* (3rd Rev. ed.). Washington, DC: American Psychiatric Association.

American Psychiatric Association (1994). *Diagnostic and statistical manual of mental disorders* (4th ed.). Washington, DC: American Psychiatric Association.

American Psychiatric Association (2000). *Diagnostic and statistical manual of mental disorders* (4th Rev. ed.). Washington, DC: American Psychiatric Association.

American Psychiatric Association (2013). DSM−5 정신질환의 진단 및 통계 편람 제5판 (권준수 외 공역). 서울: 학지사. (원저 출판 2013년)

an der Heiden, W., & Hafner, H. (2011). Course and outcomes. In D. R. Weinberg & P. Harrison (Eds.), *Schizophrenia* (pp. 104−141). Hoboken, NJ: Wiley−Blackwell.

Andreasen, N. C. (1985). Positive vs. negative schizophrenia: A critical evaluation. *Schizophrenia Bulletin, 11*(3), 380−389.

Antonini, A., Leenders, K. L., Reist, H., Thomann, R., Beer, H. F., & Locher, J. (1993).

Effect of age on D2 dopamine receptors in normal human brain measured by positron emission tomography and 11C−raclopride. *Archives of Neurology, 50*(5), 474−480.

Arntz, A., Klokman, J., & Sieswerda, S. (2005). An experimental test of the schema mode model of borderline personality disorder. *Journal of Behavior Therapy and Experimental Psychiatry, 36*(3), 226−239.

Aspinwall, L. G., & Taylor, S. E. (1992). Modeling cognitive adaptation: A longitudinal investigation of the impact of individual differences and coping on college adjustment and performance. *Journal of Personality and Social Psychology, 63*(6), 989−1003.

Assay, T. P., & Lambert, M. J. (1999). The empirical case for the common factors in therapy: Quantitative findings. In M. Hubble, B. L. Duncan, & S. D. Miller (Eds.), *The heart and soul of change: What works in therapy* (pp. 351−357). Washington, DC: American Psychological Association.

Banerjee, A. (2012). Cross−cultural variance of schizophrenia in symptoms, diagnosis and treatment. *Georgetown University Journal of Health Sciences, 8*(2), 18−24.

Bateson, G., Jackson, D. D., Haley, J., & Weakland, J. (1956). Toward a theory of schizophrenia. *Behavioral Science, 1*(4), 251−264.

Baumrind, D. (1967). Child care practices anteceding three patterns of preschool behavior. *Genetic Psychology Monographs, 75*, 43−88.

Beck, A. T. (1976). *Cognitive therapy and the emotional disorders*. New York: New American Library.

Beck, A. T. (1996). 우울증 인지치료 (원호택, 박현순, 신경진, 이훈진, 조용래, 신현균, 김은정 공역). 서울: 학지사. (원저 출판 1979년)

Beck, A. T., Epstein, N., Brown, G., & Steer, R. A. (1988). An inventory for measuring clinical anxiety: Psychometric properties. *Journal of Consulting and Clinical Psychology, 56*(6), 893−897.

Beck, A. T., Kovacs, M., & Weissman, A. (1979). Assessment of suicidal intention: The scale for suicidal ideation. *Journal of Consulting and Clinical Psychology, 47*(2), 343−352.

Beck, A. T., Rush, A., Shaw, B., & Emery, G. (1979). *Cognitive therapy of depression*. New York: The Guilford Press.

Benzeval, M., Green, M. J., & Macintyre, S. (2013). Does perceived physical attractiveness in adolescence predict better socioeconomic position in adulthood? Evidence from 20 years of follow up in a population cohort study. *PLoS One, 8*(5), e63975. https://doi.org/10.1371/journal.pone.0063975

Bertolote, J., Fleischmann, A., De Leo, D., Bolhari, J., Botega, N., De Silva, D., & Wasserman, D. (2005). Suicide attempts, plans, and ideation in culturally diverse sites: The WHO SUPRE−MISS community survey. *Psychological Medicine, 35*(10), 1457−1465.

Bibi, S., Rohail, I., & Akhtarc, T. (2021). Overprotecting parenting style and dependent personality disorder: A case study. *Scientific Journal of Neurology and Neurosurgery, 7*(1), 014−018.

Bilsen, J. (2018). Suicide and Youth: Risk Factors. *Frontiers in Psychiatry, 9*, 540. https://doi.org/10.3389/fpsyt.2018.00540

Blanco, C., Compton, W. M., Saha, T. D., Goldstein, B. I., Ruan, W. J., Huang, B., & Grant, B. F. (2017). Epidemiology of DSM−5 bipolar I disorder: Results from the National Epidemiologic Survey on Alcohol and Related Conditions−III. *Journal of Psychiatric Research, 84*, 310−317.

Blitzstein, S. M. (2008). Recognizing and treating conversion disorder. *Virtual Mentor, 10*(3), 158−160.

Blos, P. (1967). The second individuation process of adolescence. *Psychoanalytic Study of Child, 22*(1), 162−186.

Boisvert, C. M., & Faust, D. (2003). Leading researchers' consensus on psychotherapy research findings: Implications for the teaching and conduct of psychotherapy. *Professional Psychology: Research and Practice, 34*(5), 508−513. https://doi.org/10.1037/0735−7028.34.5.508

Bonanno, G. A. (2004). Loss, trauma, and human resilience: Have we underestimated the human capacity to thrive after extremely aversive events? *American Psychologist, 59*(1), 20−28.

Bornstein, R. F. (1997). Dependent personality disorder in the DSM−IV and beyond. *Clinical Psychology: Science and Practice, 4*(2), 175−187.

Bornstein, R. F. (1998). Implicit and self−attributed dependency needs in dependent and histrionic personality disorders. *Journal of Personality Assessment, 71*(1), 1−14.

Bornstein, R. F. (2011). Reconceptualizing personality pathology in DSM−5: Limitations in evidence for eliminating dependent personality disorder and other DSM−IV syndromes. *Journal of Personality Disorders, 25*(2), 235–247.

Bowlby, J. (1969). *Attachment and loss* (Vol. 1). New York: Random House.

Bowlby, J. (1973). *Attachment and loss*: Volume II: Separation, anxiety and anger. In *Attachment and loss: Volume II: Separation, anxiety and anger* (pp. 1–429). London: The Hogarth press and the institute of psycho–analysis.

Bowlby, J. (1988). *A Secure base: Clinical applications of attachment*. London: Routledge.

Bradley, R., Greene, J., Russ, E., Dutra, L., & Westen, D. (2005). A multidimensional meta–analysis of psychotherapy for PTSD. *American Journal of Psychiatry, 162*(2), 214–227.

Bridge, J. A., Goldstein, T. R., & Brent, D. A. (2006). Adolescent suicide and suicidal behavior. *Journal of Child Psychology and Psychiatry, 47*(3–4), 372–394.

Briere, J. (2002). Treating adult survivors of severe childhood abuse and neglect: Further development of an integrative model. In J. Myers, L. Berliner, J. Briere, C. Hendrix, T. Reid, & C. Jenny (Eds.), *The APSAC handbook on child maltreatment* (2nd ed., pp. 243–261). Newbury Park, CA: Sage Publications.

Bryant, R. A., Moulds, M. L., Guthrie, R. M., & Nixon, R. D. (2005). The additive benefit of hypnosis and cognitive–behavioral therapy in treating acute stress disorder. *Journal of Consulting and Clinical Psychology, 73*(2), 334–340.

Burch, V. (2010). *Living well with pain and illness: The mindful way to free yourself from suffering*. Louisville: Sounds True.

Cadoret, R. J., Cain, C. A., & Crowe, R. R. (1983). Evidence for gene–environment interaction in the development of adolescent antisocial behavior. *Behavior Genetics, 13*(3), 301–310.

Carter, J. D., Joyce, P. R., Mulder, R. T., Sullivan, P. F., & Luty, S. E. (1999). Gender differences in the frequency of personality disorders in depressed outpatients. *Journal of Personality Disorders, 13*(1), 67–74.

Carver, C. S., & Scheier, M. F. (2012). 성격심리학: 성격에 대한 관점 (김교헌 역). 서울: 학지사. (원저 출판 2012년)

Castagnini, A., Bertelsen, A., & Berrios, G. E. (2008). Incidence and diagnostic stability of ICD–10 acute and transient psychotic disorders. *Comprehensive Psychiatry, 49*(3), 255–261.

Centers for Disease Control and Prevention (2011). Mental illness surveillance among adults in the United States. Atlanta: CDC.

Chemerinski, E., & Siever, L. J. (2011). The schizophrenia spectrum personality disorders. In D. R. Weinberger & P. J. Harrison (Eds.), *Schizophrenia* (pp. 62−90). Hoboken, NJ: Wiley−Blackwell.

Christiansen, K. O. (1997). A preliminary study of criminality among twins. In S. A. Mednick & K. O. Christiansen (Eds.), *Biological bases of criminal behavior* (pp. 89−108). New York: Gardener Press.

Clemente, A. S., Diniz, B. S., Nicolato, R., Kapczinski, F. P., Soares, J. C., Firmo, J. O., & Castro−Costa, É. (2015). Bipolar disorder prevalence: A systematic review and meta−analysis of the literature. *Brazilian Journal of Psychiatry, 37*(2), 155−161.

Cloninger, C. R., Sigvardsson, S., Bohman, M., & Von Knorring, A. L. (1982). Predisposition to petty criminality in Swedish adoptees: II. Cross−fostering analysis of gene−environment interaction. *Archives of General Psychiatry, 39*(11), 1242−1247.

Colarusso, C. A. (2011). 정신분석적 발달이론: 요람에서 무덤까지 (반건호, 정선주 공역). 서울: 학지사. (원저 출판 1992년)

Comer, R. J. (2014). 이상심리학 (오경자, 정경미, 송현주, 양윤란, 송원영, 김현수 공역). 서울: 시그마프레스. (원저 출판 2014년)

Consumer Reports (1995, November). Mental health: Does therapy help? *Consumer Reports*, 734−739.

Consumer Reports. (1994). *Annual questionnaire.*

Conyne, R. K. (2010). 예방상담학 (이규미, 지승희 공역). 서울: 시그마프레스. (원저 출판 2004년)

Cooper, J. O., Heron, T. E., & Heward, W. L. (1987). *Applied behavior analysis.* Columbus, OH: Merrill Publishing Co.

Corbitt, E. M., & Widiger, T. A. (1995). Sex differences among the personality disorders: An exploration of the data. *Clinical Psychology: Science and Practice, 2*(3), 225−238.

Cormier, W. H., & Cormier, L. S. (1985). *Interviewing strategies for helpers: Fundamental skills and cognitive behavioral interventions.* Pacific Grove, CA: Brooks/Cole Publishing Company.

Costa, P. T., & McCrae, R. R. (1985). *The NEO personality inventory.* Odessa, FL: Psychological Assessment Resources.

Costa, P. T., & McCrae, R. R. (1992). *Revised NEO personality inventory (NEO PI−R) and NEO five−factor inventory (NEO−FFI) professional manual.* Odessa, FL: Psychological Assessment Resources.

Covey, S. R. (1989). *The seven habits of highly effective people*. New York: Simon & Schuster.

Croicu, C., Chwastiak, L., & Katon, W. (2014). Approach to the patient with multiple somatic symptoms. *Medical Clinics of North America, 98*(5), 1079–1095.

Darvishi, N., Farhadi, M., Haghtalab, T., & Poorolajal, J. (2015). Alcohol–related risk of suicidal ideation, suicide attempt, and completed suicide: A meta–analysis. *PloS one, 10*(5), e0126870. https://doi.org/10.1371/journal.pone.0126870.

Davis, D., Shaver, P. R., & Vernon, M. L. (2003). Physical, emotional, and behavioral reactions to breaking up: The roles of gender, age, emotional involvement, and attachment style. *Personality and Social Psychology Bulletin, 29*(7), 871–884.

Davis, J. M., Chen, N., & Glick, I. D. (2003). A meta–analysis of the efficacy of second–generation antipsychotics. *Arch Gen Psychiatry, 60*(6), 553–564.

Davison, G. C., Neale, J. M., & Kring, A. M. (2005). 이상심리학 (이봉건 역). 서울: 시그마프레스. (원저 출판 2004년)

Davison, W., & Simberlund, J. (2016). Somatic symptom disorder: Costly, stressful for patients and providers, and potentially lethal. *American Journal of Psychiatry, 11*(8), 9–11. https://doi.org/10.1176/appi.ajp–rj.2016.110805

Dell'Osso, B., Altamura, A., Allen, A., Marazziti, D., & Hollander, E. (2006). Epidemiologic and clinical updates on impulse control disorders: A critical review. *European Archives of Psychiatry and Clinical Neuroscience, 256*(8), 464–475.

Diekstra, R. F. (1989). Suicide and the attempted suicide: An international perspective. *Acta Psychiatrica Scandinavica, 80*(S354), 1–24.

Diener, E., & Seligman, M. E. (2002). Very happy people. *Psychological Science, 13*(1), 81–84.

Dobbert, D. L. (2011). 내 주변의 싸이코들 (이윤혜 역). 서울: 황소걸음. (원저 출판 2007년)

Dobson, D., & Dobson, K. S. (2009). *Evidence–based practice of cognitive–behavioral therapy*. NY: Guilford Press.

Dollard, J., Miller, N. E., Doob, L. W., Mowrer, O. H., & Sears, R. R. (1939). *Frustration and aggression*. New Haven, Connecticut: Yale University Press.

Dome, P., Rihmer, Z., & Gonda, X. (2019). Suicide risk in bipolar disorder: A brief review. *Medicina, 55*(8), 403.

Dong, M., Zeng, L. N., Lu, L., Li, X. H., Ungvari, G. S., Ng, C. H., Chow, I. H. I., Zhang, L., Zhou, Y., & Xiang, Y. T. (2019). Prevalence of suicide attempt in individuals with major depressive disorder: A meta-analysis of observational surveys. *Psychological Medicine, 49*(10), 1691-1704.

Dreikurs, R. (1968). *Psychology in the classroom: A manual for teachers* (2nd ed.) New York: Harper & Row.

Drescher, J. (2015). Out of DSM: Depathologizing homosexuality. *Behavioral Science, 5*(4), 565-575.

Egan, G. (2016). 유능한 상담사: 상담의 문제 대처와 기회 개발적 접근 (제석봉, 유계식, 김창진 공역). 서울: 시그마프레스. (원저 출판 2010년)

Ekman, P. (1971). Universals and cultural differences in facial expressions of emotion. *Nebraska Symposium on Motivation, 19,* 207-283.

Emanuel, R., Adams, J., Baker, K., Daufin, E. K., Ellington, C., Fitts, E., Himsel, J., Holladay, L., & Okeowo, D. (2008). How college students spend their time communicating. *The International Journal of Listening, 22*(1), 13-28.

Erikson, E. H. (1963). *Childhood and society* (2nd ed.). New York: W. W. Norton.

Esterberg, M. L., Goulding, S. M., & Walker, E. F. (2010). Cluster a personality disorders: Schizotypal, schizoid and paranoid personality disorders in childhood and adolescence. *Journal of Psychopathology and Behavioral Assessment, 32*(4), 515-528.

Eysenck, H. J. (1952). The effects of psychotherapy: An evaluation. *Journal of Consulting Psychology, 16*(5), 319-324.

Eysenck, H. J. (1991). Type A behaviour and coronary heart disease: The third stage. M. J. Strube (Ed.), *Type A behavior* (pp. 25-44). Newbury Park-London-New Delhi: SAGE Publications.

Fariba, K. A., Gupta, V., & Kass, E. (2022, April 21). *Personality disorder.* https://www.ncbi.nlm.nih.gov/books/NBK556058/

Ferreri, F., Lapp, L. K., & Peretti, C. S. (2011). Current research on cognitive aspects of anxiety disorders. *Current Opinion in Psychiatry, 24*(1), 49-54.

Fiske, D. W. (1949). Consistency of the factorial structures of personality ratings from different sources. *Journal of Abnormal and social Psychology, 44*(3), 329-344.

Frank, J. D., & Frank, J. B. (1991). *Persuasion and healing* (3rd ed.). Baltimore: Johns Hopkins University Press.

Fredrickson, B. L., Tugade, M. M., Waugh, C. E., & Larkin, G. R. (2003). What good are positive emotions in crisis? A prospective study of resilience and emotions following the terrorist attacks on the United States on September 11th, 2001. *Journal of*

Personality and Social Psychology, 84(2), 365-376.

Friedman, M., & Rosenman, R. (1974). *Type a behavior and your heart.* New York: Knopf.

Furman, W., & Buhrmester, D. (2009). Methods and measures: The network of relationships inventory: Behavioral systems version. *International Journal of Behavioral Development, 33*(5), 470-478.

Galea, S., Ahern, J., Resnick, H., Kilpatrick, D., Bucuvalas, M., Gold, J., & Vlahov, D. (2002). Psychological sequelae of the September 11 terrorist attacks in New York City. *New England Journal of Medicine, 346*(13), 982-987.

Garmezy, N. (1993). Vulnerability and resilience. In D. C. Funder, R. D. Parke, C. Tomlinson-Keasey, & K. Widaman (Eds.), *Studying lives through time: Approaches to personality and development* (pp. 377-398). Washington, DC: American Psychological Association.

Garnefski, N., Legerstee, J., Kraaij, V., Kommer, T. van den, & Teerds, J. (2002). Cognitive coping strategies and symptoms of depression and anxiety: A comparison between adolescents and adults. *Journal of Adolescence, 25*(6), 603-611.

Gay, P. (1989). *The Freud reader.* New York: Norton & Company.

Gilbert, P. (2001). Evolution and social anxiety: The role of attraction, social competition, and social hierarchies. *Psychiatric Clinics, 24*(4), 723-751.

Glanz, K., Rimer, B. K., & Viswanath, K. (2008). *Health behavior and health education: Theory, research, and practice.* Hoboken, NJ: John Wiley & Sons.

Goldberg, L. R. (1981). Language and individual differences: The search for universals in personality lexicons. *Review of Personality and Social Psychology, 2*(1), 141-165.

Golomb, M., Fava, M., Abraham, M., & Rosenbaum, J. F. (1995). Gender differences in personality disorders. *The American Journal of Psychiatry, 152*(4), 579-582.

Gonda, X., Fountoulakis, K. N., Kaprinis, G., & Rihmer, Z. (2007). Prediction and prevention of suicide in patients with unipolar depression and anxiety. *Annals of General Psychiatry, 6*, 23.

Gordon, R. (1983). An Operational classification of disease prevention. *Public Health Report, 98*(2), 107-109.

Gordon, R. (1987). An operational classification of disease prevention. In J. A. Steinberg & M. M. Silverman (Eds.), *Preventing mental disorders: A research perspective* (pp. 20-26). Rockville, MD: Department of Health and Human Services.

Gotlib, I. H., & Hammen, C. L. (2002). *Handbook of depression.* New York: Guilford

Press.

Gottesman, I. I. (1991). *Schizophrenia genesis: The origins of madness*. New York: W. H. Freeman.

Gould, M. S. (2001). Suicide and the media. *Annals of the New York Academy of Sciences, 932*(1), 200−224. https://doi.org/10.1111/j.1749−6632.2001.tb05807.x

Grant, B. F., Hasin, D. S., Stinson, F. S., Dawson, D. A., Chou, S. P., Ruan, W. J., & Pickering, R. P. (2004). Prevalence, correlates, and disability of personality disorders in the united states: results from the national epidemiologic survey on alcohol and related conditions. *The Journal of Clinical Psychiatry, 65*(7), 948−958.

Greer, S., & Morris, T. (1975). Psychological attributes of women who develop breast cancer: A controlled study. *J. Psychosom. Res, 19*, 147−153.

Grencavage, L. M., & Norcross, J. C. (1990). Where are the commonalities among the therapeutic common factors? *Professional Psychology: Research and Practice, 21*(5), 372−378. https://doi.org/10.1037/0735−7028.21.5.372

Grossmann, K. E., Grossmann, K., Huber, F., & Wartner, U. (1981). German children's behavior towards their mothers at 12 months and their fathers at 18 months in Ainsworth's Strange Situation. *International Journal of Behavioral Development, 4*(2), 157−181.

Güçlü, O., Şenormancı, Ö., Şenormancı, G., & Köktürk, F. (2017). Gender differences in romantic jealousy and attachment styles. *Psychiatry and Clinical Psychopharmacology, 27*(4), 359−365.

Gunderson, J. G. (2009). Borderline personality disorder: Ontogeny of a diagnosis. *American Journal of Psychiatry, 166*(5), 530−539.

Gunderson, J. G. (2011). Borderline personality disorder. *New England Journal of Medicine, 364*(21), 2037−2042.

Ha, S. E., & Kim, S. (2013). Personality and subjective well−being: Evidence from South Korea. *Social Indicators Research, 111*(1), 341−359.

Hall, E. (1969). *The hidden dimension*. Garden City, NY: Anchor Books.

Hammen, C. (1991). *Depression runs in families: The social context of risk and resilience in children of depressed mothers*. New York: Springer−Verlag.

Harding, C. M., Brooks, G. W., Ashikaga, T., Strauss, J. S., & Breier, A. (1987). The Vermont longitudinal study of persons with severe mental illness, II: Long−term outcome of subjects who retrospectively met DSM−III criteria for schizophrenia. *American Journal of Psychiatry, 144*(6), 727−735.

Harlow, H. F. (1959). Love in infant monkeys. *Scientific American, 200*(6), 68−75.

Hayes, S. C. (2010). 마음에서 빠져나와 삶 속으로 들어가라 (문현미, 민병배 공역). 서울: 학지사. (원저 출판 2005년)

Hayes, S. C., & Wilson, K. G. (1994). Acceptance and commitment therapy: Altering the verbal support for experiential avoidance. *The Behavior Analyst, 17*(2), 289−303.

Haynes, S. G., Levine, S., Scotch, N., Feinleib, M., & Kannel, W. B. (1978). The relationship of psychosocial factors to coronary heart disease in the Framingham study. I. Methods and risk factors. *American Journal of Epidemiology, 107*(5), 362−383.

Hazan, C., & Shaver, P. (1987). Romantic love conceptualized as an attachment process. *Journal of Personality and Social Psychology, 52*(3), 511−524.

Head, S. B., Baker, J. D., & Williamson, D. A. (1991). Family environment characteristics and dependent personality disorder. *Journal of Personality Disorders, 5*(3), 256−263.

Helson, R., & Srivastava, S. (2002). Creative and wise people: Similarities, differences, and how they develop. *Personality and Social Psychology Bulletin, 28*(10), 1430−1440.

Herman, J. L. (1992). Complex PTSD: A syndrome in survivors of prolonged and repeated trauma. *Journal of Traumatic Stress, 5*(3), 377−391.

Hewiit, P. L., & Flett, G. L. (1991). Perfectionism in the self and social contexts: Conceptualization, assessment, and association with psychopathology. *Journal of Personality and Social Psychology, 60*(3), 456−470.

Holzer, K. J., Vaughn, M. G., Loux, T. M., Mancini, M. A., Fearn, N. E., & Wallace, C. L. (2022). Prevalence and correlates of antisocial personality disorder in older adults. *Aging & Mental Health, 26*(1), 169−178.

House, J. S. (1981). *Work stress and social support*. Reading, PA: Addison−Wesley.

Jacobson, E. (1929). *Progressive relaxation*. Chicago: University of Chicago Press.

Jahoda, M. (1958). *Current concepts of positive mental health*. New York: Basic Books.

Jeglic, E. L., Pepper, C. M., & Vanderhoff, H. A. (2007). An analysis of suicidal ideation in a college sample. *Archives of Suicide Research, 11*(1), 41−56,

Johnston J. (2013). The ghost of the schizophrenogenic mother. *Virtual Mentor, 15*(9), 801−805.

Joseph, S. M., & Siddiqui, W. (2022, March 30). *Delusional Disorder*. https://www.ncbi.nlm.nih.gov/books/NBK539855/

Joseph, S., & Linley, P. A. (2009). 긍정심리치료 (이훈진, 김환, 박세란 공역). 서울: 학지사.

(원저 출판 2006년)

Jourard, S. (1971). *Self-disclosure*. New York: Wiley.

Kabat-Zinn, J. (1990). *Full catastrophe living: Using the wisdom of your body and mind to face stress, pain and illness* (1st ed.). New York: Delacorte Press.

Kabat-Zinn, J. (1994). *Wherever you go, there you are: Mindfulness meditation in everyday life*. New York: Hyperion Books.

Kabat-Zinn, J. (2013). *Full catastrophe living: Using the wisdom of your body and mind to face stress, pain, and illness* (2nd ed.). New York: Random House Publishing Group.

Kacel, E. L., Ennis, N., & Pereira, D. B. (2017). Narcissistic personality disorder in clinical health psychology practice: Case studies of comorbid psychological distress and life-limiting illness. *Behavioral Medicine, 43*(3), 156-164.

Kalat, J. W. (2017). 심리학개론 (김문수, 강영신, 고재홍, 박소현, 박형생, 정윤경 공역). 서울: 사회평론아카데미. (원저 출판 2014년)

Kendler, K. S., & Walsh, D. (1995). Schizotypal personality disorder in parents and the risk for schizophrenia in siblings. *Schizophrenia Bulletin, 21*(1), 47-52.

Kendler, K. S., Ochs, A. L., Gorman, A. M. Hewitt, J. K., Ross, D. E., & Mirsky, A. F. (1991). The structure of schizotypy: A pilot multitrait twin study. *Psychiatry Research, 36*(1), 19-36.

Kerner, B. (2015). Toward a deeper understanding of the genetics of bipolar disorder. *Frontiers in Psychiatry, 6*, 105.

Kessler, R. C., & Walters, E. E. (1998). Epidemiology of DSM-III-R major depression and minor depression among adolescents and young adults in the National Comorbidity Survey. *Depression and Anxiety, 7*(1), 3-14.

Kessler, R. C., Berglund, P., Demler, O., Jin, R., Merikangas, K. R., & Walters, E. E. (2005). Lifetime prevalence and age-of-onset distributions of DSM-IV disorders in the national comorbidity survey replication. *Archives of General Psychiatry, 62*(6), 593-602.

Kessler, R. C., McGonagle, K. A., Zhao, S., Nelson, C. B., Hughes, M., Eshleman, S., Wittchen, H. U., & Kendler, K. S. (1994). Lifetime and 12-month prevalence of DSM-III-R psychiatric disorders in the United States: Results from the national comorbidity survey. *Archives of General Psychiatry, 51*(1), 8-19.

Kessler, R. C., Petukhova, M., Sampson, N. A., Zaslavsky, A. M., & Wittchen, H. (2012).

Twelve-month and lifetime prevalence and lifetime morbid risk of anxiety and mood disorders in the United States. *International Journal of Methods in Psychiatric Research, 21*(3), 169–184.

Kieseppä, T., Partonen, T., Haukka, J., Kaprio, J., & Lönnqvist, J. (2004). High concordance of bipolar I disorder in a nationwide sample of twins. *American Journal of Psychiatry, 161*(10), 1814–1821.

Kim, K. N., Lim, Y. H., Bae, H. J., Kim, M., Jung, K., & Hong, Y. C. (2016). Long-term fine particulate matter exposure and major depressive disorder in a community-based urban cohort. *Environmental Health Perspectives, 124*(10), 1547–1553.

Kivimäki, M., Vahtera, J., Elovainio, M., Helenius, H., Singh-Manoux, A., & Pentti, J. (2005). Optimism and pessimism as predictors of change in health after death or onset of severe illness in family. *Health Psychology, 24*(4), 413–421.

Kleen, J. K., Sitomer, M. T., Killeen, P. R., & Conrad, C. D. (2006). Chronic stress impairs spatial memory and motivation for reward without disrupting motor ability and motivation to explore. *Behavioral Neuroscience, 120*(4), 842–851.

Kohut, H. (1978). The psychoanalyst in the community of scholars. In P. H. Ornstein (Ed.), *The search for the self: Selected writings of Heinz Kohut*. New York: International Universities Press.

Korte, D. S., & Simonsen, J. C. (2018). Influence of social support on teacher self-efficacy in novice agricultural education teachers. *Journal of Agricultural Education, 59*(3), 100–123. https://doi.org/10.5032/jae.2018.03100

Kumar, S. A., & Mattanah, J. F. (2016). Parental attachment, romantic competence, relationship satisfaction, and psychosocial adjustment in emerging adulthood. *Personal Relationships, 23*(4), 801–817.

Lampe, L., & Malhi, G. S. (2018). Avoidant personality disorder: Current insights. *Psychology Research and Behavior Management, 11*, 55–66.

Lang, R., Didden, R., Machalicek, W., Rispoli, M., Sigafoos, J., Lancioni, G., Mulloy, A., Regester, A., Pierce, N., & Kang, S. (2010). Behavioral treatment of chronic skin-picking in individuals with developmental disabilities: A systematic review. *Research in Developmental Disabilities, 31*(2), 304–315.

Lazarus, R. S. (1993). From psychological stress to the emotions: A history of changing outlooks. *Annual Review of Psychology, 44*(1), 1–22.

Lazarus, R. S., & Folkman, S. (1984). *Stress, appraisal, and coping*. New York: Springer

Publishing Company.

Ledbetter, A. M., Griffin, E. M., & Sparks, G. G. (2007). Forecasting "friends forever": A longitudinal investigation of sustained closeness between best friends. *Personal Relationships, 14*(2), 343–350.

Levinson, D. (1978). *The seasons of a man's life*. New York: Knopf.

Levy, K. N., Chauhan, P., Clarkin, J. F., Wasserman, R. H., & Reynoso, J. S. (2009). Narcissistic pathology: Empirical approaches. *Psychiatric Annals, 39*(4), 203–213.

Lewin, K. (1935). *A Dynamic theory of personality*. New York: McGraw Hill.

Lewinsohn, P. M., & Graf, M. (1973). Pleasant activities and depression. *Journal of Consulting and Clinical Psychology, 41*(2), 261–268.

Lewinsohn, P. M., Clarke, G. N., Seeley, J. R., & Rohde, P. (1994). Major depression in community adolescents: Age at onset, episode duration, and time to recurrence. *Journal of the American Academy of Child and Adolescent Psychiatry, 33*(6), 809–818.

Lindenmayer, J. P., & Khan, A. (2012). Psychopathology. In J. A. Lieberman, T. S. Stroup, & D. O. Perkins (Eds.), *Essentials of schizophrenia* (pp. 11–54). Arlington, VA: American Psychiatric Publishing.

Loehlin, J. C., & Nichols, R. C. (1976). *Heredity, environment and personality: A study of 850 sets of twins*. Austin: University of Texas Press.

Luborsky, L., Singer, B., & Luborsky, L. (1975). Comparative studies of psychotherapies: Is it true that everyone has won and all must have prizes? *Archives of General Psychiatry, 32*(8), 995–1008.

Luo, S., & Klohnen, E. C. (2005). Assortative mating and marital quality in newlyweds: A couple-centered approach. *Journal of personality and Social Psychology, 88*(2), 304–326.

Luo, S., & Zhang, G. (2009). What leads to romantic attraction: Similarity, reciprocity, security, or beauty? Evidence from a speed-dating study. *Journal of Personality, 77*(4), 933–964.

Maccoby, E. E., & Martin, J. A. (1983). Socialization in the context of the family: Parent-child interaction. In P. H. Mussen, & E. M. Hetherington (Eds.), *Handbook of child psychology: Socialization, personality, and social development* (Vol. 4, pp. 1-101). New York: Wiley.

Main, M., & Cassidy, J. (1988). Categories of response to reunion with the parent at age

6: Predictable from infant attachment classifications and stable over a 1−month period. *Developmental Psychology, 24*(3), 415−426.

Main, M., Kaplan, N., & Cassidy, J. (1985). Security in infancy, childhood, and adulthood: A move to the level of representation. *Monographs of the Society for Research in Child Development, 50*, 66−104.

Main, M., & Solomon, J. (1990). Procedures for identifying infants as disorganized/disoriented during the Ainsworth Strange Situation. *Attachment in the Preschool Years: Theory, Research, and Intervention, 1*, 121−160.

Maslow, A. H. (1970). *Motivation and personality* (2nd ed.). New York: Harper.

Mason, B. L., Brown, E. S., & Croarkin, P. E. (2016). Historical underpinnings of bipolar disorder diagnostic criteria. *Behavioral Sciences, 6*(3), 14. https://doi.org/10.3390/bs6030014

Mason, D. A., & Frick, P. J. (1994). The heritability of antisocial behavior: A meta−analysis of twin and adoption studies. *Journal of Psychopathology and Behavioral Assessment, 16*(4), 301−323.

McCrae, R. R., & Costa, P. T. (2003). *Personality in adulthood: A five−factor theory perspective*. New York: Guilford Press.

McGuffin, P., Katz, R., Watkins, S., & Rutherford, J. (1996). A hospital−based twin register of the heritability of DSM−IV unipolar depression. *Archives of General Psychiatry, 53*(2), 129−136.

McLeod, S. A. (2017). Type A personality. Simply Psychology. www.simplypsychology.org/personality−a.html

Melissa, J. (1996). The Relationship between Social Class and Mental Disorder. *Journal of Primary Prevention, 14*(1), 17−30.

Meltzer, H. Y., & Stahl, S. M. (1976). The dopamine hypothesis of schizophrenia: A review. *Schizophrenia Bulletin, 2*(1), 19−76.

Millon, T. (2011). *Disorders of personality: Introducing a DSM/ICD spectrum from normal to abnormal* (3rd ed.). Hoboken, NJ: Wiley.

Millon, T., & Davis, R. O. (1996). *Disorders of personality: DSM−IV and beyond*. Hoboken, NJ: John Wiley & Sons.

Millon, T., & Everly, G. S. (1985). *Personality and its disorders: A biosocial learning approach*. New York: Wiley.

Miltenberger, R. G. (2002). 행동수정 (안병환, 윤치연, 이영순, 이효신, 천성문 공역). 서울:

시그마프레스. (원저 출판 2001년)

Mitra, S., Mahintamani, T., Kavoor, A. R., & Nizamie, S. H. (2016). Negative symptoms in schizophrenia. *Industrial Psychiatry Journal, 25*(2), 135–144.

Monroe, S. M., & Harkness, K. L. (2011). Recurrence in major depression: A conceptual analysis. *Psychological Review, 118*(4), 655–674.

Moran, P. (1999). The epidemiology of antisocial personality disorder. *Social Psychiatry and Psychiatric Epidemiology, 34*(5), 231–242.

Myers, D. G., & Diener, E. (1995). Who is happy? *Psychological Science, 6*(1), 10–19.

National Comorbidity Survey (n.d.). *National Comorbidity Survey* (NCS). Retrieved June 2, 2022, from https://www.hcp.med.harvard.edu/ncs/index.php

Neff, K. (2003). Self–compassion: An alternative conceptualization of a healthy attitude toward oneself. *Self and Identity, 2*(2), 85–101.

Nestadt, G., Romanoski, A. J., Chahal, R., Merchant, A., Folstein, M. F., Gruenberg, E. M., & McHugh, P. R. (1990). An epidemiological study of histrionic personality disorder. *Psychological Medicine, 20*(2), 413–422.

Nordsletten, A. E., Reichenberg, A., Hatch, S. L., Fernández de la Cruz, L., Pertusa, A., Hotopf, M., & Mataix–Cols, D. (2013). Epidemiology of hoarding disorder. *The British Journal of Psychiatry: The Journal of Mental Science, 203*(6), 445–452.

O'Connor, B. P. (2008). Other personality disorders. In M. Hersen & J. Rosqvist (Eds.), *Handbook of psychological assessment, case conceptualization, and treatment* (Vol. 1, pp. 438–462). Hoboken, NJ: John Wiley & Sons, Inc.

Organisation for Economic Co–operation and Development (n.d.). *Suicide rates (indicator)*. Retrieved June 2, 2022, from https://data.oecd.org/healthstat/suicide–rates. htm?wptouch_preview_theme=enabled

Paris, J. (2003). Personality disorders over time: Precursors, course and outcome. *Journal of Personality Disorders, 17*(6), 479–488. https://doi.org/10.1521/pedi.17.6.479.25360

Parker, G., Gladstone, G., & Chee, K. T. (2001). Depression in the planet's largest ethnic group: The Chinese. *American Journal of Psychiatry, 158*(6), 857–864.

Peeling, J. L., & Muzio, M. R. (2021, May 19). *Conversion Disorder*. Retrieved June 2, 2022, from https://www.ncbi.nlm.nih.gov/books/NBK551567/

Penders, K., Peeters, I., Metsemakers, J., & van Alphen, S. (2020). Personality disorders in older adults: A review of epidemiology, assessment, and treatment. *Current Psychiatry Reports, 22*(3), 1–14. https://doi.org/10.1007/s11920–020–1133–x.

Pennebaker, J. W. (1988). Confession, inhibition, and disease. In L. Berkowitz (Ed.), *Advances in experimental social psychology* (Vol. 22, pp. 211−242). Orlando, FL: Academic Press.

Perälä, J., Suvisaari, J., Saarni, S. I., Kuoppasalmi, K., Isometsä, E., Pirkola, S., Partonen, T., Tuulio−Henriksson, A., Hintikka, J., Kieseppä, T., Härkänen, T., Koskinen, S., & Lönnqvist, J. (2007). Lifetime prevalence of psychotic and bipolar I disorders in a general population. *Archives of General Psychiatry, 64*(1), 19−28.

Perry, J. C. (2014). Cluster C personality disorders: Avoidant, dependent, and obsessive−compulsive. In G. O. Gabbard (Ed.), *Gabbard's treatments of psychiatric disorders* (pp. 1087−1116). New York: American Psychiatric Publishing, Inc.

Peterson, C., & Seligman, M. E. P. (2004). *Character strengths and virtues: A handbook and classification.* New York: Oxford University Press/Washington, DC: American Psychological Association.

Pitman, A. L., Osborn, D. P., Rantell, K., & King, M. B. (2016). Bereavement by suicide as a risk factor for suicide attempt: A cross−sectional national UK−wide study of 3432 young bereaved adults. *BMJ Open, 6*(1), e009948.

Plomin, R., & Daniels, D. (2011). Why are children in the same family so different from one another? *International Journal of Epidemiology, 40*(3), 563−582.

Portzky, G., Audenaert, K., & van Heeringen, K. (2005). Suicide among adolescents. *Social Psychiatry and Psychiatric Epidemiology, 40*(11), 922−930.

Pulay, A. J., Stinson, F. S., Dawson, D. A., Goldstein, R. B., Chou, S. P., Huang, B., Saha, T. D., Smith, S. M., Pickering, R. P., Ruan, W. J., Hasin, D. S., & Grant, B. F. (2009). Prevalence, correlates, disability, and comorbidity of DSM−IV schizotypal personality disorder: Results from the wave 2 national epidemiologic survey on alcohol and related conditions. *Primary Care Companion to the Journal of Clinical Psychiatry, 11*(2), 53−67.

Quirk, S. E., Berk, M., Chanen, A. M., Koivumaa−Honkanen, H., Brennan−Olsen, S. L., Pasco, J. A., & Williams, L. J. (2016). Population prevalence of personality disorder and associations with physical health comorbidities and health care service utilization: A review. *Personality Disorders, 7*(2), 136−146.

Radloff, L. S. (1977). The CES−D scale: A self−report depression scale for research in the general population. *Applied Psychological Measurement, 1*(3), 385−401.

Rapee, R., Wignall, A., Spence, S., Lyneham, H., & Cobham, V. (2014). 불안하고 걱정 많

은 아이, 어떻게 도와줄까? (이정윤, 박중규 공역). 서울: 시그마프레스. (원저 출판 2008년)

Rapp-Paglicci, L. A., Dulmus, C. N., & Wodarski, J. S. (2013). 아동 청소년을 위한 예방적 개입 (오인수 역). 서울: 학지사. (원저 출판 2004년)

Rehm, L. P., Wagner, A. L., & Ivens-Tyndal, C. (2001). Mood Disorders: Unipolar and bipolar. In H. E. Adams & P. B. Sutker (Eds.), *Comprehensive handbook of psychopathology* (pp. 277-308). Boston, MA: Springer.

Reivich, K., & Shatte, A. (2003). *The resilience factor: 7 keys to finding your inner strength and overcoming life's hurdles*. New York: Broadway Books.

Rholes, W. S., Simpson, J. A., Tran, S., Martin III, A. M., & Friedman, M. (2007). Attachment and information seeking in romantic relationships. *Personality and Social Psychology Bulletin, 33*(3), 422-438.

Rogers, C. R. (1975). Empathic: An unappreciated way of being. *The Counseling Psychologist, 5*(2), 2-10.

Rogers, C. R. (1980). *A way of being*. Boston: Houghton Mifflin.

Rogers, S., & Silver, S. M. (2002). Is EMDR an exposure therapy?: A review of trauma protocols. *Journal of Clinical Psychology, 58*(1), 43-59.

Ronningstam, E. F. (2009). Narcissistic personality disorder: Facing DSM-5. *Psychiatric Annals, 39*(3), 111-121.

Rosowsky, E., Abrams, R. C., & Zweig, R. A. (1999). *Personality disorders in older adults: Emerging issues in diagnosis and treatment*. New York: Routledge.

Rowe, D. C., & Plomin, R. (1981). The importance of nonshared environmental influences in behavioral development. *Developmental Psychology, 17*(5), 517-531.

Ryder, A. G., Yang, J., & Heine, S. J. (2002). Somatization vs. psychologization of emotional distress: A paradigmatic example for cultural psychopathology. In W. J. Lonner, D. L. Dinnel, S. A. Hayes, & D. N. Sattler (Eds.), *Online readings in psychology and culture* (Unit 9, Chap. 3). Bellingham, WA: Center for Cross-Cultural Research, Western Washington University.

Ryder, A. G., Yang, J., Zhu, X., Yao, S., Yi, J., Heine, S. J., & Bagby, R. M. (2008). The cultural shaping of depression: Somatic symptoms in China, psychological symptoms in North America? *Journal of Abnormal Psychology, 117*(2), 300-313.

Ryff, C. D., & Singer, B. H. (2008). Know thyself and become what you are: A eudaimonic approach to psychological well-being. *Journal of Happiness Studies, 9*(1), 13-39.

Rymarczyk, K., Turbacz, A., Strus, W., & Cieciuch, J. (2020). Type C personality: Conceptual refinement and preliminary operationalization. *Frontiers in Psychology, 11*, 552740.

Saha, S., Chant, D., Welham, J., & McGrath, J. (2005). A systematic review of the prevalence of schizophrenia. *PLoS Med, 2*(5), e141.

Salomons, T. V., Johnstone, T., Backonja, M. M., & Davidson, R. J. (2004). Perceived controllability modulates the neural response to pain. *Journal of Neuroscience, 24*(32), 7199-7203.

Sansone, R. A., & Sansone, L. A. (2009). The families of borderline patients: The psychological environment revisited. *Psychiatry, 6*(2), 19-24.

Sarchiapone, M., D'Aulerio, M., & Iosue, M. (2016). Suicidal ideation, Suicide attempts and completed suicide in adolescents: Neurobiological aspects. In W. P. Kaschka & D. Rujescu (Eds.), *Biological aspects of suicidal behavior. Advances in Biological Psychiatry* (Vol. 30, pp. 11-20). Karger Publishers.

Sareen, J., Afifi, T. O., McMillan, K. A., & Asmundson, G. J. (2011). Relationship between household income and mental disorders: Findings from a population-based longitudinal study. *Archives of General Psychiatry, 68*(4), 419-427.

Scarella, T. M., Boland, R. J., & Barsky, A. J. (2019). Illness anxiety disorder: Psychopathology, epidemiology, clinical characteristics, and treatment. *Psychosomatic Medicine, 81*(5), 398-407.

Scarr, S., & Grajek, S. (1982). Similarities and differences among siblings. In M. E. Lamh & B. Sutton-Smith (Eds.), *Sibling relationships: Their nature and significance across the life span* (pp. 357-381). Hillsdale, NJ: Erlbaum.

Schaefer, E. S. (1965). A configurational analysis of children's reports of parent behavior. *Journal of Consulting Psychology, 29*(6), 552-557.

Scheier, M. F., & Carver, C. S. (1992). Effects of optimism on psychological and physical well-being: Theoretical overview and empirical update. *Cognitive Therapy and Research, 16*(2), 201-228.

Scheier, M. F., Carver, C. S., & Bridges, M. W. (1994). Distinguishing optimism from neuroticism (and trait anxiety, self-mastery, and self-esteem): A reevaluation of the life orientation test. *Journal of Personality and Social Psychology, 67*(6), 1063-1078.

Schieber, K., Kollei, I., de Zwaan, M., & Martin, A. (2015). Classification of body dysmorphic disorder: What is the advantage of the new DSM-5 criteria? *Journal of Psychosomatic Research, 78*(3), 223-227.

Schienle, A., Ebner, F., & Schäfer, A. (2011). Localized gray matter volume abnormalities in generalized anxiety disorder. *European Archives of Psychiatry and Clinical Neuroscience, 261*(4), 303–307.

Schoenleber, M., & Berenbaum, H. (2010). Shame aversion and shame-proneness in Cluster C personality disorders. *Journal of Abnormal Psychology, 119*(1), 197–205.

Scott, K. M., de Jonge, P., Stein, D. J., & Kessler, R. C. (Eds.). (2018). *Mental disorders around the world: Facts and figures from the WHO World Mental Health surveys*. Cambridge, UK: Cambridge University Press.

Segrin, C. (2000). Social skills deficits associated with depression. *Clinical Psychology Review, 20*(3), 379–403.

Seligman, M. E. P. (1975). *Helplessness: On depression, development and death*. San Francisco: W. H. Freeman.

Seligman, M. E. P. (1999). The president's address. *American Psychologist, 54*(7), 559–562.

Seligman, M. E. P. (2002). *Authentic happiness: Using the new positive psychology to realize your potential for lasting fulfillment*. New York: Free Press.

Seligman, M. E. P. (2006). *Learned optimism: How to change your mind and your life*. New York: Vintage.

Seligman, M. E. P. (2009). *What you can change and what you can't: The complete guide to successful self-improvement*. New York: Vintage.

Seligman, M. E. P. (2011). *Flourish: A visionary new understanding of happiness and well-being*. New York: Free Press.

Seligman, M. E. P., & Csikszentmihalyi, M. (2000). Positive Psychology: An introduction. *American Psychologist, 55*, 5–14.

Selye, H. (1976). Stress without distress. In G. Serban (Eds.), *Psychopathology of human adaptation* (pp. 137–146). Boston, MA: Springer. https://doi.org/10.1007/978-1-4684-2238-2_9

Shapiro, F. (2014). The role of eye movement desensitization and reprocessing (EMDR) Therapy in medicine: Addressing the psychological and physical symptoms stemming from adverse life experiences. *Permanente Journal, 18*(1), 71–77.

Shorter, E. (2014). Sexual sunday school: The DSM and the gatekeeping of morality. *Virtual Mentor, 16*(11), 932–937.

Simpson, J. A., Collins, W. A., Tran, S., & Haydon, K. C. (2007). Attachment and the experience and expression of emotions in romantic relationships: A developmental perspective. *Journal of Personality and Social Psychology, 92*(2), 355–367.

Siris, S. G. (2001). Suicide and schizophrenia. *Journal of Psychopharmacology, 15*(2), 127–135.

Smith, M. L., Glass, G. V., & Miller, T. I. (1980). *The benefits of psychotherapy.* Baltimore: Johns Hopkins University Press.

Solomon, D. A, Keitner, G. I., Miller, I. W., Shea, M. T., & Keller, M. B. (1995). Course of illness and maintenance treatments for patients with bipolar disorder. *Journal of Clinical Psychiatry, 56*(1), 5–13.

Sperry, L. (2003). *Handbook of diagnosis and treatment of DSM–IV–TR personality disorders* (2nd ed.). New York: Brunner-Routledge.

Spitz, R. A. (1945). Hospitalism: An inquiry into the genesis of psychiatric conditions in early childhood. *The Psychoanalytic Study of the Child, 1*(1), 53–74.

Steel, P., Schmidt, J., & Shultz, J. (2008). Refining the relationship between personality and subjective well–being. *Psychological Bulletin, 134*(1), 138–161.

Stoffers, J. M., Völlm, B. A., Rücker, G., Timmer, A., Huband, N., & Lieb, K. (2012). Psychological therapies for people with borderline personality disorder. *The Cochrane Database of Systematic Reviews, 8*, CD005652. https://doi.org/10.1002/14651858. CD005652.pub2

Stone, J., Carson, A., Duncan, R., Coleman, R., Roberts, R., Warlow, C., Hibberd, C., Murray, G., Cull, R., Pelosi, A., Cavanagh, J., Matthews, K., Goldbeck, R., Smyth, R., Walker, J., Macmahon, A. D., & Sharpe, M. (2009). Symptoms 'unexplained by organic disease' in 1144 new neurology out–patients: How often does the diagnosis change at follow–up? *Brain: A Journal of Neurology, 132*(Pt 10), 2878–2888.

Suokas, J., Suominen, K., Isometsä, E., Ostamo, A., & Lönnqvist, J. (2001). Long–term risk factors for suicide mortality after attempted suicide–findings of a 14–year follow–up study. *Acta Psychiatr Scand, 104*(2), 117–121.

Susser, E., & Wanderling, J. (1994). Epidemiology of nonaffective acute remitting psychosis vs schizophrenia: Sex and sociocultural setting. *Archives of General Psychiatry, 51*(4), 294–301.

Swartz, M. S., Frohberg, N. R., Drake, R. E., & Lauriello, J. (2012). Psychosocial therapies. J. A. Lieberman, T. S. Stroup, & D. O. Perkins. (Eds.), *Essentials of schizophrenia.* Washington, DC: American Psychiatric Publishing.

Tedeschi, R. G., & Calhoun, L. G. (1996). The posttraumatic growth inventory: Measuring the positive legacy of trauma. *Journal of Traumatic Stress, 9*(3), 455−471.

Tedeschi, R. G., & Calhoun, L. G. (2004). Posttraumatic growth: Conceptual foundations and empirical evidence. *Psychological Inquiry, 15*(1), 1−18.

Thoits, P. A. (1995). Stress, coping, and social support processes: Where are we? What next? *Journal of Health and Social Behavior*, 53−79.

Thomas, A., & Chess, S. (1977). *Temperament and development*. New York: Brunner/ Mazel.

Thomas, A., & Chess, S. (1986). The New York Longitudinal Study: From infancy to early adult life. In R. Plomin & J. Dunn (Eds.), *The study of temperament: Changes, continuities, and challenges* (pp. 39−52). Hillsdale, NJ: Erlbaum.

Tohen, M., Zarate, C. A., Hennen, J., Khalsa, H−MK., Strakowski, S. M., Gebre−Medhin, P., Salvatore, P., & Baldessarini, R. J. (2003). The mclean−harvard first−episode mania study: Prediction of recovery and first recurrence. *American Journal of Psychiatry, 160*(12), 2099−2107.

Torrey, E. F. (1988). *Nowhere to go: The tragic odyssey of the homeless mentally ill*. Washington, DC: Harper & Row.

Trull, T. J., Jahng, S., Tomko, R. L., Wood, P. K., & Sher, K. J. (2010). Revised NESARC personality disorder diagnoses: Gender, prevalence, and comorbidity with substance dependence disorders. *Journal of Personality Disorders, 24*(4), 412−426.

Tuvblad, C., & Beaver, K. M. (2013). Genetic and environmental influences on antisocial behavior. *Journal of Criminal Justice, 41*(5), 273−276.

Upanne, M., Hakanen, J., & Rautava, M. (1999). *Can suicide be prevented?: The Suicide Project in Finland 1992−1996: Goals, implementation and evaluation*. STAKES National Research and Development Centre for Welfare and Health.

Vaillent, G. E. (2002). *Aging well: Surprising guideposts to a happier life from the landmark Harvard study of adult development*. Boston: Little−Brown.

Van Heeringen, K. (2001). The suicidal process and related concepts. In K. van Heeringen (Ed.), *Understanding suicidal behaviour* (pp. 136−159). Chichester: Hoboken, NJ: John Wiley & Sons Ltd.

Vaughn, C. E., Snyder, K. S., Jones, S., Freeman, W. B., & Falloon, I. R. H. (1984). Family factors in schizophrenic relapse: Replication in California of British research on expressed emotion. *Archives of General Psychiatry, 41*(12), 1169−1177.

Ventriglio, A., Gentile, A., Bonfitto, I., Stella, E., Mari, M., Steardo, L., & Bellomo, A.

(2016). Suicide in the early stage of schizophrenia. *Frontiers in Psychiatry, 7,* 116.

Vollmann, M., Sprang, S., & van den Brink, F. (2019). Adult attachment and relationship satisfaction: The mediating role of gratitude toward the partner. *Journal of Social and Personal Relationships, 36*(11−12), 3875−3886.

Wallace, J., Schneider, T., & McGuffin, P. (2002). Genetics of depression. In I. H. Gotlib & C. L. Hammen (Ed.), *Handbook of depression* (pp. 169−191). New York: The Guilford Press.

Wampold, B. E. (2001). Contextualizing psychotherapy as a healing practice: Culture, history, and methods. *Applied and Preventive Psychology, 10*(2), 69−86.

Wampold, B. E., & Imel, Z. E. (2015). *The great psychotherapy debate: The evidence for what makes psychotherapy work.* London: Routledge.

Waters, E., Weinfield, N. S., & Hamilton, C. E. (2000). The stability of attachment security from infancy to adolescence and early adulthood: General discussion. *Child Development, 71*(3), 703−706.

Watson, D., & Friend, R. (1969). Measurement of social−evaluative anxiety. *Journal of Consulting and Clinical Psychology, 33*(4), 448−457.

Waugh, C. E., Fredrickson, B. L., & Taylor, S. F. (2008). Adapting to life's slings and arrows: Individual differences in resilience when recovering from an anticipated threat. *Journal of Research in Personality, 42*(4), 1031−1046.

Wegner, D. M., Schneider, D. J., Carter, S., & White, L. (1987). Paradoxical effects of thought suppression. *Journal of Personality and Social Psychology, 53*(1), 5−13.

Weiner, M., Warren, L., & Fiedorowicz, J. G. (2011). Cardiovascular morbidity and mortality in bipolar disorder. *Annals of Clinical Psychiatry, 23*(1), 40−47.

Winsper, C., Bilgin, A., Thompson, A., Marwaha, S., Chanen, A., Singh, S., Wang, A., & Furtado, V. (2020). The prevalence of personality disorders in the community: A global systematic review and meta−analysis. *The British Journal of Psychiatry, 216*(2), 69−78.

World Health Organization (2018, January 1). *Mental health ATLAS 2017.* https://www.who.int/publications/i/item/9789241514019

World Health Organization (n.d.). *Global Health Estimates 2016: Disease burden by Cause, Age, Sex, by Country and by Region, 2000−2016.* Retrieved June 2, 2022, from https://www.who.int/data/global−health−estimates

World Health Organization (n.d.). Retrieved June 2, 2022, from https://www.who.int/

Yalom, I. (2008). 보다 냉정하게 보다 용기있게 (이혜성 역). 서울: 시그마프레스. (원저 출판 2008년)

Yates, W. R., & Dunayevich, E. (2019, April 23). *Somatic symptom disorders*. Medscape. http://emedicine.medscape.com/article/294908-overview

Yung, A. R., Phillips, L. J., Yuen, H. P., & McGorry, P. D. (2004). Risk factors for psychosis in an ultra high-risk group: Psychopathology and clinical features. *Schizophrenia Research, 67*(2-3), 131-142.

Zessin, U., Dickhauser, O., & Garbade, S. (2015). The relationship between self-compassion and well-being: A meta-analysis. *Applied Psychology: Health and Well-being, 7*(3), 340-364.

Zubin, J., & Spring, B. (1977). Vulnerability: A new view of schizophrenia. *Journal of Abnormal Psychology, 86*(2), 103-126.

■ 찾아보기

[내용]

저자 소개

이정윤(Jungyoon Lee)

연세대학교 심리학과 졸업
연세대학교 대학원 심리학과 상담심리학 박사

한국심리학회 공인 상담심리사 1급
한국인지행동치료학회 공인 인지행동치료 전문가
여성가족부 공인 청소년상담사 1급
보건복지부 공인 정신보건임상심리사 1급

전 (사)한국상담심리학회 상담심리사 수련위원장, 이사
  (사)한국심리학회 산하 여성심리학회 회장, 학회발전위원장, 이사
현 성신여자대학교 심리학과 교수

〈주요 저 · 역서〉
학교폭력 예방의 이론과 실제(2판, 공저, 학지사, 2021)
불안하고 걱정 많은 아이, 어떻게 도와줄까?(공역, 시그마프레스, 2014)
수줍음도 지나치면 병: 사회공포증의 인지치료(공저, 학지사, 1998)

현대인의 정신건강
Mental Health

2022년 9월 20일 1판 1쇄 인쇄
2022년 9월 30일 1판 1쇄 발행

지은이 • 이정윤
펴낸이 • 김진환
펴낸곳 • (주) **학 지사**
　　　　　04031 서울특별시 마포구 양화로 15길 20 마인드월드빌딩
대표전화 • 02)330 - 5114　　　팩스 • 02)324 - 2345
등록번호 • 제313 - 2006 - 000265호

홈페이지 • http://www.hakjisa.co.kr
페이스북 • https://www.facebook.com/hakjisabook

ISBN 978 - 89 - 997 - 2755 - 9 93180

정가 20,000원

출판미디어기업 **학 지사**

간호보건의학출판 **학지사메디컬** www.hakjisamd.co.kr
심리검사연구소 **인싸이트** www.inpsyt.co.kr
학술논문서비스 **뉴논문** www.newnonmun.com
교육연수원 **카운피아** www.counpia.com